Anu Pande

Die Literarisierung
einer neuen Krankheitserfahrung

HIV/AIDS in der deutschen autobiographischen und

autofiktionalen Literatur

Anu Pande

Die Literarisierung
einer neuen Krankheitserfahrung

HIV/AIDS in der deutschen autobiographischen und
autofiktionalen Literatur

Die Arbeit wurde 2016 als Dissertation am Centre of German Studies an der School of Languages, Literature and Culture Studies der Jawaharlal Nehru University in Neu Delhi angenommen.

Bibliografische Information der Deutschen Nationalbibliothek: Die Deutsche Nationalbibliothek verzeichnet diese Publikation in der Deutschen Nationalbibliografie; detaillierte bibliografische Daten sind im Internet über http://dnb.dnb.de abrufbar.

© 2019 Anu Pande

Herstellung und Verlag: BoD – Books on Demand, Norderstedt

ISBN: 978-3-7481-7893-4

INHALTSVERZEICHNIS

Danksagung 9

1　Einleitung 11

   1.1　Gibt es eine deutsche Aids-Literatur? 12

   1.2　Forschungsstand 16

   1.3　Das Korpus 17

   1.4　Forschungsansatz und Fragestellungen 21

2　Literarische Darstellungen verschiedener Krankheiten 29

   2.1　Literarisierbare Krankheiten 30

   2.2　Die Metaphern verschiedener Epochenkrankheiten und ihr Einfluss auf ..
      die Aids-Literatur 38

   2.3　Einflüsse aus der deutschsprachigen literarischen und philosophischen ....
      Tradition 50

3　Die Entstehung der Aids-Literatur 97

   3.1　Die Aids-Literatur in den USA 99

   3.2　Die Aids-Literatur in Deutschland 104

   3.3　Die Aids-Literatur in Österreich 109

   3.4　Die Aids-Literatur in der Schweiz 114

   3.5　Die Aids-Literatur in Frankreich 118

4　Thematische Analyse der deutschen Aids-Autobiographien 138

   4.1　Ambiguität als wesentliches Merkmal der Aids-Autobiographien 138

   4.2　Die Figurenkonstellation: Das Dreiecksbeziehungsgeflecht und das ....
      Wahrheits- bzw. Täuschungsspiel 142

   4.3　Die Themen in der deutschen autobiographischen Aids-Literatur 149

5 Form und Erzählstruktur autobiographischer Aids-Werke 226

5.1 Der autobiographische Pakt in den untersuchten Aids-Werken 226

5.2 Die Formenvielfalt im untersuchten autobiographischen Korpus 227

5.3 Die Zeitstruktur in den deutschen autobiographischen Aids- ....
Werken 246

5.4 Eine poststrukturalistische Analyse der Erzählstruktur: Barthes' fünf ....
Codes in den deutschen autobiographischen Aids-Werken 249

6 Zusammenfassung und Ausblick 291

Bibliographie 298

DANKSAGUNG

Die vorliegende Arbeit zu schreiben, wäre nicht möglich gewesen ohne die Hilfe und Unterstützung zahlreicher Personen, die auf unterschiedlichste Art und Weise zu ihrem Gelingen beigetragen haben. Ihnen allen möchte ich an dieser Stelle meinen Dank aussprechen. Auch wenn ich im Folgenden nur einige von ihnen namentlich nennen kann, soll damit der Beitrag derjenigen, die anonym bleiben, keinesfalls gemindert oder herabgesetzt werden.

Besonderen Dank gilt meiner Betreuerin, Professor Rekha V. Rajan, die eine wichtige Ansprechpartnerin und hilfsbereite Mentorin war. Mit viel Geduld unterstützte sie mich bei jeder Stufe dieser Arbeit, hatte Verständnis für meine Schwächen und meine Langsamkeit, gab mir wertvolle Hinweise und Vorschläge und motivierte mich stets.

Herzlichen Dank schulde ich auch Ute Falasch, die die einzelnen Kapitel Korrektur las und sprachlich verbesserte. Darüber hinaus unterstützte sie mich bei der Materialsammlung und bat mir ein Zuhause während meiner vielen Aufenthalte in Berlin. Bei der Materialsammlung halfen mir auch Anandita Sharma und Arno Herberth. Ihnen danke ich ebenfalls.

Julien Columeau danke ich dafür, dass er mich an die Aids-Literatur heranführte. Darüber hinaus gab er mir wertvolle Hinweise zu Literatur und vom Austausch mit ihm konnte ich in der Planungsphase sehr profitieren. Shambhavi Prakash unterstützte mich in vielen praktischen Dingen, insbesondere in der letzten Arbeitsphase und bot mir Unterkunft und logistische Hilfe, wenn ich sie benötigte. Bei Om Prakash, Savita und Sandeep im Büro des Centre of German Studies, School of Languages, Literature and Culture Studies bedanke ich mich ebenfalls aus tiefstem Herzen für ihre Unterstützung.

Der Forschungsaufenthalt an der Freien Universität in Berlin im Sommer 2009 im Rahmen der Germanistischen Institutionspartnerschaft war für die

9

Vertiefung meines Forschungsvorhabens von großer Bedeutung. Professor Ursula Kocher möchte ich dabei besonderen Dank aussprechen. Die Mitarbeiterinnen und Mitarbeiter der Staatsbibliothek in Berlin sowie der verschiedenen Bibliotheken der Freien Universität waren mir sehr behilflich bei meiner Recherche und scheuten keine Mühen, sodass sie reibungslos verlaufen konnte. Ihnen möchte ich meine Dankbarkeit ausdrücken.

Die Personen, die ich bei der Teilnahme an den Tagungen *Aids in Culture III* (Mexico City 2006), *HIV/AIDS: Interdisziplinäre Perspektiven* (Bayreuth 2014) und *Wissenschaftsethik in den Kulturwissenschaften: Gegenstände, Methoden, Wirkungen* (Bern 2015) kennenlernte, begegneten mir mit Offenheit und großem Interesse an meiner Forschung und halfen mir, ein besseres Verständnis für das Thema zu entwickeln. Ihnen möchte ich ebenfalls danken. Besonderen Dank schulde ich Lars Ivar Owesen-Lein Borge und Agusto Villalpando in Mexico City, Alexandra Groß, Ramona Pech und Ivan Vlassenko in Bayreuth und Dr. Beate Schappach in Bern.

Die Reise nach Mexico zu meiner ersten Aids-Tagung wurde von der Jawaharlal Nehru University mit einem Zuschuss aus der Corpus Fund mitfinanziert. Dafür (und für vieles mehr) bin ich meiner Alma Mater Dank schuldig. Jochen Buchsteiner deckte den Fehlbetrag, wofür ich ihm ebenfalls dankbar bin.

Gerne erinnere ich mich auch an den interessanten Austausch mit Ferd Eggan in Mexico City während einer besonders schwierigen Phase in meinem Leben. Er ermutigte mich sehr liebevoll und überzeugend zur Fertigstellung dieser Arbeit. Ich bedaure sehr, dass er sie nicht miterleben konnte und werde ihn in dankbarer Erinnerung behalten.

Schließlich danke ich der English and Foreign Languages University, insbesondere meinen Kolleginnen und Kollegen im Department of Germanic Studies dafür, dass sie mir einen einjährigen Studienurlaub gewährten, ohne den ich diese Arbeit nicht hätte beenden können.

1 Einleitung

In seinem 1989 veröffentlichten Werk *Gesund oder krank?* äußerte der Literaturwissenschaftler Anz die Vermutung, dass auch Aids bald zur literarischen Krankheit avancieren würde.[1] Nur zwei Jahre zuvor hatte er noch auf die Schwierigkeiten einer Literarisierung von Aids aufgrund der mit dieser Krankheit assoziierten Moralvorstellungen hingewiesen.[2] Zur selben Zeit machte auch Umberto Eco auf die Probleme bei der Ästhetisierung dieser „venerische[n] Krankheit" aufmerksam, die „den Widerstand gegen die Anpassung an die Normen bezeugt."[3] Allerdings schloss er die Möglichkeit einer Literarisierung von Aids nicht grundsätzlich aus, sondern stimmte Anz' Vermutung zu, indem er meinte, „daß die Kunst Gesichter und Geschichten präsentieren wird, in denen die Anzeichen einer tragisch-sublimen Immunschwäche zu erkennen sind." (ebd.) Diese Annahme erwies sich als gerechtfertigt, denn Aids ist trotz aller von Anz und Eco erwähnten Schwierigkeiten in mehreren westlichen Ländern in unterschiedlichen Formen literarisiert worden.

Meine Neugier in Bezug auf die deutsche Aids-Literatur wurde 2001 zunächst durch die Lektüre der autofiktionalen Aids-Werke des französischen Schriftstellers Hervé Guibert geweckt, auf die ich zufällig während eines Aufenthalts in Paris stieß. Kurz darauf wurden anlässlich des zehnten Todestages des 1991 verstorbenen Schriftstellers und Fotografen im französischen Fernsehen ein Interview mit ihm sowie der von ihm kurz vor seinem

---

[1] Vgl. Anz, Thomas: *Gesund oder krank? Medizin, Moral und Ästhetik in der deutschen Gegenwartsliteratur.* Stuttgart: J.B. Metzlersche Verlagsbuchhandlung 1989, S. 58.
[2] Vgl. Anz, Thomas: Aids, Krebs, Schizophrenie. Krankheit und Moral in der Gegenwartsliteratur. In: *Krankheitsbilder - Lebenszeichen. Akten des III. Kolloquiums der Gesellschaft für Philosophische Praxis.* Hgg. v. Manfred Moser. Wien: Verlag des Verbandes der Wissenschaftlichen Gesellschaften Österreichs 1987, S. 19-42.
[3] Eco, Umberto: Streichholzbriefe. Aids und Ästhetik. In: *Die Zeit,* 6. März 1987. http://www.zeit.de/1987/11/aids-und-aesthetik (Aufgerufen am 03.11.2016).

Tod gedrehte Film *La Pudeur ou l'impudeur* gesendet. Von Freunden und einem Buchhändler wurden mir dann auch die Aids-Werke anderer französischen Schriftsteller wie Dominique Fernandez und Yves Navarre empfohlen. Dadurch verfestigte sich das anfängliche Interesse an Aids als literarischem Thema und es stellte sich die Frage, wie es in anderen Ländern literarisiert wurde. Eine Recherche nach Aids-Werken aus den USA und aus Deutschland in verschiedenen Buchhandlungen ergab sehr schnell, dass von den Ersteren eine Reihe von Veröffentlichungen erschienen waren, von deutschen Aids-Romanen oder -Autobiographien allerdings niemand gehört zu haben schien. Einzig in den Berliner schwulen Buchläden waren die Werke erhältlich. Mein Forschungsinteresse an der deutschen Aids-Literatur begründete sich entsprechend zunächst aus ihrer relativen Unbekanntheit sowie dem daraus zu schließenden Fazit, dass Aids als literarisches Thema in Deutschland im Vergleich zu Frankreich und den USA einen anderen Stellenwert innehatte.

1.1 Gibt es eine deutsche Aids-Literatur?

1992 veröffentlichte der Literaturkritiker und *Welt*-Redakteur Tilman Krause einen Beitrag *Wo bleibt der deutsche Aids-Roman?* im Publikationsorgan der Deutschen Aids-Hilfe *D.A.H. Aktuell,* in dem er die Bedeutung von Aids für den Literaturbetrieb folgendermaßen thematisierte:

> „Aids hat das Leben in der westlichen Welt verändert. Nicht nur, daß die Medizin einen Autoritätsverlust erlebt, den man angesichts der fortgeschrittenen Möglichkeiten dieser Disziplin nicht für möglich gehalten hätte. Auch körperliches Leiden, körperlicher Verfall in der brutalsten und offensichtlichsten Form haben wieder Einzug in eine Gesellschaft gehalten,

die geglaubt hatte, Schmerz und Hinfälligkeiten des Menschen zu beherr-
schen, das Kreatürliche unter Kontrolle halten zu können."[4]

Aufgrund dieser Veränderungen habe das erworbene Immunschwäche-
Syndrom „eine Kulturrevolution ausgelöst, deren Ausmaße wir noch gar
nicht abschätzen können." (ebd.) Ferner macht Krause auf die umfangreiche
Auseinandersetzung mit dem Thema Aids in der französischen und US-
amerikanischen schwulen Literatur aufmerksam, denn in Frankreich habe
sich „eine neue literarische Gattung herausgebildet, der Aids-Roman" (ebd.),
während Aids in den USA seit Jahren im Theater und zunehmend auch im
Film thematisiert werde. Angesichts dieses breiten Spektrums an künstleri-
schen Verarbeitungsformen in Frankreich und den USA stellt er die Frage,
wie deutsche Künstler und Intellektuelle auf Aids reagieren würden. Dass er
die Aussichten in diesem Bereich als trübe beurteilt, wird anhand seiner
Antwort deutlich, denn sie heißt: „Überhaupt nicht." (ebd.)

Er wirft den deutschen Schriftstellern vor, dass sie das Thema Aids ver-
drängen und sich in ergebnislose Debatten über die Literarisierbarkeit von
Aids flüchten würden, denn sie seien Opfer der angeblich typisch deutschen
Unfähigkeit, „Zeugnisse des veränderten Lebens" (ebd.) zu schaffen. Ferner
sei die Auseinandersetzung mit der gesellschaftlichen Wirklichkeit „eine
Schwachstelle deutscher Geistigkeit."(ebd.) Diese „typisch deutsche" Unfähigkeit erläutert er folgendermaßen:

> „Das mühsame Trachten nach Tiefsinn, der Ehrgeiz, um jeden Preis sinn-
> stiftend oder formal innovativ zu wirken, kurz, das Streben nach ‚Höhe-
> rem' und überzeitlicher Bedeutung, die schneidende Verachtung gegen-
> über der angeblichen Banalität des Beobachtens sind Mentalitätsmuster,
> die sich hierzulande beharrlich über Jahrzehnte halten." (ebd.)

---

[4] Krause, Tilman: Wo bleibt der deutsche Aids-Roman? Von der Schwierigkeit, ‚Zeugnisse des veränderten Lebens' zu liefern. In: *D.A.H. Aktuell*, November 1992, S. 53-55,
hier S. 53.

Als weitere Gründe für das Ausbleiben einer deutschen literarischen Reaktion auf Aids nennt Krause die „Berührungsängste deutscher Intellektuelle gegenüber der Homosexualität" (Krause 1992: 55) sowie die Vorurteile der sogenannten Normalbevölkerung in Deutschland, die er als „homophob wie nirgends sonst in Westeuropa" (ebd.) beschreibt. In Frankreich andererseits sei „der Anteil homosexueller Kollegen ein anderer beziehungsweise ihr Selbstbewußtsein ein ausgeprägteres" (ebd.), weshalb es in Frankreich eine längere Tradition der schwulen Literatur gäbe, in die das Thema Aids reibungslos aufgenommen würde.

Meines Erachtens sind Krauses Feststellungen, die auch Härle und Popp (1993) als „fragwürdig-pauschal"[5] bezeichneten, nicht ohne Weiteres zuzustimmen. Zum einen kamen nach dem Erscheinen von Krauses Artikel in Deutschland mehrere Aids-Werke heraus, weswegen seine Urteile im Rückblick unhaltbar geworden sind. Zum anderen berücksichtigt er in seinem Beitrag offensichtlich nur zwei der deutschen Aids-Werke: Napoleon Seyfarths *Schweine müssen nackt sein* (1991) und Mario Wirz' *Es ist spät, ich kann nicht atmen. Ein nächtlicher Bericht* (1992), obwohl Aids in Deutschland schon seit 1987 in der Literatur widergespiegelt wurde. Eine große Anzahl von Aids-Romanen und -Autobiographien, die zwischen 1987 und 1997 in Deutschland veröffentlicht wurden, stehen als Beweis für die Tatsache, dass Aids in Deutschland sowohl in der Fiktion als auch im autobiographischen Bereich umfangreich dargestellt wurde. Zwar gab es in Frankreich und den Vereinigten Staaten mehr Prominente, die an Aids erkrankten und ihre Aids-Erfahrung literarisch aufarbeiteten, weshalb die Aids-Literatur in diesen Ländern seitens der Literaturkritiker und des Massenlesepublikums größere Beachtung fand. Jedoch mangelte es auch in Deutschland nicht an Repräsentationen von Aids, obgleich diese von relativ unbekannten Autoren und zum Teil als Erstlingswerke verfasst wurden. Des Weiteren wurde Aids

---

[5] Härle, Gerhard und Popp, Wolfgang: Homosexualität und Krankheit. Literarische Gestaltungen eines prekären Zusammenhangs. In: *Forum Homosexualität und Literatur.* Nr. 18, Juli 1993, S. 13-31, hier S. 30.

in Deutschland im Gegensatz zu Frankreich, wo es eine größere Anzahl von Aids-Romanen gab, gleich von Anfang an überwiegend autobiographisch thematisiert. Demzufolge stellt sich die Frage, ob die deutschen Aids-Autobiographien als eigenständiges Genre betrachtet werden können, vergleichbar mit dem bekannteren Genre des Aids-Romans in Frankreich. Dass diese Frage bejaht werden kann, wird im Laufe dieser Arbeit gezeigt.

Seit dem Beginn der 2000er Jahre sind in verschiedenen Ländern eine ganze Reihe von wissenschaftlichen Arbeiten zur Literarisierung von Aids erschienen. Jedoch haben sich die Literarisierung der Krankheit einerseits und andererseits das akademische Interesse daran seit dem Auftreten von Aids gewandelt. Nach dem anfänglich großen Interesse am Thema in den 1980er und 1990er Jahren, als die HIV-Infizierung noch einem Todesurteil glich und Aids als ein unüberschaubares und rätselhaftes Phänomen wahrgenommen wurde, nahm die Zahl der literarischen Werke über Aids bis zum Beginn des einundzwanzigsten Jahrhunderts rapide ab und in den letzten fünfzehn Jahren sind keine neuen Texte mehr erschienen. Die Ursache dafür liegt vor allem im Umgang mit Aids, der sich aufgrund der Entwicklung neuer und wirksamerer Medikamente wesentlich geändert hat. Entsprechend verringerte sich auch die Zahl der Forschungsarbeiten über Aids. In jüngster Zeit gibt es allerdings ein erneutes akademisches Interesse am Thema Aids, da es nun mehr als dreißig Jahre zurückliegt, dass die ersten Fälle von HIV auftraten und Aids erstmals literarisch dargestellt wurde. Dass dieser Zeitraum eine erneute und distanziertere Auseinandersetzung mit dem Thema Aids ermöglicht, zeigen die vielen internationalen und interdisziplinären Aids-Tagungen der letzten Jahre. Ferner hat auch die Kunstszene in mehreren Ländern eine Wiederkehr des Interesses an Aids erlebt: 2015 wurden im Dresdner Hygiene-Museum Aids-Plakate, Medienberichterstattungen und Kunstwerke über Aids ausgestellt, um anhand des historischen Blicks auf die Krankheit ihre Kulturgeschichte zu erzählen. Auf US-amerikanischen und europäischen Bühnen werden Aids-Theaterstücke wiederaufgeführt. Sogar in Hollywood wurde das Thema Aids 2013 wieder aufgegriffen.[6]

1.2 Forschungsstand

Festzuhalten bleibt also, dass es eine ganze Reihe von Untersuchungen zum Thema Aids gibt. Dabei waren die Forschungsarbeiten in den Anfangsjahren vor allem von der Tendenz geprägt, Aids aus einem soziologischen Blickwinkel zu untersuchen.[7] Die literarischen Aids-Werke wurden als eine reine Informationsquelle behandelt und der literarische Aspekt an diesen Werken weitestgehend vernachlässigt. Diese Tendenz hält in vielen zeitgenössischen Forschungsarbeiten weiter an. An dieser Stelle setzt die vorliegende Arbeit an und macht es sich zur Aufgabe, die trotz der intensiven Beschäftigung mit dem Thema Aids noch bestehende Forschungslücke zu schließen. Aids soll in dieser Untersuchung nicht als ein soziologisches, sondern als ein literarisches Phänomen betrachtet werden. Dazu wird nicht die Erfahrung von Aids selbst in den Mittelpunkt gestellt, sondern die literarische Darstellung dieser Erfahrung. Zwar ist Aids in jüngster Zeit auch teilweise als literarischer Topos erforscht worden, aber ein Forschungsrückstand besteht in wesentlichen Aspekten weiterhin. Erstens unterscheiden die meisten Forscher nicht zwischen fiktionalen und autobiographischen Aids-

---

[6]Zwanzig Jahre nach dem erfolgreichen Film *Philadelphia* (1993), der vom Kampf um Gerechtigkeit eines schwulen HIV-positiven Anwalts handelte, ist mit *Dallas Buyers Club* (2013) Aids wieder in einem kommerziellen Film thematisiert worden. Der Film spielt in den 1980er Jahren – den ersten Jahren der Aids-Epidemie – und stellt den damaligen Zeitgeist dar, als die ersten Betroffenen in den USA gegen die Nebenwirkungen von AZT und die Apathie der Regierungsbehörden kämpften.

[7] Hinz, Stefan (Hg.): *AIDS. Die Lust an der Seuche.* Reinbek: Rowohlt Taschenbuch Verlag 1984; Rühmann, Frank: *AIDS. Eine Krankheit und ihre Folgen.* Frankfurt/Main: Qumram 1985; Pacharzina, Klaus (Hg.): *Aids und unsere Angst.* Reinbek: Rowohlt 1986; Sigusch, Volkmar (Hg.): *AIDS als Risiko. Über den gesellschaftlichen Umgang mit der Krankheit.* Hamburg: Konkret Literatur Verlag 1987.

Werken.[8] Im Gegensatz dazu wird in der vorliegenden Arbeit davon ausgegangen, dass eine Erfahrung am eigenen Leib von einer Erfahrung aus zweiter Hand unterschieden werden muss, zumal die Erstere eine Grenzerfahrung bildet, die den Betroffenen einerseits mit dem Tod und andererseits mit den Grenzen ihrer Erzählbarkeit konfrontiert. Zweitens gibt es kaum Forschungsarbeiten, die sich ausschließlich mit den deutschen literarischen Aids-Werken beschäftigen, obwohl die amerikanische und französische Aids-Literatur von zahlreichen Forschern und Literaturkritikern sehr ausführlich untersucht worden ist. Mit einem differenzierten Forschungsansatz, der sich hauptsächlich auf die deutschen autobiographischen Aids-Werke konzentriert, soll diese Forschungslücke geschlossen werden.

1.3   Das Korpus

In der vorliegenden Arbeit werden sieben Werke untersucht, die als repräsentativ für die deutschen Aids-Autobiographien angesehen werden können. Diese sind Josef Gabriels *Verblühender Mohn. Aids – die letzten Monate einer Beziehung* (1987), Helmut Zanders *Der Regenbogen. Tagebuch eines Aidskranken* (1988), Napoleon Seyfarths *Schweine müssen nackt sein. Ein Leben mit dem Tod* (1991), Mario Wirz' *Es ist spät, ich kann nicht atmen. Ein nächtli-*

---

[8] Martin, René: *Eine Krankheit zum Tode. Aids in der deutschsprachigen Literatur.* St. Ingbert: Röhrig Universitätsverlag 1995. Martin listet zwar die Genres der Aids-Literatur auf, unterscheidet aber nicht zwischen autobiographischen und fiktionalen Texten bei der thematischen Analyse. Auch Joachim Pfeiffer unterscheidet nicht zwischen autobiographischen Texten und Romanen in seinem Beitrag *„Jegliches Mitleid verwischt der Regen". Tod und Aids in der deutschsprachigen Literatur* in Forum Homosexualität und Literatur 19/1993, S. 11-26. Dies trifft auch auf Jones, James W.: Whose Heroes? German AIDS Literature by Gay Men. In: *Heroes and Heroism in German Culture: Essays in Honor of Jost Hermand,* April 2000. Hgg. von Stephen Brockmann und James Steakley. Amsterdam/New York: Editions Rodopi B.V. 2001, S. 193-226 zu. Ferner wird der Unterschied zwischen Autobiographie und Roman in John Læsøes *Hiv/Aids in deutschsprachiger schwuler Literatur. Ein Thema und die Literatur, die es aufgreift* (Magisterarbeit an der Universität Aarhus 1993) und Anita Schütz' *HIV und AIDS im Spiegel der Literatur* (Magisterarbeit an der Universität Wien 1998) ebenfalls nicht berücksichtigt.

cher Bericht (1992) und *Biographie eines lebendigen Tages* (1994), Markus Com-merçons *AIDS. Mein Weg ins Leben* (1994) und Bernd Aretz' *Notate. Aus dem Leben eines HIV-infizierten schwulen Mannes* (1997). Darüber hinaus gibt es weitere Aids-Autobiographien, die allerdings in dieser Arbeit nicht berück-sichtigt werden, da ein größeres Korpus von Primärtexten den Rahmen dieser Arbeit sprengen und nicht wesentlich zur theoretischen Argumenta-tion beitragen würde.

Da die Wahrnehmung und Darstellung von Aids als eine Grenzerfahrung den Untersuchungsgegenstand dieser Arbeit darstellen, werden zur Analyse nur solche Werke ausgewählt und in das zu untersuchende Korpus einbe-zogen, in denen die eigene HIV-Infizierung und gegebenenfalls die eigene Aids-Erkrankung des Autors den Schreibanlass bilden. Die einzige Aus-nahme stellt Gabriels tagebuchartiges Werk *Verblühender Mohn* dar, in dem der Ich-Erzähler im gesamten Verlauf der Erzählung davon überzeugt ist, dass er wie sein Partner HIV-positiv ist, obwohl sein Serostatus nach zwei Blutuntersuchungen mit zwei unterschiedlichen Testergebnissen noch nicht feststeht. Erst auf der letzten Seite des Werks stellt er sich letztendlich als HIV-negativ heraus. Ferner werden ausschließlich nur die in der Ich-Erzählperspektive geschriebenen Werke berücksichtigt, die von der Identität des Autors, des Ich-Erzählers und der Hauptfigur gekennzeichnet sind, während alle Aids-Romane, Aids-Gedichte und kurzen Aids-Erzählungen ausgeschlossen werden, in denen in der dritten Person von der HIV-Infizierung und Aids-Erkrankung einer fiktiven Figur erzählt wird. Des Weiteren werden bei der Gestaltung des Korpus die Erscheinungsdaten der ausgewählten Werke in Betracht gezogen. Gabriels Werk verkörpert die erste Literarisierung von Aids überhaupt in Deutschland, während Aretz' *Notate* die letzte literarische Veröffentlichung zu Aids in Deutschland bildet. Somit werden im untersuchten Korpus die verschiedenen Stufen und Ten-denzen in der Literarisierung von Aids in Deutschland widergespiegelt.

18

1.3.1 Grenzen der Einbeziehung: Der Ausschluss der weiblichen und heterosexuellen Perspektive

Augenfällig bei diesem Korpus ist der Ausschluss sowohl von Aids-Autorinnen als auch von heterosexuellen Aids-Autoren. Dies beruht weniger auf einer bewussten Entscheidung der Verfasserin als auf den konkreten Gegebenheiten bei der Literarisierung von Aids. Weltweit ist Aids in literarischen Werken fast ausschließlich von homosexuellen Männern dargestellt worden, weil die Krankheit viele Jahre lang nur in Verbindung mit schwulen Männern wahrgenommen und daher als ‚Schwulenseuche' bezeichnet wurde. Dies trifft auch auf Deutschland zu: Es gibt keine einzige von einem heterosexuellen HIV-Positiven verfasste deutsche Aids-Autobiographie. Was autobiographische Darstellungen der Aids-Erfahrung von Frauen angeht, gibt es nur vier Werke von deutschen Aids-Autorinnen. In Elisabeth Brockmanns *Weinen kannst du, wenn ich tot bin* (1993) beschäftigt sich die Ich-Erzählerin mit den letzten Tagen ihres Freundes, der an Aids stirbt. In Anatol Feids und Natascha Wegners *Trotzdem hab' ich meine Träume. Die Geschichte von einer, die leben will* (1990) berichtet die Ich-Erzählerin zwar von ihrer eigenen HIV-Infizierung, aber es handelt sich um ein Werk der Jugendliteratur, dessen Ziel in erster Linie die Aufklärung jugendlicher Leser über die Gefahren des Drogenmissbrauchs ist. Marita Pfeiffer, die das Werk *AIDS hat mir das Leben gerettet. Meine Jahre zwischen Edelstrich und Drogensumpf* (1993) verfasst hat, versucht ebenfalls hauptsächlich ihren Lesern Mut zu machen, der Verlockung Droge möglichst zu widerstehen. Die Autorin Sonja Auras stellt ihre durch die HIV-Infizierung unterbrochene Karriere als Ärztin in den Mittelpunkt ihres Werks *Ich bin Ärztin und HIV-positiv: Eine junge Frau kämpft gegen Ausgrenzung und mächtige Interessen* (1994).[9]

---

[9]In der Schweiz gibt es zwei weiteren Autorinnen, die ihre Aids-Erfahrung autobiographisch dargestellt haben. Regina Simeone hat 1988 *Wer den Kopf hängen lässt, sieht weniger. Gedanken einer jungen aids-kranken Frau* veröffentlicht. Von Christina Vogel stammen zwei Aids-Werke: *Es ist wunderbar, leben zu dürfen. Der Lebensweg einer jungen AIDS-Kranken* (1989) und *Die geschenkte Zeit. Erfahrungen mit AIDS* (1991). Allerdings

Diese Werke werden in der vorliegenden Arbeit nicht berücksichtigt, da sie im Vergleich zu den Werken homosexuellen Aids-Autoren einen ganz eigenen Diskurs über Aids entwickeln und entsprechend eine neue Perspektive eröffnen, die im Rahmen einer eigenständigen Arbeit über die weibliche Ansicht über Aids untersucht werden könnte. Die unterschiedlichen Darstellungsweisen in den Werken schwuler Aids-Autoren und Aids-Autorinnen werden schon beim ersten Hinsehen deutlich. Der grundlegende Unterschied offenbart sich in der Erörterung der Frage „Warum Ich?", die sich die genannten Aids-Autorinnen stellen und damit offenbaren, dass sie sich als unschuldige Opfer betrachten. Von den schwulen Aids-Autoren wird diese Frage nicht gestellt. Sie sehen sich historisch als Außenseiter, die gemeinsam eine bedrohte Gemeinschaft bilden, der immer wieder die Schuld an allem zugeschrieben wird. Ferner ist die weibliche Perspektive auch daher nicht zu vereinbaren mit der schwulen Perspektive, weil in den Werken der Aids-Autorinnen keine Verbindung von Eros und Thanatos hergestellt wird, wie sie ausnahmslos in den Aids-Werken schwuler Autoren vorkommt. Homosexuelle Liebe bildet im gängigen Aids-Diskurs – der die untersuchten Werke prägt – eine Grenzüberschreitung, die HIV-Infizierung eine Grenzerfahrung, die unmittelbar aus diesem Verstoß resultiert. Die schwulen Aids-Autoren begreifen sich daher als Liebhaber und Grenzgänger, deren HIV-Infizierung den Höhepunkt ihres Außenseitertums verkörpert.

Im Kontrast dazu stellen sich die Aids-Autorinnen nicht als Außenseiterin oder Grenzgängerin dar, die sich im Laufe ihrer sexuellen Grenzüberschreitungen infiziert haben. Stattdessen legen sie immer wieder die Betonung auf einen anderen Aspekt ihrer Identität. Auras stellt beispielsweise in den Vordergrund, dass sie sich in Ausübung ihrer Pflichten als Ärztin infiziert habe und daher könne ihr keine Schuld an ihrer Infizierung zugewiesen werden. Dadurch scheint sie nach moralischer Überlegenheit denjenigen

---

können in der vorliegenden Arbeit diese Werke nicht berücksichtigt werden, denn im Korpus werden nur deutsche (und nicht deutschsprachige) Aids-Autobiographien aufgenommen.

gegenüber zu streben, deren HIV-Infizierung sie als Folge ihres riskanten sexuellen Verhaltens bzw. als ‚selbstverschuldet' betrachtet. Auch Feid und Wegner sowie Pfeiffer weisen eine moralisierende Tendenz in ihren Werken auf, die in den Texten schwuler Aids-Autoren nicht vorhanden ist. Ihre autobiographischen Berichte sind deutlich von der Absicht geprägt, mithilfe der Hervorhebung eines kausalen Zusammenhangs zwischen ihrem intravenösen Drogenkonsum und ihrer HIV-Infizierung ihren Lesern vom Drogenkonsum abzuraten. Damit scheinen sie einerseits ihre eigene Grenzüberschreitung zu bereuen und sich als gebessert darzustellen, andererseits halten sie ihre Leser dazu an, aus ihren Fehlern zu lernen. Somit scheinen sie für ihre Grenzüberschreitung büßen zu wollen und sich zum Teil von der Schuld ihres jeweiligen Verstoßes freizusprechen.

Im Gegensatz dazu entschuldigen sich die homosexuellen Autoren keineswegs für ihr sexuelles Verhalten. Mit ihrem Lebensbericht versuchen sie weder sich zu rechtfertigen noch ihren Lesern eine Lehre zu erteilen. Im Unterschied zu den Aids-Autorinnen stellen sie ihre HIV-Infizierung nicht als Katastrophe oder als Bruch in ihrem Leben dar, sondern vielmehr als Möglichkeit, ihre Außenseiter-Identität noch weiterzuentwickeln. Aufgrund dieser grundverschiedenen Absichten weichen die Thematisierung von Aids und der Aufbau der Erzählung in den Werken der Aids-Autorinnen und der homosexuellen Aids-Autoren in so großem Maße voneinander ab, dass es für eine grundlegende Analyse nicht empfehlenswert wäre, sie in einem Korpus zusammenzuführen.

1.4 Forschungsansatz und Fragestellungen

Ziel der vorliegenden Arbeit ist es, die sieben genannten Aids-Werke zu untersuchen, um zu zeigen, dass sich ein eigenständiges Genre der Aids-Autobiographie in Deutschland herausgebildet hat, das etwa mit dem neu entwickelten Genre des Aids-Romans in Frankreich vergleichbar ist. Die methodische Vorgehensweise basiert dabei auf Jean-Marie Schaeffers Begriffsbestimmung eines literarischen Genres, die er in seinem 1989 veröffentlichten Werk *Qu'est-ce qu'un genre littéraire?* vornimmt. Dazu zieht Schaeffer fünf Ebenen in Betracht, um den Begriff ‚Genre' zu definieren. Diese sind:

(i)   die Ausdrucksebene (Wer spricht?)

(ii)   die Zielebene (Wer wird angesprochen?)

(iii)   die semantische Ebene (Was wird gesagt?)

(iv)   die syntaktische Ebene (Wie wird es gesagt?)

(v)   die Funktionsebene (Was wird bewirkt?)

Meines Erachtens ist es angebracht, eine weitere Ebene – die hypotextuelle – zu den von Schaeffer angegebenen fünf Ebenen hinzuzufügen. Daher wird im ersten Kapitel dieser Arbeit veranschaulicht, wie die untersuchten Aids-Werke in gleicher Weise sowohl von früheren literarischen Werken über andere Krankheiten als auch von bestimmten Tendenzen in der Literatur und der Philosophie bezüglich der Betrachtung von Krankheit im Allgemeinen beeinflusst wurden. Zu diesem Zweck wird zuerst die Literarisierung von Aids in der langen Tradition der literarischen Krankheitsdarstellungen verortet. Ebenfalls wird der Frage nachgegangen, warum im Laufe der Jahrhunderte nur einige der physischen Erkrankungen und psychopathologischen Phänomene mehrmals literarisiert wurden bzw. als literarisierbar galten, während andere Krankheiten in der Literatur kaum widerspiegelt wurden. Diese Literarisierbarkeit bestimmter Krankheiten wird aus drei Perspektiven erklärt: erstens mithilfe des von Degler und Kohlross (2006) eingeführten Begriffs der Epochenkrankheiten, zweitens anhand Sontags (1978) These, dass nur diejenigen Krankheiten literarisiert werden können, aus denen sich Metaphern ableiten lassen und drittens anhand der Kategorie ‚Krankheit als Grenzerfahrung'. Ferner werden Beispiele der Literarisierung unterschiedlicher Epochenkrankheiten wie der Pest, der Tuberkulose, der Syphilis und Krebs untersucht, um festzustellen, inwieweit ihre Metaphern in die Literarisierung von Aids übernommen wurden. Des Weiteren werden im ersten Kapitel einige Tendenzen in der deutschsprachigen literarischen und philosophischen Tradition diskutiert, die die Genese der deutschen Aids-Literatur beeinflusst haben. Zwar gibt es zahlreiche literarische und philosophische Betrachtungen über Krankheit und Tod, die alle beachtenswert sind, allerdings können sie nicht alle im Rahmen dieser Arbeit berücksichtigt werden. Deshalb werden nur einige dieser Tendenzen herausgehoben, deren Einfluss am deutlichsten in der Literarisierung von Aids in Deutschland zu sehen ist. Zunächst wird der Stellenwert von Krankheit und Tod in der Literatur des Sturm und Drang, der Romantik und der 1970er Jahre, die stark von der Wiederkehr des Pathologischen geprägt waren, näher ausgeführt. Anschließend werden Schopenhauers Betrachtung des Lebens als Krankheit, Nietzsches Interpretation von Krankheit als unentbehrliche Voraussetzung aller Kreativität und Sigmund Freuds Schriften über Krankheit als Normalität sowie über den Todestrieb und ihre Widerspiegelung in den deutschen Aids-Autobiographien beleuchtet. Ferner wird die große Bedeutung von Krankheit in der deutschsprachigen Literatur des zwanzigsten Jahrhunderts fallstudienmethodisch betrachtet, indem die Thematisierung von Krankheit in den Werken dreier Schriftsteller untersucht wird. Zunächst werden drei Werke Thomas Manns untersucht, in denen Krankheit auf verschiedene Weise als Katalysator dargestellt wird. Zweitens wird die Wiederkehr des Pathologischen in der Literatur um 1970 im Allgemeinen und insbesondere das Phänomen Fritz Zorn diskutiert. Drittens wird die Widerspiegelung von Krankheit und Tod in den Werken von Thomas Bernhard analysiert. Überdies wird in diesem Kapitel die Verwendung der NS- und Holocaustmetaphorik in den Aids-Werken diskutiert.

Im zweiten Kapitel soll die hypotextuelle Ebene behandelt werden, hauptsächlich in Bezug auf die fiktionale und autobiographische Literarisierung von Aids in verschiedenen Ländern einschließlich Deutschland. Zunächst wird ein historischer Überblick über die Entstehung der Aids-

Literatur in den Vereinigten Staaten, in der Schweiz, in Österreich sowie in Frankreich gegeben, um die deutschen Aids-Autobiographien hinsichtlich der Entwicklung der Aids-Literatur in anderen westlichen Ländern verorten zu können. Ferner wird dadurch gezeigt, inwieweit die vorangehenden Literarisierungen von Aids als Hypotext für die deutschen Aids-Autobiographien zu verstehen sind. Des Weiteren wird der beträchtliche Einfluss des französischen Aids-Autors Hervé Guibert, dessen Aids-Trilogie großen Erfolg hatte und in mehrere Sprachen einschließlich Deutsch über-setzt wurde, auf die deutschen Aids-Autoren ausführlich diskutiert. Da Guiberts Aids-Werke bei der Genese der deutschen Aids-Literatur deutlich als Hypotext fungieren, werden sie im Laufe der gesamten Arbeit wieder-holt herangezogen und den deutschen Texten des untersuchten Korpus gegenübergestellt.

Entsprechend der von Schaeffer angegebenen Ausdrucksebene bilden alle autobiographischen Aids-Texte in diesem Korpus deutlich ein eigenständi-ges und homogenes Genre, denn in jedem untersuchten Werk erzählt ein homosexueller HIV-positiver Ich-Erzähler, der identisch mit dem Autor und der Hauptfigur in der Erzählung ist. Ebenso eindeutig sind auch die Ge-meinsamkeiten auf der Zielebene, da in jedem der untersuchten Werke in-transitiv erzählt wird, d.h. der Ich-Erzähler spricht in jedem Werk keinen bestimmten Adressaten an, sondern richtet sich an die Leser, ohne sie jedoch explizit anzusprechen.[10] Daher wird das ausgewählte Textkorpus auf diesen beiden Ebenen in der vorliegenden Arbeit nicht analysiert. Dasselbe trifft auch auf die Funktionsebene zu. Hier sind die einzelnen Texte im untersuch-ten Korpus ebenfalls augenfällig durch Ähnlichkeiten gekennzeichnet. Ers-tens verkörpern sie den Versuch, die Leser über eine zum damaligen Zeit-

---

[10] Ein Beispiel der transitiven Erzählung findet sich beispielsweise schon im Titel von Guiberts erstem Aids-Werk *À l'ami qui ne m'a pas sauvé la vie*, in dem sich der Ich-Erzähler an einen bestimmten Freund richtet, der ihm angeblich das Leben nicht gerettet hat und dem das Werk gewidmet zu sein scheint. Darüber hinaus wendet sich der Ich-Erzähler in allen drei Aids-Werken Guiberts in einigen Fällen unmittelbar an die Leser, indem er ihnen Fragen stellt.

punkt noch rätselhafte Krankheit aufzuklären. Zweitens versuchen die Aids-Autoren mittels der Erzählung ihrer Geschichte anderen Aids-Betroffenen Mut zu machen. Drittens wollen sie mit ihren Werken ihre unbeteiligten und desinteressierten Mitmenschen auf die Stigmatisierung und Ausgrenzung der HIV-Positiven und Aids-Patienten aufmerksam machen, die durch die Tabuisierung der Krankheit verursacht wurden.

Im dritten Kapitel wird das Korpus auf der semantischen Ebene analysiert und die Ähnlichkeiten auf der thematischen Ebene hervorgehoben. In allen Werken in diesem Korpus kommen dieselben Handlungsträger, Handlungsorte und Situationen vor, was laut Schaeffer eine Voraussetzung für die Bezeichnung eines Korpus als eigenständiges Genre ist. Einige Handlungsträger tauchen im Verlauf der Erzählung immer wieder auf, sowohl in der Lebensphase vor dem HIV-Test als auch danach, wie beispielsweise der Partner des Ich-Erzählers sowie seine schwulen Freunde. Andere treten nur in Verbindung mit bestimmten Situationen oder Handlungen auf, wie beispielsweise der Arzt und Krankenpfleger, die einzig im Zusammenhang mit einem Krankenhausaufenthalt geschildert werden. Ferner werden in den untersuchten Werken die gleichen Handlungsorte dargestellt: die Wohnung, die schwulen Kneipen, S/M-Clubs und das Krankenhaus. Des Weiteren ist die zentrale Handlung in allen untersuchten Werken im Wesentlichen die gleiche, denn alle Aids-Autoren thematisieren ihren HIV-Test, die Reaktion der Familie, die Erkrankung des Partners und ggf. seinen Tod sowie die medizinischen Prozeduren und die Entmenschlichung, denen sie als Aids-Patient unterliegen. Überdies wird gezeigt, wie der Verfall des Körpers eines Aids-Patienten in allen untersuchten Werken in gleicher Weise dargestellt wird.

Darüber hinaus wird im dritten Kapitel die Ambiguität als Merkmal aller autobiographischen Aids-Werke hervorgehoben. So wie Aids *wie* eine Krankheit zu sein scheint, in Wirklichkeit aber keine ist, so sind die in den Aids-Werken dargestellten Handlungsträger und Begebenheiten nicht so, wie sie sein *sollten*. Stattdessen sind sie häufig irreführend, denn sie trotzen jeder auf herkömmlichen Strukturen basierten Erwartung. Um diese Ambiguität näher zu erläutern, wird die Figurenkonstellation in den untersuchten Werken analysiert. Es wird gezeigt, wie in jedem untersuchten Werk das Verhältnis der verschiedenen Handlungsträger zueinander ein Dreiecksbeziehungsgeflecht bildet: Im Zentrum befindet sich der Ich-Erzähler, während in den drei Ecken jeweils sein Partner, seine Freunde und sein Arzt stehen. Außerdem soll in diesem Kapitel herausgearbeitet werden, wie in allen untersuchten Texten das Verhältnis der Handlungsträger zueinander in Übereinstimmung mit der übergreifenden Erzählstrategie der Ambiguität wie ein Wahrheits- bzw. Täuschungsspiel gestaltet wird, bei dem die herkömmlichen Grenzen zwischen Wahrheit und Lüge, Treue und Verrat neu durchdacht werden müssen.

Des Weiteren werden im dritten Kapitel die in allen untersuchten Werken vorkommenden Themen analysiert, um zu zeigen, dass die einzelnen Autoren ungeachtet der Besonderheiten in ihren Werken alle letztendlich dieselben Aspekte ihrer Aids-Erfahrung thematisieren. Sie schildern die von der Familie, der Schulmedizin, dem Staat, der Kirche, der Gesellschaft und den Medien ausgeübte systemische Gewalt, der sie als Aids-Betroffene ausgesetzt sind sowie die Widerstandsstrategien, mittels derer sie sich gegen diese Gewalt wehren. Sie diskutieren die veränderte Gestalt der Liebe im Aids-Zeitalter, da Aids im wahrsten Sinne des Wortes das Zusammenkommen von Eros und Thanatos zu verkörpern scheint, erläutern die enorme Bedeutung, ja die Sonderstellung, die der Partner und andere Liebhaber für einen HIV-Positiven einnehmen – zumal sie meistens von demselben Schicksal bedroht werden – und sie fordern nachdrücklich ein kritisches Umdenken hinsichtlich herkömmlicher Werte wie beispielsweise Treue und Verrat. Überdies beschäftigen sie sich mit der Homosexualität als Grenzerfahrung, die sie im Aids-Zeitalter mit den fließenden Grenzen zwischen Eros und Thanatos, mit der Schönheit des männlichen Körpers sowie dessen Verfall vertraut konfrontiert. Ferner kommen in allen untersuchten Aids-Werken die Überlegungen der Autoren über das Schreiben vor. In diesem Zusammenhang wird einerseits die durch HIV-Infizierung verursachte Sprachlosigkeit thematisiert. Andererseits setzen sich die an der Schwelle des Todes stehenden Aids-Autoren mit ihren Schreibmotivationen auseinander. Ebenso erzählen alle in dieser Arbeit untersuchten Autoren von ihrer Suche nach einer neuen Identität, die ihre HIV-Infizierung und ggf. ihre Aids-Erkrankung miteinbezieht. In allen untersuchten Werken kommen im Rahmen dieser Suche gelegentlich positive Umdeutungen der HIV-Infizierung vor, denn häufig begreifen sich die Aids-Autoren aufgrund ihrer HIV-Infizierung als Auserwählte und die HIV-Infektion selbst als Chance, ihr Außenseitertum in vollem Ausmaß auszuleben.

Im vierten Kapitel werden die Form und die Erzählstruktur der untersuchten Aids-Werke analysiert. Das ausschließlich aus nicht-fiktionalen Texten bestehende Korpus wird zunächst genauer innerhalb des autobiographischen Genres verortet, um zu zeigen, wie die Aids-Autobiographien das Genre abändern. Es wird herausgearbeitet, wie alle untersuchten Werke am Schnittpunkt zwischen dualer Autobiographie und Gemeinschaftsautobiographie stehen. Ferner werden die autofiktionalen Elemente in einigen Aids-Werken betrachtet. Des Weiteren wird die Erzählstruktur der untersuchten Werke mithilfe von Roland Barthes Methode aus *S/Z* analysiert, um zu zeigen, dass sich auch auf dieser Ebene Ähnlichkeiten ergeben. Die fünf Codes, die Barthes für die Analyse der Erzählstruktur von Balzacs *Sarrasine* entwickelte, werden auf die untersuchten Aids-Autobiographien angewandt, um die Gemeinsamkeiten auf der Erzählebene aufzuzeigen.

Zu Beginn meiner Forschung war die Aids-Krise noch nicht vorbei. Damals war Aids in der populären Vorstellung noch stark mit Homosexuellen verbunden, obwohl die HIV-Präventionskampagnen sich mittlerweile auch an Frauen richteten.[11] Die Tabuisierung der Krankheit und die Ausgrenzung der HIV-Positiven waren eine alltägliche Erfahrung für die Betroffenen.

---

[11] Die Tatsache, dass die deutschen Aids-Werke nur in schwulen Buchläden erhältlich waren, weist auch darauf hin, dass sie als Nischenprodukt für ein homosexuelles Lesepublikum vermarktet wurden.

Seitdem hat sich die Sichtweise deutlich verändert. Nun wird Aids nicht mehr als Krise wahrgenommen, sondern als eine Epidemie, die aufgrund gemeinsamer Anstrengungen aufseiten der Regierungen und nichtstaatlichen Organisationen – zumindest in westlichen Ländern – erfolgreich unter Kontrolle gebracht wurde. Die Bezeichnung der Krankheit hat sich dementsprechend ebenfalls geändert. Aus AIDS ist nun Aids geworden und der Verzicht auf Großbuchstaben nimmt der gefürchteten tödlichen Krankheit zum Teil den Schrecken. Entsprechend wird in der vorliegenden Arbeit die Änderung der Bezeichnung berücksichtigt und demzufolge die *Aids-Literatur* analysiert. Die Zeitspanne, in der sich diese Arbeit ihren langsamen Gang nahm, ermöglichte einen Perspektivwechsel und schuf die Möglichkeit, die Gesamtzusammenhänge besser herauszuarbeiten und dadurch das Thema in einen größeren Kontext stellen zu können. Die grundlegende Hypothese und die Fragestellung der vorliegenden Arbeit sind jedoch größtenteils unverändert geblieben und da zwischenzeitlich keine neuen autobiographischen Aids-Werke erschienen sind, war auch das Korpus nicht zu erweitern.

2 LITERARISCHE DARSTELLUNGEN VERSCHIEDENER KRANKHEITEN

Die literarische Darstellung von Krankheit ist kein neues Phänomen, da es die Unterscheidung zwischen ‚gesund' und ‚krank' in der Literatur schon immer gab. Die ästhetischen oder literaturkritischen Diskurse haben auch im Laufe der Jahrhunderte immer wieder nach diesen klinischen Kategorien gegriffen. Goethe stellte die ‚gesunde' Klassik der ‚kranken' Romantik gegenüber. Der nationalsozialistische Kampf gegen die Ästhetik der Moderne führte seine Herkunft auf die Unterscheidung zwischen Gesundheit und Krankheit in der Medizingeschichte zurück. Sogar in der Nachkriegszeit hielt Georg Lukács an dem Wert der Begriffe „Gesundheit' und ‚Krankheit' für die Urteilsbildung in der Ästhetik fest, denn er sah „die Gesundheit auf der Seite des Fortschritts, Krankheit auf der Seite der Reaktion."[12] Ferner bildete für ihn der Avantgardismus eine kranke, dekadente Tendenz, deren Vertreter er aburteilte, „weil sie im Lebenskampf der Menschheit zwischen Gesundung und Verwesung sich nicht auf die richtige Seite gestellt haben." (Lukács 1955: 252) Lukács Übernahme und Verwendung der Begriffe gesunder und kranker Kunst wurde 1958 von Adorno als „krampfhaft" und die Dichotomie von gesund und krank als „undialektisch" bezeichnet.[13] In den 1960er Jahren wiederholte sich die Kontroverse im sogenannten Zürcher Literaturstreit. Diesmal besetzten allerdings Emil Staiger und Max Frisch die entgegengesetzten Positionen: Der Erstere sah in der Literatur der Moderne den unweigerlichen Weg „zum Verbrecherischen und Kranken, zum Kran-

---

[12] Lukács, Georg: *Gesunde oder kranke Kunst?* In: Georg Lukács zum siebzigsten Geburtstag. Berlin (Ost): Aufbau Verlag 1955, S. 249.
[13] Adorno, Theodor W.: *Erpreßte Versöhnung. Zu Georg Lukács ‚Wider den mißverstandenen Realismus'.* In: Adorno, Theodor W.: *Noten zur Literatur.* Frankfurt am Main: Suhrkamp 1974 (Gesammelte Schriften Bd. 2), S. 251-280, hier S. 257.

ken und Verbrecherischen"[14], während der Letztere in einem offenen Brief auf die Gefahr einer solchen an eine totalitäre Literaturpolitik angepassten Literaturkritik hinwies.

Im Wesentlichen berufen sich Literaturkritiker, die an den Normen der klassischen Ästhetik orientiert sind, häufiger auf die Gesundheit. Die Ästhetik der Moderne ist hingegen durch größere Sympathie für das Pathologische gekennzeichnet. Diese Sympathie offenbart sich auch in der großen Anzahl literarischer Veröffentlichungen, insbesondere im 20. Jahrhundert, die sich mit der Darstellung einer Krankheitserfahrung beschäftigen. Jedoch hat das Schreiben über Aids als die jüngste literarisierte Krankheit doch einen ganz besonderen Stellenwert, weil es als Kulmination der historischen Entwicklung von verschiedenen Krankheitsliteraturen angesehen werden kann.

2.1 Literarisierbare Krankheiten

Allerdings sind nicht alle Krankheiten literarisierbar. Häufig in der Literatur widerspiegelt worden sind einerseits die Pest, Tuberkulose, Syphilis, Cholera sowie Krebs und andererseits psychopathologische Phänomene wie Wahnsinn, Schizophrenie, Drogen- und Alkoholsucht sowie Depressionen, die letzteren insbesondere seit Anfang der 1970er Jahre. Beispiele der Literarisierung von Krankheiten wie der Grippe, dem Herzinfarkt oder der Zuckerkrankheit findet man eher selten, obwohl sie einen guten Teil der Bevölkerung befallen. Daher entsteht die Frage, weshalb nur einige Krankheiten von Literaten bevorzugt werden, während andere in der Literatur kaum oder überhaupt nicht widerspiegelt werden. Bemerkenswert ist dabei auch die Tatsache, dass einzelne Krankheiten nur zeitweise favorisiert werden. Anders gesagt, jedes Zeitalter scheint seine favorisierte Krankheit zu haben.

---

[14] Staiger, Emil: Literatur und Öffentlichkeit. In: *Sprache im technischen Zeitalter* 22 (1967), S. 90-97, hier S. 93.

2.1.1 Epochenkrankheiten

Eine Erklärung dafür bietet der von Frank Degler und Christian Kohlross eingeführte Begriff von Epochenkrankheiten: Krankheiten, die entweder aufgrund ihres epidemischen Charakters, der ihnen zu bestimmten Zeiten zukommt, als solche gelten, oder diejenigen, deren Auftreten eine Folge des Zivilisationsprozesses zu sein scheint. In erster Linie muss zwischen dem Kranksein an sich und dem interpretativen, in Deutungsakten gewonnenen Wissen über eine Krankheit unterschieden werden. Aus der Perspektive der Literatur sind Krankheiten stets gedeutete Prozesse, die den Körper oder den Geist beeinträchtigen, gelegentlich auch zum Nutzen der Betroffenen. Gerade diese Deutungsabhängigkeit des Wissens um Krankheiten macht den Begriff von Epochenkrankheiten überhaupt erst möglich.

> „Zu ‚Epochenkrankheiten' werden Krankheiten, weil sie in interpretativen Akten dazu gemacht werden. Und *als* ‚Epochenkrankheiten' befallen sie einzelne Körper oder Subjekte nur, weil diese an einem allgemeinen, sie übergreifenden Deutungsgeschehen partizipieren. Dadurch wird das Urteil, es handele sich in diesem oder jenem Fall um eine Epochenkrankheit, mit einem zeitlichen Index versehen: was zu bestimmten Zeitpunkten als Krankheit einer Epoche gilt, muss zu anderen Zeiten nicht mehr als eine solche gelten; was für eine bestimmte Epoche eine typische Krankheit ist, wird dies in der Regel für keine andere Epoche sein." [15]

2.1.2 Metaphorisierbare, entmenschlichende Krankheiten

Für Susan Sontag sind etwa diejenigen Krankheiten literarisierbar, aus denen sich Metaphern ableiten lassen: d.h. Krankheiten, die zur Seuche erhoben werden können. Dementsprechend ist Pest auch die Hauptmetapher im Fall von Aids, denn Aids wurde für lange Zeit als ‚schwule Pest' bezeichnet. Weiterhin postuliert sie, dass jeder Kranke allgemein als Leiden-

---

[15] Degler, Frank und Kohlross, Christian (Hg.): *Epochen/Krankheiten. Konstellationen von Literatur und Pathologie.* St. Ingbert: Röhrig 2006, S.18 (Das Wissen der Literatur, Bd. 1. Hgg. von Jochen Hörisch und Thomas Klinkert).

der wahrgenommen wird, aber das größte Entsetzen erregen solche Krankheiten, die nicht nur Leiden auslösen - denn das stimmt für alle Krankheiten bis zu einem gewissen Grade - sondern diejenigen, die den Betroffenen entarten. Solche Krankheiten werden nicht nur als tödlich angesehen, sondern auch als entmenschlichend, da sie den Körper in etwas Fremdes verwandeln.[16] Ein Grund dafür ist, dass moralischen Urteilen über Krankheiten oft ästhetische Urteile wie ‚schön' und ‚hässlich', ‚sauber' und ‚schmutzig', ‚vertraut' und ‚fremd' oder sogar ‚unheimlich' zugrunde liegen. (Sontag 2003: 107)

2.1.3 Krankheit als Grenzerfahrung

Eine weitere Erklärung für die selektive Literarisierung von Krankheiten bietet meines Erachtens der Begriff der ‚Grenzerfahrung'. Philippe Sollers erläutert sie als ein transformatives Erlebnis, bei dem das Wohlbefinden, die Sicherheit oder sogar das Leben eines Menschen aufs Spiel gesetzt wird, indem er seine körperlichen oder psychischen Fähigkeiten bis zum Äußersten antreibt.[17] Intensive Liebe, starker Hass, extreme Furcht und äußerster körperlicher Schmerz sind nur einige Beispiele einer Grenzerfahrung, die als solche immer wieder in der Literatur thematisiert werden. Auch manche Krankheiten machen eine Grenzerfahrung - sowie eine Erfahrung der Grenzen - aus und werden daher literarisiert. Dazu zählen in erster Linie Krankheiten, die tödlich verlaufen und dem Betroffenen die Möglichkeit bzw. die Zeit geben, die Grenzen der Medizin sowie auch des Lebens zu erfahren. Tabuisierte Krankheiten, insbesondere die sexuell übertragbaren wie z.B. Syphilis und Aids, gehören ebenfalls dazu, denn der Betroffene sieht sich mit den Grenzen der Gesellschaft konfrontiert, indem er marginalisiert wird.

---

[16] Vgl. Sontag, Susan: *Krankheit als Metapher. Aids und seine Metaphern.* Übersetzt von Karin Kersten, Caroline Neubaur und Holger Fliessbach. Frankfurt am Main: Fischer Taschenbuch Verlag 2003, S. 110-111.

[17] Vgl. Sollers, Philippe: *Writing and the Experience of Limits.* Übersetzt von Philip Barnard und David Hayman. New York: Columbia University Press 1983, S. 199-205.

Außerdem erfährt er die Auflösung der Grenzen zwischen Eros und Thanatos. Eine dritte Möglichkeit sind Krankheiten wie Lepra, Pocken und wiederum Aids, wenn man an die Kaposi-Sarkom-Flecken und die drastische Abmagerung der Betroffenen denkt, bei denen der Betroffene die ästhetischen Grenzen des menschlichen Körpers erfährt, weil sie zur Entstellung führen, so dass der Betroffene von seiner Krankheit sichtlich gezeichnet wird. Charles Strickland, der Protagonist in Somerset Maughams *The Moon and Sixpence*, erlangt letztendlich Genialität, nachdem er an Lepra erkrankt und von der Gesellschaft ausgestoßen ist, und malt sein größtes Werk in Tahiti, kurz bevor ihn die Krankheit erblinden ließ. Die schöne und intrigierende Madame de Merteuil erkrankt letztendlich in Choderlos de Laclos' Briefroman *Les liaisons dangereuses* an Pocken. Die Krankheit enthüllt in dem Sinne die Wahrheit ihrer hinterlistigen Seele. Auch manche Krebsarten, bei denen der Patient durch einen sichtbaren Tumor oder die durch die Chemotherapie-induzierten Änderungen des Aussehens entstellt wird, können als Grenzerfahrung wahrgenommen werden.

Des Weiteren trifft dies auf psychopathologische Phänomene zu, die insbesondere seit den siebziger Jahren des letzten Jahrhunderts im Rahmen der Neuen Subjektivität sehr häufig in der Literatur dargestellt worden sind. Hier erfahren die Betroffenen die Grenzen der Vernunft, also der Eigenschaft, die den Menschen vom Tier unterscheidet, mit anderen Worten die Gattung Mensch definiert. Im Vergleich zu den Betroffenen körperlicher Krankheiten werden die psychisch Kranken viel nachdrücklicher als Außenseiter, Randexistenzen oder Grenzgänger dargestellt. Auch Michel Foucault betrachtet die Geschichte des Wahnsinns als eine „Geschichte der Grenzen [...], mit denen eine Kultur etwas zurückweist, was für sie außerhalb liegt."[18] Sehr oft wird die Erfahrung einer Geisteskrankheit romantisiert, indem sie als ein Abenteuer repräsentiert wird. In Thomas Bernhards *Wittgensteins Neffe* sind die Lungenkranken darauf neugierig, wie die Geisteskranken

---

[18] Foucault, Michel: *Wahnsinn und Gesellschaft. Eine Geschichte des Wahns im Zeitalter der Vernunft.* Frankfurt am Main: Suhrkamp 1969, S.9.

ihren Alltag verbringen, „weil sie sich jeden Tag etwas Sensationelles erhofften, das ihren fürchterlichen Alltag der tödlichen Langeweile [...] verkürzen sollte."[19] Maria Erlenberger gibt zu, dass sie „die Schwelle zu einem abenteuerlichen Spiel mit [ihr] selbst betreten hatte."[20] Sogar Deleuze und Guattari erwähnen das „Abenteuer der Psychose."[21] Das autobiographische Schreiben über Grenzerfahrungen bzw. Erfahrungen solcher Krankheiten wird zum Akt der Grenzüberschreitung. Die Betroffenen versuchen die Grenze zwischen Objekt und Subjekt zu überschreiten. Indem sie den passiv leidenden Patienten in den aktiv erzählenden Autor verwandeln, heben sie die herkömmliche hegelianische Dichotomie zwischen diesen beiden Positionen auf.

2.1.4   Aids: die jüngste Epochenkrankheit

Als in den 1980er Jahren die ersten Fälle von einer neuen rätselhaften Krankheit bekannt wurden, sah sich die Medizin überraschend mit einer Krise konfrontiert. Das 20. Jahrhundert hatte bis dahin als das goldene Zeitalter der Medizin und der medizinischen Forschung gegolten und die Medizin wurde als auf dem Gipfel ihrer Leistungen stehend angesehen. Ihre Hauptprämissen waren, dass alle Krankheiten erklärbar und daher auch heilbar seien. Seuchen erschienen in der Gegenwart fehl am Platz, denn sie gehörten ausschließlich der Vergangenheit an. Der Ausbruch von Aids in den 1980er Jahren stellte diese beiden Prämissen in Frage: Weder die Herkunft noch der Verlauf der Krankheit waren damals nachvollziehbar und sie sind zum Teil bis heute höchst umstritten. Aids bleibt immer noch unheilbar. Zusätzlich wurde die Krankheit bis zum Anfang der 1990er Jahren als

---

[19] Bernhard, Thomas: *Wittgensteins Neffe. Eine Freundschaft.* Frankfurt am Main: Suhrkamp 1982, S. 18.
[20] Erlenberger, Maria: *Der Hunger nach Wahnsinn. Ein Bericht.* Reinbek bei Hamburg: Rowohlt 1977, S. 49.
[21] Deleuze, Gilles und Guattari, Felix: *Anti-Ödipus. Kapitalismus und Schizophrenie.* Frankfurt am Main: Suhrkamp 1974, S. 175.

eine ‚Schwulenseuche' bezeichnet und ausschließlich in Verbindung mit homosexuellen Männern und/oder mit Drogensüchtigern wahrgenommen. Dies führte einerseits zu apokalyptischen Vorhersagen über eine seuchenartige Verbreitung der Krankheit, ein Verlauf, der nach dem damaligen Stand der Wissenschaft in das Mittelalter gehörte. Andererseits wucherten mittelalterliche, religiös geprägte moralische Urteile über die Betroffenen, in denen Aids als selbstverschuldete Strafe für eine Sünde, nämlich eine widernatürliche oder rücksichtslose Sexualität bzw. Lebensweise, betrachtet wurde.

Jedoch war Aids nicht nur für die Medizin eine große Herausforderung, die die Allmacht der Wissenschaft in Frage stellte. Für die Betroffenen bedeutete es eine prä-moderne Erfahrung von Krankheit, die sich stark von den Erfahrungen anderer bisherigen Krankheiten unterschied, obwohl sie gleichzeitig von deren Metaphern weitgehend geprägt war.[22] Das Neue an Aids bestand darin, dass es eigentlich gar keine Krankheit war, sondern ein Syndrom, das zu schweren Störungen im Immunsystem des Körpers führte, d.h. den Körper anfällig für verschiedene Arten von Krankheiten machte und (zumindest in den ersten Jahren) meist tödlich verlief.

2.1.4.1 *Die Problematisierung der Begriffe gesund und krank in Bezug auf Aids*

Das Neue an Aids besteht darin, dass es im Gegensatz zu den anderen Epochenkrankheiten eigentlich gar keine Krankheit ist. Ein HIV-Infizierter ist in dem Sinne *infiziert aber nicht krank* und kann viele Jahre lang mit dem Virus im Körper *gesund* bleiben. Dieser Begriff lässt sich jedoch anhand der herkömmlichen bipolaren Kategorisierung nur schwer einordnen. Folglich beschäftigt sich der Aids-Diskurs nicht nur mit den Aidskranken, sondern auch mit den HIV-Positiven, auch wenn diese scheinbar gesund sind. Damit

---

[22] Anfangs wurde in den Vereinigten Staaten diese neue Krankheit als 'gay cancer' und später als 'gay plague' bezeichnet. Mittlerweile sind seit dem ersten Auftreten über 30 Jahre vergangen und die Bezeichnung ‚AIDS' ist durch ‚Aids' ersetzt worden.

verweist Aids auf frühere Metaphern und Figuren wie die Ansteckung durch sexuelle Berührung im Falle von Syphilis oder die nächtliche Verwandlung eines Schwindsüchtigen – sei es durch Fieberanfälle oder durch das Anziehen eines Lederanzugs oder Masken in den Back Rooms – in ein Monster: eine Figur, die nach Foucault das Unmögliche mit dem Verbotenen kombiniert und als das Prinzip zur Verständlichkeit aller Anomalien bzw. aller Krankheiten fungiert. In populärer Vorstellung verkörperte der Aids-Betroffene zunächst ein entartetes, krankhaftes Wesen, das die von Foucault differenzierten drei Figuren des menschlichen Monsters, des Unverbesserlichen und des kleinen Onanisten vereinte, und daher nicht einfach als Kranke, sondern vielmehr als Grenzgänger, als Mischung des sexuellen Monsters und des monströsen Individuums wahrgenommen wurde.[23] Somit wurde das Monströse bzw. der HIV-Positive selbst zur Metapher der Krankheit, den die Medizin als potenzielle Gefahr ständig beobachten und im Visier behalten wollte.

Bemerkenswerterweise steht die Figur des Monsters im Mittelpunkt vieler Werke des französischen Autors Hervé Guibert, der die deutschen Aids-Autoren deutlich beeinflusste. Das Monster wird herkömmlich als ein Wesen wahrgenommen, das weder Mensch noch Tier ist. Sein Anderssein ist sein Wesensmerkmal, aufgrund dessen es einerseits zur Schau gestellt werden darf, andererseits muss es aber isoliert und eingesperrt werden, vorgeblich für das Allgemeinwohl. Die Ungeheuerlichkeit des Monsters fasziniert die ‚normalen' Menschen und schreckt sie zugleich ab. Sowohl in seinen literarischen Werken als auch in seinen Fotografien beschäftigt sich Guibert mit Monstern, von denen viele in Zoos, Naturkundemuseen und Sexklubs zu sehen sind, während sich andere in Krankenhäusern, psychiatrischen Kliniken und Dokumentarfilmen über Aidsinfizierte befinden. Ralph Sar-

---

[23]Vgl. Foucault, Michel: *Abnormal. Lectures at the Collège de France 1974-1975.* Hgg. von Valerio Marchetti, Antonella Salomoni; übersetzt von Graham Burchell, New York: Picador 2003, S. 55-63.

konak erläutert die Bedeutung des Monsters für Guibert und dessen Ästhetisierung in Guiberts Gesamtwerk folgenderweise:

> „To understand Guibert is to understand the all-important figure of the monster, whether it be an animal, a hybrid, or Guibert himself. [...] Monstrosity elicits for Guibert less sympathy than complicity, less fear than friendship, less pity than adoration."[24]

Nach dem ersten Auftreten wurde Aids zunächst als eine mit der Dekadenz verbundene Krankheit betrachtet. Die Betroffenen hätten sich wegen ihres Extremverhaltens infiziert: dem rücksichtslosen Sexual- und Suchtverhalten, das auf ungezähmter Sinnenlust basierte. Eine Reihe von Prominenten, darunter Schauspieler wie Rock Hudson, Musiker wie Freddie Mercury oder Sportler wie Magic Johnson und Arthur Ashe, stellten in den Anfangsjahren die glanzvolle öffentliche Gestalt des Aids-Betroffenen dar. Im Laufe der Zeit wurde Aids zunehmend mit städtischer Armut in Verbindung gebracht. Nun war der stereotype Aids-Betroffene ein in einem ärmeren Stadtteil lebender, höchstwahrscheinlich schwuler und/oder drogenspritzender Mensch, der sich eventuell auch prostituierte, um seine Drogensucht zu finanzieren.

Des Weiteren ist Aids als eine typische Erscheinung des Globalisierungszeitalters zu verstehen. Im Gegensatz zu den bisherigen Epidemien war Aids nicht geographisch auf ein bestimmtes Gebiet begrenzt, sondern es brach überall aus. HIV fungiert in dieser Hinsicht als Metapher für die Computerviren, die sich ihrerseits ebenfalls weltweit manifestieren. Ferner hat die umfangreiche künstlerische Darstellung von Aids ihre Ursache zum großen Teil darin, dass die Krankheit genau zu Beginn des aufblühenden Medienzeitalters auftrat, denn die sich gut verkaufende Mischung aus Tabuisiertem und Rätselhaftem, die sie in der populären Vorstellung kennzeichnet, ist ausgesprochen medienwirksam.

---

[24] Sarkonak, Ralph: *Angelic Echoes. Hervé Guibert and Company*. Toronto, Buffalo, London: University of Toronto Press 2000, S. 284.

An dieser Stelle sollen zwei Aspekte in der Literarisierung des Phänomens Aids berücksichtigt werden: Einerseits wurden viele herkömmliche Metaphern wiederbelebt, alte Erzählstrategien wieder verwendet, um über Aids zu reden, um es zu literarisieren, da für diese neue Krankheit noch keine vorhanden waren. Andererseits wurden mehrere neue Strategien kreiert, um das Neue dieser Erfahrung zum Ausdruck zu bringen und ihm gerecht zu werden. Auf die alten Motive sowie die Einflüsse anderer Krankheitsliteraturen bzw. anderer Hypotexte auf die Aids-Literatur wird im folgenden Teil eingegangen. Die Neuerungen sollen im Kapitel drei und vier im Rahmen der Untersuchung der Themen und der Erzählstruktur ausführlich behandelt werden.

2.2 Die Metaphern verschiedener Epochenkrankheiten und ihr Einfluss auf die Aids-Literatur

2.2.1 Die Pest in der Literatur: die Krankheit der Antike und des Mittelalters

Die Pest, eine der ältesten und am häufigsten in der Literatur dargestellte Krankheit, wird seit Langem als eine beliebte Krankheit der Antike betrachtet. Krankheit durfte in der Antike eine grundlose Erscheinung sein oder eine durch einen persönlichen Fehler, einen Kollektivverstoß, oder durch die Verbrechen der Vorfahren verdiente Strafe. Demzufolge galt die Pest als ein Instrument göttlichen Zorns, den eine Gemeinde auf sich zog, indem sie sündigte. Für die Repräsentationen dieser Kollektivkrankheit wurden angemessene literarische Gattungen ausgewählt, nämlich die epischen und dramatischen: im Buch I der *Ilias* sendet Apollon den Achaiern eine Pest, um sie zu bestrafen, da Agamemnon die Tochter von Chryses entführt hatte; Theben wurde wegen der Anwesenheit Ödipus' - dem Mörder seines eigenen Vaters - von der Pest heimgesucht. Der griechische Historiker Thukydides erzählt, wie der Ausbruch der Pest 430 v. Chr. Chaos und Gesetzlosigkeit in Athen hervorbrachte und im Alten Testament verweist das Buch des Propheten Samuel auf die Pest der Philister im Jahre 320 v. Chr. Im Mittelalter beschreibt Giovanni Boccaccio in seinem *Decamerone* (1351) das unsittliche und schlechte Benehmen der Bürger von Florenz während der Pest im Jahre 1348. Sowohl Thukydides als auch Boccaccio heben hervor, dass die meisten Beziehungen aufgrund der Panik, die von dem Ausbruch der Epidemie ausgelöst wurde, zerbrachen. Andere Beispiele von der Literarisierung der Pest sind in Ovids *Metamorphoses*, in Geoffrey Chaucers *Canterbury Tales* aus dem 14. Jahrhundert und in Daniel Defoes *Journal of the Plague Year* (1722) zu finden.[25]

Epidemien, insbesondere die Pest, die als ein Kollektivelend angesehen wurden, haben lange Zeit sprachlich und auch in der Literatur als eine beliebte Metapher für gesellschaftliche Unordnung fungiert. Aus den Substantiven ‚Pest' und ‚Seuche' gehen Adjektive wie ‚pestartig' und ‚verseuchend' hervor. Der zum Tode verurteilte Revolutionär Gauvain in Hugos Roman *Quatre-vingt-treize* verwendet diese Metapher, als er die Französische Revolution von ihrem Blutvergießen, einschließlich seiner eigenen unmittelbar bevorstehenden Hinrichtung, freispricht.

> "[B]ecause it is a tempest. A tempest knows always what it does ... Civilization had the plague, this great wind cures it. Perhaps it is not so careful as it ought to be. But could it do otherwise than it does? It is charged with a difficult task. Before the horror of miasma, I comprehend the fury of the blast."[26]

Diese Metaphorisierung findet sich ebenfalls in der Aids-Literatur, denn Aids wurde häufig als ‚Schwulenpest' bezeichnet, was den Topos von

---

[25] Auch im 19. und 20. Jahrhundert ist die Pest mehrmals literarisiert worden, z.B. in Edgar Allen Poes *The Masque of the Red Death* (1842), Mary Shelleys Sciencefiction-Roman *Last Man* (1824), Alessandro Manzonis historischer Roman *The Betrothed* (1827) und Albert Camus' *La Peste* (1947).

[26] Hugo, Victor: *Ninety-Three*. Übersetzt von Frank Lee Benedict. New York: Harper and Brothers 1874, S. 347.

Krankheit als eine für eine Gemeinschaft aufgrund ihrer Sittenlosigkeit verdiente Strafe einbezieht. Außerdem wird in beiden Fällen davon ausgegangen, dass die Krankheit von irgendwo anders eingeschleppt wurde. Das Abendland erscheint in der populären Vorstellung als ein kulturell höherstehender Raum, der frei von Epidemien ist, in den fremde und tödliche Krankheiten von außen eindringen. (Vgl. Sontag 2003: 114) In seinem Roman *La gloire du paria* zieht Dominique Fernandez mehrmals die Pest als Bezeichnung für Aids heran.[27] Auch Walter Vogt lässt die Figur des Programmierers in seinem Theaterstück *Die Betroffenen* bei der Beschreibung des Begräbnisses eines an Aids Verstorbenen die Pestmetapher in Verbindung mit Thomas Manns *Tod in Venedig* erwähnen.[28] Am deutlichsten wird jedoch die Pest als Zentralmetapher für Aids in Lukas Hartmanns Roman *Die Seuche* (1992) verwendet. Hartmann erzählt in diesem Werk die Geschichte des Pestausbruchs im Jahre 1349, wobei die Erzählung wiederholt von kurzen, dokumentarischen Einschüben zum Thema Aids unterbrochen wird. Auf diese Weise stellt der Autor einen deutlichen Zusammenhang zwischen den beiden Krankheiten her, vor allem was die Suche nach Sündenböcken betrifft. Einerseits beschreibt er die Verbrennung von Juden im Mittelalter, weil ihnen die Schuld für die Pest zugeschrieben wurde, andererseits erwähnt er im Laufe der Aids-Einschübe die sogenannten Risikogruppen, die ebenfalls mit Schuldzuweisungen konfrontiert werden.[29]

---

[27] Vgl. Fernandez, Dominique: *La gloire du paria*. Paris: Grasset 1987, S. 85, S. 97-98.

[28] Vgl. Vogt, Walter: *Die Betroffenen. Stücke*. Werkausgabe Bd. 9. Hgg. von Kurt Salchli. Zürich: Nagel & Klimke 1993, S. 274.

[29] Vgl. Coale, Sam: *Red Noses, the Black Death and AIDS: Cycles of Despair and Disease*. In: Judith Laurence Pastore (Hg.): *Confronting AIDS through Literature. The Responsibilities of Representation*. Urbana, Chicago: University of Illinois Press 1993, S. 95-102, hier S. 96.

2.2.2 Tuberkulose in der Literatur: eine Krankheit der Auserwählten

Während die Pest hauptsächlich als eine Krankheit der Antike und des Mittelalters betrachtet wird, ist Tuberkulose als eine Krankheit der Romantik und der Industriellen Revolution zu verstehen. Erst in der Literarisierung von Tuberkulose wurde die Idee einer individuellen Erfahrung von Krankheit artikuliert, als auch die Idee, dass Menschen ein erhöhtes Bewusstsein entwickeln, wenn sie sich dem Tode gegenübersehen. Die Mystifizierung dieser Krankheit hatte schon früh begonnen. Schon im Jahre 1398 wurde Tuberkulose als ‚Auszehrung' bezeichnet (Vgl. Sontag 2003: 13) - als eine Krankheit, die zum allmählichen Schwinden des Betroffenen führte. Als Folge dieser Verschiebung des Interesses vom Äußeren zum Inneren kam es zu einem Erblühen persönlicherer Erzählformen: Romane bzw. Briefromane, Tagebücher und autobiographische Schriften waren das bevorzugte Mittel, das persönliche Erleben dieser Krankheit wiederzugeben. Tuberkulose wurde von den Romantikern als eine Erfahrung betrachtet, die dem Betroffenen interessant bzw. romantisch erscheinen ließ, und daher galt die Krankheit als eine Variante der Liebe.

Zudem gab es zum ersten Mal die mystifizierende Vorstellung von einem spezifischen Persönlichkeitstyp in Bezug auf Krankheit: Der Schwindsüchtige sollte ein sensibler, kreativer, leidenschaftlicher Mensch sein, der kein Ventil für seine Leidenschaften hatte und wegen des Exzesses an Leidenschaft and Frustration schwindsüchtig wurde. Der Tuberkulosetod wurde als ein sanfter Tod dargestellt, geeignet für sensible, leidenschaftliche, kreative und lebensunfähige Menschen. Tuberkulose wurde lange mit dem feuchten Klima und der Armut der Städte und den unhygienischen Lebensverhältnissen der städtischen Armen verbunden. Den Patienten wurde ein Ortswechsel empfohlen und bald entwickelten sich Berg- und Wüstenlandschaften - typisch ‚romantische' Orte - als Kurorte für Schwindsüchtige. Diese neue Wanderlust des Schwindsüchtigen führte ihn auf eine Art Bildungsreise, z.B. während eines Heilstättenaufenthaltes, auf der er sich und seine Umwelt kennenlernte.[30] Daher lesen sich die meisten Schwindsucht-romane wie Bildungsromane.

Die Romantiker verwendeten Tuberkulose dafür, den Tod auf eine neue Art darzustellen, um ihn bedeutungsvoller zu gestalten. Während die Pest alle Mitglieder einer Gemeinde willkürlich heimsuchte und sie zu einem kollektiven (und daher bedeutungslosen) furchtbaren Tod führte, löste Tu-berkulose den groben sterblichen Körper des Auserwählten auf, erzeugte einen frommen Charakter und erweiterte das Bewusstsein, ohne furchterre-gend zu sein. Oft wurde Schwindsucht als eine Krankheit der Zeit repräsen-tiert, die das Leben beschleunigte, ein Schlaglicht darauf warf und es ver-geistigte. Der Schwindsuchttod wurde als ein einfacher, schmerzloser und lyrischer Tod dargestellt. Thoreau z.B. hat 1852 in seinem Tagebuch seine eigene Erfahrung von Tuberkulose mit den folgenden Worten geschildert: „Tod und Krankheit sind oft schön, wie ... der hektische Glanz der Schwind-sucht.“ [31] Und Dickens in *Nicholas Nickleby*:

> „[T]he struggle between soul and body is so gradual, quiet and solemn, and the result so sure, that day by day, and grain by grain, the mortal part wastes and withers away, so that the spirit grows light and sanguine with its lightening load ...“[32]

Das Erbe der Schwindsuchtliteratur ist ohne Zweifel in der Literarisie-rung von Aids vorhanden. Die Vorstellung eines bestimmten Persönlich-keitstyps findet sich im Umgang mit und in der Literarisierung von beiden Krankheiten. Fast alle in dieser Arbeit diskutierten Aids-Autoren bemühen sich darum, einen Zusammenhang zwischen ihrer Aids-Erkrankung und

---

[30] Das Sanatorium ist auch der Schauplatz in Thomas Manns *Zauberberg* (1924) und Max Frischs *Stiller* (1954).

[31] zitiert nach Sontag 2003: 21.

[32] Dickens, Charles: *Nicholas Nickleby*. In: The Works of Charles Dickens in thirty-four Volumes. With Introductions, General Essay and Notes by Andrew Lang. Vol. V. Gadshill Edition. London: Chapman and Hall 1897, S. 265. (Vgl. Sontag 2003: S. 18).

ihrer durch das Wechselspiel zwischen inneren und äußeren Zuständen entstandenen Persönlichkeit herzustellen. Der Topos ‚Aids als Chance' lässt sich ebenfalls von der Vorstellung von Tuberkulose als eine Krankheit der Auserwählten herleiten. Außerdem ist die Aids-Literatur sehr stark von der Reisemetaphorik und einem bildungsromanartigen Erlangen von Selbsterkenntnis und Wissen durch Krankheitserfahrungen bzw. Erfahrungen mit Ärzten und der Medizin geprägt. Das Sanatorium der Schwindsüchtigen wird in den Aids-Werken durch die Aids-Station ersetzt. Beide fungieren als Stätte der Medizin, die dem Betroffenen eine Möglichkeit bieten, in einer abgeschlossenen Heilanstalt einem Mikrokosmos zu begegnen und dadurch einen neuen Einblick in sich selbst und in die Welt zu gewinnen, der ihnen in der offenen gesunden Gesellschaft nicht zur Verfügung steht.

2.2.3 Syphilis in der Literatur: Sexuelle Liebe und selbstverschuldeter Tod

Zu Beginn des 20. Jahrhunderts gab es einen erneuten Wandel in der Literatur: Nun war Syphilis die Krankheit mit der größten Bedeutung, obwohl das Wort bereits im Jahre 1530 zum ersten Mal in einem Heldengedicht des italienischen Arztes und Dichters Girolamo Fracastoro *De Syphilis sive de morbo gallico* erwähnt wurde.[33] Die Mystifizierung dieser Krankheit begann damit, dass sie überall in der Welt als die Krankheit der Anderen, der Fremden angesehen wurde,[34] ebenso wie Aids. (Vgl. Sontag 2003: 115-116) Außerdem wurde mit Syphilis - einer sexuell übertragbaren Krankheit, die Eros und Thanatos verband - ganz offen dem Betroffenen die gesamte Schuld an

---

[33] Vgl. Schonlau, Anja: *Syphilis in der Literatur. Über Ästhetik, Moral, Genie und Medizin (1880-2000)*. Würzburg: Königshausen und Neumann 2005, S. 55.

[34] Die Franzosen nannten sie ‘spanische Krankheit', während Deutsche und Engländer Syphilis vor allem als die ‘französische Krankheit' kannten. Die Polen sprachen von der ‘deutschen', die Russen von der ‘polnischen Krankheit'. In Japan bezeichnete man sie um 1500 als die ‘chinesische Krankheit' und für die Tahitianer war Syphilis die ‘englische Krankheit'. Darüber hinaus wurde Syphilis auch als die ‘jüdische Krankheit' bezeichnet. Vgl. Schonlau 2005: 50.

seiner Erkrankung gegeben. Dies wird deutlich durch die Bezeichnung dieser Krankheit als ‚Lustseuche', ‚Venerische Krankheit' oder ‚Lues venerea', Begriffe, die den sexuellen Übertragungsweg der Krankheit betonten und damit Syphilis einem Schema von Schuld und Sühne unterwarfen.

Mit Syphilis kam es auch verstärkt zu einer Verknüpfung beider Topoi ‚Krankheit als selbstverschuldete Strafe' und ‚Krankheit als Chance'. Die ererbte Syphilis des Malers Osvald Alving in Henrik Ibsens Stück *Gengangere* (1881), die zu seinem psychischen und physischen Zusammenbruch führt, verkörpert die tragischen Konsequenzen der von der Gesellschaft verschwiegenen Sünden der Väter. Mildred in Somerset Maughams *Of Human Bondage* (1915), die den Protagonisten Philip mehrmals betrogen und verlassen hat, erkrankt letztendlich an Syphilis, weil sie sich prostituiert. Thomas Mann hatte 1901 Hanno Buddenbrook am Typhus sterben lassen, aber in *Doktor Faustus* kommt die Syphilis vor: Adrian Leverkühn, einer der berühmtesten Syphilitiker in der Literatur, infiziert sich bei einer Prostituierten bewusst mit Syphilis, um Genialität zu erlangen, damit er neuartige Musikwerke schreiben kann.

Auch in der deutschen Aids-Literatur ist die Verknüfung beider Topoi ganz deutlich zu sehen, denn alle Aids-Autoren ziehen eine Parallele zwischen ihrem rücksichtslosen, promiskuitiven Sexualverhalten als Schwule und ihrer Erkrankung. Andererseits wird die Aids-Erkrankung auch als Chance wahrgenommen, denn viele deutsche Aids-Autoren wie Helmut Zander, Napoleon Seyfarth, Markus Commerçon und Helmut Zielinski haben erst nach der Entdeckung ihres HIV-Positivseins begonnen zu schreiben. Im Gegensatz zu der Mystifizierung von Schwindsucht und Krebs wird im Fall von Syphilis jedoch kein besonderer Persönlichkeitstyp beschrieben. Vielmehr ist hier - sowie auch in Zusammenhang mit Aids - von sexueller Freizügigkeit die Rede. Alle, die außerhalb des von der Gesellschaft erlaubten Rahmens ihr Vergnügen suchen, laufen Gefahr, sich anzustecken. Mit anderen Worten, in beiden Fällen wird einer ‚abweichenden' Sexualität die Schuld für die Erkrankung gegeben. Während früher die Syphilitiker sich beim Geschlechtsverkehr mit Prostituierten oder mit mehreren unbekannten Partnern angesteckt haben sollen, ging man am Anfang der Aids-Krise davon aus, dass das HIV-Positivsein nur oder hauptsächlich Homosexuelle betraf, die sich ‚widernatürlichen' Sexualpraktiken hingaben.

Eine weitere Ähnlichkeit ist in der stufenweisen Entwicklung beider Krankheiten zu sehen. Der französische Aids-Autor Hervé Guibert bezeichnet Aids z.B. als eine Krankheit in Etappen, eine Reihe von Stufen, die doch zum Tod führen, aber nicht sofort. Mit anderen Worten: Aids ist nicht sofort katastrophal.[35] Am Anfang gibt es ein Latenzstadium, während dessen der Betroffene keine Symptome aufweist, obwohl er schon infiziert und sich sehr oft seiner Krankheit gar nicht bewusst ist. In dieser Phase ist der Betroffene daher eine Gefahrenquelle für andere, obwohl er dem Anschein nach gesund ist. Nur langsam entwickeln sich die beiden Krankheiten zum Vollbild. Für HIV-Positive ist diese die vierte HIV-Phase, das Aids-Vollbild. Des Weiteren gilt in beiden Fällen ein vager Verdacht auf schmutzige körperliche Liebe. Der Betroffene soll sich angesteckt haben, weil er in vollem Bewusstsein gewisse Grenzen überschritten hat. Indem der populäre Aids-Diskurs den Ursprung der Aids-Krise in Afrika verortet und davon ausgeht, dass HIV den ersten Betroffenen von Affen übertragen wurde, beschwört er ganz zweckdienliche Vorstellungen von Afrika als Schwarzem Kontinent und der unterstellten Bestialität seiner unterentwickelten Einwohner herauf. Damit erlangt der Aids-Diskurs das, was jede neue Krise unbedingt benötigt: einen geeigneten Sündenbock.

2.2.4 Krebs in der Literatur: die Entstehung der Kriegsmetaphorik

Im Gegensatz zu den anderen in diesem Kapitel diskutierten Krankheiten ist Krebs keine ansteckende Krankheit, d.h. sie kommt nicht von außen in

---

[35] Vgl. Guibert, Hervé: *À l'ami qui ne m'a pas sauvé la vie*. Paris: Gallimard 1990, S. 192-193.

den Körper. Stattdessen verwandeln sich körpereigene Zellen in einen bösartigen Tumor. Darüber hinaus wird Krebs als eine von der Lebensweise verursachte Krankheit wahrgenommen und dem Patienten wird eine Mitschuld an seiner Erkrankung gegeben. Jedoch ist es das falsche und nicht das sündhafte Verhalten, das als Ursache einer Krebs-Erkrankung angesehen wird, weswegen sie keine Vorstellungen von Unsittlichkeit erzeugt. Die Betroffenen gelten in gewissem Maß als schuldig, aber sie sind keine Sünder. Schlechte Lebensgewohnheiten wie übermäßiger Tabak- und Alkoholkonsum sowie Bewegungsmangel und schlechte Ernährungsgewohnheiten (fettes Essen, Fertigprodukte, überhöhter Fleischkonsum, zu wenig frisches Gemüse) werden als Risikofaktoren für verschiedene Krebsarten benannt. Aufgrund ihrer Wahrnehmung als eine Krankheit des Überflusses wird Krebs als eine typische Krankheit des kapitalistischen Zeitalters - als Zivilisationskrankheit - begriffen.

Andererseits gibt es die ,unschuldigen' Betroffenen, die ein makelloses bzw. gesundes Leben führen, jedoch durch Kanzerogenen in der Umwelt dem Krebs zum Opfer gefallen sind. Allerdings gibt es ein Krebs-Persönlichkeitstyp: In der populären Vorstellung sind frustrierte, gescheiterte und depressive Menschen besonders anfällig für Krebs. Während früher die Schwindsüchtigen wegen übermäßiger Leidenschaft an Tuberkulose erkrankt sein sollen, sollen nun die Krebskranken aus Mangel an Leidenschaft ihre Erkrankung verdient haben. Anders formuliert, wenn sich verdrängte Emotionen anhäufen, treten sie letztendlich als bösartiger Tumor hervor.

Krebs ist seit dem ausgehenden 19. Jahrhundert bis in die Gegenwart häufig in der Literatur dargestellt worden, insbesondere in Erzählungen und Romanen.[36] Leo Tolstojs Erzählung *Der Tod des Ivan Iljič* (1886) stellt die

---

[36] Noch 2013 hat es einen Krebs-Bestseller in Deutschland gegeben. In seinem Blog *Arbeit und Struktur* hat der deutsche Schriftsteller Wolfgang Herrndorf Tagebuch geführt und über die durch seinen Gehirntumor verursachten Änderungen in seinem

Spannung zwischen dem Leiden des Krebskranken und der Ohnmacht der Ärzte dar. Außerdem beschäftigt sich Tolstoj in dieser Erzählung sowohl mit der äußeren Erscheinung als auch der inneren Bedeutung von Krebs. Thomas Manns *Betrogene* (1953) handelt von einer älteren Frau, die die Symptome ihrer Unterleibskrebserkrankung zunächst als Wiederbeginn ihrer Weiblichkeit wahrnimmt und sich in einen jungen Amerikaner verliebt. Bald jedoch tritt die Wahrheit zutage und sie stirbt an den Folgen des Krebses. In *Uhr ohne Zeiger* (1961) schildert Carson McCuller die Verzweiflung und Stärke eines Apothekers, der an Leukämie leidet. In *Krebsstation* (1968) beschreibt Solženicyn die Welt eines Krebskrankenhauses und die Vielfältigkeit der Arten der Krebserkrankungen sowie der Einstellung und des Verhaltens der Patienten, Ärzte und Angehörigen. In allen diesen Werken lässt Krankheit den Betroffenen über die wesentlichen Themen des Lebens nachdenken, über die er normalerweise nicht nachdenkt, da ihm im gesunden Zustand keine Zeit oder Gelegenheit dazu geboten wird.

1977 erschien Fritz Zorns autobiographischer Roman *Mars*, der die letzten Monate im Leben eines jungen krebskranken Schweizer Lehrers beschrieb. Der Roman entfachte einen großen Aufruhr – nicht nur in der Schweiz, sondern auch darüber hinaus, da der Ich-Erzähler postulierte, dass es eine Kausalbeziehung zwischen seiner Krankheit und seinem familiären und gesellschaftlichen Hintergrund gäbe. Die Darstellung des Kranken als Opfer der gesellschaftlichen Verhältnisse fand damals großen Anklang und der Roman wurde schnell zu einem Bestseller und in mehrere Sprachen übersetzt.

Interessanterweise erschien Fritz Zorns Autopathographie im selben Jahr wie Susan Sontags *Krankheit als Metapher* und schien all das zu verkörpern, was Sontag in ihrem Werk an der Mythologisierung und Metaphorisierung von Krebs kritisierte. Laut Zorn sei es seine fortwährend unterdrückte Wut, sein verdrängter Zorn über die künstlich aufrecht erhaltene Harmonie in

---

Leben berichtet. Nach seinem Freitod ist das digitale Tagebuch auch als Buch erschienen.

seinem Elternhaus, die seinen Krebs verursacht hatten. Der Name, den der Autor als Pseudonym gewählt hatte, bezeichnet eben dieses Gefühl, das er nie zum Ausdruck bringen konnte, aber nun zum zentralen Bestandteil seiner neuen Identität sowie seiner Tätigkeit als Schriftsteller wurde. Es ist jedoch genau diese Haltung, die Sontag mit den folgenden Worten in Frage stellt:

> „Der Mythologie des Krebses zufolge gibt es im Allgemeinen eine anhaltende Gefühlsunterdrückung, die die Krankheit verursacht. In der früheren, eher optimistischen Form dieser Phantasie waren die unterdrückten Gefühle sexueller Natur; heutzutage stellt man sich – nach einer bemerkenswerten Verschiebung – vor, dass die Unterdrückung gewalttätiger Regungen krebsverursachend sei. [...] Die Leidenschaft, die nach Ansicht vieler krebsverursachend ist, wenn sie sich nicht entlädt, ist Wut." (Sontag 2003: 23)

Trotz der sicherlich berechtigten Kritik der oben erwähnten Haltung durch Sontag, bleibt es eine unbestreitbare Tatsache, dass Fritz Zorn mit *Mars* einen wesentlichen Beitrag zur Tradition der deutschsprachigen Betroffenheitsliteratur leistete und bahnbrechend für die ihm ungefähr fünfzehn Jahre später folgenden Aids-Autoren war. In seinem als auch im Fall der Aids-Autoren bezeugte der Klappentext die Authentizität der jeweiligen Ich-Erzählung und führte dazu, dass die Leser die Person des Autors und des Ich-Erzählers fraglos als dieselbe akzeptierten und die jeweilige Erzählung als ‚wahre' Lebensgeschichte auffassten. Daher wird der Einfluss Zorns auf die Aids-Autoren in einem eigenständigen Teil innerhalb dieses Kapitels diskutiert.

Wesentlich für den Aids-Diskurs ist jedoch die Tatsache, dass er die im Diskurs über Krebs einschlägige Kriegsmetaphorik übernahm und sie wie selbstverständlich in den literarischen Werken über Aids anwendet. Der Protagonist Marc in Dominique Fernandez' Roman *La gloire du paria* bezeichnet den Virus als einen Feind, der bekämpft werden muss. (Fernandez 1987: 141) Die kurzfristige gesundheitliche Erholung des an Aids erkrankten Lebensgefährten des Ich-Erzählers in Josef Gabriels *Verblühender Mohn. Aids*

– *die letzten Monate einer Beziehung* wird mit einem „Waffenstillstand im Krieg"[37] verglichen. Demzufolge beschreibt er den tatsächlichen neuerlichen Ausbruch der Krankheit ebenso: „Der Waffenstillstand ist vorbei. Es ist wieder Krieg, und es wird wieder scharf geschossen." (Gabriel: 33) In Bernd Hansens Roman *Als auch die Blumen weinten* wird die Frage gestellt, was man gegen die Verbreitung von Aids tun könne. Die Antwort ist stark von der Kriegsmetapher geprägt: „Natürlich, man kann immer etwas tun, wenn man will. Man muss den Kampf gegen Aids als Krieg begreifen – als den Dritten Weltkrieg."[38] Unzählige Aids-Autoren verwenden die Metapher der Bombe oder der Zeitbombe, wie Helmut Zander, der in seiner Autobiographie *Der Regenbogen* HIV mit Nuklearwaffen vergleicht:

> „Ich hatte das Gefühl, Plutonium im Leib zu haben. Plutonium, Atom-bombe, Kernkraft. Für mich schon immer Inbegriffe von Gefahr. Das, was in mir ist, dieses undefinierte Virus, habe ich im Traum damit gleichge-setzt. Plutonium in mir – eine Gefahr für mich selbst, nun gut, das ist meine Sache. Aber ich bin damit auch zur Gefahr für andere geworden. Auch wenn ich weiß, dass ich gewissenhaft mit meiner Infektion umgehen werde. Auch wenn ich weiß, dass ich alle, die mich kennen, informieren werde."[39]

In *Aids: Mein Weg ins Leben* gibt der Ich-Erzähler Markus Commerçon zu, dass er bereit wäre, alles aufzugeben, „wenn uns nur einer von dieser Zeit-bombe befreit hätte, die in jedem Milliliter unseres Blutes vor sich hintickte und jeden Augenblick explodieren konnte."[40] In seiner *Biographie eines leben-*

---

[37] Gabriel, Josef: *Verblühender Mohn. Aids – die letzten Monate einer Beziehung.* Frankfurt am Main: Fischer Taschenbuch Verlag 1987, S. 28.

[38] Hansen, Bernd: *Als auch die Blumen weinten. Roman.* Frankfurt am Main: R.G. Fischer 1988, S. 145-146.

[39] Zander, Helmut: *Der Regenbogen. Tagebuch eines Aidskranken.* Dokumentiert von Anne Gesche Olters. München: Droemersche Verlagsanstalt Th. Knaur Nachf. 1988, S. 15.

[40] Commerçon, Markus: *Aids. Mein Weg ins Leben.* Recklinghausen: Georg Bitter Verlag KG 1994, S. 106.

digen Tages vergleicht Mario Wirz die Tage mit „Festungen"[41] und redet von „nonverbale[n] Kriegserklärungen" (Wirz 1994: 73) und von einem „Minenfeld der Blicke." (ebd.) An einer weiteren Stelle verwendet er die Kriegsmetaphorik noch deutlicher, um von seiner Aids-Erfahrung zu berichten:

> „Tag für Tag rufe ich den Kampfgeist und lasse mir das Kauderwelsch der Hoffnung diktieren. Ich zücke meinen klirrenden Optimismus wie ein blankgeputztes Schwert. Ich sattele auch den müden Tagen ein imaginäres Pferd. Ich ziehe täglich in die Schlacht. Ich kämpfe bis zum letzten Atemzug. Heldisch verfolge ich die Schatten, die sich hinter meinem Rücken vermehren. Tapfer trotze ich dem Dunkel, das sich potent in mir selber zeugt. Ich höre nicht auf, meinen Siegeswillen zu bekunden, Hoffnungsworte, die jeder von mir erwartet." (Wirz 1994: 13-14)

Auch in seinen Gedichten *Die Liebe in Zeiten von Aids* und *Traumhelden* bezeichnet er Aids als eine Bombe bzw. eine Zeitbombe.[42]

2.3 Einflüsse aus der deutschsprachigen literarischen und philosophischen Tradition

Die in dieser Arbeit untersuchten deutschen Aids-Werke wurden sowohl von alten Motiven wie Krankheit, Liebe und Tod, die die deutsche Literatur schon lange prägten, als auch von neueren Motiven beeinflusst, die erst nach der 1968er Studentenbewegung in die Literatur aufgenommen wurden. Diese fanden ihren Ausdruck damals in Form der Neuen Subjektivität, dem Rückzug des schreibenden Subjekts aus dem Politischen ins Private und der daraus entstehenden Kategorie der Katastrophenliteratur. Jedoch ist anzumerken, dass Krankheit in der deutschen Literatur und Philosophie schon lange zuvor als eine persönliche, höchst individuelle Erfahrung dargestellt

---

[41] Wirz, Mario: *Biographie eines lebendigen Tages*. Berlin, Weimar: Aufbau Verlag 1994, S. 18.
[42] Vgl. Wirz, Mario: *Ich rufe die Wölfe. Gedichte*. Berlin, Weimar: Aufbau Verlag 1993, S. 37, S. 8.

worden ist, als ein innerer Zustand, der dem Betroffenen einen Anlass zur Selbstbeobachtung bietet, um neue Perspektiven zu gewinnen.[43] Im Folgenden werden die wichtigsten Einflüsse auf die deutschen Aids-Autobiographen aus der deutschsprachigen literarischen und philosophischen Tradition bezüglich der unterschiedlichen Betrachtungen über Krankheit und Tod diskutiert.

2.3.1 Sturm und Drang: Liebe als Krankheit und der Freitod

Goethes Briefroman *Die Leiden des jungen Werther* (1774) wird weitgehend als bahnbrechend für die romantische Krankheits- und Selbstmordtradition angesehen, der das neue Element des Selbstmords als eine aktive Stellungnahme zur Krankheit – in diesem Fall der Liebe – eingeführt hat. Allerdings gab es schon vor Werther viele Selbstmordfälle in der Literatur. Ein Beispiel ist die Figur des Othello in der englischen Literatur, aber im Gegensatz zu Othellos Suizid als Selbstbestrafung wurde Werthers Selbstmord erstmals als „ein *an sich,* anscheinend *modellhaft* tragisches Geschehen"[44] dargestellt. Der freiwillige Tod als Reaktion auf eine Krankheit fungiert hier als eine ästhetische und kommunikative Handlung. Er ist der letzte Ausdruck individueller Freiheit und Souveränität in einem sinnlos gewordenen Leben. Das Ich des Subjekts sieht sich in den Händen der Gesellschaft oder seines Schicksals zum hilflosen Objekt reduziert. Nur mittels einer bewussten Handlung, also der Vernichtung seines objektivierten Ichs kann es wieder zum souveränen Subjekt werden. Dadurch versucht das Subjekt künstlerisch seinem eigenen Leben eine gewisse Bedeutung zu verleihen. Nicholas Saul bewertet daher die Gestaltung des Liebestodes in der Literatur als ethische

---

[43] Als Beweis dafür steht die Tatsache, dass es keine bedeutsame deutsche Pest- bzw. Epidemienliteratur gibt, die von einer kollektiven Erfahrung der Krankheit ausgeht.

[44] Saul, Nicholas: *Fragmentästhetik, Freitod und Individualität in der deutschen Romantik. Zu den Morbiditätsvorwürfen.* In: Konrad Feilchenfeldt, Roger Paulin u.a. (Hg.): *Zwischen Aufklärung und Romantik. Neue Perspektive der Forschung.* Würzburg: Königshausen und Neumann 2006, S. 232-252, hier S. 238.

Handlung mit den folgenden Worten: „Die ethische Würde des so verstandenen Suizids fließt eher aus der erhaben-ästhetischen Verfassung der Handlung, jener paradoxen Aufhebung des Ich durch dessen Zerstörung." (Saul 2006: 240)

In den Aids-Werken spielt das Motiv des Freitodes eine wichtige Rolle. Selbstmordgedanken tauchen in fast allen Werken auf, meistens in Verbindung mit einer gescheiterten Liebesbeziehung oder nach dem Tod des Partners. Wirzs Ich-Erzähler leidet z.B. darunter, dass sein Liebhaber Arthur ihn verlassen hat, weil er vorgeblich mit Wirzs HIV-Positivsein und seinem bevorstehenden Tod nicht zurechtkam und sich deswegen emotional überfordert fühlte. Nun ist Arthur mit dem jüngeren, reichen Richard zusammen. Dieser Verrat macht den Ich-Erzähler depressiv, zumal er Arthur immer noch liebt und trotz allem auf dessen Rückkehr hofft. Er spielt fortwährend mit Selbstmordgedanken, auch da er das Gefühl hat, dass sein ehemaliger Freund auf seinen Aids-Tod wartet und sich wegen des Nicht-Sterbens des Langzeitüberlenden unbehaglich fühlt: „Die Sterblichkeit des Lebendigen hat Arthur bedroht, vor der Lebendigkeit des Sterblichen ist er geflohen, als Toter werde ich seiner bedingungslosen Liebe sicher sein. Aber ich sterbe nicht." (Wirz 1994: 50) Jedoch sieht er sich in einem Zwiespalt, als er sagt: „Ich will mein Leben wagen, behaust in meiner Sterblichkeit, behaust und gleichzeitig unterwegs, ich will loslassen können, ohne aufzugeben, mich dem Tod stellen, ohne das Leben zu verraten." (Wirz 1994: 84)

Hervé Guibert berichtet wiederholt davon, dass er Digitalin bei sich trägt, da er auf keinen Fall als passiver Patient sterben möchte. Stattdessen will er selbst die Entscheidung über den Tod treffen. Napoleon Seyfarth inszeniert sogar einen Selbstmord in seinem Roman, indem er seinen Doppelgänger bzw. den gleichnamigen Ich-Erzähler kurz vor dem Ende des Werkes sterben lässt. Diese Selbstmordgestaltung ist wiederum als ethische Handlung zu verstehen, denn dadurch eignet sich das erzählende Subjekt das Recht an, seine Lebensgeschichte autonom zu erzählen, anstatt als passiv leidendes Objekt auf seinen Aids-Tod zu warten.

2.3.2 Krankheit und Tod in der Romantik

Auf die Literarisierung von Schwindsucht als typische Epochenkrankheit der Romantik wurde schon im vorigen Teil eingegangen. Auch darüber hinaus tauchte das Motiv der Krankheit und des Todes in vielfältiger Weise in den Werken der Romantiker neben anderen Grundthemen wie Gefühl, Leidenschaft, Individualität und individuellem Erleben sowie der gequälten Seele auf. Den Zusammenhang zwischen Krankheit und Literatur erklärte Novalis, als er den Dichter mit einem transzendentalen Arzt verglich, der durch seine Kunst zur transzendentalen Gesundheit beiträgt.[45] Demzufolge wurde die Wirklichkeit – die Entfremdung des Menschen von der Natur - als Krankheit betrachtet, die durch Poesie geheilt werden konnte. Ihre eher individualistische Grundeinstellung führte die Romantiker zur Flucht aus der Wirklichkeit in die Phantasie und zum Rückzug aus dem gesellschaftlichen Leben in die Melancholie. Das romantische Erbe in der Aids-Literatur zeigt sich in der Verwendung der folgenden Motive:

2.3.2.1 *Das Reisemotiv und die Wanderlust*

Ein bedeutsames Motiv der Romantik, das sich in der späteren Literatur einschließlich der Aids-Literatur wieder findet, ist das Wander- und Reisemotiv. Das Wandern wurde mit einer kritischen Haltung gegenüber gesellschaftlichen Konventionen begründet und verkörperte ein Freiheitsverlangen. Die Reise war meistens eine Art Bildungsreise, die die Erfahrungssuche des Subjekts und letztendlich seine Selbstverwirklichung darstellte. Die Reise- und Wandermetaphorik spielt auch in den Aids-Werken eine wichtige Rolle. Der Ich-Erzähler in Mario Wirzs *Biographie eines lebendigen Tages* sitzt im Laufe des ganzen Texts im Zug – ohne ein konkretes Reiseziel zu haben – und versucht, mit seinem bisherigen Leben zurechtzukommen.

---

[45] Vgl. Novalis Schriften in vier Bänder. Band III. Hgg. von Jakob Minor. Jena: Diedenchs 1907-1923, S. 177.

Napoleon Seyfarths *Schweine müssen nackt sein* schildert die Selbstverwirklichungsversuche des Ich-Erzählers, als er von einer Stadt zur anderen reist und von den Personen beeinflusst wird, die er unterwegs kennen lernt. Josef Gabriels *Verblühender Mohn* handelt von einer von Tod, Erdbeben und Krankenhausaufenthalten geprägten Reise nach Mexiko, die der Ich-Erzähler mit seinem Partner Manuel unternimmt. Während dieser Reise stirbt der schon erkrankte Manuel an Aids und der Ich-Erzähler kehrt am Ende des Romans mit neuen Einsichten nach Deutschland zurück.

2.3.2.2 Der Doppelgänger

Ebenso wurde das Motiv des Doppelgängers häufig in den Werken der Romantiker wie Chamisso (*Peter Schlemihl*) und E.T.A. Hoffmann (*Die Elixiere des Teufels*) verwendet und auch dieses übernahmen die Aids-Autoren. So gibt es in Wirzs *Biographie eines lebendigen Tages* eine durch die Aids-Erkrankung des Ich-Erzählers entstandene Figur des Doppelgängers.

> „[Ich] gehe in den Supermarkt und kaufe ein, was mein Doppelgänger seit Jahren kauft [...] Die Frau an der Kasse kennt mich seit Jahren, aber auch sie merkt nicht, dass sie mich mit meinem Doppelgänger verwechselt. Niemand gibt eine Vermisstenanzeige auf, niemand erklärt mich für verschollen. Mein Double übernimmt meine Rolle, und alle spielen mit. (Wirz 1994: 55-56)

Der Ich-Erzähler sieht sich seit seiner HIV-Infizierung dermaßen von seinem vergangenen, erzählten Ich entfremdet, dass es für ihn eine andere Person bildet, die ihm im Aussehen doch ähnelt, aber aufgrund des negativen Serostatus sich von seinem gegenwärtigen HIV-positiven Ich unterscheidet. Seine Mitmenschen scheinen allerdings die Entzweiung seines Ichs nicht zu merken. Ferner vollzieht sich diese Entzweiung in noch einer Weise. Das Zimmer-Ich des Autors entspricht seiner Patienten-Identität. Um die Schwächen dieses leidenden und depressiven Ichs zu überwinden, erfindet er einen Doppelgänger, ein Draußen-Ich. Dieser ist erfolgreich, nimmt eine positive Haltung an und gefällt seinen Mitmenschen. In Seyfarths *Schweine müssen nackt sein* gibt es ebenfalls einen in Leder gekleideten Doppelgänger des Ich-Erzählers.[46]

Abgesehen davon fungiert der Tod eines Freundes oder Partners als eine Voraussage des eigenen Todes in allen Aids-Werken und in diesem Sinne ist der Sterbende auch der Doppelgänger des Schreibenden, dessen Tod auf den Tod des Ich-Erzählers hindeutet, wie an der folgenden Stelle in Wirzs *Biographie eines lebendigen Tages*:

> „Aidsbesessenheit in meinen Schlafsümpfen, in die ich wehrlos falle, die Tode derer zu sterben, die schon gestorben sind. [...] In meinen Träumen probt mein Tod seinen Auftritt, ein Verwandlungskünstler, der kein Plagiat scheut, um mich zu quälen, in meinen Träumen vereinigen sich die vielen Tode der anderen, um meinen Tod zu zeugen." (Wirz 1994: 28)

2.3.2.3   Das Spiegelmotiv

Des Weiteren kann das Spiegelmotiv in den Aids-Werken als ein Erbe der Romantik betrachtet werden. Für die Romantiker symbolisierte der Spiegel Selbsterkenntnis und etwa denselben Effekt erzeugt der Spiegel auch für Wirzs Ich-Erzähler, als er in einem Hotelzimmer vor dem Spiegel steht und sein Spiegelbild betrachtet: „Der Mann im Spiegel lächelt mir zu. Er kennt meine Euphorien, meine übermütigen Gebete und Imperative, dankbare Beschwörungen, dass es mich wieder gibt." (Wirz 1994: 42) Eine modernere Inszenierung dieses früheren Motivs ist in Wirzs *Es ist spät, ich kann nicht atmen* zu sehen, als der Ich-Erzähler sich selbst betrachtet und mit folgenden Worten wie in einem Drehbuch beschreibt:

> „Kamera auf den Kettenraucher Mario, der auf dem Sofa sitzt und sich an Volker erinnert. Große Rückblende mit entsprechender Musik. Vielleicht

---

[46] Vgl. Seyfarth, Napoleon: *Schweine müssen nackt sein. Ein Leben mit dem Tod.* München: Deutscher Taschenbuch Verlag 2000, S.110-111.

etwas aus der Symphonie Pathétique von Tschaikowski, der aus seinem Anderssein so dunkelsüße Musik zu komponieren wusste."[47]

Auch Hervé Guibert beschreibt mehrere Konfrontationen mit seinem Spiegelbild, bei denen er versucht, sich mit seinem kranken Körper vertraut zu machen.

2.3.3 Schopenhauer: Das Leben als Krankheit

Schopenhauer stellte mit dem von ihm begründeten System des empirischen und metaphysischen Pessimismus eine weitere Begriffserklärung von Krankheit zur Verfügung. Aufgrund seiner Überzeugung, dass der Welt ein unvernünftiges Prinzip zugrunde liegt, betrachtet Schopenhauer das Leben an sich als eine Krankheit. Die Welt als Produkt des blinden vernunftlosen Weltwillens ist für ihn etwas durchaus Schlechtes, das nicht sein sollte – ein Jammertal voller Leiden – und das Leben als ein maßloses Leiden, ja eine Krankheit. Glück versteht Schopenhauer als bloße Illusion und die Lust als etwas Negatives, da es keine endgültige Befriedigung des rastlos strebenden Willens geben könne.[48] „Denn alles Streben entspringt aus Mangel, aus Unzufriedenheit mit seinem Zustande, ist also Leiden, solange es nicht befriedigt ist; keine Befriedigung ist aber dauernd, vielmehr ist sie stets nur der Anfangspunkt eines neuen Strebens." (Schopenhauer 1977: §56) Das Menschenleben sei keiner wahren Glückseligkeit fähig, jede Lebensgeschichte sei nach Schopenhauer eine Leidensgeschichte.

Indem er die Welt als durchaus schlecht und das menschliche Leben als hoffnungslos und zwecklos bezeichnet, hebt Schopenhauer die Tatsache

---

[47] Wirz, Mario: *Es ist spät, ich kann nicht atmen. Ein nächtlicher Bericht*. Berlin: Aufbau Taschenbuch 1992, S. 44. Mario ist der nom de plume des Volker Wirz. Das erzählende, Widerstand leistende Ich wird in den beiden autofiktionalen Aids-Werken von Mario Wirz meistens als Mario bezeichnet, das erzählte, leidende Ich andererseits als Volker.

[48] Vgl. Schopenhauer, Arthur: *Die Welt als Wille und Vorstellung*. Erstes Buch, §59 (Zürcher Ausgabe. Werke in zehn Bänden. Bd. 1, Zürich: Diogenes 1977).

hervor, dass der Mensch das Leben passiv erfährt. Er wird zwar auf Betreiben seiner Lüste zu Handlungen getrieben, aber letztendlich wird er unvermeidlich seinem vorbestimmten Schicksal unterworfen und hat weder Kontrolle über dieses Schicksal noch Teilhabe daran. Daher endet jeder Versuch, dem Schicksal zu entgehen, in einem Unfall und im Scheitern. Diese Vorstellung ist ebenfalls im Zusammenhang mit den Aids-Werken nachvollziehbar, denkt man nur an die mehrfach wiederholten Darstellungen der HIV-Infizierung als ein vom eigenen Schicksal vorbestimmter, unvermeidlicher Vorgang, dem der Ich-Erzähler unterworfen sein musste, da sein gesamter Werdegang, ja seine Außenseiter-Identität ihn allein zu dieser Kulmination führen konnte.[49]

Nach Schopenhauers Ästhetik wirkt nur die Kunst als Quietiv des Willens, indem sie den Menschen für kurze Zeit von der ihm angeborenen Unruhe befreit. Ähnlich betrachten auch die Aids-Erzähler den Akt des Schreibens, der ihnen die Überwindung ihres frustrierenden und schmerzvollen Daseins und damit das Überleben ermöglicht. Er fungiert bei ihnen als eine Flucht in die Melancholie und wirkt wie ein Palliativ, indem er sie für kurze Zeit von ihrer Realität und von der Unruhe des Lebenswillens befreit. Diese Überzeugung äußert Wirz z.B. mit folgenden Worten:

> „Ein wacher Blick auf meine Schreibmaschine, Komplizin meiner Gebete. Mich aufschreiben, ohne Furcht vor dem Wissen um das, was die Sätze verschweigen [...] immer angewiesen [darauf], dass etwas bleibt, was mich überdauert. Meine Schreibmaschine, sicherer Ort, ich lebe, besessen vom Glauben an die Magie der Worte, von der andächtigen Irrationalität, dass mir nichts passieren kann, solange ich schreibe." (Wirz 1994: 40)

---

[49] Vgl. Wirz 1992: S. 71 („Ich laufe im Kreis, und das Schicksal knallt mit der Peitsche.") Oder S. 70: ("Es dauerte lange, bis ich aufhörte, meinen Positivbefund wie eine schwere Straftat zu behandeln."). Auch Seyfarth sieht in seiner Identität als uneheliches Kind und Homosexueller und in seinen SM-Erfahrungen die Vorzeichen seines unabänderlichen Schicksals, z.B. als er von der Bemerkung einer von ihm als „Tante Nutt" bezeichnete Bekannte seines Vaters – ein schräger Vogel – berichtet, die ihm schon damals verlockend schien: „Was für ein süßer, kleiner Bub mit seinen großen Augen. Der wird mal genau wie sein Vater." (S. 6).

2.3.4 Nietzsche: Krankheit als unentbehrliche Voraussetzung für alle Kreativität

Das kontinuierliche Interesse an der Person und der Biographie Nietzsches ist ein interessantes Phänomen an sich. In ihrem 2005 erschienenen Werk *Syphilis in der Literatur: Über Ästhetik, Moral, Genie und Medizin (1880-2000)* analysiert Anja Schonlau, wie oft und wie intensiv die unterschiedlichsten Vermutungen über sein Leben, sein Werk und insbesondere über die ärztliche Diagnose seiner progressiven Paralyse und deren Ursachen angestellt worden sind - beginnend in den Jahren 1897-1904 mit seiner ersten Biographin Elisabeth Förster-Nietzsche (*Das Leben Friedrich Nietzsches*) bis hin zu den im Jahr 2000 erschienenen Biographien von Josef Rattner (*Nietzsche: Leben – Werk – Wirkung*), Ralph-Rainer Wuthenow (*Friedrich Nietzsche – Leben, Schriften, Zeugnisse*) und Rüdiger Safranski (*Nietzsche. Biographie seines Denkens*). (Vgl. Schonlau: 167) Ob der ‚geniale Syphilitiker' tatsächlich Syphilis hatte, ist für den Zweck dieser Arbeit unerheblich. Bedeutsamer ist die Verbindung dreier Topoi – Geschlechtskrankheit/Tabu, Wahnsinn und Genialität – im Diskurs über Nietzsche und die Faszination, die sie immer noch erzeugt.

In seinen Schriften verwischt Nietzsche die Grenzen zwischen Krankheit und Gesundheit, die für ihn keinen Gegensatz darstellen, sondern eher in einer symbiotischen Beziehung existieren. Der Kranke bewohnt eine andere Welt, „eine Welt so überreich an Schönem, Fremdem, Fragwürdigem, Furchtbarem und Göttlichem, dass unsre Neugierde ebenso wohl wie unser Besitzdurst außer sich geraten sind."[50] Nietzsche nennt diese Krankheit die „große Gesundheit"[51], die sich von dem gebräuchlichen Begriff von Ge-

---

[50] Nietzsche, Friedrich: *Die fröhliche Wissenschaft, Fünftes Buch, 382*, S. 218. Hgg. von Michael Holzinger, Taschenbuch Berliner Ausgabe 2013. Textgrundlage: Friedrich Nietzsche: Werke in drei Bänden. Hgg. von Karl Schlechta. München: Hanser 1954.
[51] Vgl. Nietzsche, Friedrich: *Menschliches, Allzumenschliches I. Ein Buch für freie Geister*. Vorrede 4, S. 35. Hgg. von Michael Holzinger, Taschenbuch Berliner Ausgabe 2013.

sundheit unterscheidet, demnach jede abweichende Erscheinung als krank verurteilt wird. Die große Gesundheit ist kein feststehender Zustand, sondern einer, der immer wieder neu erworben werden muss. Daher liegen Krankheit und Gesundheit nah beieinander. Nach Nietzsche ist die Erfahrung von Krankheit unentbehrlich, wenn es um die Suche nach Erkenntnis geht, insbesondere für den Künstler.

> „Zuletzt bliebe noch die große Frage offen, ob wir der Erkrankung entbehren könnten ... und ob nicht namentlich unser Durst nach Erkenntnis und Selbsterkenntnis der kranken Seele so gut bedürfe als der gesunden; kurz, ob nicht der alleinige Wille zur Gesundheit ein Vorurteil, eine Feigheit und vielleicht ein Stück feinster Barbarei und Rückständigkeit sei." (Nietzsche: fröhliche Wissenschaft 3. Buch, 120, S. 106)

Die Erfahrung von Krankheit führt nach ihm zu einer ungeheuren Spannung des Intellekts. Daher ist sie für ihn die wichtigste Voraussetzung für alle Kreativität. Die große Gesundheit braucht Krankheit, um zu neuen Sicht- und Schöpfungsweisen zu gelangen. Das Leben bedarf der Krankheit „als eines Mittels und Angelhakens der Erkenntnis." (Nietzsche: Menschliches, Allzumenschliches I: 35) Krankheit ist der Untergang, den der Künstler braucht, um die konventionellen Normen abzulegen, den herkömmlichen Rationalitätswert in Frage zu stellen und zu einer elementaren Kreativität zu gelangen. Diesen Gedanken scheint der Aids-Autor Mario Wirz wiederzugeben, denn er meint, Aids habe ihn von aller Banalität befreit, so dass er frei ist und sich selbst bzw. sein Schreiben neu erfinden kann:

> „Alles ist offen, alles ist möglich. [...] Ich werde noch einmal alles wagen. Ich bin frei. Ich kann Bankräuber in Amsterdam werden oder Straßensänger in Barcelona. Dichtender Clochard in Marseille oder Herumtreiber in Rom. Bettler in Indien oder Mönch in China. Ich kann auf einem Schiff anheuern oder Statist beim Film werden." (Wirz 1994: 9)

Textgrundlage: Friedrich Nietzsche: Werke in drei Bänden. Band 1. Hg. von Karl Schlechta. München: Hanser 1954.

An einer anderen Stelle erklärt er sich zu einem, der bereit ist, „in der Umarmung des Todes das Leben zu lernen" (Wirz 1994: 44-45), denn seine Krankheit habe ihn immun gegen die Vernunft und die Werte der normalen Welt gemacht, weshalb er keine Garantien und keine Sicherheiten mehr brauche. Auch der Ich-Erzähler in Napoleon Seyfarths *Schweine müssen nackt sein* bewertet seine Aids-Erkrankung als äußerst positiv, denn sie habe ihm ganz neue Erkenntnisse gebracht, weswegen er sich seinen gesunden Mitmenschen überlegen fühlt. Für den französischen Aids-Autor Hervé Guibert, der einen großen Einfluss auf die deutschen Aids-Autoren hatte, stellt Aids wiederum eine großartige und glänzende Krankheit dar, die dem Betroffenen eine Chance bietet, Neues zu lernen und das Leben zu entdecken. An folgender Stelle vergleicht er Aids mit einer Lehrzeit, die dem Lehrling bzw. dem Patienten genug Zeit gibt, den Tod, die Zeit und daher auch das Leben besser zu verstehen:

> « Jules, à un moment où il ne croyait pas que nous étions infectés, m'avait dit que le sida est une maladie merveilleuse. Et c'est vrai que j'ai découvrais quelque chose de suave et d'ébloui dans son atrocité, c'était certes une maladie inexorable, mais elle n'était pas foudroyante, c'était une maladie à paliers, un très long escalier qui menait assurément à la mort mais dont chaque marche représentait un apprentissage sans pareil, c'était une maladie qui donnait le temps de mourir, et qui donnait à la mort le temps de vivre, le temps de découvrir le temps et de découvrir enfin la vie, c'était en quelque sorte une géniale invention moderne que nous avaient transmis ces singes verts d'Afrique. »[52] (Guibert 1990 : 192-193)

---

[52] Jules hatte einmal zu mir gesagt, als er noch nicht glaubte, dass wir infiziert waren, dass AIDS eine großartige Krankheit sei. Und es ist wahr, dass ich etwas Geschmeidiges und Glänzendes in ihrer Abscheulichkeit entdeckte, denn obwohl sie eine unerbittliche Krankheit war, war sie doch nicht sofort katastrophal, es war eine Krankheit in Etappen, eine sehr lange Reihe von Stufen, die garantiert zum Tod führen, aber jede Stufe stellte eine einzigartige Lehrzeit dar. Es war eine Krankheit, die dem Tod Zeit zum Leben gab und ihren Opfern Zeit zum Sterben, Zeit, die Zeit zu entdecken und am Ende das Leben zu entdecken, also hatten uns die grünen Affen Afrikas in gewisser Hinsicht mit einer großartigen modernen Erfindung ausgestattet. [Übersetzung

An verschiedenen Stellen erinnern die Darstellungen der Aids-Erzähler von ihren Erfahrungen mit Aids an die folgenden Worte Nietzsches über sein eigenes Erleben von Krankheit:

> „Ich habe es jetzt in der Hand, ... Perspektiven umzustellen [...] Ich habe für die Zeichen von Aufgang und Niedergang eine feinere Witterung als je ein Mensch gehabt hat ... Ich kenne beides, ich bin beides ... Diese doppelte Reihe von Erfahrungen, diese Zugänglichkeit zu anscheinend getrennten Welten wiederholt sich in meiner Natur in jeder Hinsicht - ich bin ein Doppelgänger, ich habe auch das ‚zweite‘ Gesicht noch außer dem ersten.“[53]

Wie Nietzsche schildern alle Aids-Autoren ihre Aids Erfahrung in zwei Phasen: das Leben vor und nach dem positiven Testergebnis. In beiden Phasen stellt sich der Ich-Erzähler gemäß der Tradition des deutschen Bildungsromans oft als Lehrling dar[54], dessen Bildung durch das Erlernen von zwei Gruppen von Zeichen[55] zustande kommt. Durch die erste Gruppe entdeckt der Ich-Erzähler seine sexuelle oder berufliche Identität. Bernd Aretz beschreibt z.B. seine ‚Lehrzeit‘ in Marburg und Bochum, wo er nach seinem Umzug dorthin von Neuem die Zeichen erlernen musste, die ihn zur jeweiligen schwulen Szene führten. Ferner erzählen er und Seyfarth in ihren Werken davon, dass sie die farbkodierten Taschentücher zu dekodieren lernen mussten, die in der schwulen Szene die sexuellen Präferenzen des Trägers

---

der Autorin. Auch im Folgenden sind, wenn nicht anders gekennzeichnet, alle Übersetzungen von Zitaten aus dem Französischen die der Autorin.]

[53] Nietzsche, Friedrich: *Warum ich so weise bin. Ecce Homo Nr. 1-3* (http://gutenberg.spiegel.de/buch/ecce-homo-7354/3. Aufgerufen am 08.02.2016).

[54] Siehe Zitat aus Guiberts *À l'ami* in Anmerkung 53 für die Bezeichnung von Aids als "un apprentissage sans pareil" [eine einzigartige Lehrzeit].

[55] Der Begriff Zeichen wird in diesem Zusammenhang im Sinne von Gilles Deleuze in seinem Werk *Proust et les signes* (1964) (deutsche Fassung: *Proust und die Zeichen*) verwendet. Deleuze interpretiert das Werk *À la recherche du temps perdu* von Marcel Proust als Erzählung einer Lehrzeit und den Protagonisten als Lehrling, der mehrere Arten von Zeichen und Symbolen in seiner Umwelt zu entziffern und zu interpretieren erlernt. Dadurch gelangt er zur Erkenntnis sowohl über das Leben, die Liebe und die Kunst als auch zur Selbsterkenntnis.

bezeichnen. Die Zeichen der zweiten Gruppe dienen als Vorahnung der Erkrankung, d.h. der ersten Symptome. Nun muss der Erzähler das besondere Zeichensystem erlernen, das Aids innewohnt. Früher hatte er gelernt, wie sich anhand der in der Gesäßtasche getragenen Tücher die jeweilige sexuelle Präferenz des Trägers erkennen lässt, wobei die Seite die gewünschte Rolle beim Sex (aktiv oder passiv/ top oder bottom) bezeichnete, die Farbe den Lieblingsfetisch. (Vgl. Seyfarth 2000: 167) In der zweiten Phase lernt er, wie die Symptome von Aids zu interpretieren sind. Der Ich-Erzähler Seyfarth bietet sogar einen interessanten Vergleich zwischen den Zeichen in der schwulen Szene und denen im Krankenhaus an. Er bezeichnet das Krankenhaus als „weißen Knast" im Gegensatz zum „schwarzen Knast", einer Lederbar, in die er häufig ging.

> „In diesem ‚weißen Knast' wurde der Wert der Persönlichkeit nach der Zahl der jeweiligen Helferzellen bemessen, die noch in einem Milliliter Blut waren, und nicht wie im ‚schwarzen Knast' nach der Zahl der Zentimeter, die sich in der Hose verbargen." (Seyfarth 2000: 223-224)

Abgesehen von der normalen Unterscheidung zwischen erzählendem und erzähltem Ich, die sich in fast allen Ich-Erzählungen ergibt, nehmen die Aids-Autoren die Erfindung einer neuen Identität in Anspruch, da das neue Phänomen von Aids durch ihr bisheriges Ich nicht zum Ausdruck gebracht werden kann. Deshalb sieht sich der Aids-Erzähler gezwungen, einen Doppelgänger zu erfinden, der im autobiographischen Raum überleben und seine sich ständig ändernde Realität, die vom Fortschrittsstadium des Virus in seinem Körper abhängt, mit einbeziehen kann. Sehr oft kommt daher in den autobiographischen bzw. autofiktionalen Aids-Werken eine Entzweiung des Ichs vor. Die zwei Ichs haben je nachdem, wie der jeweilige Ich-Erzähler seine Aids Erfahrung betrachtet, eine unterschiedliche Gestalt: Die Differenzierung mag zwischen Patienten-Ich und Schreibendem-Ich sein, oder zwischen privatem und öffentlichem bzw. militantem Ich. In jedem Fall besteht der Unterschied zwischen den beiden Ichs jedoch darin, wie sie sich mit ihrem gemeinsamen, durch Aids bedingten Schicksal arrangieren. Während sich das Patient-Ich bzw. das private Ich dem Schicksal ergibt und allmählich stirbt, bekämpft das Schreibende-Ich bzw. das öffentliche/militante Ich dieses und genießt ein neues, freies Leben, denn es ist erst durch die HIV-Infizierung zum Leben erweckt worden.

Der Ich-Erzähler Wirz teilt sein Ich in zwei Teile in der *Biographie eines lebendigen Tages:* das Zimmer-Ich und das Draußen-Ich, die seinen privaten und öffentlichen Identitäten entsprechen: „Täglicher Wahn und Schizophrenie. Der dichtende Virusträger in der Öffentlichkeit und der Virusträger in seinem Zimmer." (Wirz 1994: 64) Im ganzen Werk fühlt er sich ständig zwischen beiden Ichs hin- und hergerissen. Manchmal weiß er sogar nicht mehr, welches Ich ihn im Augenblick dominiert. Außerdem bezeichnet er sich an einer anderen Stelle in der dritten Person als „der Liegende", eine Bezeichnung, die auf eine weitere Identität zwischen seinen zwei Ichs hindeutet:

> „Wer liegt in diesem Bett? Wer atmet, wer schwitzt? [...] Wer spricht, wer erinnert sich? Alles geht über den Liegenden hinweg, geht ihn nichts an. Die Erinnerungen lösen sich vom Körper des Liegenden [...] Der schlägt auf die Schreibmaschine ein. Der raucht. Der dichtet sich ein Ich. Der erschreibt sich Identität. Der träumt von Unsterblichkeit. Der schreibt gegen seinen Tod. Der erfindet sein Leben." (Wirz 1994: 69-70)

An anderer Stelle wird eine klare Unterscheidung zwischen dem vergangenen, leidenden Ich und dem neuen, freien Ich des Erzählers gezogen, indem das vergangene Ich sogar in der dritten Person und das neue Ich in der ersten Person bezeichnet wird: „Alles ist offen, alles ist möglich. Den, der sich seit sieben Jahren in seinem Unglück eingerichtet hat, werde Ich hinter mir lassen. Ich werde noch einmal alles wagen. Ich bin frei." (Wirz 1994: 9) Die Tatsache, dass das Ich des Erzählers diese Entzweiung nach einer Blutuntersuchung erlebt, die den Ausbruch von Aids bestätigt, obwohl dies pathologisch nicht dem Moment der Infizierung entspricht, widerspiegelt noch einmal die Neuartigkeit der Aids-Erfahrung. Gleichzeitig wird dem neuen Ich des Erzählers sein Außenseitertum bewusst. Dieses Bewusstsein ist von einem gewissen Narzissmus und einer Megalomanie geprägt. Der Ich-Erzähler in Seyfarths *Schweine müssen nackt sein* beschreibt z.B. den Tod seines Doppelgänger-Ichs, der wie der Autor Hans heißt, und bezieht sich dabei auch auf eine von Nietzsches berühmtesten Aussagen:

> „Die Summe der Gefühle ... vereinigten sich zu einer Gesamtheit des Gefühls, ich zu sein. Ich hatte mein Ich entdeckt – in diesem Netzwerk von Milliarden Neuronen. Ich, der Messias der Aids-Kranken, das Licht der Schwulen, der Prinz der Eltern, ich hatte diese drei Bestandteile miteinander verknüpft. Ich ward Ich. Ich ward Gott. Gott ward ich. Ich bin Gott!

> Gott ist tot." (Seyfarth 2000: 275)

Der bedeutendste Unterschied zwischen den zwei Ichs liegt jedoch darin, wie sie konkret auf das HIV-Positivsein reagieren. Während das Patient-Ich seine Erkrankung verleugnen und sich darüber ausschweigen will, bevorzugt das Schreibende-Ich ein Coming out. Das Erstere versucht, die Zeichen seines Verfalls vor seiner Umwelt geheim zu halten. Der Erzähler Commerçon und sein Partner Wolfgang in *AIDS: mein Weg ins Leben* verstecken zu Hause alle Bücher über Aids sowie ihre Medikamente, denn irgend jemand könnte zu Besuch kommen und ihr Geheimnis erraten. Beim Arztbesuch wird das Patient-Ich von Angst ergriffen, dass er dort andere Bekannte treffen könne, die durch eine zufällige Begegnung in der Aids-Station eines Krankenhauses das Geheimnis erraten könnten. Wirzs Ich-Erzähler pendelt zwischen Angst und Hoffnung und erzählt von seinem „Gefühlswirrwarr der euphorischen Superlative und depressiven Verdunkelungen. Vitaler, sich seit sieben Jahren in allen Sätzen und Widersprüchen repetierender Wahn. Angstwahn. Hoffnungswahn." (Wirz 1994: 71) Andererseits sucht das Schreibende-Ich jede Gelegenheit, über sein Positivsein offen zu sprechen, entweder im Rahmen der Aufklärungsarbeit oder schlicht um die Menschen um das Ich herum zu provozieren. Zusätzlich ist Aids die Grundlage seiner neuen Identität, worauf es ausgesprochen stolz ist. Daher stellt es sein Positivsein offen als Beweis für die Zugehörigkeit zu einer exklusiven Gemeinschaft der Auserwählten dar.

Diese selbst erwählte, schizophrene Aufspaltung des eigenen Ichs befähigt den Ich-Erzähler dazu, einerseits über seine Aids-Erfahrung überhaupt berichten zu können, und andererseits gegen die Verwüstung, die Aids in seinem Leben auslöst, zu kämpfen.

2.3.5 Nietzsche: Der Diskurs über die lebensfeindlichen, kranken Werte

Einen weiteren grundsätzlichen Einfluss Nietzsches auf die in dieser Arbeit diskutierten Aids-Autoren ergibt sich aus seiner Umdeutung sogenannter lebensfeindlicher, kranker Werte. Damit lässt sich zum Teil die Konformität nicht nur der hier behandelten autobiographischen Aids-Erzählungen, sondern auch der Krankheitsgeschichten in der deutschsprachigen Literatur der 1970er Jahre erklären, insbesondere was ihren normativen Gehalt sowie ihre Argumentationsstrategien betrifft. Die individuell sehr unterschiedlich gearteten Krankheitsfälle werden in der Tat mit ähnlichen Deutungs- und Bewertungsmustern literarisiert. Der Ich-Erzähler in Heinar Kipphardts 1976 erschienenem Roman *März* ist schizophren, in Fritz Zorns *Mars* aus dem gleichen Jahr ist er neurotisch, depressiv und krebskrank. Der Ich-Erzähler in Napoleon Seyfarths *Schweine müssen nackt sein* weist neben Aids klare Symptome einer manisch-depressiven Erkrankung auf. Der HIV-positive Ich-Erzähler Mario Wirz ist in seinen beiden Werken *Biographie eines lebendigen Tages* und *Es ist spät, ich kann nicht atmen* depressiv und von einem Minderwertigkeitskomplex geplagt. Alle stammen aus klein- oder großbürgerlichen Verhältnissen und sind von ihren Eltern bzw. der jeweiligen Familie ausgesprochen autoritär erzogen worden. Die Eltern fungieren in allen Fällen als Repräsentanten einer moralischen Kultur, die aus kranken Werten besteht und großen Wert auf Ordnung, Ruhe und Reinheit legt.

Selbstverständlich ist diese (un)moralische Kultur von einer starken Aversion gegen Normabweichungen geprägt. Der Ich-Erzähler in Mario Wirzs *Es ist spät, ich kann nicht atmen* leidet beständig unter Verfolgung und gemeinen Witzen, denn er ist ein uneheliches Kind, das zunächst nicht von seiner autoritären Großmutter anerkannt wurde und deshalb im Waisenhaus lebte. Darüber hinaus ist er schwul. Er beschreibt, wie ein jüdischer Mitschüler, der ebenfalls schwul war, aufgrund seiner religiösen und sexuellen Orientierung unter zweifacher Verfolgung litt. Diese Erfahrung deutet auf die Verfolgungserfahrungen und Ablehnungen hin, die der Ich-Erzähler später in seinem Leben als Erwachsene haben würde: als Schwuler und HIV-Positiver. Zu Hause wiederholte seine Mutter den Satz, „Man muss sich anpassen!", denn ihr Sohn war offensichtlich ein Außenseiter, der gegen die gesellschaftlichen Normen verstieß. (Vgl. Wirz 1992: 20, 32)

Bernd Aretz berichtet von einer schwierigen Beziehung zu seinem Vater und teilt den Lesern seiner *Notate* mit, dass seine Familie seine Homosexualität als Krankheit, als Normabweichung betrachtet und mit der Hasenscharte seines Bruders verglichen habe. Des Weiteren soll der Bruder seines Großvaters Selbstmord begangen haben, da er als Schwuler im Dritten Reich nicht in ein Konzentrationslager gebracht werden wollte.[56] Dieses Ereignis aus der Familiengeschichte fungiert für den Ich-Erzähler als Vorahnung seines eigenen Schicksals. Der Großvater selbst jedoch war unter den Nazis an der Kastration mehrerer Schwuler beteiligt und der schwule Enkel, der die Schuld des Großvaters auf sich lädt, betrachtet seine Aids-Erkrankung als Strafe für die großväterliche Sünde. Der Ich-Erzähler in Napoleon Seyfarths *Schweine müssen nackt sein* ist ebenso unter enormem Anpassungsdruck in höchst autoritären Familienverhältnissen aufgewachsen. Langsam muss er feststellen, dass alle von seiner homophoben Familie erwähnten schwulen Merkmale in seinem Fall zutreffen und bemüht sich deshalb darum, sich heterosexuell zu verhalten, indem er beispielsweise mit Mädchen

---

[56] Vgl. Aretz, Bernd: *Notate. Aus dem Leben eines HIV-infizierten schwulen Mannes.* Berlin: Verlag rosa Winkel 1997, S. 16.

ausgeht. Auch Markus Commerçon erzählt von einer schwierigen Beziehung zu seiner Mutter, die unter starken Stimmungsschwankungen litt und ihre Kinder häufig schlug. Nach seinem Coming-Out hat sie zunächst jeden Kontakt zu ihrem Sohn abgebrochen, während der Vater Commerçons Partner anzuzeigen drohte, weswegen der Sohn lange versuchte, seine Homosexualität zu überwinden und heterosexuelle Beziehungen aufzubauen, um so die fehlende mütterliche Anerkennung zu bekommen.

Anhand solcher Beispiele versuchen die meisten Aids-Autoren Aids als logischen nächsten Schritt in der Reihe von Normabweichungen darzustellen, derer sie wiederholt beschuldigt wurden. Damit figuriert Aids nicht als Bruch mit dem bisherigen Leben, sondern die Erkrankung wird zum folgerichtigen Gipfelpunkt im Werdegang eines Außenseiters, dessen ganzes Leben ihn schließlich zu diesem Ziel geführt habe. In *Es ist spät, ich kann nicht atmen* meint der Ich-Erzähler sogar, dass er nicht erst durch HIV erkrankt sei, sondern „[m]ir ist, als hätten mich bereits in F. die Gartenzwerge infiziert." (Wirz 1992: 32)

2.3.6   Freud: Krankheit als Normalität und der Todestrieb

Einen weiteren bedeutsamen Einfluss hatten die von Sigmund Freud erwähnten Triebe Eros und Thanatos, die beständig in einem Spannungsverhältnis zu einander stehen und das menschliche Leben beeinflussen. In der autobiographischen Aids-Literatur, die von homosexuellen HIV-infizierten Autoren verfasst wurde, sind die beiden Triebe von zentraler Bedeutung, denn die Ich-Erzähler haben sich durch ungeschützten Geschlechtsverkehr mit einer tödlichen Krankheit angesteckt. Die körperliche Liebe ist zur Todesart und zum Todesakt geworden. Der Tod ist nach Freud nicht nur das Ende des Lebens, sondern auch seine treibende Kraft und sogar „das Ziel alles Lebens".[57] Daher fragt er, ob es nicht besser wäre, „dem Tode den Platz in der Wirklichkeit und in unseren Gedanken einzuräumen, der ihm gebührt, und unsere unbewusste Einstellung zum Tode, die wir bisher so sorgfältig unterdrückt haben, ein wenig mehr hervorzukehren?"[58] Von den meisten Aids-Autoren wird der Tod ebenfalls nicht als etwas Furchterregendes wahrgenommen, sondern eher als eine Wiedergeburt. Als der HIV-positive Alex in *Schweine müssen nackt sein* im Krankenhaus stirbt, stehen ihm die Freunde, der Ich-Erzähler Seyfarth und Thomas zur Seite. Seyfarth nimmt den Tod des Freundes als Geburt wahr und schreibt: „Tja, Alex, Du hast eine Geburt vor Dir, und dass es keine allzu schwierige Geburt wird, dafür sind zwei Hebammen anwesend." (Seyfarth 2000: 256)

Freud führt aus, dass die menschliche Psyche nicht rational sein kann. Da sie vom Unbewussten samt allen in ihm eingeprägten Traumen geleitet wird, ist der normale Zustand des Menschen an sich krank. Krankheit ist also keine äußere Erscheinung, sondern eine angeborene Eigenschaft, ein fester Bestandteil der menschlichen Psyche. Der Todestrieb ist nach Freud das Urbedürfnis, das den Menschen kontinuierlich zum ruhigen – anorganischen, toten – Zustand des Unbelebten zurückführt, zu einem Zustand äußersten Vergnügens, gekennzeichnet durch das absolute Fehlen aller Anreize – zum Tode. Jonathan Dollimore drückt diese Idee mit anderen Worten folgendermaßen aus:

> "[D]esire is conceptualized as a lack; more remarkably, it is energized by lack: the lack of death itself. What this means experientially is that the restless, dissatisfied energy which is the stuff of life is always shadowed by that desire to become unbound; that is, the desire for oblivion, for a disso-

---

[57] Vgl. Freud, Sigmund: *Jenseits des Lustprinzips*. In: Studienausgabe Bd. 3: Psychologie des Unbewussten. Hgg. von Alexander Mitscherlich, Angela Richards und James Strachey. Frankfurt/Main: Fischer Taschenbuch Verlag 2001, S. 248.
[58] Freud, Sigmund: *Zeitgemäßes über Krieg und Tod*. In: Studienausgabe Bd. 9: Fragen der Gesellschaft/ Ursprünge der Religion. Hgg. von Alexander Mitscherlich, Angela Richards und James Strachey. Frankfurt/Main: Fischer Verlag 2003, S. 35-60, hier S. 59.

lution of consciousness, the irresistible desire to regress back to a state of zero tension before consciousness, before life, before effort, before lack."[59]

Die Todesszene in Seyfarths Roman, die sich wie eine S/M-Liebesszene liest, ist von diesem Bedürfnis geprägt. Der im Krankenhaus sterbende Doppelgänger, dessen bisheriges Leben ihn auf diesen Tod vorbereitet hat, freut sich darüber, dass der Meister – der Todestrieb – ihn endlich von allen Schmerzen befreit. Hier wird ausdrücklich der Tod als etwas Schönes, als Ziel des Lebens dargestellt.

> „Mein Gott, ist das schön. Mit jedem Peitschenhieb komme ich meinem Ziel näher. Ich habe den Schmerz überwunden. Ich bin der Herr des Schmerzes geworden. Ich denke an Alar. Ich denke an Bertram. Ich denke an den Meister. Alle drei Personen sind jetzt zu einer einzigen geworden. Sie sind für mich zu Gott vereint. Ein Gott, der mir zur Lust geschaffen wurde. In der Vereinigung dieser drei Prinzipien liegt die Lösung. Ich lasse los. Ich entspanne mich. Nur die Verkrampfung hatte mir Schmerz bereitet. Das Nichtloslassenkönnen." (Seyfarth 2000: 274)

2.3.7 Thomas Mann: Krankheit als Katalysator

Das intensive Interesse an der Pathologie, das ein wichtiges Merkmal der Moderne darstellt, findet sich auch in den Werken Thomas Manns. „Das intellektuelle Interesse, welches letzten Endes bis heute zur Lebenshöhe fortgeschrittene Dichtergeneration beherrscht und beschäftigt, ist das Interesse am Pathologischen, am Verfall", schrieb Mann 1913.[60] Im 1912 erschienenen *Tod in Venedig* begegnet der asketische, einsame Protagonist Gustav von Aschenbach während einer Venedigreise zwei Krankheiten: einer Choleraepidemie und der Liebe. Um des Ruhmes Willen hat er sein ganzes Leben lang seine Empfindungen unterdrückt und seine Kunst ins „Formelle, selbst Formelhafte" (Mann GW VIII: 456) überführt. Als er sich in einen

---

[59] Dollimore, Jonathan: *Death and the Self*. In: Roy Porter (Hg.): *Rewriting the Self. Histories from the Renaissance to the Present*. London: Routledge 1997, S. 249-261, hier S. 256.
[60] *Vorwort zu dem Roman eines Jungverstorbenen*. In: Thomas Mann: Gesammelte Werke in dreizehn Bänden, Bd. X, 2. Aufl., Frankfurt am Main: Fischer Verlag 1974, S. 565.

polnischen Knaben verliebt, fällt ihm eine alte vergessene Gefühlsregung aus seiner Jugend wieder ein: „Ehemalige Gefühle, frühe, köstliche Drangsale des Herzens, die im strengen Dienst seines Lebens erstorben waren [...], - er erkannte sie mit verwirrtem, verwundertem Lächeln. Er sann, er träumte, langsam bildeten seine Lippen einen Namen ..." (Mann GW VIII: 495)

Nach diesem Erlebnis, das Proustsche Elemente mit der psychoanalytischen „Wiederkehr des Verdrängten" kombiniert, kann er seine formale Fassade nicht mehr aufrechterhalten. Aschenbach fühlt sich nun „entnervt, zerrüttet und kraftlos". (Mann GW VIII: 517) Während die Stadt Venedig von der Cholera heimgesucht wird, wird Aschenbach seinerseits von der späten homosexuellen Liebe heimgesucht und endet in Rausch und Tod. *Der Tod in Venedig* ist die Geschichte eines zu erwartenden Todes. Alle Zeichen deuten von Anfang an daraufhin, dass der Protagonist am Ende sterben muss. Aschenbach verfällt dem jungen Sinnbild des Eros und liefert sich damit unabänderlich Thanatos aus. Parallel zu dem vom liebeskranken Aschenbach vor sich selbst und vor den Hotelgästen aufgeführten Versteckspiel findet der Ausbruch der Choleraepidemie in Venedig statt, der ebenfalls vor der Öffentlichkeit verheimlicht wird. Beide Versteckspiele werden zum Spiel mit dem Tod. Eine Krankheit offenbart dem Protagonisten seine eigene Wirklichkeit, als er sich dem Tode gegenübersieht und von der Schönheit dieser Konfrontation verzaubert wird.

Andererseits ist der im Jahre 1924 veröffentlichte *Zauberberg* einem klassischen deutschen Bildungsroman ähnlich. Der junge, lebensunerfahrene Ingenieur Hans Castorp verlässt sein Elternhaus und entdeckt eine neue Welt der Kunst, Politik und Liebe im Sanatorium. Anders jedoch als im Bildungsroman führt der Aufenthalt auf dem Zauberberg nicht dazu, dass Castorp sich zu einem fleißigen, tugendhaften Mitglied des Bürgertums herausbildet. Stattdessen führt ihn sein Entwicklungsprozess ins Chaos des Ersten Weltkriegs. Das Sanatorium Berghof stellt eine abgeschlossene Welt dar, symbolisiert aber durch die repräsentativen Charaktere der Patienten gleichzeitig die Welt draußen. Krankheit und Tod sind allgegenwärtig. Beinahe alle Figuren im Roman leiden an Tuberkulose und ihr Tagesablauf, Gedanken und Gespräche werden davon geprägt. Viele sterben daran, manche begehen Selbstmord, und der Roman endet mit einem Krieg, wobei Millionen ums Leben kommen. Die Erziehung besteht darin, dass Castorp lernt, die tiefen Erfahrungen von Krankheit und Tod als den Weg zur höheren Gesundheit, ja zum Leben und zum Wissen zu sehen. Diese Auffassung von Krankheit und Tod als ein notwendiger Weg zum Wissen, zur Gesundheit und zum Leben macht den *Zauberberg* zu einem Todesinitiationsroman - ein Merkmal, das der Roman mit der Aids-Literatur gemeinsam hat, bei der die homosexuelle Initiation häufig auf die kommende Todesinitiation hindeutet.[61]

In *Doktor Faustus* instrumentalisiert Mann den Mythos vom kranken Genie. Krankheit wird als Teufelspakt dargestellt, als der Preis, den der komponierende Held Adrian Leverkühn für die Genialität zahlt. Im Kapitel XXV äußert sich der Teufel zum Thema Krankheit und Gesundheit mit folgenden Worten:

> „Und ich wills meinen, dass schöpferische, Genie spendende Krankheit ... tausendmal dem Leben lieber ist als die zu Fuße latschende Gesundheit. Nie habe ich etwas Dümmeres gehört, als dass von Krankem nur Krankes kommen könne. Das Leben ist nicht heikel, und von Moral weiß es einen Dreck. Es ergreift das kühne Krankheitserzeugnis, verspeist, verdaut es, und wie es sich seiner nur annimmt, so ists Gesundheit. Vor dem Faktum der Lebenswirksamkeit, mein Guter, wird jeder Unterscheidt von Krankheit und Gesundheit zunichte. Eine ganze Horde und Generation empfänglich-kerngesunder Buben stürzt sich auf das Werk des kranken Genius, des von Krankheit Genialisierten, bewundert, preist, erhebt es, führt es mit sich fort, wandelt es unter sich ab, vermacht es der Kultur ..." (Mann GW VI: 323-324)

Nur derjenige, der an einer „anstößige[n], diskrete[n], geheime[n]" (Mann GW VI: 313) Krankheit leidet, ist im Stande, einen kritischen Gegensatz zur

---

[61] Der Ich-Erzähler Seyfarth z.B. trifft seinen Initiator vor einem Friedhof, wo die homosexuelle Initiation auch stattfindet.

Welt und zum Lebensdurchschnitt zu schaffen. Die Krankheit verleiht ihm neue Impulse und bald wird aus Intelligenz Genie. Dies gilt auch für Aids. In dieser Hinsicht ist insbesondere der *Barebacking*-Diskurs in der Aids-Literatur insgesamt und in den Werken von Hervé Guibert, Napoleon Seyfarth, Detlev Meyer und Bernd Aretz von Bedeutung. Sie gehen davon aus, dass es sich lohnt, das Risiko einer Ansteckung einzugehen, weil Grenzerfahrungen der einzige Weg sind, die Grenzen zu überschreiten. Der Preis scheint im Vergleich mit der zu gewinnenden Erfahrung, der Erkenntnis und Selbstverwirklichung angemessen zu sein. Auch Leverkühn lässt sich überzeugen und schließt einen Pakt mit dem Teufel. Danach durchläuft er die verschiedenen Stadien der Krankheit, angefangen von den primären Affekten bis hin zur Megalomanie und endet letztendlich in vollständiger Demenz.

2.3.8 Krankheit und Tod in der Literatur der 1950er und 1960er Jahre

Die Topoi Krankheit und Tod tauchten häufig in der Literatur im 20. Jahrhundert. Schon in den 1950er Jahren widmeten sich Friedrich Dürrenmatt und Max Frisch in ihren Romanen diesen Themen: Dürrenmatts *Der Richter und sein Henker* (1952) und *Der Verdacht* (1953) sowie auch Frischs *Stiller* (1954) und *Homo Faber* (1957) verweisen in sehr unterschiedlicher Art auf die Themen Krankheit und Tod. Der Protagonist Kommissar Hans Bärlach in *Der Richter und sein Henker* untersucht den Mord eines Polizisten und will dadurch den mächtigen Unternehmer Gastmann für einen anderen Mord, den er vor vielen Jahren begangen hat, zur Rechenschaft ziehen. Während dieser Untersuchung leidet Bärlach an Schmerzen verursacht durch Magenkrebs. Die tödliche Krankheit Bärlachs hebt sein hartnäckiges Streben nach Gerechtigkeit hervor und letztlich siegt Bärlachs Sendungsbewusstsein über seinen körperlichen Schmerz. *Der Verdacht* beginnt mit einer klaren Andeutung von Bärlachs bevorstehendem Tod. Zufällig entdeckt er während eines Krankenhausaufenthaltes, dass ein Schweizer Arzt, der früher Menschenversuche und Operationen in den Konzentrationslagern der Nazis in Deutschland durchgeführt hatte, nun eine Privatklinik in Zürich betreibt. Diesmal wird das Thema vom Streben nach Gerechtigkeit mit dem von beschränkter Zeit in Verbindung gebracht: „Ein unbändiger Trotz [stieß im Alten hoch], in dieser Welt zu bestehen und für eine andere, bessere Welt zu kämpfen auch mit diesem jammervollen Leib, an welchem der Krebs fraß."[62]

In der Züricher Klinik, in die Bärlach auf eigenen Wunsch gebracht wird, erschließt sich ihm der Ernst seiner Lage durch die alles durchdringenden Todessymbole sowie auch durch den Spiegel an der Decke seines Zimmers, der Bärlach mit dem „Skelett" (Dürrenmatt 1980: 209), das er geworden ist, konfrontiert. In beiden Werken verleiht Bärlachs Krankheit der Erzählung eine gewisse Dynamik, indem sie die Vergänglichkeit des Menschenlebens den Konzepten von Gerechtigkeit und Vergeltung gegenüberstellt. Mit anderen Worten: Krankheit ist nicht das zentrale Motiv in diesen beiden Romanen, jedoch spielt sie eine wichtige Rolle.

Max Frischs *Stiller* wurde 30 Jahre nach dem Erscheinen von Thomas Manns *Der Zauberberg* veröffentlicht und stellte althergebrachte kulturelle Auffassungen – einschließlich jene mit Bezug auf Krankheit und Tod – in Frage. Manns Werk wird im Laufe des Romans mehrmals erwähnt, denn Stillers Frau Julika war Patientin an genau demselben Kurort in Davos gewesen, in dem sich Manns Meisterwerk abspielt. Jedoch ist *Stiller* als ein Gegenentwurf zum *Zauberberg* zu verstehen, denn Frisch geht nicht mehr davon aus, dass Krankheit notwendigerweise Selbsterkenntnis und größeres Bewusstsein vermittelt. Stattdessen zeigt er, dass körperlicher Verfall nicht zu einem Prozess der intellektuellen „Transsubstantiation" führt.[63]

---

[62] Dürrenmatt, Friedrich: *Werkausgabe in dreißig Bänden*. Band IX. Zürich: Diogenes 1980, S.164.

[63] Vgl. Pender, Malcolm: *Contemporary Images of Death and Sickness. A Theme in German-Swiss Literature*. Sheffield: Sheffield Academic Press 1998, S. 19.

Auch der Protagonist in *Homo Faber* befindet sich auf seinem Krankenbett in einem Hotel in Caracas in der ‚Ersten Station' seines Berichts und in einem Krankenhaus in Athen in der ‚Zweiten Station'. Diese von Krankheit und Handlungsunfähigkeit geprägten Schauplätze sind bestimmend für die zwei Erzählstränge in Fabers Bericht: erstens die Auseinandersetzung mit der Inzestbeziehung zu seiner verstorbenen Tochter und zweitens der Versuch, seinen körperlichen Verfall zu verarbeiten und mit seiner Sterblichkeit zurechtzukommen. Letzteres scheint für den Ingenieur Faber besonders schwierig. Sein Wunsch, auf dem Weg nach Zürich im Zugrestaurant seine Augen auf Gabeln aufzuspießen ist keineswegs nur Ausdruck seines Schuldgefühls aufgrund des Inzests, sondern vielmehr verursacht durch das unaufhörliche Auftreten der Hinweise auf den Tod und auf sein eigenes bevorstehendes Ende. Die Figur des Ingenieurs ist dabei in zweierlei Hinsicht von Bedeutung: Einerseits besetzt er eine Schlüsselstellung in der modernen technikorientierten Gesellschaft; andererseits sind seine Ansichten typisch für seine Zeitgenossen, die in derselben Gesellschaft leben und von ihr beeinflusst werden. Sogar seine Krebserkrankung ist in diesem Sinne repräsentativ.

Ein weiteres Beispiel der Literarisierung von Krankheit bietet der Arzt und Psychiater Walter Vogt mit seinem Roman *Wüthrich: Selbstgespräch eines sterbenden Arztes* (1966), in dem er die letzten Stunden im Leben eines Medizinprofessors darstellt, während derer er im Laufe seiner Visite im Berner Krankenhaus zusammenbricht und stirbt. Der Protagonist nimmt die Welt aus der Perspektive eines Arztes wahr. Auf dem Weg zum Krankenhaus sieht Wüthrich zwar die schönen Häuser in der Innenstadt, aber er bemerkt doch gleichzeitig, dass Krankheit ständig unter den Menschen weilt: „Die Häuser stecken vom Keller bis zum Dachboden voll Krankheit, Unzucht, Wahnsinn, Träumerei."[64] Des Weiteren hält er das Krankenhaus für „ein Modell der Welt" (Vogt WA X: 264) mit seinen eigenen Machtstrukturen, die

---

[64] Vogt, Walter: *Werkausgabe in zehn Bänder*. Band I. Hgg. von Doris Halter und Kurt Salchi. Zürich/ Frauenfeld: Nagel & Kimche 1991-97, S. 18.

denen in der Welt ähneln. Das zentrale Motiv im Roman, die Chefvisite, ist nichts weniger als ein Machtritual, das den Patienten sowie den anderen Mitarbeitern im Krankenhaus nahebringen soll, dass „DER HEILENDE GOTT" (Vogt WA I: 112) – d.h. der Arzt – samt seiner Allmacht und Allwissenheit ganz oben in der Hierarchie steht. Von solchen Machtritualen und derselben Hierarchie in der Arzt-Patient-Beziehung erzählen auch alle in dieser Arbeit untersuchten Aids-Autoren, allerdings aus der Perspektive eines Patienten.

Jedoch sieht sich paradoxerweise derselbe Arzt in seiner Berufsausübung zwangsläufig mit den Grenzen der medizinischen Macht konfrontiert. Als Wüthrich sich an die jungen tuberkulösen Frauen erinnert, die trotz der medizinischen Versorgung rasch starben, merkt er ironisch an: „Nur bei wenigen schlug die Sanatoriumkur so gut an, daß sie länger lebten und monatelang zu sterben hatten." (Vogt WA I: 19) Das Zeitalter glaubt fest an die „Machbarkeit der Sachen" (Vogt WA X: 247) und dieser Glaube prägt die Welt der Medizin am tiefsten. Jedoch erfahren Ärzte die Grenzen dieser „Machbarkeit der Sachen" häufiger als andere Berufsgruppen, denn sie sehen jeden Tag die „Vorgänge, die sich dem Machen, ja, jeder Beeinflussung entziehen ... : Altern, Wahnsinnigwerden, Tod." (Vogt WA X: 251) Allerdings werden diese Grenzen von Ärzten nicht beachtet, zumindest nicht in ihrer Behandlung der Patienten, da der gesamte medizinische Ansatz auf dem tiefsitzenden Glauben basiert, dass der Gesundheitszustand vervollkommnungsfähig sei.

Einerseits wird Wüthrich als der allwissende Arzt dargestellt, der sich während seiner Visite aufgrund seines umfangreichen Wissens und seiner Spitzenstellung in der medizinischen Hierarchie den Patienten gegenüber arrogant benimmt. Andererseits wird er als Sterbender beschrieben. In seinem eigenen Fall ist der Arzt hilflos. Es ist genau dieser Widerspruch zwischen der äußeren Rolle und der inneren Lage des Protagonisten, den Vogt in seinem Roman bloßstellt. Kurz vor dem Ende seines Lebens denkt er über die tiefgehende Uneindeutigkeit des medizinischen Fortschritts nach: „Menschen werden mehr und länger leben, mehr und länger krank sein, schwerer krank sein, mehr sterben." (Vogt WA I: 62) Der sterbende Arzt Wüthrich schwankt zwischen seiner Rationalität und seinen Emotionen und am Höhepunkt dieses Hin und Hers bricht er am Patientenbett zusammen.

In seinem Kurzroman entwickelt Vogt einige Aspekte seiner Kurzgeschichtensammlung *Husten* (1965) weiter und bietet ein ungeschminktes Bild der Medizinerschaft, die überhaupt nicht daran gewöhnt war, ihr Sozialprestige und berufliches Ansehen in Frage gestellt zu sehen, am allerwenigsten in einer literarischen Satire eines ihrer Angehörigen, die einen Arzt als fehlbar und genauso sterblich wie andere Menschen darstellte. (Vgl. Pender 1998: 31) Das Porträt des gottesähnlichen Arztes als Sterbender sowie auch die Sterblichkeit seiner Patienten symbolisiert die Grenzen seiner Macht und streift kurz und vorausahnend ein Thema, das in Vogts zweitem Arztroman *Der Wiesbadener Kongress* (1973) ausführlicher weiterentwickelt wurde: die Zweifel an der unbegrenzten Weiterentwicklung der Wissenschaft. Darüber hinaus kann die Darstellung von Krankheit und Tod aus der ärztlichen Perspektive als ein Schritt zwischen *Homo Faber* und späteren Werken zum Thema Krankheit und Tod betrachtet werden: *Wüthrich* repräsentiert einen Wechsel von Frischs literarischer Darstellungsweise zu einer sachlicheren und fachlich-medizinischen.

Paradoxerweise ging die Aushöhlung des Glaubens an wissenschaftlichen Fortschritt in vielen späteren Werken mit einer zunehmenden Anwendung wissenschaftlicher Fachsprache einher. Derselbe ausgiebige Gebrauch von medizinischer Terminologie findet sich auch ungefähr zwanzig Jahre später in den Aids-Werken, in denen die Erzähler sich immer wieder die Sprache der Ärzte aneignen, um über ihre Krankheit zu sprechen. Auf diese Weise können sie sich sowohl die Macht der Ärzte in der traditionellen Hierarchie aneignen als auch betonen, dass es sich hier um eine neue Krankheit handelt, die mit Hilfe der bestehenden literarischen Mittel noch nicht zu widerspiegeln ist. Zum Teil wird damit auch der Glaube an die Allmächtig-

keit der Medizin in Frage gestellt, denn sie ist noch nicht der von Aids berei-
teten Herausforderung gewachsen.

Wüthrich ist in einer weiteren Hinsicht von Bedeutung: Der Roman wurde
im selben Jahr veröffentlicht, als der sogenannte ‚Zürcher Literaturstreit' um
den Stellenwert von Krankheit in der Literatur stattfand. Vogt wurde der
Literaturpreis der Stadt Bern verliehen, was ein Kritiker überraschend fand,
da Vogt seiner Meinung nach kein „Vertreter eines gesund schweizerischen
... Schrifttums" (zitiert nach Vogt WA I: 408) war. Offensichtlich war eine
‚gesunde' Weltanschauung immer noch eine der Wesensmerkmale der
deutsch-schweizerischen Literatur. Kurz darauf hielt Emil Staiger seine
berühmte Rede *Literatur und Öffentlichkeit* anlässlich der Verleihung des
Literaturpreises der Stadt Zürich. Staiger bedauerte die Tatsache, dass die
zeitgenössische *littérature engagée* „eine Entartung jenes Willens zur Gemeinschaft, der Dichter vergangener Tage beseelte" sei und die Werke seiner
Zeitgenossen „wimmeln von Psychopathen, von gemeingefährlichen Exis-
tenzen, von Scheußlichkeiten großen Stils." (Staiger 1967: 93) Laut Staiger
sollte die Aufgabe von Kunst und Literatur in der Darstellung der „Heiterkeit des Schönen" (Staiger 1967: 97) bestehen. Diese Rede löste eine bewegte
Debatte in der deutschsprachigen Literaturwelt aus, die mehrere Monate
andauerte und als ‚Zürcher Literaturstreit' bekannt wurde.

Drei Tage nach der Veröffentlichung von Staigers Rede kam Vogts Dan-
kesrede *Die Moral des Schreibens* heraus, in der Vogt behauptete, dass alle
Gesellschaftssysteme Druck auf den Schriftsteller ausübten, damit er die
Wirklichkeit so darstelle, wie sie sie sehen wollen. In Westeuropa bedeutet
dies nach Vogt die Darstellung „eine[r] zukunftsfrohe[n] Apotheose unseres
eigenen Kleinbürgerkitschs, unserer Trägheit und Sentimentalität." (WA X:
170) Für ihn war ein literarisches Werk nur dann gerechtfertigt, wenn es den
Horizont erweitern konnte, „wenn es mit jedem Satz, jeder Zeile, jedem
Wort bis an die äußerste Grenze demokratischer Redefreiheit eines jeden
geht, die Dinge so zu sagen, wie er sie sagen will." (WA X: 172) Vogts Stellungnahme war weit von Staigers Plädoyer für eine normative klassische

Begrenzung literarischer Themen entfernt. Nach dem ‚Zürcher Literaturstreit' schienen jedenfalls „die Kontroversen um gesunde und kranke Kunst zu einem Abschluß gelangt zu sein." (Anz 1989: xi)

2.3.9 Krankheit in der Literatur um 1970: Die Wiederkehr des Pathologischen

Nach der Politisierung des Privaten in den späten 1960er Jahren gab es erneut einen Wandel in der Literatur. Das große Interesse der Autoren, Kritiker und Leser an pathologischen Themen wurde zwar schon Anfang der 1970er Jahren bemerkbar, auffällig und dominant in der literarischen Szene wurde die Privatisierung des Politischen allerdings erst ab 1976. Vor allem fanden psychopathologische Phänomene ihren Weg in die damalige Literatur. Psychische oder psychosomatische Krankheiten wie z.B. Schizophrenie, Depressionen und Krebs, deren Ursache zum Teil ungeklärt und deren Heilung wenig gesichert war, stellten damals die favorisierten Krankheiten dar. Andererseits verschwand das lang vorherrschende Krankheitsmotiv der Tuberkulose, abgesehen von Thomas Bernhard, da Tuberkulose inzwischen heilbar war. Mit dem Verschwinden der kollektiven Angst vor dieser Krankheit entfiel auch das Verlangen, sie zu literarisieren.

Als repräsentativ für diese neue literarische Mode galten vor allem drei Werke: Günter Steffens Roman *Die Annäherung an das Glück* (1976), in dem der Autor seinen seelischen und körperlichen Verfall nach dem Krebstod seiner Frau schilderte, der Roman *Raumlicht: Der Fall Evelyn B.* (1976) des Psychiaters Ernst Augustin, in dem die unorthodoxe Beziehung zwischen einem Therapeuten und seiner schizophrenen Patientin thematisiert wird und Heinar Kipphardts Roman *März* (1976) über den schizophrenen Dichter Alexander März. Typisch für die Krankheitsgeschichten der siebziger und achtziger Jahre war auch die Fortsetzung des Authentizitätsanspruchs der dokumentarischen Literatur aus den sechziger Jahren. Steffens berichtet mit rückhaltloser Offenheit über sein eigenes Ich und wurde wie viele andere

Verfasser der autobiographischen Selbsterfahrungsliteratur der siebziger Jahre von manchen Kritikern als narzißtisch missbilligt. Augustin bezog viele Elemente aus seinem eigenen Leben und seiner Karriere als Psychiater in seinen Roman mit ein. Kipphardts Roman nutzt die Form einer Collage von fiktiven Dokumenten und basiert auf dem realen Fall des schizophrenen Dichters Ernst Herbeck. (Vgl. Anz 1989: 59-60)

Neben diesen Werken gab es weitere Autopathographien wie z.B. Maria Erlernbergers autobiographischer Bericht *Der Hunger nach Wahnsinn* (1977) über ihren Aufenthalt in einer psychiatrischen Anstalt, Ernst Herhaus' Roman *Kapitulation: Aufgang einer Krankheit* (1977), die autobiographische Geschichte eines Alkoholikers, Gerhard Roths *die autobiographie des albert einstein* (1972) und *Landläufiger Tod* (1984), Marie Cardinals *Schattenmund* (1977), Unica Zürns *Der Mann im Jasmin: Eindrücke aus einer Geisteskrankheit* (1977), Mary Barnes' *Meine Reise durch den Wahnsinn* (1973), Tilmann Mosers *Gottesvergiftung* (1976) und Walter Vogts *Schizogorsk* (1977), *Der Vogel auf dem Tisch* (1978) und *Vergessen und Erinnern: Roman eines Drogenentzugs* (1980). Allerdings waren Krankheit und Tod nicht nur beliebte Einstiegsstoffe für die neue Schriftstellergeneration. Auch schon etablierte Schriftsteller haben sich mit diesen Themen beschäftigt. Im dritten Band der *Ästhetik des Widerstands* (1981) berichtet Peter Weiss' Ich-Erzähler von der psychischen Krankheit seiner Mutter. Die Protagonisten in Martin Walsers Romanen *Die Gallistl'sche Krankheit* (1972), *Jenseits der Liebe* (1976), *Seelenarbeit* (1979) und *Brief an Lord Liszt* (1982) sind seelisch und körperlich krank. Die Protagonistin in Gabriele Wohmanns *Das Glücksspiel* (1981) ist psychisch gestört. Siegfried Lenzs Roman *Der Verlust* (1981) beginnt damit, dass jemand aufgrund eines Hirnschlags sein Gedächtnis und seine Sprache verliert. In seinem weiteren Roman *Exerzierplatz* (1985) ist die erzählende Figur sogar sprach- und geistesgestört. Jedoch war das wohl aufsehenerregendste Werk aus den siebziger Jahren die erste und einzige Veröffentlichung des krebskranken Fritz Zorn aus der Schweiz.

2.3.9.1 Das Phänomen Fritz Zorn

Fritz Zorns *Mars* (1977), der autobiographische Bericht von den letzten Tagen eines jungen krebskranken Mannes, rief eine große Vielfalt an Reaktionen hervor: Einerseits wurde er als „Bericht eines jungen Mannes, der sich für sensibel hielt und bloß dünn war, blutleer, beleidigt"[65] missbilligt; andererseits wurde er als epochemachend und bahnbrechend gelobt. „Um unsere Zeit zu verstehen, muss man *Mars* lesen", meinten Kritiker fast zehn Jahre nach seiner Veröffentlichung.[66] 1994 brachte der Fischer Verlag *Mars* als eines der 20 Bücher in der Sonderreihe *Lebensläufe* „in denen sich das 20. Jahrhundert in Einzel- oder Familienschicksalen spiegelt" neu heraus. (zitiert nach Pender 1998: 44) Das Werk wurde in mehrere Sprachen übersetzt, als Theaterstück und Ballett inszeniert, in akademischen Kreisen diskutiert und sogar als Comic-Heft umgearbeitet. (Vgl. Pender 1998: 45) Der Autor Dr. Fritz Furchtegott Angst schrieb sein Werk unter dem Pseudonym Fritz Zorn und postulierte, dass es einen Kausalzusammenhang zwischen seiner Erkrankung und seiner bürgerlichen Erziehung in der Schweiz gab. Die Anklagen des sterbenden Autors gewannen eine makabere Authentizität, als er vor der Veröffentlichung seines einzigen Werks im Alter von 32 Jahren starb.

Schon im ersten Teil des Buches erklärt der Autor seine Absicht, verschiedene Bewusstseinsstufen seiner inneren Entwicklung darzustellen. Da diese unbewusst aufgetreten seien, können sie nicht streng chronologisch wiedergegeben werden. In dem Sinne will Zorn keine Autobiographie schreiben. Stattdessen ist das Schreiben für ihn ein Selbstverständigungsprozess. Teil dieses Prozesses ist die Anerkennung, dass sein Krebs nicht nur

---

[65] Federspiel, Jürg: *Drei Kämpfer ohne Widerstand: eine Schweizer Collage.* In: *Die beste Stadt für Blinde und andere Berichte.* Zürich/Frankfurt: Suhrkamp 1980, S. 169-211, hier S. 203.

[66] Interview mit Alex und David Varenne. In: David Basler und Walter Baumgärtner (Hg.): Angst und Zorn, Mars: 10 Jahre danach. Sondernummer des Magazins *Strapazin*, Zürich: Edition Moderne 1986, S. 61-65, hier S. 61.

eine körperliche Krankheit sei, sondern auch eine seelische, die durch vier Elemente verursacht wurde: das elterliche Beharren auf der Idee von Harmonie, seine Anpassung an die nachhaltig prägenden Zwänge, die lähmende Auswirkung seiner Erziehung auf ihn und die moralische Leere, in der er 30 Jahre lang gelebt hat. Den Zusammenhang zwischen seiner Erziehung und seiner Erkrankung erklärt er mit den folgenden Worten:

> „Ich möchte es … so ausdrücken, daß die Schäden, die durch eine falsche Erziehung hervorgerufen worden sind, so groß werden können, daß sie in ihren extremen Formen (wie dies nun bei mir der Fall zu sein scheint) sich auch als neurotisch bedingte Krankheiten, zum Beispiel Krebs, manifestieren können."[67]

Er zieht daraus den Schluss, dass er "zu Tode erzogen worden" ist. (ebd.) Auch die in dieser Arbeit diskutierten Aids-Autoren stellen oft einen Zusammenhang her zwischen ihrer Kindheit, der Erziehung bzw. der Verdrängung aller Tabuthemen im Elternhaus, dem Druck, sich einem Muster und den Gesellschaftsnormen anzupassen sowie ihrer Erkrankung an Aids als Erwachsene.

Entsprechend ist die Schuldzuweisung an die Eltern ein prägendes Merkmal von *Mars*, was sich ebenfalls in fast allen Aids Werken wiederfindet. Zorn gibt zwar zu, dass er Mitleid für seine Eltern empfindet, da sie Opfer desselben bürgerlichen Systems sind, das auch sein Leben zerstört hat; jedoch symbolisieren sie gleichzeitig die Zerstörungskraft dieses Systems und sind in dem Sinne mitschuldig an seiner „Glücks-Impotenz" (172) und letztendlich an seinen Krebs. Er gesteht zu, dass er die Ermordung seiner Mutter in Betracht gezogen habe, denn sie verkörpert für ihn „das Böse" und daher wäre ihre Ermordung „sinnvoll und notwendig". (194) Jedoch ist keine Rache möglich, da er meint: „Meine Eltern haben mich getötet, und doch haben mich *meine Eltern* nicht getötet." (195) Als Individuen

---

[67] Zorn, Fritz: *Mars*. 11. Auflage. Mit einem Vorwort von Adolf Muschg. München: Kindler 1977, S. 44.

sind seine Eltern schließlich „nicht *nur* Symbolfiguren für das allgemein Elterliche, das allgemein Bürgerliche, das allgemein Zürcherische und das allgemein Schweizerische." (198) Doch auch wenn sie „als Mit-Opfer derselben verfehlten Situation" (42) anzusehen sind, unter der Zorn lebenslang gelitten hat, meint er:

> „[A]uf die Frage, ob sie an meinem Unglück schuldig oder unschuldig sind, lautet mein Urteil: Schuldig. Ich bin auch bereit, meinen Eltern zu verzeihen [...], aber der Umstand, daß jemand begnadigt worden ist, bedeutet noch nicht, daß er deswegen schon vorher unschuldig war. Im Gegenteil: nur wer schuldig ist, kann begnadigt werden." (209)

Er gibt dem bürgerlichen Milieu, in dem er metaphorisch sowie letztendlich auch wörtlich zu Tode erzogen worden ist, die Schuld an seiner Krankheit, indem er es als „neurotisch" (174) und „kanzerogen" (156) und den Krankheitsfall als Mordfall bezeichnet. Dieses tötende Milieu verkörpern und vertreten die Eltern, die Zorn mit seinem Tumor vergleicht:

> „So wie mein Körper vom Fremdkörper Krebs durchwuchert wird [...], so wird auch meine Seele vom Fremdkörper >Eltern< durchwuchert, der genau wie die Krebsgeschwüre des Körpers kein anderes Ziel kennt, als den ganzen Organismus zu zerstören." (177)

Die den Eltern zugeschriebene sowohl repräsentative als auch private Schuld macht auf den Zusammenhang zwischen gesellschaftlichen und privaten Einstellungen aufmerksam. Christoph Geiser, ein weiterer Autor, der in seinen Romanen *Grünsee* (1978) und *Brachland* (1980) diese Zusammenhänge dargestellt hat, behauptet, dass die Spielregeln der Gesellschaft dem Kind schon in der Familie eingeprägt werden, „im privatesten, dem Einfluß der Öffentlichkeit *scheinbar* gänzlich entzogenen Bereich."[68] Die in dieser Arbeit diskutierten Aids-Autoren scheinen von dieser Meinung überzeugt zu sein. In den meisten Fällen werfen sie ihre Identitätskrisen ihren Familien vor. Als schwule Männer haben alle unter einem enormen Anpas-

---

[68] Klaus Pezold: Gespräch mit Christoph Geiser. Zitiert nach Pender 1998: 56.

sungsdruck gelitten und mussten für lange Zeit wegen der schwulenfeindlichen Haltung der Familie ihre Homosexualität verbergen. In manchen Werken fällt die Familie des Autors lediglich durch ihre Abwesenheit auf. Die Ablehnung durch die Familie ist in gewissem Sinne eine Vorbereitung auf die nachfolgende Ablehnung durch die Gesellschaft, durch Bekannte, Kollegen und Nachbarn und könnte daher als erste Stufe in der Lehrzeit des Lehrlings verstanden werden.[69]

Des Weiteren ist *Mars* im Rahmen dieser Arbeit von zentraler Bedeutung, weil Fritz Zorn mittels seiner Strategie, eine höchst individuelle Krankheitserfahrung und das Repräsentative an dieser Krankheitsgeschichte zusammenzustellen, in gewissem Sinne den Aids-Autobiographien den Boden bereitet hat. Der Autor macht dies an mehreren Stellen deutlich, „daß dieser mein persönlicher Fall nicht nur ein Einzelfall ist, sondern vermutlich ein repräsentativer und allgemeiner, der für viele andere stehen könnte. Und darum vielleicht auch ein politischer." (Zorn 1977: 45) Der kranke Ich-Erzähler soll als „Repräsentant der Krankheit [s]einer Gesellschaft" (215) interpretiert werden. Indem er seinen individuellen Krankheitsfall als überindividuell verstehbar, beispielhaft und daher auch als symptomatisch für die zeitgenössische Gesellschaft darstellt, schafft er mehrere Ebenen: Erstens entzieht er sich einer bloßen Nabelschau, zweitens hebt er das Niveau seines Werks, das andernfalls leicht zum selbstmitleidigen Aufheulen eines kranken Individuums hätte reduziert werden können, drittens ermöglicht ihm diese Strategie, seine Krankheitsgeschichte zu einem moraldidaktischen Exempel zu machen und dadurch die Hoffnung zu gewinnen, dass sein „Leben und Tod ein bißchen weniger sinnlos gewesen sein werden, [...] daß [s]eine Erkenntnis und dieser Bericht theoretisch sogar etwas nützen können." (153-154) Indem er die Ursachen seines Todes bloßstellt, hofft er sie auf lange Sicht beseitigen zu können:

---

[69] Früher in diesem Kapitel ist die Strategie vieler Aids-Autoren, gemäß der Tradition des Bildungsromans das erzählte Ich als Lehrling darzustellen, diskutiert worden.

„Ich werde auf eine für unsere Gesellschaft zu symptomatische Art gestorben sein, als daß man mich in meiner postumen Kaputtheit nicht auch als einen ebenso symptomatischen radioaktiven Abfall betrachten müßte, und zwar einen radioaktiven Abfall, den man nirgendwohin mehr abschieben kann, und der seine Umwelt verseucht. Ich behaupte, daß der Umstand, daß man mich umgebracht haben wird, weiterschwelen und letztlich eben diese Welt, die mich umgebracht hat, zu Fall bringen wird. [...] Eine Gesellschaft, deren Kinder aber daran sterben, daß sie diese Gesellschaft vollkommen verkörpern, macht es nicht mehr lang." (213-214)

Aufgrund dieser Absicht stellt Zorn für Thomas Anz einen Revolutionär dar. (Vgl. Anz 1989: 107) Diesen bis dahin in der Literarisierung von Krankheiten kaum erfassten Wunsch, durch diese der eigenen Krankheitserfahrung quasi als Aktivist entgegenzutreten, äußern die Autoren der autobiographischen Aids-Werke in den neunziger Jahren wiederholt. Auch hier wird die Aids-Erfahrung einerseits als eine höchst individuelle und körperliche Erfahrung dargestellt. Andererseits bemühen sich die Autoren zugleich darum, die überindividuelle Art dieser Erfahrung zu betonen, sich als Mitglied einer größeren Gemeinschaft, nämlich der Gemeinschaft der schwulen HIV-Positiven weltweit, darzustellen und das berühmte Motto „Silence is Death" der weltweiten Aids-Kampagne durch ihr Schreiben über ein Tabuthema zu versinnbildlichen. Sie versuchen durch die Bloßstellung der eigenen Geschichte als Musterbeispiel gegen das gesellschaftliche Schweigen über Aids vorzugehen, in der Hoffnung, andere Betroffene vor Schamgefühlen, aggressiven Selbstbezichtigungen und unverdientem Selbsthass retten zu können. Markus Commerçon erklärt z.B., was er mit seinem autobiographischen Werk *Aids – mein Weg ins Leben* beabsichtigt:

„[A]nderen Mut zu machen, nicht zu resignieren vor scheinbar unlösbaren Problemen. Ich möchte den Infizierten vielmehr zeigen, daß man erhobenen Hauptes sagen kann: „Ich habe AIDS!" [...] Ich bin der festen Überzeugung: Könnte jeder AIDS-Kranke die Kraft, die er für das Versteckspiel, das er in den meisten Fällen führt, aufbringt, für sich selbst verwenden, würde er länger leben." (Commerçon 1994: 16-17)

Bemerkenswert ist dabei auch die Tatsache, dass fast alle in dieser Arbeit behandelten Aids-Autoren tatsächlich auch Aktivisten gewesen sind, die sich außer ihrer literarischen Tätigkeit aktiv für Aufklärungskampagnen engagiert haben, angefangen von Guibert mit seinem Fernsehauftritt als HIV-positiver Schriftsteller über Mario Wirzs zahlreiche Interviews bis Napoleon Seyfarth und Helmut Zanders Mitwirkung bei mehreren Aktionen. Darüber hinaus interessiert sich in beiden Fällen der über seine Krankheitserfahrung berichtende Autor mittels der Verortung der Ursachen seiner Erkrankung in ein gesellschaftliches Phänomen, sei es das hemmende schweizerische bürgerliche Milieu im Fall Zorn oder die Tabuisierung der Homosexualität und des HIV-Positivseins im Fall der Aids-Autoren, für die Entwicklung einer gesunden Ethik, die er dem Pathogenen der jeweiligen Gesellschaft entgegensetzen kann. In Zorns ethischem Diskurs sind das Bürgerliche und das Böse gleichbedeutend mit dem Kranken und dem Toten, während die Aids-Autoren sehr oft das letztere Begriffspaar mit dem bürgerlichen Schweigen und dem Schwulenhass ihrer Gesellschaft gleichstellen.

Ferner behauptet Zorn, "daß es mir, seit ich krank bin, viel besser geht als früher, bevor ich krank wurde." (Zorn 1977: 25) Am Ende des ersten Teils gibt er sogar zu: „Lieber Krebs als Harmonie." (160) Der Titel des ersten Teils ‚Mars im Exil' deutet auch darauf hin, dass die Lebensenergie und Kraft des Autors nach einem 30jährigen Exil zum ersten Mal die richtige Richtung gefunden haben. Paradoxerweise ist es eine Krankheit, die das Leben vernichtet, die dem Autor nun eine wirkliche Einsicht in das Leben erlaubt, was ihm bis dahin aufgrund der zwanghaft aufrechterhaltenen Harmonie in seiner Erziehung nicht möglich war.

Diese positive Bewertung einer tödlichen Krankheit und der Glaube, dass die jeweilige Krankheit dem Betroffenen neue Horizonte verleihen kann und damit das Leben und den psychischen Zustand des Kranken verbessert, ist in den Aids-Autobiographien ebenfalls ein sich wiederholendes Thema. Der Ich-Erzähler Wirz erkennt z.B. seine durch das HIV-Positivsein erzeugte

Überlegenheit an. Seine HIV-Infizierung stellt für ihn eine Chance dar, ein unbegrenztes Leben zu führen, befreit von der Notwendigkeit, sich wie die anderen mit den banalen Seiten des Lebens auseinanderzusetzen. Des Weiteren führt ihn Aids zum Schreiben. Auch in diesem Fall ist es dasselbe Virus, das ihn zum passiv leidenden Patienten reduziert hat, das ihn nun dazu führt, schreibend wieder aktiv zu werden und seine Lebensgeschichte zu erzählen.

> „Das Virus ist ein Stern, der auch die Tage erleuchtet, mir die Augen öffnet inmitten der Blinden. Mich immun macht gegen Banalität und Feigheit. In meinem Kopfkino bin ich ein Held, gefeit gegen die schreckliche Vernunft der Sparsamen, ich kann lieben und leben ohne Netz. Brauche keine Sicherheiten und keine Garantien. [...] In meinem Kopfkino bin ich einer, der aufwacht, bereit, in der Umarmung des Todes das Leben zu lernen. Aus meinem Schoß springt ein wildes Kind, dass nichts und niemand zähmen wird. In seinem Feuer brennen die Dompteure und ihr Alphabet der Angst. Alles verbrennt in seinen Flammen, von A wie Anpassung bis Z wie Zensur. Aus der Asche steige ich, aufbrausend und zornig, ein AIDSinfizierter, ein Außenseiter, ein „schräger Vogel", aber einer, der sich mit jeder Feder stolz schreibt." (Wirz 1994: 44-45)

Auch Napoleon Seyfarth fühlt sich seit seinem positiven Testergebnis den anderen Menschen um ihn „haushoch überlegen." (Seyfarth 2000: 195) Außerdem ist Aids die Grundlage der neuen Identität des Aids-Erzählers, worauf er ausgesprochen stolz ist, zumal er sich sein ganzes Leben lang als Schwuler und in vielerlei Hinsichten als Außenseiter marginalisiert und verschmäht fühlte. Gerade deswegen bevorzugt er nun durch sein Schreiben ein Coming-out. Sein Positivsein fungiert nun als Nachweis seiner Mitgliedschaft einer exklusiven Gemeinschaft der Auserwählten.

2.3.9.2 Krankheit und Tod in den Werken von Thomas Bernhard

Der österreichische Schriftsteller Thomas Bernhard thematisierte Krankheit als Grenzerfahrung in vielen seiner Werke. „Der Kranke ist der Hellsichtige, keinem anderen ist das Weltbild klarer", schrieb er 1978 in *Der*

Atem.[70] Die in dieser Aussage ausgedrückte Hochschätzung der Krankheit prägt sein Gesamtwerk. Seine Protagonisten sind häufig im Grenzbereich zwischen Gesundheit und Krankheit, zwischen Vernunft und Wahnsinn angesiedelt. „Der Kranke, der monatelang von zuhause weg ist, kommt zurück als einer, dem alles fremd geworden ist", schrieb Bernhard in der Erzählung *Wittgensteins Neffe*. (Bernhard 1982: 75) Der grenzerfahrene Kranke, der mit neuen durch Krankheit gewonnenen Kenntnissen zurückkommt, gehört zugleich zwei Welten an. Anders gesagt, er nimmt eine Sonderstellung zwischen zwei Welten ein. Der Welt der Gesunden gehörte er vor seiner Erkrankung an. Nach seiner Genesung bewohnt er sie wieder. Allerdings ist er nicht mehr derselbe Mensch, denn die Erfahrung einer Krankheit hat ihn unwiderruflich geprägt. Dies bedeutet, dass er in keiner der beiden Welten sich heimisch fühlen kann. Die Grenzerfahrung Krankheit führt daher zur Einsamkeit, welche den Preis bildet, den er für die neuen Erkenntnisse zahlt.

In den Werken Bernhards kommen häufig Darstellungen eines Aufenthalts im Krankenhaus oder Sanatorium vor. Solche Aufenthalte sind mit einer Reise vergleichbar, die den kranken Protagonisten knapp am Tod vorbei und wieder ins Leben zurückführt. Der Kranke als Genesender wird dabei als Wiedergeborener dargestellt, der durch die Erfahrungen im Krankenhaus eine höhere Stufe seiner Existenz erreicht. Als Musterbeispiel davon gilt der achtzehnjährige Protagonist in *Der Atem. Eine Entscheidung*, der mit einer Rippenfellentzündung in ein Salzburger Krankenhaus eingeliefert wird, wo er sich mehreren quälenden medizinischen Prozeduren unterziehen muss. Schließlich befindet er sich in einem Badezimmer, das für die Sterbenden bestimmt ist und erlebt dort den Tod eines Kranken mit. Er beobachtet, wie eine Krankenschwester routinemäßig das Bett des gerade Verstorbenen abzieht und ihm fällt dabei ein, dass sie nun auf seinen Tod wartet. In diesem Augenblick trifft er eine Entscheidung: „*Jetzt* will ich le-

---

[70] Bernhard, Thomas: *Der Atem. Eine Entscheidung*. Salzburg, Wien: Residenz Verlag 1978, S. 60.

ben." (Bernhard 1978: 19) Die eigene Gefährdung wird ihm eben in diesem Moment nahegebracht und diese sowie der miterlebte Tod eines Mitpatienten erwecken seinen Willen zum Leben.

Mit dieser Aussage offenbart sich nicht nur der bloße Überlebenswille eines Schwerkranken. Viel mehr ist seine Entscheidung die Ankündigung einer Rebellion. Im Tod des Mitpatienten sieht der Ich-Erzähler die Passivität und Rollenkonformität seines Verhaltens. Das Krankenhauspersonal erwarte dessen Tod und der Kranke habe erwartungsgemäß aufgehört zu atmen.

> „Plötzlich, denke ich, hat der Atem des Mannes vor mir aufgehört. Ich will nicht sterben, denke ich, *jetzt* nicht. Der Mann hat plötzlich zu atmen aufgehört. […] Die Schwester hat es nicht mehr erwarten können, daß er zu atmen aufgehört hat, dachte ich. Auch ich hätte zu atmen aufhören können." (Bernhard 1978: 19-20)

Allerdings hört er nicht zu atmen auf, obwohl „[d]er Weg in den Tod … leicht gewesen" wäre. (Bernhard 1978: 21) Indem der Ich-Erzähler den festen Entschluss äußert, weiter zu leben, befreit er sich von den Rollenzwängen, die den Patienten vom Krankenhaus auferlegt werden und entscheidet sich aktiv für eine autonome Existenz. Dass er den neugewonnenen Willen zum Leben bzw. zur wahren Existenz der Krankheitserfahrung zu verdanken hat, wird dem Ich-Erzähler angesichts des Todes klar.

Eine weitere Figur im Werk ist von der Unentbehrlichkeit der Krankheitserfahrung fest überzeugt. Der Großvater des Ich-Erzählers bewertet seinen eigenen Aufenthalt im selben Krankenhaus als Herausforderung zu „lebenswichtigen und existenzentscheidenden Gedanken." (Bernhard 1978: 59) Für ihn bilden pathologische Erfahrungen und die Nähe des Todes etwas äußerst Produktives: „Von Zeit zu Zeit seien solche Krankheiten, tatsächliche oder nicht, wie er sich ausdrückte, notwendig, um sich jene Gedanken machen zu können, zu welchen der Mensch ohne eine solche zeitweise Krankheit nicht komme." (ebd.) Damit deutet er darauf hin, dass sogar literarische Krankheitsgeschichten für den Autor sowie für den Leser die gewünschte Wirkung haben können, dass der nicht tatsächlich kranke Mensch „auf die künstliche Weise solcher Krankenhäuser und Spitäler aufsuchen" (ebd.) muss, denn ohne die Erfahrung von Krankheit kann er sich selbst nicht verwirklichen. Für den Künstler, insbesondere für den Schriftsteller, sei die Erfahrung einer Krankheit noch wichtiger:

> „Der Künstler, insbesondere der Schriftsteller, hatte ich von ihm gehört, sei geradezu verpflichtet, von Zeit zu Zeit ein Krankenhaus aufzusuchen [...]. Der Künstler, insbesondere der Schriftsteller, der nicht von Zeit zu Zeit ein Krankenhaus aufsuche, also einen solchen lebensentscheidenden existenz-notwendigen Denkbezirk aufsuche, verliere sich mit der Zeit in die Wert-losigkeit, weil er sich in der Oberflächlichkeit verheddere." (Bernhard 1978: 60-61)

Krankheit bilde daher ein krisenhaftes Durchgangsstadium zu einer qualitativ höheren Existenz.

Noch deutlicher ist die Hochschätzung der Geisteskrankheiten in Bernhards Werken. Die vielen geisteskranken Genies in seinen Werken sind den Durchschnittsmenschen weit überlegen. Die Titelfigur in der autobiographischen Erzählung *Wittgensteins Neffe. Eine Freundschaft* (1982) bezieht sein Genie aus seiner Geisteskrankheit. Die körperlich behinderte und geisteskranke Hauptfigur Koller in der Erzählung *Die Billigesser* (1980) wird als „Geistesmensch" beschrieben, während der Erzähler sich selbst als „Gefühls- und Tatmensch"[71] bezeichnet. Dieser Gegensatz entspricht dem von Krankheit und Gesundheit. Die Krankheit, sowohl die körperliche als auch die geistige, erscheint aus der Perspektive Kollers als Auszeichnung, als Zeichen seiner Außerordentlichkeit. Ferner bedauert Koller „die sogenannten Gesunden, weil sie nach seinen Vorstellungen niemals aus den Niederungen der absoluten Geistesdumpfheit herauskommen." (Bernhard 1980: 54-55) Die Gesunden bezeichnet er auch als die „armseligen, nichtswürdigen, geistschädlichen Kreaturen" (Bernhard 1980: 55), womit er seine Verachtung klar ausdrückt. Somit wird der gängige normative Umgang mit den

---

[71] Bernhard, Thomas: *Die Billigesser*. Frankfurt am Main: Suhrkamp 1980, S. 53.

Begriffen Gesundheit und Krankheit auf den Kopf gestellt und das Kranksein zu erstrebenswertem Daseinszustand hochstilisiert. Auch Anz diskutiert die in dieser Erzählung vorkommende „Sakralisierung … und Nobilitierung … des Pathologischen, dem die profane und plebejische Gesundheit gegenübergestellt wird" (Anz 1989: 163) und weist darauf hin, dass Kollers Standpunkt identisch mit dem Standpunkt des erzählenden Autors sein könnte.

In noch einer Hinsicht ist Bernhards Literarisierung von Krankheit nennenswert. In der medizinischen Hierarchie hat der Arzt die Spitzenstellung, denn er besitzt das medizinische Wissen sowie die Fähigkeit, den Patienten zu heilen. Der Patient hingegen verkörpert eine pathologische Fehlentwicklung, für deren Beseitigung er völlig auf den Arzt angewiesen ist, denn er selbst besitzt das Fachwissen der Schulmedizin nicht. In *Wittgensteins Neffe* stellt jedoch der Ich-Erzähler diese Machtposition der Ärzte in Frage. Diese bezeichnen die Krankheit der Titelfigur, eines Freundes des Ich-Erzählers, jedes Mal anders, denn sie können sie nicht richtig diagnostizieren und zugleich den Mut nicht haben, dem Patienten ihre Unfähigkeit einzugestehen.

> „Alle Augenblicke flüchteten sie (wie alle anderen Ärzte!) in ein anderes Wissenschaftswort, um sich (nicht aber den Patienten!) zu schützen und abzusichern. Wie alle anderen Ärzte verschanzten auch die den Paul behandelnden sich hinter der lateinischen Sprache, die sie zwischen sich und ihrem Patienten als einen unüberwindlichen und undurchdringlichen Wall aufrichten." (Bernhard 1982: 45)

Anstatt dem Patienten die Wahrheit zu sagen, verstecken die Ärzte ihr Nichtwissen hinter medizinischer Terminologie. Die lateinische Sprache, die der Durchschnittspatient nicht kennt, dem Arzt aber geläufig ist, wird hier als Machtinstrument verwendet, um die herkömmliche Hierarchie in der Schulmedizin aufrechtzuerhalten.

Ähnlich wie Bernhard schätzen die deutschen Aids-Autobiographen ihre Krankheitserfahrung hoch ein. Als HIV-positive sind sie eigentlich nicht krank, werden aber von der Schulmedizin sowie der Gesellschaft auch nicht als Gesunde wahrgenommen. Die Ansteckung mit einem todbringenden Virus reduziert die noch Lebenden auf Sterbende, obwohl sie scheinbar noch gesund sind. Daher begreifen sie sich als Bewohner eines Grenzbereiches zwischen Leben und Tod. Ferner wird ihnen alles vorher Vertraute auf einmal fremd. Sie sehen sich von ihrer Familie sowie von einigen Freunden entfremdet und haben häufig das Gefühl, dass ihre Angehörigen aufgrund ihres Nicht-Sterbens sich unbehaglich fühlen. Die Kommunikation mit den Mitmenschen scheitert nach der Diagnose der HIV-Infektion. Diese scheinen nicht wahrnehmen zu können, dass der HIV-Positive von seinem Testergebnis unabänderlich geprägt worden ist, dass die Erkenntnis seiner HIV-Infektion ihn geändert hat. Zugleich ist der HIV-Positive beinahe stolz auf seinen Ausgestoßenen-Status und interpretiert ihn häufig als Beweis seines Auserwähltseins und seiner Überlegenheit. Erst die Nähe des Todes sowie die Isolation von der Außenwelt bietet ihm die Möglichkeit, sich über „existenznotwendigen" Sachverhalte Gedanken zu machen. In diesem Sinne wird die HIV-Infizierung und gegebenenfalls die Aids-Erkrankung häufig als Chance dargestellt, über die Banalitäten des Alltags hinauszuwachsen und zum Wesentlichen der eigenen Existenz zu gelangen.

Das Verhältnis der Aids-Autoren zu ihren Ärzten weist auch Bernhardsche Züge auf. Der Arzt in den Aids-Autobiographien verspricht seinem Patienten keine Besserung. Vielmehr fungiert er als Kontrahent, der den Ich-Erzähler gedemütigt und quält. Die Unheilbarkeit der neuen Krankheit und das unvollständige Wissen über ihren Verlauf sind unvereinbar mit der herkömmlichen Machtposition des Arztes. Daher verschanzt er sich hinter medizinischer Terminologie, wenn er keine Antworten zu bieten hat. Des Weiteren wird von den Aids-Autoren das Krankenhaus häufig als Foltergefängnis und die medizinischen Prozeduren im Krankenhaus als Folter geschildert. Solche Schilderungen enthalten auch Anklänge an die Krankenhausschilderungen in Bernhards Werken.

2.3.10 Die NS- und Holocaust-Metaphorik in der Aids-Literatur

Vorstellungen eines kollektiven Körpers sowie des Blutes und seiner Metaphorisierung sind im Diskurs sowohl über die nationalsozialistische Vergangenheit als auch über Aids von zentraler Bedeutung. Die Wahrnehmung von Blut ist dabei durch eine Doppelkonnotation gekennzeichnet. Einerseits symbolisiert Blut das Eigenste, das Privateste, ja sogar das Leben und die Identität. Andererseits stellt es einen gefährlichen Ansteckungsweg dar - durch Bluttransfusion, ungeschützten Geschlechtsverkehr und gemeinsam benutzte Spritzen. Die Aids-Debatte in West-Deutschland wurde in den Anfangsjahren sehr stark vom drastischen und unvergesslichen Beispiel der Metaphorik der Ansteckung aus der jüngsten Geschichte geprägt, die zeigte, wie Krankheiten bzw. Pathologisierungen politisiert werden können. Der Massenmord an den Juden im Dritten Reich basierte auf den NS-Bestimmungen vom ,gesunden' und ,kranken' Kollektivkörper. Dem Begriff der ,Blutreinheit' wurde insgesamt eine große Bedeutung beigemessen, was ihren Ausdruck z.B. in den Nürnberger Rassegesetzen fand. Zu Beginn der Aids-Krise gab es Vorschläge für einen Zwangstest für Angehörige verschiedener Risikogruppen sowie die Isolation von Menschen mit HIV und Aids, die das Gespenst des Holocausts hervorriefen.

Zu den Risikogruppen wurden die städtischen Armen, insbesondere die Schwarzen (Kriterien der Rasse), Homosexuelle (Kriterien der Geschlechtsidentität) und Prostituierte und Fixer (Moralkriterien) gezählt. Ironischerweise waren dieselben Kriterien und Gruppen einst von den Nazi-Ideologen instrumentalisiert worden. Diese Vorschläge spiegeln sich in Peter Zinglers *Die Seuche* und Fred Breinersdorfers Roman *Quarantäne* (beide 1989 erschienen) wider, die sich vor dem fiktiven Hintergrund eines totalitären Deutschlands abspielen, und die Debatte um die Anwendung des Bundesseuchengesetzes in der Aids-Krise explizit mit der nationalsozialistischen Vergangenheit verknüpfen. In beiden Werken bietet die Seuchenbedrohung den Anlass, das Gesunde vom Kranken, das Normale vom Pathologischen zu trennen, um mögliche Gefahrenquellen zu eliminieren.[72]

Andererseits führte die Warnung vor dem Vergessen des Holocausts in den 1980er Jahren zur Gegenforderung, dass Deutschland nach der Wiedervereinigung zu einer ,Normalität' zurückkehrt. Dazu gehörte auch eine Ablehnung jeder Art von apokalyptischen Zukunftsvorstellungen – auch in Bezug auf Aids – sowie des Rekurses auf den Holocaust. Deshalb kommt es in den deutschen Aids-Autobiographien meistens nicht zu einer direkten Verwendung der Holocaust-Metapher.[73] Der Filmemacher Rosa von Praunheim ist nahezu der einzige deutsche Autor, der in seinen Memoiren die Holocaust-Metapher explizit verwendet, um zu erklären, warum er aus den Vereinigten Staaten zurück nach Deutschland kam. Dabei verfällt auch er der Annahme, dass Aids eine Krankheit der Genies sei:

> „Zum Schluß war es Aids, was mich aus New York vertrieb. [...] Die Stadt gleicht heute einem Friedhof, ein Holocaust hat stattgefunden, wie bei der Vernichtung der Juden durch die Deutschen, als die besten Künstler und Wissenschaftler, die produktivsten Menschen Deutschlands, ermordet wurden. Aids ist ähnlich. Aids mordet Genies. New York ist ausgebrannt."[74]

Auch in *Positiv*, seinem Film über die Aids-Krise in New York, vergleicht er AIDS mit dem Holocaust: „Zehntausende unserer Männer sind gestorben,

---

[72] Vgl. Weingart, Brigitte: *Ansteckende Wörter. Repräsentationen von AIDS*. Frankfurt/Main: Suhrkamp 2002, S. 110-111.

[73] An dieser Stelle muss erläutert werden, dass die Holocaustmetapher doch in der nicht-literarischen Aids-Debatte von Aids-Aktivisten in ihren Kampagnen verwendet wurde, wie z.B. in den Kampagnen von ACT UP und anderen aktivistischen Gruppen in den Vereinigten Staaten und Deutschland sowie auch im Rahmen einer Benetton Kampagne im Herbst 1993 (Vgl. Weingart 2002: 110-117). Sogar Hitler ist in einer Aids-Aufklärungskampagne des deutschen Aids-Hilfevereins ,Regenbogen e.V.' pathologisiert und als Metapher für Aids verwendet worden. Der Werbespot, in dem Hitler ungeschützten Geschlechtsverkehr mit einer Frau hat, endet mit dem Slogan ,Aids ist ein Massenmörder'.

[74] Praunheim, Rosa von: *50 Jahre pervers. Die sentimentalen Memoiren des Rosa von Praunheim*. Köln: Kiepenheuer & Witsch 1995, S. 136.

bald werden es Hunderttausende sein. AIDS ist unser Holocaust, und Reagan ist unser Hitler. New York ist unser Auschwitz."[75]

Von den anderen deutschen Aids-Autoren wird allerdings diese Metapher nur indirekt angedeutet. Seyfarth bezeichnet z.B. einen Hardcore-Sadisten aus seinem Bekanntenkreis als „Herrenmensch", während Bernd Aretz seinen Großvater erwähnt, der im Dritten Reich Homosexuelle kastrierte und dessen eigener Bruder Selbstmord beging, um als Schwuler dem Konzentrationslager zu entkommen. Damit bringt er den Zusammenhang zwischen seinem HIV-Positivsein und dem Dilemma seiner Familie, die sowohl aus Täterrn als auch aus Opfern besteht, zum Ausdruck. Entweder fungiert Aids als Strafe dafür, dass der Autor Verwandte hatte, die Nazis waren, oder aber die Homosexualität und Aids-Erkrankung des Autors ist eine Strafe für seine Verwandten, die einst Homosexuelle verfolgt hatten. Es wäre zu erwarten gewesen, dass die Autoren ihre Aids-Erkrankung als Strafe für ihre Homosexualität interpretiert hätten, hier lehnen sie jedoch diese Interpretation ab.

Sehr oft verwendet wird andererseits die Holocaust-Metapher von amerikanischen und französischen Aids-Autoren. Der Ich-Erzähler in Hervé Guiberts *Le protocole compassionnel* wird von seinem Freund Jules als „Bébé-Auschwitz"[76] bezeichnet. Er berichtet auch davon, dass sein Spiegelbild ihn an Bilder von KZ-Überlebenden erinnert.

> « Ce corps décharné [...], je le retrouvais chaque matin en panoramique auschwitzien dans le grand miroir de la salle de bains [...], parfois j'ai l'impression qu'il va s'en sortir puisque des gens sont bien revenues d'Auschwitz, d'autres fois il est clair qu'il est condamné, en route vers la tombe, inéluctablement. »[77] (Guibert 1991: 18-19)

---

[75] O-Ton aus *Positiv – Die Antwort schwuler Männer in New York auf AIDS*, R: Rosa von Praunheim unter Mitarbeit von Phil Zwickler, Robert Hilferty und Steven Weiss (1990). Zitiert nach Weingart 2002: 117.

[76] Guibert, Hervé: *Le protocole compassionnel*. Paris: Gallimard 1991, S. 128.

[77] Dieser ausgemergelte Körper [...], ich begegnete ihm jeden Morgen in einem Panorama aus Auschwitz im großen Spiegel im Bad [...] an manchen Tagen habe ich das

Der aidskranke Protagonist Adam in Guy Hocquenghems Roman *Ève* verwendet ebenfalls die Holocaust-Metapher: „Un jour, je me suis vu, torse nu, devant la glace, en me relevant. On dirait une photo de camp de concentration."[78] Harold Brodkey beschreibt in seiner Autobiographie *This Wild Darkness* seine Krankenhauserfahrung und weist auf die entmenschlichende Seite der Medizin, die ihn an ein Vernichtungslager denken lässt, folgendermaßen hin:

> "The separation from society, the political marginalization and the financial thefts, the attacks to see what can be stolen from you, and the indignity – including social indignity – of AIDS suggest a partial, sometimes fluorescent and linoleumed version of the death camps."[79]

Die in diesem Kapitel diskutierten literarischen Werke und philosophischen Betrachtungen machen deutlich, dass die Aids-Literatur einerseits eine Fortsetzung der bisherigen Krankheitsliteratur ist, andererseits aber auch eine Art Zusammenfassung, die die hervorstechenden Eigenschaften der bisherigen Literaturen verbindet. Die Kontinuität wird anhand der Evolution der Literatur bis zu dem Zeitpunkt, als Schwindsucht und Syphilis in den Industrieländern ausgerottet wurden, sowie der Tatsache, dass die Produktion der Aids-Literatur eben zu diesem Zeitpunkt begann, offenbart. Darüber hinaus ist ein klares Verhältnis zwischen der Ausbreitung der Krankheit von den Vereinigten Staaten nach Europa und der entsprechenden Verschiebung des Produktionsortes der Literatur festzustellen. In jüngster Zeit hat sich der Fokus der Krankheit weiter nach Asien und Afrika ver-

---

Gefühl, er wird es schaffen, denn auch aus Auschwitz kamen Menschen zurück, dann wieder wird es offensichtlich, dass er verdammt ist, auf dem Weg ins Grab, unausweichlich.

[78] Hocquenghem, Guy: *Ève. Roman.* Paris: Albin Michel 1987, S. 266. [Eines Tages, als ich aufstand, sah ich mich mit nacktem Oberkörper im Spiegel. Es sah aus wie ein Foto aus einem Konzentrationslager.]

[79] Brodkey, Harold: *This Wild Darkness. The Story of my Death.* London: Fourth Estate 1996, S. 44.

schoben und mit ihr hat sich die Produktion der Literatur entsprechend an
die neuesten Schauplätze verlagert.[80]

---

[80] In Indien: *HIV Speaks – An Autobiography of the AIDS Virus* (1995) und *AIDS Sutra:
Untold Stories from India* (2008). In Taiwan: Zhu Tianwen's *Portrait of an Outsider* (1994),
Liao Juanxius *Life and Death of Love* (1995) and Lin Jianzhong's *On this Path* (1995). In
Südafrika: Adam Levins *Aidsafari: a memoir of my journey with AIDS* (2005), Johan
Steyns *Father Michael's Lottery* (2007) und Stephanie Nolens *28: Stories of AIDS in Africa*
(2008).

3 DIE ENTSTEHUNG DER AIDS-LITERATUR

Der Terminus Aids-Literatur blieb lange in der Literaturwissenschaft höchst umstritten: Handelt es sich dabei um Texte, die sich mit dem Thema Aids auseinandersetzen, einschließlich der medizinischen und juristischen? Hängt die Bezeichnung von einem bestimmten Stil ab? Zählen nur die Werke von selbst erkrankten oder zumindest infizierten Schriftsteller dazu oder auch die Werke von den Überlebenden, die auf eine andere Weise von Aids betroffen sind? Marita Keilson-Lauritz definierte die Aids-Literatur 1993 ausgehend von der Situation in Deutschland, wo literarische Werke in den Bereich der Belletristik eingegliedert und nicht als Aids-Literatur bezeichnet wurden, als ob „das, was gute Literatur ist, per definitionem keine Aids-Literatur sei."[81] Mittels eines Vergleichs der Literatur zum Thema Aids mit jener, die sich mit dem Holocaust auseinandersetzt, stellt sie vor allem den Zeugnischarakter solcher Werke und ihr Entstehen direkt in und aus der Krise heraus fest:

> „Aids-Literatur ist nicht etwas, was man herablassend von wirklicher Literatur abgrenzen kann. Aids-Literatur ist zunächst einmal all das, was aus der einstweilen leider nur sehr begrenzt beherrschbaren Katastrophe an Texten in mehr oder weniger literarischen Formen entsteht. Manche Texte werden mit ihren Schöpfern in Vergessenheit geraten. Andere Texte werden die Katastrophe überleben und Zeugnis geben. Von manchen Texten wird man einmal wissen: Sie wurden damals viel gelesen. Vielleicht auch: Sie haben Lebensmut und Trost gegeben. Oder: Sie haben erschüttert. Und von dem einen oder anderen: sie haben befreiendes Lachen möglich gemacht, inmitten von Bedrohung, Unsicherheit und Angst." (Keilson-Lauritz 1993: 43)

Ebenso glaubte auch Bert Büllmann 1990, dass es damals noch der nötige Abstand fehlte, um von einer Aids-Literatur überhaupt reden zu können,

---

[81] Keilson-Lauritz, Marita: Gibt es eine Aids-Kultur? In: *Magnus: das schwule Magazin* 11 (1993), S. 42-43, hier S. 42.

dass nicht nur die gegenwärtige Rezeption solcher Texte entscheidend war, sondern vielmehr ihre künftige distanziertere Betrachtung: „Eine endgültige ‚Definition' von AIDSliteratur wird es vielleicht in einer Zukunft geben, in der AIDS nicht mehr existiert, ist momentan jedoch weder möglich noch sinnvoll."[82] Zwar existiert Aids noch, aber die Krisenzeit der Epidemie ist deutlich vorbei. Obwohl er noch keine endgültige, unbestrittene Definition der Aids-Literatur gibt, wird der Terminus sowie die Texte, die er bezeichnen soll, gegenwärtig von Literaturwissenschaftlern neu untersucht und diskutiert.

Es gibt zwei Arten von Romanen, die geeignet waren, die Erfahrung dieser neuen Krankheit literarisch widerzuspiegeln: der autobiographische Roman und der *Roman à clef*, zumal Aids zunächst als eine beschämende und geheimnisvolle Krankheit betrachtet wurde, und die Offenheit der Autobiographie den Betroffenen für Stigmatisierung und Diskriminierung anfällig machen konnte. Später nahmen die Aids-Literaten andere Ausdrucksformen wie das Tagebuch, die Autobiographie und Autofiktion in Anspruch. Im Laufe der Zeit traten die Aids-Rechenschaftsberichte aus dem rein privaten Kontext in den kollektiven Kontext, da das HIV-Positivsein mit der Zugehörigkeit zu einer Betroffenengemeinschaft gleichgesetzt wurde – ein Phänomen, das am frühesten und am häufigsten in der literarischen Antwort auf Aids in den Vereinigten Staaten zu sehen ist.[83] Dort verweist eine große Anzahl von Aids-Dramen darauf, dass Aids als eine kollektive Kalamität verstanden wird, die am besten kollektiv bearbeitet und überwunden werden kann. Im vorliegenden Kapitel wird zunächst die Entste-

---

[82] Büllmann, Bert: Die amerikanische Gay Lit im Schatten von AIDS. Wie kann Literatur auf AIDS reagieren? In: *Forum Homosexualität und Literatur* 10 (1990), S. 37-62, hier S. 61.

[83] Geoff Mains *Gentle Warriors* (1989), Marty Rubins *Boiled Frog Syndrome* (1987), Robert Ferros *Second Son* (1988), Larry Kramers *The Normal Heart* (1985) und *Reports from the Holocaust: The Making of an AIDS Activist* (1989) u.a. haben Aids nicht nur als eine persönliche Erfahrung literarisiert, sondern vor allem als eine kollektive Erfahrung der Homosexuellen.

hung der Aids-Literatur in den USA kurz diskutiert und darauffolgend die Literarisierung von Aids in einigen westeuropäischen Ländern einschließlich Deutschland besprochen. Dadurch werden die hypotextuellen Referenzen in den untersuchten deutschen Aids-Autographien auch verdeutlicht.

3.1   Die Aids-Literatur in den USA

Die ersten Aids-Werke entstanden in den USA, da die ersten Krankheitsfälle sich dort ergaben. Neben den wissenschaftlichen Büchern zum Thema Aids gab es in den Anfangsjahren auch die sogenannte Bekenntnisliteratur, die vor allem zwei Zielsetzungen aufwies: die Verarbeitung persönlicher Trauer und Verzweiflung durch den Autor oder die Orientierung an aufklärerischen Interessen. Der amerikanische Schriftsteller Paul Reed erklärt in der folgenden Aussage, wie wichtig die Aufklärung der Leser für die damaligen Aids-Autoren war:

> "To alert people to the calamity of AIDS by telling a story, to explore multiple facets of the epidemic and its wider meanings, to educate the general readership and influence public opinion through vivid imagery – these are all valuable and very real products of AIDS literature. AIDS writing may not produce a cure, but it can produce a climate in which a cure is more likely."[84]

Die ersten Romane über Aids waren Dorothy Bryants *A Day in San Francisco* (1982), Armistead Maupins *Babycakes* (1983), *Significant Others* (1987) und *Sure of You* (1989), Daniel Curzons *The World Can Break Your Heart* (1984) und Paul Reeds *Facing It: A Novel of Aids* (1984). Weitere Aids-bezogene Texte von Reed sind *Longing* (1988) und *The Q Journal: A Treatment Diary* (1991), wo der selbst infizierte Schriftsteller über seine Erfahrungen mit dem experimentellen Medikament Compound Q berichtet. Weitere Aids-Romane

---

[84] Reed, Paul: *Early AIDS Fiction.* In: Judith Laurence Pastore (Hg.): *Confronting AIDS through literature. The Responsibilities of Representation.* Urbana, Chicago: University of Illinois Press 1993, S. 91-94, hier S. 93-94.

sind Larry Ebmeiers homosexueller Bildungsroman *Tweeds* (1987), Christopher Brams *In Memory of Angel Clare* (1988), Robert Ferros *Second Son* (1988), Christopher Davis' *Valley of the Shadow* (1988)[85], David B. Feinbergs *Eighty-sixed* (1989), James Purdys *Garments the Living Wear* (1989), und John Weirs *The Irreversible Decline of Eddie Socket* (1989).

Ferner erschien 1986 der erste Teil der von George Stambolian herausgegebenen Kurzgeschichtensammlung *Men on Men: Best New Gay Fiction*, auf den 1988 der zweite und 1990 der dritte folgte. Diese Sammlung besteht aus den frühesten nordamerikanischen Aids-Kurzgeschichten. Ferner erschien 1989 Christopher Davis' Kurzgeschichtensammlung *The Boys in the Bars*, in der es vor allem um den Einfluss von Aids auf homosexuelle Beziehungen geht. Nennenswert ist auch die Kurzgeschichtensammlung *The Darker Proof: Stories from a Crisis* (1988), die gemeinsam vom Amerikaner Edmund White und dem Engländer Adam Mars-Jones verfasst wurde. Augenfällig bei diesen Texten ist die Tatsache, dass die Grenzen zwischen Fiktion und Autobiographie einerseits und zwischen Journalismus und Literatur andererseits immer mehr verwischt und zum Teil gänzlich aufgelöst wurden.[86]

Anders als in Europa haben in den USA in den frühen Jahren der Aids-Krise auch Frauen über das Thema Aids literarische Werke geschrieben. 1986 erschien Barbara Peabodys in einem fiktionalen Stil verfasste autobiographische Erzählung *The Screaming Room: A Mother's Journal of Her Son's Struggle with AIDS*, in der die Autorin tagebuchartig ihre Erfahrungen mit

---

[85] Christopher Davis ist außerdem der Autor von *Philadelphia*, dem Roman zum bekannten und sehr erfolgreichen Kinofilm.

[86] Vgl. Aretz, Bernd: Eine Liebeserklärung an Bücher. Die Bedeutung der Rezeption von Literatur für die Krankheitsbewältigung aus der Sicht eines lesenden und infizierten schwulen Mannes. In: *Forum Homosexualität und Literatur* 18 (1993), S. 47-56, hier S. 51 und 53.

Vgl. auch Büllmann 1990: 46.

Siehe auch Jones, James W.: *Refusing the Name. The Absence of AIDS in Recent American Gay Male Fiction*. In: Timothy Murphy, Suzanne Poirier (Hg.): *Writing AIDS. Gay literature, language and analysis*. New York: Columbia University Press 1993, S. 225-243, hier S. 228.

ihrem an Aids erkrankten und verstorbenen Sohn aufzeichnet. Carol Lynn Pearson schildert in ihrer Autobiographie *Good-bye, I love you* (1987) die Aids-Erkrankung und den Tod ihres ehemaligen Ehemannes. Alice Hoffmann schildert in ihrem Roman *At Risk* (1988) ein elfjähriges Mädchen, das durch eine Bluttransfusion mit HIV infiziert wurde. Fran Peavey beschreibt in ihrem Tagebuch *A Shallow Pool of Time* (1989) ihre eigene HIV-Infektion, die auf eine Bluttransfusion zurückzuführen war und thematisiert, wie wenige Hilfestellungen HIV-positiven Frauen in den Anfangsjahren der Krise zur Verfügung standen. Elizabeth Cox setzt sich mit dem Aids-Tod ihres bisexuellen Ehemannes in ihrem autobiographischen Text *Thanksgiving: An AIDS Journal* (1990) auseinander. Elizabeth Glaser beschreibt in ihrer Autobiographie *In the Absence of Angels* (1991) ihre HIV-Infektion, die bei einer Bluttransfusion verursacht wurde und die sie durch das Stillen an ihre beiden Kinder weitergab. Schließlich thematisiert noch die Bühnenautorin, Journalistin und politische Aktivistin Sarah Schulmann Aids in zwei Romanen: *People in Trouble* (1990) und *Rat Bohemia* (1995).

1990 veröffentlichte der HIV-positive Rock-Sänger Michael Callen seine Autobiographie *Surviving AIDS,* in der er der heterosexuellen Welt vorwirft, dass sie den Schwulen ein negatives Selbstbildnis gelehrt habe, das zum Teil zum selbstzerstörerischen Benehmen führe und nun erlege sie den schwulen Aidskranken Hoffnungslosigkeit auf. Neben Callen ist Paul Monette einer der wichtigsten Aids-Autoren überhaupt. Als Verfasser von mehreren Romanen und einer Lyriksammlung gehört er zu den bekanntesten Dichtern der homosexuellen Szene nicht nur in den USA, sondern überall in der Welt. Nach dem Aids-Tod seines Lebensgefährten Roger Horwitz erschienen 1988 zwei Werke von ihm, die sich mit Rogers Krankheit und der eigenen HIV-Infektion des Autors auseinandersetzen. *Love Alone: 18 Elegies for Rog* ist ein Gedichtzyklus, mit dem der Autor versucht, seinem verstorbenen Freund ein Denkmal zu setzen und den Lesern den Schock und die Isolation der von Aids betroffenen Homosexuellen näherzubringen und sie somit in ihrer

Gleichgültigkeit gegenüber Aids zu erschüttern.[87] Monettes zweites Aids-Werk aus 1988 *Borrowed Time* ist ein autobiographischer Text über Rogers letzten Lebensmonate. Das Buch wurde 1988 für den *National Book Critics Circle Award for Best Biography* nominiert, gewann 1989 den *PEN West USA Literary Award for Best Nonfiction*[88] und wird noch heute als Klassiker zum Thema Aids bezeichnet.

Des Weiteren veröffentlichte Monette 1990 seinen Roman *Afterlife* über die Freundschaft drei Aids-Witwer, die sich im Krankenhaus kennengelernt haben, wo innerhalb weniger Tage ihre drei Lebensgefährten an Aids gestorben sind. In seinem 1991 erschienenen Roman *Halfway Home* übt Monette Kritik am Christentum und der Reaktion der katholischen Kirche auf die Aids-Krise. Der Aidskranke Protagonist Tom, ein Performance-Künstler, der vor dem Ausbruch von Kaposi-Sarkom in seiner blasphemisch-komischen Show als Miss Jesus auftrat, betritt am Ende des Romans zum letzten Mal die Bühne, um wieder seine Miss Jesus zu spielen, diesmal allerdings eine durch das Kaposi-Sarkom deutlich sichtbar Aidskranke. Ferner veröffentlichte Monette 1992 seine Autobiographie *Becoming a Man: Half a Life Story*, in der er seine Jugend, sein Coming Out, seine Trauer über den Verlust vieler Freunde durch Aids und den Kampf gegen seine eigene HIV-Infektion beschreibt. Schließlich thematisierte er Aids wieder in seiner Essaysammlung *Last Watch Of The Night: Essays Too Personal and Otherwise* (1995).

Am meisten wurde allerdings Aids in den USA in Form von Theaterstücken thematisiert. Armin Geraths sieht sogar in der Aids-Krise die Ursache dafür, dass das *gay theater* in den 1980er Jahren wieder an Popularität ge-

---

[87] Vgl. Cady, Joseph: *Immersive and Counterimmersive Writing About AIDS. The Achievement of Paul Monette's Love Alone.* In: Timothy Murphy, Suzanne Poirier (Hg.): *Writing AIDS. Gay literature, language and analysis.* New York: Columbia University Press 1993, S. 244-264, hier S. 249-250.

[88] Vgl. Cady, Joseph: *Teaching About AIDS through Literature in a Medical School Curriculum.* In: Pastore, Judith Laurence (Hg.): *Confronting AIDS through Literature. The Responsibilities of Representation.* Urbana, Chicago: University of Illinois Press 1993, S. 233-248, hier S. 238.

wann.[89] Nennenswert sind vor allem die Aids-Theaterstücke des Roman-schriftstellers, Drehbuchautors und Filmproduzenten Larry Kramer *The Normal Heart* (1985), *Just Say No* (1988) und *The Destiny of Me* (1992). Kramer war außerdem ein politischer Aktivist, der Initiator von *AIDS Coalition to Unleash Power (ACT UP)* und der Begründer der Organisation *Gay Men's Health Crisis (GMHC)*. Noch ein amerikanischer Theaterautor, dessen Aids-Theaterstück *As Is* (1985) großen Erfolg hatte, ist William Hoffman. Neben den Dramen von Kramer und Hoffman sind noch Harvey Fiersteins *Safe Sex* (1987), Tony Kushners siebenstündiges Theaterstück *Angels in America* (1990), das zu einem Welterfolg und später auch verfilmt wurde, Craig Lucas' *Prelude to a Kiss* (1990), Scott McPhersons *Marvin's Room* (1990), Joe Pintauros Drama *Raft of the Medusa* (1990), David Drakes Stück *The Night Larry Kramer Kissed Me* (1992) und Paul Rudnicks Stück *Jeffrey* (1993) zu erwähnen.

Einiges haben die amerikanischen und die deutschen Aids-Werke ge-meinsam miteinander. Der Erzähler beschreibt häufig neben seiner eigenen Aids-Erfahrung auch Leiden und Schmerzen eines Aidskranken Freundes oder Partners. Die homosexuellen Aids-Betroffenen werden als sympathi-sche Durchschnittsmänner dargestellt, die „häufig zurückliegende oder andauernde Konflikte mit borniert homophoben Eltern haben, aber bei schwulen oder nicht schwulen Freunden Rückenstärkung finden."[90] Anders als in den deutschen und französischen Aids-Werken wird allerdings in den meisten amerikanischen Aids-Werken die homosexuelle Promiskuität unter dem Zeichen von Aids abgelehnt. Es gibt eine deutlichere Sehnsucht nach festen, monogamen Beziehungen und häufig tauchen Darstellungen von Safer-Sex-Praktiken auf. Des Weiteren schildern die amerikanischen Auto-

---

[89] Vgl. Geraths, Armin: *Gay Theater. Welterfolge zwischen Androgynie-Kult und AIDS.* In: Anglistik und Englischunterricht Bd. 35. American Theater Today. Heidelberg: Carl Winter 1988, S. 91-120, hier S. 91 und 97.
[90] Popp, Wolfgang: *Männerliebe. Homosexualität und Literatur.* Stuttgart: Metzler 1992, S. 421.

ren eine starke Sehnsucht nach Rückkehr in die Familie, die ebenfalls die deutschen und französischen Aids-Autoren überhaupt nicht aufweisen. Häufig ist in den amerikanischen Aids-Werken der Kampf um Verständnis in der Familie sogar erfolgreich. Ferner weisen alle amerikanischen Aids-Werke „eine auffallende didaktische und aufklärerische Gemeinsamkeit" (Popp 1992: 422) auf, die sie von den meisten westeuropäischen Aids-Werken unterscheidet. Diese didaktische Absicht offenbart sich beispielsweise in wiederholten Einschüben ausführlicher medizinischen oder statistischen Details, ganzer Medikationslisten oder authentischer Dokumente verschiedenster Art. Diese Tendenz kommt in den deutschen Aids-Werken ebenfalls nicht vor. Daher kann es trotz einiger Gemeinsamkeiten von Einflüssen der amerikanischen Aids-Literatur auf die deutschen Aids-Autoren keine Rede sein, denn diese Gemeinsamkeiten beruhen auf der Eigenart der Aids-Erfahrung, die letztendlich alle schwulen Aids-Betroffenen in den Anfangsjahren der Aids-Epidemie mehr oder weniger in gleicher Weise erlebten.

3.2   Die Aids-Literatur in Deutschland

Ausgehend von den USA entwickelte sich auch in Deutschland Anfang der siebziger Jahre eine Emanzipationsbewegung der Homosexuellen. Anders als in den USA wendeten sich dadurch aber keine schwulen Autoren nun auch homosexuellen Themen zu. Schwule Liebe, Beziehungen und Verhältnisse wurden größtenteils in der deutschen Literatur auch danach nicht überzeugend gestaltet. (Vgl. Popp 1992: 211) In der Folge kam es in Deutschland auch nicht zu einem Aufblühen literarischer Werke zum Thema Aids, wie es sich in den USA Ende der 1980er und Anfang der 1990er Jahre ereignete. Im Vergleich zu den USA gibt es viel weniger deutsche Aids-Werke und die sind deutlicher von einer Hilf- und Sprachlosigkeit geprägt. Auffällig ist auch, dass es in Deutschland kaum Theaterstücke zum

Thema Aids entstanden sind. Des Weiteren äußerten sich bekannte, etablierte Schriftsteller ebenso wenig zur Aids-Krise wie ein Großteil der homosexuellen Schriftsteller. (Vgl. Popp 1992: 423) Die ersten Veröffentlichungen zum Thema Aids in Deutschland waren autobiographische und dokumentarische Texte. Darauf folgten dann auch Romane und Erzählungen, aber auch in fiktionalen Texten ist die Tendenz zum Autobiographischen und Dokumentarischen ziemlich groß.

Die deutsche literarische Antwort auf Aids lässt sich in zwei Generationen unterteilen. Zur ersten Generation in den 1980er Jahren gehören hauptsächlich Romane wie Peter Heims *Das blaue Zimmer* (1988), Bernd Hansens *Als auch die Blumen weinten* (1988), Fred Breinersdorfers *Quarantäne* (1989), Detlev Meyers *Ein letzter Dank den Leichtathleten – Biographie der Bestürzung* (1989), Peter Singlers *Die Seuche* (1989), sowie einige Autobiographien wie Josef Gabriels *Verblühender Mohn. AIDS – die letzten Monate einer Beziehung* (1987), Helmut Zanders *Der Regenbogen. Tagebuch eines Aidskranken* (1988) und Helmut Zielinskis *Ist dir überhaupt klar, dass ich AIDS habe? Briefe eines HIV-Positiven* (1989).

Ab Anfang der neunziger Jahre gewannen dann autobiographische und autofiktionale Erzählformen an Bedeutung. Die kennzeichnenden Werke dieser zweiten Generation im Bereich der Autofiktion sind Napoleon Seyfarths *Schweine müssen nackt sein. Ein Leben mit dem Tod* (1991), Mario Wirzs *Es ist spät, ich kann nicht atmen. Ein nächtlicher Bericht* (1992) und *Biographie eines lebendigen Tages* (1994). Zudem gab es auch Autobiographien wie Horst Oberdings *Trotz allem. Mein Leben vor und mit Aids* (1991), Frank Dohls *Unwiderruflich und ohne zurück. Ein positives Tagebuch* (1992) und Markus Commerçons *AIDS - Mein Weg ins Leben* (1994) und *Mein Gott AIDS* (1995). Des Weiteren wurde Aids in den 1990er Jahren weiterhin in Romanen thematisiert, z.B. Christoph Klimkes *Der Test oder: Chronik einer veruntreuten Seele* (1992), Michael Kiesens *Menschenfalle* (1992), Esther Mohnwegs

Uhrenspiel (1992), Natascha Wodins *Erfindung einer Liebe* (1993) und Lukas Hartmanns *Die Seuche* (1994).[91]

Wie Popp bemerkt auch René Martin, dass „die deutschsprachigen ‚Mainstream-Literaten‘, also beispielsweise Günter Grass, Christa Wolf, Heiner Müller, Martin Walser und viele andere, sich zu Aids nicht literarisch äußern." (Martin 1995: 21) Dass ein großer Teil der schwulen Autoren sich nur marginal mit Aids beschäftigt sei auch augenfällig. Es gibt keine literarischen Werke zum Thema Aids von Gustl Angstmann, Guido Bachmann, Thomas Böhme, Christoph Geiser, Fritz Raddatz oder Josef Winkler. Sogar Hubert Fichte habe fast nichts über Aids in seiner 20-bändigen *Biographie der Empfindlichkeit* geschrieben, bis auf einem einzigen Tagebucheintrag.[92] Mario Wirz und Detlev Meyer bilden die Ausnahme. Beide sind etablierte schwule Schriftsteller und Dichter, die schon in der Zeit vor Aids literarische Texte veröffentlichten und überdies das Thema Aids in mehreren Werken thematisieren.

Neben seinen zwei autofiktionalen Werken, die in dieser Arbeit untersucht werden, veröffentlichte Mario Wirz auch *Folge dem Fieber und tanze. Briefwechsel mit Rosa von Praunheim* (1995), *Umarmungen am Ende der Nacht. Erzählungen* (1999) und *Auf dem Grund der Gläser. Berliner Trommel-Szenen. Erzählung* (2008). Ferner verfasste er zusammen mit Christoph Klimke *Nachrichten von den Geliebten* (2009) und *Unwiderruflich glücklich. Erzählungen* (2013). Da diese Werke nicht autobiographisch sind, werden sie allerdings in

---

[91] Ferner wurden von Ernst Jandl, Mario Wirz und Detlev Meyer auch Aids-Gedichte veröffentlicht.
Jandl, Ernst: *idyllen. Gedichte.* Frankfurt am Main: Luchterhand 1989.
Wirz, Mario: *Das Herz dieser Stunde. Gedichte.* Berlin: Aufbau 1997.
Ders.: *Ich rufe die Wölfe. Gedichte.* Berlin, Weimar: Aufbau 1993.
Meyer, Detlev Meyer: *Stehen Männer an den Grachten. Fünfzig Gedichte.* Düsseldorf: Eremiten Presse 1990.
Ders.: *Versprechen eines Wundertäters. Fünfzig Gedichte.* Hamburg: Männerschwarm Skript-Verlag 1993.
[92] Fichte, Hubert: Tagebuch. Materialien für Afrika, Aids, Sahel, Der erste Mensch – 1985. In: *Der Rabe. Magazin für jede Art von Literatur.* 34 (1992), S. 63-78.

dieser Arbeit nicht berücksichtigt. Des Weiteren erschienen von ihm auch mehrere Gedichtsammlungen, die sich mit dem Thema Aids auseinandersetzen, wie z.B. *Ich rufe die Wölfe* (1993), *Das Herz dieser Stunde* (1997), *Sieben Leben hat die Woche* (2003), *Sturm vor der Stille* (2006), *Vorübergehend unsterblich* (2010), *Zwischen den Namen und Orten* (2012) und *Jetzt ist ein ganzes Leben* (2013 postum).

Detlev Meyer war in der Westberliner Studentenrevolte und danach in der Schwulenbewegung engagiert. Er ist für seine Roman-Trilogie *Biographie der Bestürzung*, die aus den Bänden *Im Dampfbad greift nach mir ein Engel* (1985), *David steigt aufs Riesenrad* (1987) und *Ein letzter Dank den Leichtathleten* (1989) besteht, am besten bekannt. Im dritten Band setzte er sich mit dem Thema Aids auseinander. Weitere Romane von ihm, in denen jedoch Aids nicht im Mittelpunkt steht, sind *In meiner Seele ist schon Herbst. Eine Gymnasiastenliebe* (1995) und der autobiographisch gefärbte Kindheitsroman *Das Sonnenkind* (2001 postum). Außerdem hat er Sammlungen von Kurzgeschichten und Erzählungen zum Thema Aids veröffentlicht, beispielsweise *Teure Freunde. Zehn Porträts* (1993), *Die PC-Hure und der Sultan* (1996) und *Sind Sie das Fräulein Riefenstahl* (1997). Ferner erschienen von ihm auch Gedichtsammlungen wie *Stehen Männer an den Grachten* (1990), *Versprechen eines Wundertäters* (1993), *Stern in Sicht* (1998) und *Korrekte Anmache* (2004 postum). In seinen Werken gebraucht er häufig Komik als Mittel der Distanz, was er auf sein literarisches Konzept zurückführt:

> „Der Leidensdruck soll Leser nicht erdrücken, der Leidendruck soll die Schönheit der Sprache nicht erdrücken. Das Buch soll nicht in furchtbare Depressionen schupsen, weder den Autor noch den Leser. Es soll Balance halten zwischen Betroffenheit und Distanz und Nähe. Und es soll ein vergnügliches Buch auch sein."[93]

---

[93] Interview mit Detlev Meyer: Grumbach, Detlev: „Ich schreibe, also lebe ich." Ein Gespräch über literarische Strategien im Umgang mit Hiv und Aids. In: *Forum Homosexualität und Literatur* 20 (1994), S. 71-82, hier S. 75-76

Joachim Pfeiffer vergleicht Meyers Sprache, die Krankheit, Tod und Komik untrennbar und mühelos miteinander verbindet, mit der Sprache des mittelalterlichen Karnevals, wo ebenfalls scheinbare Gegensätze wie Geburt und Tod, Heiligkeit und Weltlichkeit, Hohes und Niedriges sich verflochten.[94] René Martin verweist seinerseits auf die Ähnlichkeiten mit der Tradition der Commedia dell'arte, wo soziale Missstände mit Hilfe komischer Figuren kritisiert wurden, sowie auch auf den Harlekin, der mit derben Späßen Gesellschaftskritik ausübte.[95] Diese Strategie, Distanz durch Komik zu erzeugen, sowie Meyers Hang zum ständigen Spiel mit der Sprache, indem er z.B. bekannte Redewendungen aufgreift und sie bewusstmacht und entkräftet, lassen ihn mit Seyfarth vergleichen, der ebenfalls dieselben Strategien verwendet, um über seine Aids-Erfahrung zu schreiben, ohne larmoyant zu wirken. Auch Pfeiffer vergleicht Meyer mit Seyfarth und hebt das Eigenartige in ihren Schriften hervor:

> „In den Texten von Seyfarth und Meyer, scheint mir, zeichnet sich ein neues Sprechen über den Tod ab, ein heiter komisches, anarchisches Sprechen, das die Oppositionen, die die Sprache aufrichtet, einreißt und die Gegensätze mit einander verbindet. Ihnen scheint es auch zu gelingen, die gefährlichen Extreme zu vermeiden; das vorschnelle Einverständnis mit dem Tod, das jede Auflehnung erstickt, und die bedingungslose Revolte gegen ihn, für die jedes Sterben Scheitern bedeutet. Gegen beides behauptet sich die Weisheit des karnevalisierten Sprechens: Wer seinen Tod nicht mehr fürchtet, kann zu keiner Unterwerfung gezwungen werden." (Pfeiffer 1993: 25-26)

Meyers fiktionalen Aids-Werke können im Rahmen dieser Arbeit nicht berücksichtigt werden. Die Strategien, die Seyfarth verwendet, um seine Aids-Erfahrung zu literarisieren, werden in den nächsten beiden Kapiteln näher untersucht.

---

[94] Pfeiffer, Joachim: „Jegliches Mitleid verwischt der Regen." Tod und Aids in der deutschsprachigen Literatur. In: *Forum Homosexualität und Literatur* 19 (1993), S. 11-26, hier S. 22.
[95] Vgl. Martin, René: *Eine Krankheit zum Tode. Aids in der deutschsprachigen Literatur*. St. Ingbert: Röhrig Universitätsverlag 1995, S. 218.

3.3 Die Aids-Literatur in Österreich

Eine Reaktion auf Aids, sowohl eine politische als auch eine literarische, entwickelte sich in Österreich später als in den anderen westeuropäischen Ländern. Ein Grund dafür war das Fehlen einer organisierten schwulen Gemeinschaft, was wohl daran lag, dass homosexuelle Vereinigungen lange Zeit verboten waren und die 1981 gegründete Homosexuellen-Initiative (HOSI) in einem mehr oder weniger illegalen Raum existierte, obwohl das Verbot von homosexuellen Handlungen 1971 zum Teil aufgehoben worden war. Als die ersten Fälle von Aids in Österreich auftauchten, hat es kaum eine literarische Auseinandersetzung mit dem Thema Homosexualität stattgefunden. Dadurch wurde eine Beschäftigung mit dem Thema Aids, das in den Anfangsjahren in enger Verbindung mit der Homosexualität wahrgenommen wurde, zusätzlich erschwert.[96]

Schon beim ersten Blick fällt die unterschiedliche Bedeutung der Familie im Vergleich zu deutschen und französischen Aids-Werken in der österreichischen Aids-Literatur auf. Während die deutschen und französischen Aids-Autoren in ihren Werken einen Generationenkonflikt schildern und sich von der Familie distanzieren, sind die Aids-Werke österreichischer Schriftsteller von einer Sehnsucht nach den Eltern geprägt. Vor allem äußern die schwulen Söhne den Wunsch nach einer Wiederversöhnung mit den Eltern. Aids fungiert in diesen Werken häufig als die endgültige Trennung, die eine Heimkehr unmöglich macht. (Vgl. Martin 1995: 281-282)

In Rosemarie Okons 1989 erschienenem Roman *Der Virusträger* wird eine rechtskonservative Betrachtung von Aids dargeboten. Homosexualität wird als eine verbrecherische Handlung dargestellt, die allerdings durch den Willen zur Besserung aufgegeben werden kann. Aids fungiert im Roman als göttliche Strafe und befällt diejenigen, die diesen Willen nicht aufbringen

---

[96] Vgl. Hetz, Siegfried: Das Virus, die Sprache und der Müll. Aids in der österreichischen Literatur. In: *Literatur und Kritik* Nr. 285 1994, S. 40-46, hier S. 40.

wollen. Ihre These unterstützt die Autorin mit zahlreichen Bibelzitaten, die sogar mit genauen Quellenangaben versehen sind. Der Roman handelt vom Aidskranken Gerd und seinem Freund Antonio. Gerd wird von einem Ausländer, dem Italiener Emanuel, mit HIV infiziert. Aids wird also von einem Fremden ins Heimatland eingeschleppt. Für sein unmoralisches Leben wird der reuige Gerd mit dem Tod bestraft. Sein Freund Antonio, der HIV-negativ ist, wendet sich mithilfe der Religion vom falschen Lebensweg ab und heiratet eine Frau, die der schwule Gerd einst verschmäht hat.

Im autobiographischen Text *Sein Mann. Liebe, Aids und Tod. Ein Bekenntnis* (1993) verarbeitet der Autor Günter Tolar den Selbstmord seines HIV-positiven Partners. Von der äußeren Form her, insbesondere angesichts der auktorialen Erzählung, ähnelt das Werk einem Roman. Die romanhafte Gestaltung ermöglicht dem Autor eine größere Distanzierung vom Geschehen. Der Protagonist Harald erfährt erst nach dem Selbstmord seines Lebensgefährten Hans durch dessen Arzt von der HIV-Infektion seines Partners und somit vom Hintergrund für seinen Selbstmord. Sein eigener HIV-Antikörpertest fällt negativ aus, aber Harald plant seinen eigenen Freitod aus Trauer. Er verzichtet allerdings auf die Tat aus Rücksicht auf seine Angehörigen und lernt allmählich, mit seiner Trauer umzugehen. Um sich mit dem Tod seines Freundes abzufinden und sein Handeln besser zu verstehen, vertieft er sich in die Lektüre literarischer Texte zum Thema Aids:

> „Was blieb Harald denn anderes übrig, als Bücher zu lesen, die ihm das erzählten, was Hans ihm nicht erzählt hatte? So konnte er wenigstens annähernd nachempfinden, wie es ihm ergangen sein mochte an den Tagen, an denen er alles über sich wußte, seine Gegenwart und seine ‚Zukunft'."[97]

Besonders hilfreich ist für ihn die Lektüre von *Dem Freund, der mir das Leben nicht gerettet hat* des französischen Schriftstellers Hervé Guibert. Seinem

---

[97] Tolar, Günter: *Sein Mann. Liebe, Aids und Tod. Ein Bekenntnis.* Wien: Edition Va Bene 1993, S. 107.

Buch stellt der Autor auch ein Zitat Guiberts aus diesem autofiktionalen Werk voran (siehe Tolar 1993: 9) und der Erzähler beginnt bald ihn Hervé zu nennen, denn „zu sehr war er mit ihm während des Lesens zusammengewachsen." (Tolar 1993: 89) An folgender Stelle äußert er sich zur Bedeutung von Guiberts erstem Aids-Werk für seine Trauerbewältigung und für sein Schreiben:

> „Ein Buch von Hervé Guibert mit dem eigenartigen Titel ‚Dem Freund, der mir das Leben nicht gerettet hat' beeindruckte Harald sehr. Guibert schrieb über einen Freund, der an Aids stirbt. Der Autor hatte selber Aids, kämpfte nun schreibend dagegen an und war dabei ein Fachmann geworden. Ein Fachmann im Weiterleben, im Langsam-Sterben, im Kämpfen und zum Thema Aids. Er schrieb über Aids sowohl streng wissenschaftlich als auch einfach und verständlich. Nur locker schrieb er nicht. Es gab keine Lockerheit eines Verdammten, auch wenn er sich daran gewöhnt zu haben schien, verdammt zu sein. Eine Verdammnis, von der Harald nur das Wort übernahm, die er aber selbst nicht empfand." (Tolar 1993: 89)

Guiberts Buch stellt in gewissem Sinne eine Brücke zum verstorbenen Freund her, der seinem Partner seine Diagnose sowie seinen Gemütszustand und seine Selbstmordabsicht nicht mitgeteilt hatte. Durch die Lektüre dieses Werks versucht der Erzähler zu verstehen, was Hans empfunden haben könnte, als er von seiner Diagnose erfuhr, oder wie es gewesen wäre, dem sterbenden Freund beizustehen. Sogar wenn er die Auswirkungen des Virus auf das Immunsystem diskutiert, zieht er Guibert heran. Schließlich hat der Erzähler aber das Gefühl, dass die passive Auseinandersetzung mit dem Thema Aids in der Literatur ihm nicht mehr weiterhilft und er beginnt zu schreiben: „Harald trat auf der Stelle. Er begann zu schreiben, im Schreiben nachzudenken, zu formulieren. Was sich formulieren ließ, ließ sich auch bewältigen. Nicht verkraften, aber handhaben." (Tolar 1993: 90) Das Schreiben bietet hier einen Ausweg aus der Krise und den Beginn einer Bewältigungsarbeit, die der Erzähler zum Überleben braucht.

Die Bewältigungsarbeit und der Heilungsprozess waren allerdings mit diesem ersten Aids-Werk nicht abgeschlossen. Ein Jahr später erschien Tolars zweiter Aids-Roman *Wer hat die Karten gemischt?* (1994), in dem der Autor den im ersten Werk thematisierten Todeswunsch in der Fiktion erfüllt. In diesem zweiten Aids-Werk ist Harald selbst an Aids erkrankt und hat seinen neuen Partner Herbert wieder durch Selbstmord verloren, nachdem dieser sein HIV-positives Testergebnis erhalten hat. Diesmal erkrankt er selbst anstelle seines Partners und erfährt, was seinem Partner erspart geblieben ist.

> „Harald verfiel körperlich. Sein Gesicht begann sich zu deformieren. Entsetzlich und entsetzt war der Blick, mit dem er vom Spiegel zurückkehrte, wenn er gelegentlich hineinschaute. [...] Er drapierte an seinem Gesicht herum. Make-up trug er keines. Die Gefahr war zu groß, daß die Creme in eine offene Stelle seiner Haut, mochte die Öffnung auch mikroskopisch klein sein, geriet und dort eine Entzündung hervorrief, mit der dann sein angegriffenes Abwehrsystem nicht fertig würde. Er erlebte alles das, was Herbert durch seinen Selbstmord verhindert hatte. Freitod – so nannte Harald es lieber."[98]

Haralds Erkrankung bildet im Werk eine Rahmenhandlung, denn er erzählt dem Ich-Erzähler des Werks die Liebesgeschichte seiner beiden Freunde Alfi und Gianni. Sein Erzähltempo wird im Laufe des Romans immer schneller, „bestimmt von der Nähe des Termins, an dem er zu Erzählen aufhören mußte." (Tolar 1994: 137) Er stirbt, kurz nachdem die beiden Männer seines Berichts, die Freunde von ihm sowie seinem verstorbenen Partner Herbert sind, zusammenfinden.

Augenfällig bei Tolars beiden Aids-Werken ist die Tatsache, dass er nirgendwo die Krankheit Aids beim Namen nennt. Stattdessen wird sie immer als „die Unheilbare" oder „die Tödliche" bezeichnet. Ferner werden in seinen beiden Werken die Aidskranken eher als Sterbenden denn als Lebenden dargestellt. Somit scheint er kaum Kritik an der herrschenden Verdrängung des Themas Aids in der damaligen österreichischen Gesellschaft und Politik sowie der Isolierung der Aids-Betroffenen zu üben. Diese fehlende Kritik ist

---

[98] Tolar, Günter: *Wer hat die Karten gemischt? Roman.* Wien: Edition Va Bene 1994, S. 145.

besonders verwunderlich, weil Tolar seit dem Aids-Tod seines Freundes sich in der Betreuung der HIV-Positiven und Aidskranken engagiert und den Verein *Positiv Leben* gegründet hatte. Er kämpfte in diesem Rahmen um mehr Menschlichkeit im Umgang mit Aids-Betroffenen und gegen ihre gesellschaftliche Isolation. Für sein Engagement wurde er sogar 1997 vom Wiener Parlament mit dem *Red Ribbon* ausgezeichnet. Dass ein solcher engagierte Autor in seinen Büchern die Krankheit Aids nicht beim Namen nennt und somit in gewissem Sinne das Schweigen über Aids fortsetzt scheint darauf hinzuweisen, dass er im weitverbreiteten ausweichenden Diskurs über Aids steckenblieb.

Neben den Werken von Okon und Tolar erschien 1993 Maria Hausers *Im Himmel kein Platz?*, in dem die Autorin hauptsächlich homosexuelle Liebesgeschichten erzählt und die Homosexualität ihres eigenen Sohns erstmals öffentlich macht. Das Buch entstand aus authentischen Erzählungen von schwulen Bekannten der Autorin sowie Gesprächen mit Personen, die ihr von HuK (Homosexuelle und Kirche) und von der HOSI (Homosexuellen-Initiative) vermittelt wurden. Zwei Abschnitte des Werks beschäftigen sich mit dem Aidskranken Musikers Julius Zechner. Noch 1993 wurde Felix Mitterers Aids-Stück *Abraham. Stück über eine Liebe* im Linz uraufgeführt. Im Mittelpunkt dieses Stücks steht vielmehr das Verhältnis zwischen Vater und Sohn und nicht Aids. Am Ende erschießt der Vater seinen wegen der Homosexualität verstoßenen Sohn, nachdem dieser ihn darum folgendermaßen bittet: „Nimm deinen Sohn, deinen einzigen, den du liebhast, bring ihn auf dem Berg als Brandopfer dar! […] Abraham! Tu es! Tu es!"[99] Die Figuren im Werk sind äußerst klischeehaft (die promiskuitiven Schwulen, eine musisch veranlagte Tunte, der auf einer Müllhalde sterbende schwule Aidskranke, der sich am Lebensende nur noch väterliche Anerkennung wünscht) und das Stück widerspiegelt den damals gängigen Aids-Diskurs, anstatt einen neuen, gerechteren zu entwickeln.

---

[99] Mitterer, Felix: *Abraham. Stück über eine Liebe.* Innsbruck: Haymon 1993, S. 75.

3.4 Die Aids-Literatur in der Schweiz

In der Schweiz war die Auseinandersetzung mit Aids nicht so fortgeschritten wie in Deutschland. 1991 erschien Maja Gerber-Hess' *Reto, HIV-positiv: Ein Abschied*, ein Werk, das eher der Jugendliteratur zuzuschreiben ist. Abgesehen davon sind vor allem zwei Autoren nennenswert. *AIDS – Andere Inseln deiner Sehnsucht* (1990), die tagebuchartige Autobiographie des HIV-positiven und schwulen Musikers Marc Philippe Meystre, trägt den Untertitel Reisebuch und beschreibt den Tod des langjährigen Freundes Nik des Ich-Erzählers, der ebenfalls HIV-positiv ist und im Laufe der Erzählung die beginnende eigene Krankheit schildert. Ferner erzählt er noch von den Diskriminierungen, mit denen er und Nik sich als HIV-positiven Männer konfrontiert sehen, sowie auch von seinem politischen Engagement in der Aufklärungsarbeit der Aids-Hilfe. In seinem Werk gibt Meystre zu, dass er durch die Lektüre von Josef Gabriels *Verblühender Mohn* beeinflusst und dazu angeregt wurde, seine Aufzeichnungen und Tagebucheintragungen zu veröffentlichen:

> „Ich lese weiter in der Geschichte eines Abschieds.
>
> In den letzten Tagen ist mein Entschluß gereift, ernsthafter an meinem Reisebuch zu schreiben. Vielleicht werde ich Urlaub nehmen, um einige Zeit nur dafür zu arbeiten, ohne Austrag, aus eigenem Antrieb. Es wird ein Überlebensbericht sein, das Schwergewicht liegt in der Zeit nach dem Tod des Lebenspartners. Ich möchte nicht auf Krankheit und Krise festsitzen bleiben, sondern meine Versuche, weiterzuleben, weiterzulieben, verfolgen. Es wird ein Buch sein, das im Zeichen meiner Liebe zu Nik steht, dieser Liebe, die mich lenkt bis zum Tod und anleitet, andere Menschen zu lieben. […]
>
> Meine, unsere Geschichte ist vielleicht lesenswert. Mein Reisebuch könnte andere berühren."[100]

---

[100] Meystre, Marc Philippe: *AIDS – Andere Inseln Deiner Sehnsucht. Reisebuch.* Hgg. von Liliane Studer. Zürich: Rotpunkt 1990, S. 102.

Die politische Dimension von Meystres Auseinandersetzung mit dem Thema Aids lässt sich an mehreren Stellen in seinem Reisebuch deutlich durchblicken. Es ist in erster Linie das Aids-Werk eines HIV-positiven Aids-Aktivisten. Wie der französische Aids-Autor Hervé Guibert und der deutsche Aids-Autor Markus Commerçon trat Meystre als HIV-Positiver im Fernsehen auf und zog Bilanz über diese Erfahrung in seinem Reisebuch. Er forderte, dass Aids-Sendungen und Talkshows anstatt mit Fachexperten sich mit normalen Menschen beschäftigen, „die die Dimension dieser Krankheit wirklich kennen." (Meystre 1990: 41) Überdies war er auch gegen die Anonymität, die viele HIV-Positive im Fernsehen sich wünschten, weswegen sie zum Beispiel durch eine weiße Maske sprachen:

> „Viele der Beiträge von anderen Positiven sind anonym, einige sprechen durch eine schreckliche weisse Maske: so etwas habe ich noch nie gesehen. Ich bin traurig darüber. Es ist die Maske des ungelebten Lebens, damit wird das Schreckliche an Aids verstärkt, auch wenn die Aussagen noch so gut sind. Heute brauchen wir Gesichter und Namen, um der Krankheit eine menschliche Dimension geben zu können." (Meystre 1990: 53)

Seine Schreibmotivation stellt er auch innerhalb seines Werks an mehreren Stellen in Frage: „Ob es ein kurz vor dem Tod-Buch ist? Ich glaube nicht. Es ist ein Buch, das jetzt geschrieben werden muss." (Meystre 1990: 109) 1989 beging Meystre Selbstmord, ohne die Arbeit an seinem Manuskript abgeschlossen zu haben. Das Werk wurde daher von Liliane Studer, mit der der Autor etwa zwei Drittel seines Manuskripts diskutiert und überarbeitet hatte, herausgegeben.

Der zweite bedeutende Aids-Autor aus der Schweiz war Walter Vogt, der nach einer Ausbildung zum Röntgenarzt sich zum Psychiater ausbilden ließ und bis zum Lebensende als solcher praktizierte. Diese medizinisch-naturwissenschaftliche Ausbildung zeigt sich „in Unvoreingenommenheit der Beobachtung und Präzision des Ausdrucks"[101] in seinen Werken. Er schrieb zahlreiche Theaterstücke, Hörspiele, Monodramen, Fernsehspiele, Romane, Erzählungen, Essays und Gedichte. In seinen letzten Lebensjahren wurde Aids für ihn zu einem wichtigen Thema, mit dem er sich in mehreren Vorträgen und Artikeln auseinandersetzte. An der Krankheit interessierte ihn insbesondere die Verbindung von Liebe und Tod. 1985 trat er auch der Berner Aidshilfe bei und war ihr Präsident von 1987 bis zu seinem Tod in 1988. Sein Drama zum Thema Aids *Die Betroffenen* wurde kurz nach dem Tod des Autors in Zürich uraufgeführt. Die Figuren im Stück sind namenlos und werden über ihren Beruf definiert wie der Beamte, der Lehrer, der Programmierer und der Laborant. Des Weiteren gibt es keine Dialoge im Stück, sondern ausschließlich monologisches Sprechen über Aids. Die fehlende Kommunikation deutet auf die Isolation und Einsamkeit der Aids-Betroffenen in der Gesellschaft.

Aids wird in diesem Stück als Chance dargestellt, den eigenen Horizont zu erweitern. Der Beamte beispielsweise, der verheiratet ist und einen Sohn hat, sieht in Aids den Ausbruch aus seinem Alltag, nachdem er jahrelang sein Doppelleben verheimlicht hat. Die tödliche Krankheit übt eine große Faszinationskraft auf ihn aus.

> „DER BEAMTE. Als ich zum erstenmal einen kennen-
>   lernte, mit einem positiven Test,
>   der hatte das Virus, und er wußte es –
>   ich habe mich in ihn verliebt, in seinen Tod,
>   ich wollte mit ihm schlafen, unbedingt,
>   er wollte ja auch,
>   ich wollte mich mit seinem Virus anstecken, aber das
>   wollte er nicht, blieb vorsichtig, wollte mich nicht
>   auf dem Gewissen haben, denke ich,
>   er nahm es sehr genau." (Vogt WA IX: 273)

---

[101] Marti, Kurt: *Aber langweilig schreibt er nie.* (Vorwort) In: Vogt, Walter: *Der Garten der Frau des Mannes, der Noah hieß. Ausgewählte Erzählungen 1965-1987.* Zürich: Benziger Verlag 1987, S. 7-16, hier S. 8.

Der HIV-infizierte Programmierer wird durch seine Infektion politisiert und beginnt sich in der Öffentlichkeit für die Aufklärungsarbeit zu engagieren. Er tritt bei der Aidshilfe und im Fernsehen auf. Dieses Engagement nimmt für ihn zunehmend an Bedeutung zu, allerdings kann er sich dadurch von seiner Rolle als Außenseiter nicht befreien und fühlt sich weiterhin isoliert und stigmatisiert. Ferner stellt er die Wirksamkeit seiner Aufklärungsarbeit an mehreren Stellen in Frage:

> „DER PROGRAMMIERER. ... ich heule, ich schreie, ich brülle,
>   ich klage an –
>   und sie,
>   sie weiden sich an meinem von Auftritt zu Auftritt
>   sichtbaren Tod.
>   Möchte mal wissen, für wen das eine Hilfe sein soll –
>   Für die armen Schweine vielleicht, die nicht einmal
>   wissen, ob sie wirklich zwanzig, fünfundzwanzig
>   werden? Und eben die starren, wie süchtig, immerzu
>   bei allen diesen grauenhaften Sendungen wie hypnoti-
>   siert auf den Schirm.
>   Als könnte ich, stellvertretend, für sie sterben." (281)

Der Laborant spürt seit der HIV-Infizierung Angst und Ekel vor seinem eigenen Körper und leidet unter dem „scheußliche[n] Gedanke[n], der eigene Samen könnte giftig geworden sein, das eigene Blut wie ansteckender Krebs." (289) Die Figur des Aidskranken Lehrers fungiert andererseits als Brücke zwischen Aids und Kunst, da sie beide in seinem Leben und seinem persönlichen Werdegang eine wichtige Rolle spielen. Nur der Protagonist, Uwe, dessen Tod auf der Bühne stattfindet, trägt einen Namen im Stück und beschwert sich über die lebensfeindlichen Äußerungen seiner Mitmenschen, während er am Leben hängt und davon träumt, älter zu werden anstatt jung an Aids zu sterben.

Neben diesem Stück hat Vogt Aids noch in seinem Tagebuchroman *Schock und Alltag* thematisiert, der nach seinem Tod veröffentlicht wurde. In diesem Werk setzt sich der Autor zum ersten Mal offen mit seiner Homosexualität auseinander, obwohl die romanartige Gestaltung des Werks auf ein

Spiel mit Wirklichkeit und Fiktion hinweist. Mit anderen Worten, die Identifizierung des Autors mit dem Ich-Erzähler ist nicht selbstverständlich. Aids zieht sich wie ein roter Faden durch den ganzen Roman, der sich übrigens auch mit der Zerstörung der Natur beschäftigt und die Aids-Krise und die Umweltzerstörung als die größten Herausforderungen für die Menschheit thematisiert.[102]

3.5 Die Aids-Literatur in Frankreich

Neben der amerikanischen Aids-Literatur ist die französische die wohl bekannteste. Im Gegensatz zum angelsächsischen Raum, wo die meisten literarischen Werke, die sich mit dem Thema Aids beschäftigen, eine deutliche politische Dimension aufweisen und Aids als eine gemeinschaftliche Herausforderung betrachten, ist die Krankheit in Frankreich hauptsächlich als eine höchst persönliche Erfahrung literarisiert worden. Deshalb ist das Aids-Drama in den Vereinigten Staaten fast zur eigenständigen literarischen Gattung geworden, während eine große Anzahl von Aids-Romanen und autobiographischen bzw. autofiktionalen Schriften aus Frankreich einen ganz anderen Stellenwert innehaben, da sie Aids vor allem als eine intime und individuelle Erfahrung beschreiben.

Eine unterschiedliche Signifikanz von Aids als literarischem Phänomen lässt sich auch zwischen Frankreich und Deutschland feststellen. Nach Dirk Naguschewski wurde Aids in Frankreich viel stärker als eine Krankheit von Künstlern und Intellektuellen wahrgenommen als in Deutschland, hauptsächlich dadurch, dass dort wesentlich mehr und prominente Schriftsteller

---

[102] Vgl. Halter, Doris: Editorische Notiz. In: Vogt, Walter: *Schock und Alltag*. Tagebuchroman. (Werkausgabe. Vierter Band. Romane IV) Zürich: Nagel und Kimche 1992, S. 291-293.

an Aids gestorben sind.[103] Während die Aids-Romane und Autobiographien bzw. Autofiktionen einen großen Erfolg in Frankreich hatten und Teil der Mainstream-Literatur geworden sind, waren die deutschen Aids-Werke eher eine Randerscheinung, die schlicht in die Kategorie der Schwulenliteratur eingeordnet wurden und vom Massenpublikum unbeachtet blieben. Französische Aids-Werke wie Dominique Fernandez' *La gloire du paria* (1987), Guy Hocquenghems *Ève* (1987) und Yves Navarres *Hôtel Styx* (1988) und *Ce sont amis que vent emporte* (1992) wurden auch in andere europäische Sprachen übersetzt und erreichten daher ein viel breiteres Lesepublikum.

Hélène Laygues' 1985 erschienener autobiographischer Bericht *SIDS. Témoignage sur la vie et la mort de Martin* war das erste Werk in Frankreich, das sich mit der beginnenden Aids-Krise anhand der Geschichte von Martin, einem schwulen Freund und Geschäftspartner der Ich-Erzählerin, beschäftigte. Da das Werk zu einem Zeitpunkt herauskam, wo in der französischen Öffentlichkeit sehr wenig über Aids bekannt war, bemühte sich die Autorin, ihren Lesern möglichst viel Information über die neue Krankheit mitzuteilen. Es gibt detaillierte Beschreibungen von Martins körperlichen Verfall, seinen Symptomen, seinen zahlreichen Erkrankungen und schließlich seinem langsamen Sterben. Häufig klingt der Bericht aufklärerisch und die Motivation der Autorin scheint vor allem die Sensibilisierung des Leserpublikums für das Thema Aids zu sein. 1986 veröffentlichte Michel Simonin seine tagebuchartige autobiographische Erzählung *Danger de vie*, in der zum ersten Mal ein Aidskranker in Frankreich selbst das Wort ergriff und von seiner Aids-Erfahrung erzählte.

1987 erschien Dominique Fernandez' *La gloire du paria* und löste eine heftige Kontroverse aus. Dem Autor wurde zu Unrecht vorgeworfen, dass er mit dem Aufgreifen eines heiklen Themas Aufsehen erregen wolle. In Fernandez' Werken war Homosexualität immer ein zentrales Thema und

---

[103] Vgl. Naguschewski, Dirk: Bernard und Marc, Roch und David – Liebe auf dem Prüfstand. Zu den Romanen von Dominique Fernandez und Yves Navarre. In: *Forum Homosexualität und Literatur* 19 (1993), S. 53-65, hier S. 53-54.

ihn interessierte das Leben des Außenseiters am Rande immer. Weil Aids eine erneute Stigmatisierung der Homosexuellen mit sich brachte, war es geeignet für seine literarischen Texte und stellte daher eine Kontinuität seiner Grundthemen. Der Protagonist Bernard in *La gloire du paria* ist ein schwuler Schriftsteller, der unter der Normalität seiner homosexuellen Beziehung zu Marc leidet, denn in der gesellschaftlichen Akzeptanz der Homosexualität in der Zeit vor Aids sieht er den Verlust seiner Außenseiter-Identität als Homosexueller. In der neuen Krankheit Aids entdeckt er den Stoff für sein neues Theaterstück. Dass die Homosexuellen wieder eine Randgruppe geworden sind, mehr noch eine Risikogruppe, findet er befreiend. Als er wenig später von seiner eigenen HIV-Infizierung erfährt, fühlt sich Bernard in die Atmosphäre seiner Jugend zurückversetzt, denn er wird wieder von der Gesellschaft ausgestoßen. Er ist zufrieden mit seinem Schicksal, als Ausgestoßener zu sterben. Darin besteht für ihn der Sinn der Krankheit. Im Endstadium der Krankheit weigert sich Bernard, ins Krankenhaus zu gehen. Sein Partner Marc verabreicht ihm und sich selbst eine Giftspritze und die beiden sterben während des Liebesaktes selbst von der Hand des Geliebten.

Im selben Jahr erschien Guy Hocquenghems Aids-Roman *Ève*, der vom homosexuellen, HIV-infizierten Schriftsteller Adam handelt. Adam verliebt sich in seine Nichte Éve und fängt eine Beziehung mit ihr an. Später stellt sich allerdings heraus, dass Éve seine Zwillingsschwester ist, die siebzehn Jahre nach Adam im Rahmen eines Experiments mittels künstlicher Fortpflanzung geboren wurde. Schließlich erkrankt Adam, wird in dasselbe Krankenhaus eingeliefert, wo das Experiment stattgefunden hat, und stirbt im gleichen Augenblick, in dem Éve ihren gemeinsamen Sohn zur Welt bringt, der Adam ähnlich sieht und nach dem Vater Adam benannt wird. Somit wird verdeutlicht, dass Geburt und Tod zusammenhängen, dass beide im Krankenhaus stattfinden. Des Weiteren lebt der Vater in dem Sohn weiter, wodurch der Aids-Erzählung eine Zukunftsperspektive gegeben wird. Adams Aids-Tod ist in dem Sinne nicht das Ende seiner Lebensgeschichte.

Noch ein französischer Schriftsteller, der Aids in seinen Werken thematisierte, ist Yves Navarre. In seinem 1989 erschienenen Roman *Hôtel Styx* leidet eine der Randfiguren an einer Krankheit, die vermutlich Aids ist. Bemerkenswert ist auch die Tatsache, dass Navarre schon in seinem 1973 veröffentlichten *Les Loukoums* den Tod, die Liebe und die Sexualität in Verbindung mit Syphilis thematisierte, d.h. das Zusammenkommen von Eros und Thanatos in der Erfahrung einer sexuell übertragbaren Krankheit bildete schon vor Aids einen zentralen Topos in seinen Werken. Auch in seinem 1991 veröffentlichten Roman *Ce sont amis que vent emporte* wird die Krankheit der Protagonisten nicht namentlich erwähnt. Dadurch, dass die Behandlung mit dem Medikament DDI beschrieben wird, wird allerdings auf Aids hingewiesen. Der Roman handelt vom HIV-infizierten Bildhauer Roch, der seinen an Aids sterbenden Partner David pflegt und beginnt, über seine letzten Tage mit seinem Lebensgefährten ein Tagebuch zu führen, in dem er die Erinnerungen aus der gemeinsamen Zeit festzuhalten versucht. Wie in Hocquenghems *Ève* deutet die Figur von Davids Sohn auf Hoffnung und Fortsetzung. Im Vergleich zu den anderen französischen Aids-Romanen ist dieser deutlich weniger bekannt, obwohl Navarre als etablierter Schriftsteller dem französischen Lesepublikum schon bekannt war. Dieser geringere Erfolg hängt wahrscheinlich vom Erscheinungsjahr ab. Als er 1991 herauskam, gab es schon etliche Werke zum Thema Aids in Frankreich. Des Weiteren wurde der Roman vom enormen Erfolg der Aids-Trilogie des wohl berühmtesten französischen Aids-Autors Hervé Guibert überschattet, der 1990 mit der Veröffentlichung von *À l'ami qui ne m'a pas sauvé la vie* einsetzte.

3.5.1 Hervé Guiberts Aids-Trilogie: Einfluss auf die deutschen Aids-Autobiographen

Den größten Erfolg – und einen eindeutigen Einfluss auf die meisten deutschen Aids-Autoren – hatte jedoch der schon vor seiner Aids-Erkrankung bekannt gewordene Schriftsteller Hervé Guibert mit seiner

Aids-Trilogie, die aus den Werken *À l'ami qui ne m'a pas sauvé la vie* (1990), *Le protocole compassionnel* (1991) und *L'homme aux chapeau rouge* (1992, postum erschienen) bestand. Außerdem erschien auch sein *Cytomégalovirus: Journal d'hospitalisation* (1992) nach seinem Tod und setzte seinen Aids-Bericht fort. Der Bekanntheitsgrad seiner Texte gründet sich ohne Frage auch auf der Tatsache, dass Guibert – ein schon etablierter Schriftsteller mit zahlreichen Veröffentlichungen – über die Mittel verfügte, die für die Literarisierung seiner Aids-Erfahrung notwendig waren. Im Gegensatz dazu begannen viele der deutschen Aids-Autoren erst nach ihrer Aids-Erkrankung zu schreiben und hatten noch keine eigene literarische Stimme bzw. keine eigene Sprache in Bezug auf Aids.

Mit der Veröffentlichung von Hervé Guiberts Aids-Trilogie rückte die Aids-Literatur in den Bereich der Autofiktion – eine Mischung aus Fiktivem und Realem. Guiberts Strategie bestand darin, dass er reale Personen in seinen Werken darstellte, entweder unter ihrem eigenen Namen oder mit erfundenen Namen wie in einem Roman *a clef*, jedoch mit genügend Hinweisen auf ihre reale Identität. Der sterbende Freund Muzil in *À l'ami qui ne m'a pas sauvé la vie* wird nie ausdrücklich mit dem Philosophen Michel Foucault gleichgesetzt, trotzdem gibt es im Werk viele Verweise auf dessen reale Identität.[104] Dasselbe trifft auf den Fall der Schauspielerin Isabelle Adjani zu, die in der Figur von Marine erscheint. Diese Strategie bewirkt eine Dezentralisierung der Aids-Erzählung, da die Aufmerksamkeit des Lesers von Aids auf die Entwirrung des Identitätsrätsels gelenkt wird. Zudem vermeidet Guibert anhand seiner Mischung von Fiktion und Wirklichkeit eine einfache Kategorisierung seines Werkes nach vorhandenen Kriterien.

Seine Aids-Trilogie bildete für Guibert keinen Neuanfang, sondern verkörperte stattdessen den Versuch, die Reichweite seines bisherigen Schreibens zu erweitern, um die neue Erfahrung von Aids einzubeziehen. Dabei

---

[104] Muzil, der glatzköpfige schwule Nachbar und Freund des Ich-Erzählers, ist ein Professor für Philosophie, der u.a. ein dreibändiges Werk über die Geschichte der Sexualität veröffentlicht hat und häufig Vortragsreisen in die USA unternimmt.

verwendete er jedoch die gleichen Themen und Figuren, die er schon in seinen früheren Werken eingeführt hatte. Personen, die dem Leser bereits bekannt sind, wie seine Großtanten Suzanne und Louise sowie seine zwei Liebhaber Vincent und Jules erscheinen auch in der Aids-Trilogie. Diese Kontinuität zeigt sich ebenfalls auf der thematischen Ebene. Der eigene Körper als Zentrum von Experimenten, Experimente sowohl mit der Lust als auch mit Schmerz und SM-Experimente, die die beiden Erlebnisse miteinander versöhnen, figurieren in Guiberts Literatur vor und nach Aids. In seiner ersten Veröffentlichung *La mort propagande* (1977), die dreizehn Jahre vor der Aids-Trilogie erschien, sieht Guibert viele der Krankenhausszenen voraus, die er später in seiner Trilogie ausführlich schildert, zum Beispiel als er sich eine Sezierung seines eigenen Körpers mit einem ärztlichen Skalpell vorstellt. In *La mort propagande* ist die ärztliche Untersuchung als Quelle des Vergnügens ein weiteres Thema, das als eine Vorahnung der Schilderungen medizinischer Untersuchungen in *Le protocole compassionel* zu interpretieren ist.

Es ist klar zu sehen, dass Guibert von Anfang an mit den Grenzen sowohl seines Körpers als auch seines Schreibens experimentiert hatte. Emily Apter äußert sich im folgenden Zitat sehr treffend zu Guiberts Sonderstellung im Rahmen der Aids-Literatur und erklärt damit, warum ausgerechnet er zum Idol der ihm folgenden Aids-Autoren wurde:

> „Guibert dares to explore the disturbing commonalities between sida treatments and rough gay sex – the rites of humiliation, the transgression of bodily limits, the submission to power, postures demanded and exchanged."[105]

Im Gegensatz zu den späteren Aids-Autoren stand Guibert, als er mit seiner Aids-Trilogie begann, keine festgelegte Struktur der Aids-Erzählung zur

---

[105] Apter, Emily: *Fantom Images. Hervé Guibert and the Writing of "sida" in France*. In: Murphy, Timothy und Poirier, Suzanne (Hg.): *Writing AIDS. Gay literature, language and analysis*. New York: Columbia University Press 1993, S. 83-97, hier S. 87.

Verfügung. Des Weiteren haben zwei Faktoren, die außerhalb seiner Kontrolle lagen, sein Schreiben über Aids beeinflusst und die Richtung seiner Aids-Erzählungen bestimmt. Der erste betraf die allmähliche Ausbreitung der Aids-Epidemie und die wissenschaftlichen Fortschritte im Bereich der Medizin. *À l'ami qui ne m'a pas sauvé la vie* besteht aus fragmentarischen Rückblenden und umfasst nicht nur die Periode von drei Monaten, während derer Guibert das Buch schrieb und noch glaubte, er werde durch ein neues Wundermedikament gerettet, sondern auch die acht bis neun Jahre, die dem Schreiben dieses Buches vorangingen. In dieser Zeit drang Aids als Thema in das gesellschaftliche Bewusstsein und wurde immer präziser definiert. Guibert widerspiegelt diese verschiedenen Wissensstufen in seine Aids-Trilogie.

Zu Beginn erzählt der Ich-Erzähler in *À l'ami* seinem Freund Muzil vom sogenannten schwulen Krebs, der die Idee ausgesprochen lustig und absurd findet: "Il se laissa tomber de son canapé, tordu par une quinte de fou rire: 'Un cancer qui toucherait exclusivement les homosexuels, non, ce serait trop beau pour être vrai, c'est à mourir de rire.'"[106] (Guibert 1990: 21) Bald darauf steht Muzil seiner eigenen HIV-positiven Diagnose gegenüber und stirbt schließlich an dieser Krankheit, über die er bis vor Kurzem noch nie etwas gehört und an die er zunächst nicht geglaubt hatte. Gleichzeitig, während Guibert seine Aids-Trilogie schrieb, wurden fortwährend neue Medikamente erforscht und getestet. Sie fängt daher die Stimmung der Zeit ein und wiederspiegelt, wie die Betroffenen abwechselnd zwischen Hoffnung und Verzweiflung schwankten.

Der zweite Faktor, ebenso außerhalb Guiberts Kontrolle, war der Verlauf seiner eigenen Krankheit, das Sinken der Anzahl seiner T4 Zellen und die Verwandlung seines Körpers, wodurch er auf das medizinische System

---

[106] Er fiel in einem Lachanfall vom Sofa: 'Ein Krebs, der nur Homosexuelle betrifft, nein, das ist zu schön um wahr zu sein, ich könnte sterben vor Lachen.'

angewiesen wurde. Diese Erfahrung fand schließlich ihren Ausdruck in der Schilderung einer neuen Beziehung zur ärztlichen Welt mithilfe ausführlicher Beschreibungen seiner Krankenhausbesuche. Diese Aspekte sind wie selbstverständlich ein Teil einer Aids-Erzählung, sie stehen jedoch nicht im Mittelpunkt von Guiberts Trilogie, sondern bilden stattdessen Nebenstränge und täuschen den Leser. Jedes mal, wenn der Leser etwas vom Guibert erwartet, wird er von den vielen Nebensträngen irregeführt und findet etwas anderes. Guibert verwendet diese Strategie der List, um jeden Eindruck des sentimentalen Bildes einer auf Aids konzentrierten Leidenserzählung zu vermeiden.

Die Strategie der Vermeidung einer stereotypen, chronologischen und auf den Patienten konzentrierten Aids-Erzählung verwirklicht der Autor auf drei Ebenen: mithilfe der Nebenstränge der Handlung, der immer wieder auftretenden Themen sowie der Dezentralisierung des Subjekts, des Themas sowie auch des Erzählers.

3.5.1.1 Die Nebenstränge in der Handlung

In allen drei Bänden seiner Trilogie entwickelt Guibert ein kompliziertes Netz von Nebensträngen in der Handlung, die eine nach dem anderen in den Vordergrund rücken. Die erste Nebenhandlung in *À l'ami* handelt von Muzils Aids-Tod, der für den Erzähler eine Vorahnung seines eigenen Todes darstellt. Die zweite Nebenhandlung dreht sich um Marines Verrat, die versprochen hatte, die Hauptrolle in einem Film zu spielen, für den Guibert das Drehbuch schreiben würde. Später lehnt sie jedoch ab, sich mit ihm zu treffen und ihn überhaupt zu sehen. Dieser Verrat bildet seinerseits eine Vorahnung auf Bills darauffolgendem Verrat, der im Mittelpunkt der dritten Nebenhandlung steht. Bill hatte versprochen, Guibert in eine Gruppe von HIV-Positiven einzubeziehen, die an Tests eines neuen Wunderheilmittels teilnehmen sollten. Bill versprach sogar, dass Guibert von der obligatorischen Teilnahme an Double-blind-Prozess befreit werde, bei dem die Teilnehmer nicht wissen, ob sie tatsächlich das Medikament bekommen oder nur ein Placebo. Bills Versprechen erzeugt in Guibert die Überzeugung, dass sein Leben trotz seines HIV-Positivseins wie durch ein Wunder gerettet werde. Bill entscheidet letztendlich, diese Chance auf Rettung seinem neuen Liebhaber zu verleihen und nicht Guibert und zerstört damit Guiberts Hoffnungen. Es wird deutlich, dass zwei dieser drei Nebenhandlungen nicht unmittelbar mit Guibert und seiner Krankheit zusammenhängen. Trotzdem sagen alle etwas über ihn und über seine Krankheit aus. Guibert konzentriert sich in diesem Werk nicht auf seine Krankheit, sondern eher auf ihre Begleitumstände, also auf die Ereignisse, die die Heilung dieser Krankheit begünstigen oder beeinträchtigen.

Die erste Nebenhandlung in *Le protocole compassionel* beschäftigt sich damit, wie Guibert das Medikament DDI von einem Tänzer bekommt, der an Aids starb, bevor er die verschriebene Dosis nehmen konnte. Die Erzählung besteht daher aus zahlreichen Rückblenden, in denen Guibert sich die letzten Tage des Tänzers vorstellt und versucht, die Ereignisse seiner letzten Tage zu rekonstruieren. Eine weitere Nebenhandlung handelt von Guiberts Reise nach Casablanca, um einen Magnettherapeuten zu treffen. Guiberts Suche nach Gemälden macht die erste Nebenhandlung in *L'homme aux chapeau rouge* aus. Er schildert seine Begegnung mit einer Frau namens Lena, die ihm half, Gemälde zu erwerben. Daraus entwickelt Guibert eine zweite Nebenhandlung und erzählt davon, wie er die Maler Yannis, Francis Bacon und Balthus traf. Daneben erzählt er von seinen vielen Ausflügen: Er reist im Verlauf seiner Erzählung nach Italien, den Inseln Elba und Korfu, in die Vereinigten Staaten, nach Portugal, Mexiko, in die Schweiz und nach Ouagadougou. Es gibt keine Einheit auf der Ebene des Raums. Die Perspektive wechselt ständig von einem Ort zum anderen; von einer Figur zur anderen. Mit dieser Vielfalt von Handlungssträngen versucht Guibert, die Grenzen eines literarischen Werks zu erweitern, das andernfalls egozentrisch und krankheitsbesessen wäre.

3.5.1.2 Die Themen

Guibert führte eine Reihe von neuen Themen in die Betroffenheitsliteratur ein, die im Laufe der Zeit zum literarischen Klischee wurden. Er instrumentalisiert seine Aids-Erkrankung nach Belieben, spielt mal den leidenden Kranken, mal den entschlossenen Autor. Der von ihm hinterlassene Topos des dreiseitigen Beziehungsgeflechtes, in das jeder Aids-Erzähler hineingezogen wird und mit Hilfe dessen er zu seiner eigenen Wahrheit gelangt, zieht sich wie ein roter Faden auch durch die deutschen Aids-Werke. Auf einer Seite steht der Partner, auf einer zweiten die Familie bzw. die Gesellschaft, während der Arzt bzw. das Krankenhaus die dritte Seite bilden. Die Erfahrung von Liebe und Unterstützung durch den Partner, die negativen Reaktionen der Familie und der Gesellschaft und die systemische, enthumanisierende Gewalt der medizinischen Hierarchie prägen den Lebensbericht jedes Aids-Autors und sind daher feste Bestandteile der autobiographischen Aids-Literatur.

Das Hauptthema in Guiberts Literatur, nicht nur in der Aids-Trilogie, ist der Anspruch auf Wahrheit im Gegensatz zu Lüge und Verrat. Guibert ist ein Fürsprecher der Wahrheit, der im privaten sowie im öffentlichen Leben in verschiedenen Bereichen schon mehrere ‚Coming-outs' hatte, ob als Schwuler oder als HIV-Infizierter. Außer seinen Werken, in denen er sich stets zur Schau stellte, trat er am 16. März 1990 auch im französischen Fernsehen als einer der ersten Autoren auf, die öffentlich zugaben, dass sie Aids haben. Mit seiner Aids-Trilogie und seinem Dokumentarfilm über sich selbst (*La pudeur et l'impudeur*) setzte Guibert seine Tradition der Wahrheitserzählung und -offenbarung fort. Die Wahrheit zu erzählen war ein Widerstandsakt für ihn. Er hatte sich über die Atmosphäre der Geheimhaltung und der Lügen empört, als Foucault starb, dem nach seiner Meinung die Wahrheit seines Todes geraubt wurde, da seine Familie die Todesursache geheim gehalten hatte, obwohl Foucault als Philosoph sein ganzes Leben lang ein Fürsprecher der Wahrheit gewesen war.[107]

Im Gegensatz zur Verleugnungsstrategie entwickelte Guibert eine postmoderne, auf Ambiguität basierende Strategie der Wahrheit. Diese Strategie verdeutlicht er ebenfalls in seinen Aids-Werken an mehreren Stellen, z.B. als er schreibt: „C'est quand ce que j'écris prend la forme d'un journal que j'ai la plus grande impression de fiction." (Guibert 1991: 103) Schreiben bedeutet für Guibert eine Mischung aus Wahrheit und Lüge oder, genauer gesagt, die Darstellung der Wirklichkeit als Fiktion im Gegensatz zur herkömmlichen strengen Unterscheidung zwischen den beiden. In seinen Werken werden nicht nur Wirklichkeit und Fiktion gemischt, sondern es ist häufig unmöglich, erfundene Wahrheit von wahrhafter Fiktion zu trennen. Mario Wirz stellt ebenfalls die Unterscheidung zwischen Wahrheit und Lüge einerseits und Wirklichkeit und Fiktion andererseits in seinen Werken wiederholt in Frage. An einer Stelle macht er auf die Unzuverlässigkeit seiner Erinnerungen und daher die Sinnlosigkeit einer solchen Unterscheidung aufmerksam, indem er das Schreiben seines autobiographischen Werks mit folgenden Worten schreibt: „Die Erinnerungen stechen. Alles wahr und alles falsch. Wirklichkeit und Fiktion. Ich sitze auf dem Sofa und fälsche mein Leben, das ich nicht verstehe." (Wirz 1992: 36)

In der Folge seiner Strategie der Wahrheit entwickelte Guibert auch eine Lügensstrategie, die sich häufig wie ein Spiel gestaltet und aus Lügen, irreführenden Hinweisen und ungelösten Rätseln besteht, vergleichbar mit den in Foucaults späteren Werken auftauchenden ‚Wahrheitsspielen'. Lügen bedeutet häufig für Guibert eine Verzögerungstaktik, da er den Moment der Wahrheitsenthüllung verschiebt, zum Beispiel als er herausfindet, dass er Aids hat und dies einigen Freunden sofort mitteilt, während er bei anderen Freunden und Bekannten die Offenbarung verschiebt, um herauszufinden, wie sie reagieren werden.

---

[107] Vgl. Guibert, Hervé: *Mauve le vierge*. Paris: Gallimard 1988, S. 108.

« Il y a ceux à qui je l'ai dit : Jules, puis David, puis Gustave, puis Berthe, j'avais voulu ne pas le dire à Edwige, mais j'ai senti des le premier déjeuner de silence et de mensonge que ça l'éloignait horriblement de moi et que si l'on ne prenait pas tout de suite le pli de la vérité ça deviendrait ensuite irrémédiablement trop tard, alors je le lui ai dit pour rester fidèle, j'ai du le dire à Bill, par la force des choses, et il m'a semble que je perdais a cet instant toute liberté et tout contrôle sur ma maladie, et puis je l'ai dit à Suzanne, parce qu'elle est si vieille qu'elle n'a plus peur de rien, parce qu'elle n'a jamais aime personne sauf un chien pour lequel elle a pleuré le jour où elle l'a envoyé à la fourrière, Suzanne qui a quatre vingt treize ans et dont j'égalisais notre potentiel de vie par cet aveu que sa mémoire pouvait aussi rendre irréel ou effacer d'un instant à l'autre, Suzanne qui était tout à fait prête à oublier sur le champ une chose aussi énorme. Je ne l'ai pas dit à Eugénie, je déjeune avec elle à la Closerie, est ce qu'elle le voit dans mes yeux ? Je m'ennuie de plus en plus avec elle. J'ai l'impression de n'avoir plus de rapports intéressants qu'avec les gens qui savent, tout est devenu nul et s'est effondré … » [108] (Guibert 1990: 15-16)

Der Verrat kommt als Gegensatz zur Wahrheit in den meisten Werken Guiberts vor. In *Les Gangsters* (1988) erzählt Guibert zum Beispiel davon, wie seine Großtanten von einer Gruppe Unbekannter betrogen wurden, die vorgaben, ihnen helfen zu wollen, jedoch die alten Damen schließlich um

---

[108] Es gab einige, denen ich es sagte: Jules, dann David, dann Gustave, dann Berthe. Ich hätte es vorgezogen, es Edwige nicht zu erzählen, aber seitdem wir zum ersten Mal in Schweigen und Falschheit gehüllt gemeinsam zu Mittag gegessen hatten, fühlte ich, dass dies uns schrecklich auseinanderbringen würde und wenn wir nicht sofort an der Wahrheit festhalten würden, dann wäre es bald für immer zu spät, also, um ihr gegenüber ehrlich zu bleiben, erzählte ich es ihr, und wie sich herausstellte, musste ich es Bill sagen und während ich es tat, spürte ich, dass ich jegliche Freiheit verlor, jede Kontrolle über meine Krankheit, und dann erzählte ich es Suzanne, weil sie so alt ist, fürchtet sie sich vor gar nichts mehr, weil sie niemals jemanden geliebt hatte, außer einem Hund, wegen dem sie Tränen vergoss an dem Tag, als sie ihn zum Einschläfern gab, Suzanne, die dreiundneunzig ist und deren Lebenserwartung dieselbe wie meine wurde, als ich ihr mein Geheimnis beichtete, das ihr Gedächtnis von einer Sekunde zur anderen auslöschen oder in eine Fantasie umwandeln könnte, Suzanne, die vollkommen darauf vorbereitet war, solch eine schockierende Vorstellung auf der Stelle zu vergessen. Ich erzählte es nicht Eugenie. Ich esse mit ihr zu Mittag im La Closerie: Sieht sie es mir an? Ich langweile mich mehr und mehr mit ihr. Es scheint mir, als seien meine Beziehungen zu anderen Menschen nicht mehr interessant, es sei denn, sie kennen die Wahrheit, alles andere ist zusammengebrochen.

Millionen von Francs beraubten. Auch in *À l'ami qui ne m'a pas sauvé la vie* kommen mehrere Nebenhandlungen vor, die sich um das Thema Verrat drehen.

Ein weiteres Themenfeld ist das Krankenhaus und Guiberts Beziehung zur Belegschaft in der medizinischen Welt. Wieder vermeidet Guibert hier Stereotype. Während andere literarische Aids-Werke die Insensibilität der Schulmedizin anprangern, stellt Guibert die Ambivalenz seiner Beziehung zur medizinischen Belegschaft dar, die sich im Laufe der Zeit ändert. Während dieses Prozesses durchläuft sie vier Phasen: In der ersten Phase sieht Guibert die zunehmende Medikalisierung seines Lebens anhand seines Berichts über Muzils letzte Tage voraus. Er stellt dar, wie Muzil zum bloßen pathologischen Objekt reduziert wurde. Das Schicksal, von Ärzten manipuliert zu werden und letztendlich im Krankenhaus die eigene Identität zu verlieren, hatte Muzil/Foucault um jeden Preis vermeiden wollen.

> « Muzil passa une matinée a l'hôpital pour faire des examens, il me raconta à quel point le corps, il l'avait oublié, lancé dans les circuits médicaux, perd toute identité, ne reste plus qu'un paquet de chair involontaire, brinque-balé par ci par là, à peine un matricule, un nom passé dans la moulinette administrative, exsangue de son histoire et de sa dignité. » [109] (Guibert 1990 : 32)

Guibert schildert in *À l'ami*, wie Muzil während seiner letzten Tage im Krankenhaus seine Freunde nicht mehr treffen durfte, obwohl er sich mit ihnen viel besser verstand als mit seiner Familie. Ein paar Tage vor seinem Tod erhielt Muzil zwei Exemplare seiner letzten Veröffentlichung vom Verlag. Jemand vom Krankenhauspersonal nahm ihm beide Manuskripte weg, nachdem er Muzil erklärt hatte, dass sein Krankenhauszimmer keine Biblio-

---

[109] Muzil verbrachte einen Vormittag mit Tests im Krankenhaus und erzählte mir, dass er vergessen hatte, wie der Körper, sobald er dem medizinischen Räderwerk ausgeliefert wird, seine gesamte Identität verliert und zu nicht viel mehr wird, als einem Päckchen hilflosen Fleischs, hin- und hergeschoben, kaum mehr als eine Nummer, ein Name, der durch die Mühle der Verwaltung geschleust wird, seiner Identität und Würde beraubt.

thek sei und dass das medizinische System nur den Körper des Patienten und die Geräte zur Behandlung des Patientenkörpers im Haus erlaube. (Vgl. Guibert 1990: 108)

In der zweiten Phase erlebt Guibert die Medikalisierung seines eigenen Lebens. Er muss sich nun regelmäßig Blutuntersuchungen unterziehen, um die Anzahl seiner T4 Zellen zu kontrollieren. Während dieser Phase begegnet er einigen unsensiblen Ärzten, die nicht viel über seine Krankheit wissen. In der dritten Phase, der Widerstandsphase, lehnt Guibert eine Reihe von Untersuchungen und Behandlungen ab. Er weigert sich sogar, das Medikament AZT einzunehmen. Mit dieser Verweigerung versucht er, seine eigene Unabhängigkeit zurück zu gewinnen. Während der vierten Phase entsteht eine neue Beziehung zum medizinischen System. Guibert beschafft sich das neue Medikament DDI von einem Liebhaber, da seine Ärzte es ihm nicht besorgen können. Er beginnt, dieses neue Medikament einzunehmen, ohne seine Ärzte darüber zu informieren. Zusätzlich dazu lässt er sich von einem Magnettherapeuten in Casablanca behandeln. (Vgl. Guibert 1991: 199-249) Diese Episoden sind von großer Bedeutung, da sie sich erstens von der Aids-Handlung ableiten und gleichzeitig versuchen, die Aids-Handlung zu stürzen. Zweitens stellen sie den zunehmenden Glauben des Ich-Erzählers an eine alternative Medizin dar, die ihm viel mehr Hoffnung verleiht als die Schulmedizin.

Aufgrund des Vertrauens, das dieses parallele System in ihm erzeugt, entscheidet sich der Erzähler Guibert, in das schulmedizinische System einzudringen und es auszunutzen. In *Le protocole compassionnel* schleicht er sich in Doktor Chandis Vertrauen ein und erlernt die medizinische Fachsprache, damit ihn das System nicht mehr täuschen kann. Er vergleicht den ärztlichen Gebrauch des Fachjargons mit dem Gebrauch von Englisch seitens französischer Eltern, die so vor ihren Kindern ihr Sexualleben diskutieren können, ohne dass die Kinder sie verstehen. Letztendlich verliebt er sich in eine junge Ärztin, die Claudette Dumouchel heißt. Manchmal schildert er seine Begegnungen mit ihr wie ein Spiel: "On joue au médecin."[110] (Guibert 1991: 56) An anderen Stellen stellt er ihr Zusammentreffen fast wie ein erotisches Rendezvous zwischen Geliebten dar:

> « Maintenant elle prend mon gros orteil, et je dois dire si elle le positionne en arrière ou en avant, c'est à dire vers elle ou vers moi. J'ai les yeux fermés, elle bouge mon doigt de pied et moi je dis : 'Vous. Moi. Vous. Vous. Moi. Moi. Vous Moi. Vous. Vous. Moi'. Je lui dis moi-vous, moi et vous, jusqu'à bout de souffle, jusqu'à en perdre haleine. »[111] (Guibert 1991: 56-57)

Diese Empfindungen gegenüber der Ärztin tragen dazu bei, dass der Erzähler die traumatischen Erlebnisse seiner anfänglichen Begegnung mit dem schulmedizinischen System überwindet. Sein Verhältnis zur Schulmedizin wird angenehmer. Guibert bewahrt sich das Recht, jeder Zeit über sein Leben und seinen Tod zu entscheiden. Stets trägt er Digitalintabletten bei sich, die er zu jeder Zeit als Gift verwenden kann. (Vgl. Guibert 1991: 14) Daher hat er das Gefühl, nicht vollkommen von der Medizin abhängig zu sein und seine Autonomie als Mensch und als Autor bis zum Tode bewahren zu können.

3.5.1.3   Die Dezentralisierung des Subjekts

Des Weiteren stellt Guibert seine zentrale Position als Aids-Patient, als Erzähler und Autor seiner Bücher in Frage. In À l'ami betont er immer wieder, dass er zu einer Gruppe von Aids-Betroffenen gehört. Seine Aids-Erfahrung als Patient ist also keine unabhängige Erfahrung, die von den Aids-Erfahrungen anderer Patienten getrennt werden könne: „On va tous

---

[110] Wir spielen Arzt.
[111] Jetzt hält sie meinen großen Zeh und ich muss ihr sagen, ob sie ihn nach oben oder nach unten drückt, zu ihr oder zu mir. Meine Augen bleiben geschlossen, sie bewegt meinen Zeh und ich muss sagen: „Du. Ich. Du. Du. Ich. Ich. Du. Ich. Du. Du. Ich." Ich sage immer weiter ich-du, ich und du, bis ich anfange, nach Luft zu ringen.

crever de cette maladie, moi, toi, Jules, tous ceux que nous aimons."[112] (Guibert 1991: 123)

Als Autor stellt Guibert seine zentrale Stellung zweifach in Frage. Er gibt in *À l'ami* zu, das das Buch sich selbst schreibt, in dem es gegen die Krankheit, gegen die durch die Krankheit verursachte Müdigkeit kämpft. Im zweiten Band der Trilogie *Le protocole compassionnel* beginnt Guibert das Medikament DDI zu nehmen, das es ihm ermöglicht, weiter zu schreiben. Jetzt wird die Schreibtätigkeit im übertragenen Sinne von einem Medikament getrieben: "C'est le DDI du danseur mort, avec le Prozac, qui écrit mon livre, à ma place."[113] (Guibert 1991: 99) An einer anderen Stelle denkt er über die Entstehung des zweiten Buches nach und erinnert sich daran, dass er nach dem ersten Buch die Trilogie nicht fortsetzen wollte. Er beabsichtigte damals, mit dem Schreiben vollständig aufzuhören. Die zahlreichen Leserbriefe hatten ihn aber ermutigt, weiter zu arbeiten. (Vgl. Guibert 1991: 195-196) Danach änderte sich seine Schreibweise: Im Gegensatz zu seiner bisherigen Veröffentlichungen ist sein Schreiben während dieser Phase keine Erweiterung seines Tagebuches, sondern er spricht im zweiten Buch sein Publikum direkt an und beschäftigt sich unmittelbar mit seinen Lesern: "J'aime que ça passe le plus directement possible entre ma pensée et la vôtre, que le style n'empêche pas la transfusion. Est-ce que vous supportez un récit avec tant de sang ? Est-ce que ça vous excite?"[114] (Guibert 1991: 123) Daher wirkt *Le protocole compassionel* wie ein Buch, das von einem Medikament für ein Leserpublikum geschrieben wurde. Der Autor Guibert als Subjekt fehlt bei diesem Prozess scheinbar.

---

[112] Wir alle werden an dieser Krankheit zu Grunde gehen, ich, du, Jules, alle, die wir lieben.

[113] Anstatt mir schreibt das DDI des verstorbenen Tanzers mein Buch, zusammen mit dem Prozac.

[114] Ich möchte, dass es eine direkte Verbindung zwischen meinen und Ihren Gedanken gibt, so dass die Form der Übertragung nicht in die Quere kommt. Können Sie eine Geschichte mit so viel Blut darin aushalten? Macht es Sie an?

Zusätzlich stellt Guibert sein Selbstbild in Frage. Er distanziert es von dem des Patienten und dem des kranken Körpers. *Le protocole compassionnel* beginnt mit einer Beschreibung seines Spiegelbildes, für das Guibert das Pronomen ‚er' verwendet. Er beobachtet sein Bild im Spiegel und hat den Eindruck, dieser Mensch könne bald sterben.

> « Cette confrontation tous les matins avec ma nudité dans la glace était une expérience fondamentale, chaque jour renouvellée, je ne peux pas dire que sa perspective m'aidait à m'extraire de mon lit. Je ne peux pas dire non plus que j'avais de la pitié pour ce type, ça dépend des jours, parfois j'ai l'impression qu'il va s'en sortir puisque des gens sont bien revenus d'Auschwitz, d'autre fois il est clair qu'il est condamné, en route vers la tombe, inéluctablement. »[115] (Guibert 1991 : 18-19)

An einer anderen Stelle setzt er sein Bild mit einer berühmten Fotographie eines alten, abgemagerten Mannes von Eugene Smith gleich: "J'avais l'impression d'être un enfant, j'avais l'impression d'être la photo d'Eugène Smith du vieillard irradié et décharné."[116] (Guibert 1991 : 16)

Am Ende dieses Buches betrachtet er, nachdem er den Magnettherapeuten getroffen hatte, sein Spiegelbild noch einmal, und bezeichnet es als „un type hilare, complètement défiguré, comme drogué à l'acide."[117] (Guibert 1991: 231) In seiner Aids-Trilogie stellt Guibert seinen kranken Körper immer so dar, als würde er von außen, von einer anderen Person betrachtet. Diese Art der Schilderung des Ichs ist eine weitere Strategie, die Guibert benutzt, um sich einerseits als schreibendes Subjekt zu dezentralisieren und

---

[115] Diese Konfrontation mit meiner Nacktheit jeden Morgen im Spiegel war eine grundlegende Erfahrung, die ich täglich aufs Neue durchlebte. Ich kann nicht sagen, dass die Aussicht darauf mir half, mich aus dem Bett zu schälen, noch kann ich behaupten, dass ich Mitleid für den Kerl im Spiegel empfand, aber es kommt darauf an, an manchen Tagen habe ich das Gefühl, er wird es schaffen, denn auch aus Auschwitz kamen Menschen zurück, dann wieder wird es offensichtlich, dass er verdammt ist, auf dem Weg ins Grab, unausweichlich.

[116] Ich habe das Gefühl, ein Kind zu sein, ich habe das Gefühl, ich bin das Foto von Eugène Smith von dem ausgemergelten alten Mann, der an der Strahlenkrankheit leidet.

[117] ein komischer Typ, völlig entstellt, wie jemand auf Acid.

sich andererseits von seinem kranken Körper zu distanzieren. Die Anwendung dieser Strategie ermöglicht es, dass das Bild seines kranken, abgemagerten Körpers immer den Anderen gehört, und nie ihm selbst. In diesem Zusammenhang beschreibt er an anderer Stelle, wie er fast zu Tränen gerührt wurde, als er eine Frau im Bus begegnete, die ihm sagte, dass sie ihn sehr schön fände, obwohl er krank aussah. (Vgl. Guibert 1991: 134-136) Er berichtet darüber, dass sein Geliebter ihn nackt fotografieren wolle (Vgl. Guibert 1991: 30) und der Maler Yannis fertigt ein Porträt von ihm.[118] Guibert selbst drehte einen Dokumentarfilm über seine letzten Tage. (Vgl. Guibert 1991: 115) Dabei stellte er seinen kranken Körper aus dem Blickwinkel eines elektronischen Geräts dar. In all diesen Fällen versucht er, eine direkte Konfrontation mit seinem Abbild zu vermeiden. Stattdessen bevorzugt er, dem Bild seines von Aids verwüsteten Körpers durch einen Vermittler zu begegnen.

In seinem Tagebuch *Le mausolée des amants* (2002) äußert Guibert seine Bewunderung für deutschsprachige Schriftsteller wie Bernward Vesper, Fritz Zorn, Peter Handke und vor allem Thomas Bernhard. Er beschreibt in *À l'ami*, dass er am Todestag von Thomas Bernhard begonnen habe, AZT einzunehmen. Der Einfluss Bernhards auf Guibert ist bereits darin zu erkennen, dass alle seine Werke aus inneren Monologen bestehen. Peter Jobst beschreibt Guiberts Schreibstil wie folgt: „(L)ange, weit ausholende Sätze, die freie Assoziationsketten bilden, ein Wechsel zwischen gesprochener und geschriebener Sprache, ein Spiel mit lexikalischen und grammatikalischen Möglichkeiten."[119] Diese Darstellung ist ebenso zutreffend für Bernhard. Des Weiteren gibt Guibert selbst explizit zu, dass er nicht nur von HIV sondern auch vom Schreibstil Bernhards infiziert sei:

---

[118] Vgl. Guibert, Hervé: *L'homme aux chapeau rouge.* Paris: Gallimard 1992, S. 116-118.
[119] Jobst, Peter: Homosexualität und AIDS im Werk von Hervé Guibert. Die Realität einer Krankheit und ihre literarische Umsetzung. In: *Forum Homosexualität und Literatur* 19 (1993), S. 67-80, hier S. 73.

« [P]arallèlement donc au virus HIV la métastase bernhardienne s'est propagée à la vitesse grand V dans mes tissus et mes réflexes vitaux d'écriture, elle la phagocyte, elle l'absorbe, la captive, en détruit tout naturel et toute personnalité pour étendre sur elle sa domination ravageuse. »[120] (Guibert 1990 : 232)

Er steigert dies, als er zugibt, nicht nur von Aids sondern auch von Thomas Bernhard geschlagen worden zu sein: „[M]oi pauvre petit Guibert, ex-maître du monde qui avait trouvé plus fort que lui avec le sida et avec Thomas Bernhard."[121] (Guibert 1990 : 233)

Von den deutschen Aids-Autoren wurde Guibert seinerseits wohl ebenso bewundert, auch wenn diese Bewunderung eher implizit geäußert wurde. Dass Guiberts erstes Buch aus der Aids-Trilogie den deutschen Aids-Autoren geläufig war, steht außer Zweifel. Der deutsche Aids-Autor Detlev Meyer hat Guibert sogar sarkastisch als „Lieblingsleiche der Saison"[122] bezeichnet, da er seiner Meinung nach die Grundforderungen eines über Aids schreibenden, sensationslüsternen Feuilletonisten erfülle.

> „Laßt sie malen und filmen und schreiben, die Todgeweihten – aber bitte mit Blut und mit Schweiß und mit Tränen! Das Ganze bitte diskret und nicht zu dick aufgetragen, positiv gern, aber ohne Pathos, sterben gern, aber ohne Sentimentalität, gern eine Prise Humor, aber von dem bitte sehr, der unter dem Galgen gedeiht oder auf der Intensivstation." (Meyer 1992: 174)

Der Einfluss Guiberts findet in den deutschen Aids-Werken auf verschiedenen Ebenen seinen Niederschlag. Guiberts sterbender Freund Muzil, den

---

[120] [D]iese Bernhardschen Metastasen haben sich wie der HIV-Virus in Hoch-Geschwindigkeit (großes H und großes G) im lebendigen Gewebe und den Reflexen meines Schreibens ausgebreitet, es eingesperrt, absorbiert, verschlungen und mit ihrer gefräßigen Dominanz seine gesamte Persönlichkeit und natürlichen Qualitäten zerstört.

[121] Ich, armer kleiner Guibert, ehemaliger Herrscher der Welt, der sich von beiden besiegt sah – Thomas Bernhard und AIDS.

[122] Meyer, Detlev: Nekrophiles Feuilleton. Hervé Guibert, Michel Foucault und AIDS im deutschen Literaturbetrieb. In: *Neue Rundschau*, 1992, H.1, S. 173-177, hier S. 176.

er angeblich nach einem seiner Lieblingsautoren benannte, hat einen Doppelgänger in Napoleon Seyfarths HIV-positiven, sterbenden Freund Müsli. Seyfarth, Mario Wirz und Bernd Aretz u.a. erwähnen alle Freunde, die ihnen das Leben nicht gerettet haben, manchmal sogar in Anführungszeichen,[123] was offensichtlich als Hommage an einen bewunderten und erfolgreichen Schriftsteller verstanden werden kann, dessen erster und berühmtester Aids-Roman in Deutschland unter dem Titel *Dem Freund, der mir das Leben nicht gerettet hat* erschien. Außerdem kommt in ihren Werken fast immer eine Verratsgeschichte vor, genauso wie in *À l'ami*.

Solche Ähnlichkeiten dürfen jedoch nicht als bloßes Plagiat abgetan werden. Sie bilden vielmehr den Versuch der deutschen Aids-Autoren, sich einem bekannten, schon etablierten und erfolgreichen Aids-Diskurs anzuschließen und ihn in der deutschen Literatur fortzusetzen. An dieser Stelle muss nochmals darauf hingewiesen werden, dass Guibert seit seinem Fernsehauftritt am 16. März 1990 in der vom beliebten Moderator Bernard Pivot geleiteten Fernsehsendung *Apostrophe*, bei der er sein HIV-Positivsein öffentlich machte, europaweit zum Star aufgestiegen war. Auf Guiberts Einfluss auf die in dieser Arbeit diskutierten deutschen Schriftsteller sowohl bezüglich der Themen als auch der literarischen Form wird daher noch weiterhin in den nächsten beiden Kapiteln dieser Arbeit verwiesen.

---

[123] Siehe Wirz 1992: S. 8 und S. 37 und Seyfarth 2000: S. 190 und S. 191.

4 Thematische Analyse der deutschen Aids-Autobiographien

In jedem autobiographischen Aids-Werk werden das Leben des Ich-Erzählers bzw. sein Lebensbericht in zwei Phasen eingeteilt, die einander vergleichend gegenübergestellt werden. Diese sind die Lebensabschnitte vor und nach dem HIV-Test. Daher muss bei der Analyse jeder in diesen Werken behandelten thematischen Einheit zwischen diesen beiden Phasen unterschieden werden. Einerseits wird anhand dieses Vergleichs auf eine gewisse Kontinuität im Leben des Ich-Erzählers aufmerksam gemacht. Ein Mittel dazu ist der Versuch des Ich-Erzählers, das eigene Leben als eine Reihe von Grenzerfahrungen zu schildern, die er jedes Mal überschreiten muss. Dementsprechend bildet die Aids-Erfahrung die letzte und schwierigste, aber wohl auch die bedeutendste Erfahrung von Grenzen, die der Ich-Erzähler gemacht hat. Andererseits wird zugleich das HIV-Positivsein als Auslöser der Diskontinuität im bisherigen Leben dargestellt.

4.1 Ambiguität als wesentliches Merkmal der Aids-Autobiographien

Ein weiteres Merkmal der autobiographischen Aids-Werken ist die Ambiguität, die sich sowohl auf der thematischen als auch der strukturellen Ebene offenbart. Diese Ambiguität kann als Widerspiegelung der heimtückischen Replikationsweise des HI-Virus verstanden werden,[124] denn der Begriff

---

[124]Zielzellen des HI-Virus sind vornehmlich die CD4-Zellen (auch T-4 Zellen genannt), weiße Blutkörperchen im menschlichen Körper, die im Fall einer Infektion das Immunsystem aktivieren. Sobald das Virus andockt, verliert es seine Hülle. Die virale genetische Information wird mithilfe eines Enzyms umgeschrieben, die HIV-RNA wird in HIV-DNA verwandelt, um zum menschlichen DNA zu passen. Die umge-

des HIV-Positivseins ist an sich irreführend: der HIV-Positive ist infiziert aber nicht unbedingt krank. Der Unterschied zwischen gesund und krank wird unscharf, die herkömmlichen Grenzen zwischen Gesundheit und Krankheit verschwimmen im Fall Aids, das in herkömmlichem Sinn gar keine Krankheit ist. Diese Ambiguität steht schon beim HIV-Test im Vordergrund, denn er muss wiederholt werden. Das Ergebnis dieses wissenschaftlichen Tests ist, unabhängig vom Resultat, nicht sofort und fraglos anzunehmen. Das Ergebnis des ersten Tests, ungeachtet des positiven oder negativen Ausfalls, muss mittels eines zweiten Tests bestätigt werden. Dies führt selbstverständlich dazu, dass der Betroffene trotz des erhaltenen Resultats eine Zeit lang von Unklarheiten und Ambiguität geplagt ist, da er immer noch nicht weiß, ob er infiziert ist oder nicht. Da diese Ambiguität ein Wesensmerkmal der medizinischen Erfahrung von Aids ist, wird sie selbstverständlich in der Literarisierung dieser Erfahrung sowohl thematisch als auch strukturell widerspiegelt.

Aids scheint *wie* eine Krankheit zu sein, ist aber in Wirklichkeit keine. Gleichermaßen sind die in den Aids-Werken dargestellten Figuren und Begebenheiten nicht so, wie sie sein *sollten*, stattdessen sind sie häufig irreführend. Sie trotzen jeder auf herkömmlichen Strukturen basierten Erwartung und lassen dem Leser keine andere Wahl, als dass er die gängigen Machtstrukturen, Mechanismen und Rollen in der Gesellschaft neu durchdenkt. Dies wird z.B. durch die in jedem Aids-Werk geschilderte Rollenumkehr verdeutlicht. Familienmitglieder, Freunde, Kollegen und andere Bekannte, von denen der Ich-Erzähler Hilfe und Unterstützung benötigt und erwartet, lassen ihn im Stich und enttäuschen ihn, während er eine neue und

---

schriebene HIV-DNA dringt in den Nukleus der CD4-Zelle ein und leitet sie dann an, viele Kopien des Virus zu machen, d.h. es nutzt die körpereigenen Zellen des Infizierten, um sich zu vermehren. Wenn die CD4-Zellen sich vermehren, um gegen die Infektion zu kämpfen, vermehrt sich das HI-Virus ebenfalls, bis die Virus-Kopien allmählich die Wirtszellen vernichten. (Quelle: http://www.hivleitfaden.de/cms/index.asp?inst=hivleitfaden&snr=2170&t=Vermehrung. Aufgerufen am 20.06.2016).

durchaus unerwartete Komplizenschaft im Umgang mit meist unbekannten Menschen oder aus gänzlich unvermuteten und überraschenden Seiten empfängt. Die Familie des HIV-positiven Ich-Erzählers reagiert eher ablehnend auf sein HIV-Positivsein anstatt ihn zu unterstützen und zu trösten. Mit anderen Worten, sie erfüllt die im traditionellen Wertesystem von einer Familie erwarteten Verpflichtungen nicht. Stattdessen bilden die Freunde des Ich-Erzählers seine neue Familie, indem sie die Verantwortungen der Familie übernehmen. Sie kümmern sich um ihn, unterstützen ihn und besuchen ihn, wenn er im Krankenhaus liegt. Sie machen ihm Mut und begleiten ihn bis zum Ende.

In manchen Werken bewirkt das positive Ergebnis des HIV-Tests eine Wiederversöhnung mit einem entfremdeten Geschwisterteil, zumal wenn das besagte Geschwisterteil selbst als Außenseiter von der Familie entfremdet ist. Dies erfährt z.B. der Ich-Erzähler in Markus Commerçons *AIDS – Mein Weg ins Leben*, dessen jüngerer Bruder, der ebenfalls schwul ist, sich dem älteren HIV-positiven Bruder nun als Erwachsener wieder annähert, obwohl die beiden sich bis dahin nie gut verstanden hatten, ja sogar mit einander um die elterliche Liebe und Anerkennung konkurrierten. Ebenfalls entwickelt sich eine neue durchaus freundliche Beziehung des Ich-Erzählers zu seiner Schwester, die wegen ihrer Jugendschwangerschaft das elterliche Haus früh verlassen musste.

Andererseits entsteht sehr oft eine makabre, auf verringerte Lebenserwartung basierte Konkurrenz zwischen dem Ich-Erzähler und seinen älteren Verwandten. Guibert schildert die Entstehung einer solchen Konkurrenz mit seiner alten Tante Suzanne. Die Mutter von Mario Wirz benimmt sich ebenfalls so, als ob zwischen ihr und ihrem HIV-positiven Sohn eine Rivalität besteht, da sie unter normalen Umständen zuerst sterben und ihr Sohn sie überleben würde. In seiner Ansteckung mit einem todbringenden Virus, der darauffolgenden verringerten Lebenserwartung und der dadurch neu entstandenen Möglichkeit, dass er zuerst stirbt, sieht sie die Verletzung ihres uralten und traditionellen Rechts, als Elternteil vor dem Nachwuchs zu sterben. Ein Konkurrenzverhältnis prägt in vielen Fällen auch die Beziehung des Ich-Erzählers zu seinen Freunden und anderen Bekannten aus der schwulen Szene. Viele Aids-Autoren stellen dar, dass ihre schwulen Freunde einen grausigen Geschmack für das tägliche Lesen der Todesanzeigen und die Aufzählung der Aids-Verstorbenen aus ihrem Bekanntenkreis entwickeln. Je mehr Bekannte und Freunde man unter den Aids-Verstorbenen aufweisen kann, desto stolzer darf man als Eingeweihter in der schwulen Szene sein.

Eine ähnliche Rollenumkehr prägt auch das Verhältnis des Ich-Erzählers zu seinem Arzt. Die herkömmliche Rollenverteilung wird in diesen Werken in Frage gestellt. Es ist nicht sofort klar, wer mehr Wissen besitzt, die Kontrolle in dieser Beziehung ausübt und in der Rangordnung höher steht. Traditionell gilt der Arzt als Experte, aber in den hier behandelten autobiographischen Aids-Werken weiß der Patient, der in der Schulmedizin als Laie gilt, sehr oft genauso viel, manchmal sogar mehr als der ihn behandelnde Arzt. Der erzählende Patient eignet sich in diesem Fall die Rolle des Subjekts an, das nicht nur über seine eigenen Symptome berichtet, sondern auch über den untersuchenden Arzt. Dieser wird auf diese Weise auf ein bloßes hilfloses Objekt reduziert, mehr noch, die Verhandlungsposition des Arztes wird weiter abgeschwächt, indem der Erzähler für ihn aufgrund seiner Hilflosigkeit und Verunsicherung Mitleid empfindet. Was der Leser üblicherweise von der autobiographischen Betroffenheitsliteratur erwartet, ist die Mitleid erregende Figur eines todkranken und hilflosen Ich-Erzählers einerseits und die eines allmächtigen mitleidenden Arztes andererseits. Doch diese Erwartung des Lesers geht in den autobiographischen Aids-Werken nicht in Erfüllung.

4.2 Die Figurenkonstellation: Das Dreiecksbeziehungsgeflecht und das Wahrheits- bzw. Täuschungsspiel

In jedem in dieser Arbeit diskutierten autobiographischen Aids-Werk befindet sich der HIV-positive Ich-Erzähler in einem Dreiecksbeziehungsgeflecht, innerhalb welchem er sich im Laufe der Erzählung entwickelt und versucht, zu seiner wahren Identität, die sein HIV-Positivsein mit einbezieht, zu gelangen. Neben dem Ich-Erzähler bilden sein Partner, seine Freunde und sein Arzt bzw. seine Ärzte die weiteren Beteiligten in diesem Beziehungsgeflecht. Das Verhältnis zwischen den Beteiligten ähnelt einem Wahrheits- bzw. einem Täuschungsspiel. Häufig wird der Ich-Erzähler von seinem Liebhaber verraten, der ihn wegen seiner HIV-Infizierung oder Aids-Erkrankung verlässt, wie z.B. in den beiden in dieser Arbeit diskutierten Werken von Mario Wirz, *Es ist spät, ich kann nicht atmen* und *Biographie eines lebendigen Tages*. Andererseits empfindet der Ich-Erzähler selbst auch Lust auf andere Männer, während sein Partner krank ist und unter Verlust von sexuellem Verlangen leidet, z.B. in den Werken von Josef Gabriel und Markus Commerçon. Jeder Ich-Erzähler muss zwischen Wahrheit und Täuschung entscheiden, d.h. er muss den Zeitpunkt der Wahrheitsenthüllung festlegen. Mit anderen Worten, es kommt bei diesem Spiel immer darauf an, wer wem wie viel und wann mitteilt: Manche Ich-Erzähler teilen ihren Liebhabern, Familien, Freunden und Bekannten sofort mit, dass sie HIV-positiv sind. Einige üben sich in Diskretion; sie sagen einigen die Wahrheit sofort, während sie mit anderen noch länger warten. Manchmal entscheidet sich der Ich-Erzähler sogar, einigen Freunden und Bekannten seine Seropositivität nie zu offenbaren.

4.2.1 Das Verhältnis zwischen dem HIV-positiven Ich-Erzähler und seinen Liebhabern

Viele der Ich-Erzähler erklären nicht, weshalb sie sich im Einzelfall für die Enthüllung oder die Verheimlichung ihrer neuen Wahrheit entschieden haben. Andere begründen dies ganz klar und deutlich. Manche Beteiligten bestehen angesichts der Aids-Gefahr auf der absoluten Wahrheit, also darauf, dass die Offenbarung des seropositiven Status jedes eventuellen Sexualpartners absolut notwendig ist. Andere gehen davon aus, dass sie trotz der nicht beachtlichen Gefahr einer Ansteckung das Recht haben, den Anschein einer Normalität in ihrem Intimleben zu bewahren und wollen deshalb keinesfalls wissen, ob ein potenzieller Sexualpartner seropositiv oder – negativ ist. Für sie soll der HIV-Test unter keinen Umständen als Tauglichkeitstest gelten. Diese Entscheidung gegen die Enthüllung der Wahrheit ist allerdings nicht zu verstehen als eine Entscheidung für das Lügen. Der Wunsch, den eigenen seropositiven Status einem Sexualpartner gegenüber zu verschweigen, verkörpert kein hinterhältiges, betrügerisches Handeln, denn jeder hat immer das Recht, sich für Safer-Sex-Praktiken zu entscheiden. Vielmehr ist es ein Versuch, das neue Phänomen HIV/Aids ins alltägliche Leben zu integrieren und es so weit wie möglich wie die anderen Krankheiten zu normalisieren. Insofern gelten die herkömmlichen Werturteile über Wahrheit und Lüge im Aids-Zeitalter nicht mehr. Angesichts der neuen seropositiven Wahrheit des Ich-Erzählers ist oft das Verschweigen bzw. das Lügen die einzige Überlebensstrategie, die ihm den Anschein einer Normalität und ein wenig Menschenwürde gewähren kann. Dies trifft auch auf den Wunsch des Ich-Erzählers zu, über den seropositiven Status eines neuen Partners im Ungewissen zu bleiben, denn er bewahrt für sich nicht nur das Recht zu verschweigen, sondern auch das Recht nicht zu wissen bzw. das Recht, belogen zu werden. Paradoxerweise erhofft sich der Ich-Erzähler von diesem Unwissen eine Stärkung seiner Position und keine Schwächung.

4.2.2 Das Verhältnis zwischen dem HIV-positiven Ich-Erzähler und seinen Freunden

Dasselbe Spiel mit Wahrheit und Lüge prägt auch das Verhältnis zwischen dem Ich-Erzähler und den anderen Beteiligten in der Dreiecksbeziehung. Der Ich-Erzähler muss erneut bei jedem seiner Freunde eine Auswahl treffen und entscheiden, wann er ihm sein HIV-Positivsein mitteilt, wie lange er den Augenblick der Wahrheitsenthüllung verschieben kann, sogar ob er ihm seine Infizierung überhaupt mitteilen möchte. Die Freunde führen ihrerseits das Spiel weiter, wenn sie dem erkrankten Ich-Erzähler versichern, dass er zu der winzigen Minderheit unter den Infizierten gehören werde, in deren Fall die Krankheit nie zum Vollbild fortschreitet, dass er trotz aller ärztlichen Prognosen geheilt oder dass er durch die rechtzeitige Erfindung eines Wundermedikaments gerettet werde. Dass sie somit den Ich-Erzähler belügen, wird im Laufe der Erzählung klar. Der Ich-Erzähler in Hervé Guiberts *À l'ami qui ne m'a pas sauvé la vie* lässt sich von seinem amerikanischen Freund Bill betrügen, der ihm als Chef eines Pharma-Konzerns ein neues Wundermedikament verspricht. Mario Wirz stellt seinerseits noch ein Beispiel einer solchen Lüge, die sich in Gestalt der hoffnungsvollen Worte seiner Freundin Helga offenbart: „'Überall auf der Welt forschen sie nach einem Mittel. Du wirst zu denen gehören, die nicht an Aids sterben', sagt Helga mit einer Stimme, die nicht zu ihren Augen paßt." (Wirz 1994: 10) Solche Versprechen sind allerdings nicht eindeutig als Lüge zu verstehen, denn der Ich-Erzähler glaubt den Freunden eigentlich nicht, will aber kein Spielverderber sein und lässt sich daher betrügen. In gewissem Sinne betrügt er dadurch die Freunde. Der Ich-Erzähler in Mario Wirzs *Biographie eines lebendigen Tages* deutet auf dieses Täuschungsspiel hin, als er seine Freunde erwähnt und meint: „Wir betrügen uns gegenseitig, liebevoll und hilflos, in einer Tragikomödie, in der jeder auf sein Stichwort wartet." (ebd.)

4.2.3 Das Verhältnis zwischen dem HIV-positiven Ich-Erzähler und seinem Arzt

Das anschaulichste Beispiel dieses Spiels stellt allerdings die Beziehung des Ich-Erzählers zu seinem Arzt bzw. zu seinen Ärzten dar. In Hervé Guiberts *À l'ami* postuliert Muzil, dass die Ärzte ihren HIV-positiven Patienten nie in klaren Worten die unmittelbare Wahrheit mitteilen – stattdessen weisen sie nur darauf hin – um ihnen die Möglichkeit zu geben, nur so viel zu erfahren, wie sie möchten. „Le médecin ne dit pas abruptement la vérité au patient, mais il lui offre les moyens et la liberté, dans un discours diffus, de l'appréhender par lui-même, lui permettant aussi de n'en rien savoir si au fond de lui il préfère cette seconde solution."[125] (Guibert 1990 : 33) Zwar werden dem Patienten die durch wissenschaftliche Untersuchungen festgestellten Tatsachen vorgelegt, aber der Betroffene muss letztendlich selbst entscheiden, ob er die daraus destillierte Wahrheit über seinen gesundheitlichen Zustand sowie über seine Lebenserwartung erfahren will. Unwissenheit ist in diesem Fall nicht nur ein Segen, sondern auch erlaubt. Dies ist ein weiteres neues Phänomen, denn solche Grauzonen sind in der Wissenschaft in der Regel nicht erwünscht, insbesondere in der Schulmedizin nicht. Üblicherweise ist der Arzt seinem Patienten die ganze ungeschminkte Wahrheit schuldig. Hier erweitert sich der Spielraum, neue Spielregeln werden stillschweigend vereinbart und zumindest eine Halbwahrheit, wenn auch keine ausgesprochene Lüge, kommt dort ins Spiel, wo bisher wissenschaftliche Tatsachen den einzigen Handlungsansatz ausmachten. Ähnliches erlebten laut Susan Sontag auch die Krebs-Patienten in den Anfangsjahren, vor allem in Frankreich und Italien, denen ihre Ärzte ebenfalls nicht die ganze Wahrheit mitteilten, denn „nur außergewöhnlich reife und intelligente Patienten"

---

[125] Der Arzt teilt dem Patienten die Wahrheit nicht geradeheraus mit, sondern gibt ihm die Wege und Möglichkeiten, sie für sich selbst herauszufinden, indem er vage Andeutungen macht, was ihm erlaubt, unbeschwert unwissend zu bleiben, wenn es das ist, was er wirklich möchte.

(Sontag 2003: 11) hätten das Wort Krebs ertragen können, da es damals einem Todesurteil glich.

Andererseits belügt der Ich-Erzähler in Guiberts *Protocole compassionnel* seinen Arzt. Er beginnt das Medikament DDI einzunehmen, ohne seinen Arzt darüber zu informieren. Josef Gabriel und sein Aids-erkrankter Partner Manuel verraten in diesem Sinne vor allem die Ärzte in Deutschland, denn sie lehnen die Schulmedizin ab und setzen ihr Vertrauen eher auf alternative Therapien aus Mexiko. In der Regel aber lasten die in dieser Arbeit diskutierten Autoren ihren Ärzten einen Betrug an, indem sie zeigen, wie die Ärzte auf ihre Fragen eher ausweichend antworten, anstatt ihnen klare Auskunft über die Prognose, den Behandlungsplan und ihre Lebenserwartung zu geben. Andere berichten wiederum, dass ihre Ärzte bereit sind, den Freunden oder Familienmitgliedern des Patienten die Wahrheit mitzuteilen, aber nicht dem Patienten selbst, d.h. sie betrügen den Ich-Erzähler auf zweierlei Weise: erstens, indem sie die Wahrheit vor ihm verbergen und zweitens, indem sie dieselbe sehr intime Wahrheit über den Ich-Erzähler einer dritten Person preisgeben. Dabei lassen sie einerseits die Grenze zwischen Wahrheit und Lüge verschwimmen und halten ihm andererseits die Möglichkeit vor, selbst zu entscheiden, wem er seinen HIV-positiven Status mitteilt. Bernd Aretzs *Notate* enthält ein Beispiel dafür an der folgenden Stelle:

> „Jetzt mache ich meine ersten bedrückenden Erfahrungen mit dem Medizinbetrieb. Auf Veranlassung des Oberarztes Professor Bode wurde ich nach Strich und Faden darüber belogen, wie kritisch mein Gesundheitszustand war. Während ich am eigenen Leib erspüren konnte, dass es mir miserabel ging, versuchte das Personal, mir blendende Blutwerte vorzugaukeln. Als mein Freund meine Beschwerde darüber kommentierte, das wisse er schon lange, mit ihm sprächen die Ärzte offen über meinen bedrohlichen Zustand, brach ich erst mal mit der Welt. Ich fühlte mich völlig verraten. Ich verbot, meinem Partner noch irgendwelche Auskünfte zu geben, tat das auch für meine Familie, die schon ihren Abschiedsbesuch machte, und weigerte mich, außer mit dem Stationsarzt und meinem Hausarzt überhaupt mit irgendwem über meinen Gesundheitszustand zu reden." (Aretz 1997: 99-100)

4.2.4 Wahrheit und Lüge in den Todesanzeigen im Aids-Zeitalter

Eine Neuorientierung der Definitionen von Wahrheit und Lüge ist auch in den Todesanzeigen vieler Aids-Verstorbener zu erkennen, die von den hier diskutierten Autoren erwähnt werden, wobei die Hinterbliebenen sehr oft die wahre Todesursache verschleiern. Anstatt das tabuisierte Wort „Aids" zu erwähnen und die mit ihm verbundenen Assoziationen herauf-zubeschwören, bevorzugen sie eine harmlos klingende und zugleich rätsel-hafte Formulierung wie „Klaus ist tot. Seine Eltern." (Aretz 1997: 51) Dies war z.B. der Fall, als der Philosoph Michel Foucault an Aids starb und seine Familie die Todesursache als Herzinfarkt bekanntgab. Außer ihren eigenen Erfahrungen mit Aids schildern alle Aids-Autoren in ihren Werken auch die Erkrankung und den darauffolgenden Tod ihrer HIV-positiven Freunde und Bekannte. Diese Nebenstränge fungieren als eine Vorahnung dessen, was ihnen selbst demnächst bevorsteht. In den meisten Schilderungen kommen Familienmitglieder des Verstorbenen vor, die sich nicht um den Sterbenden gekümmert haben. In einigen Fällen wollen sie gar nichts mit ihm zu tun haben, aber nach seinem Tod tauchen sie auf und geben sich die größte Mühe, dass das Wort „Aids" nicht in der Sterbeurkunde aus dem Kranken-haus erwähnt wird. Es ist davon auszugehen, dass die in dieser Arbeit dis-kutierten Autoren einschließlich Guibert mit der Veröffentlichung ihrer autobiographischen Aids-Werke vermeiden wollten, dass in Zukunft ihre eigene Todesursache wie ein schändliches Geheimnis unter den Teppich gekehrt würde, sie also in gleicher Weise posthum der Wahrheit ihres Todes beraubt würden.

Die Beteiligten an der Dreiecksbeziehung, die in jedem Aids-Werk enthal-ten ist, sind durch existenzielle Angelegenheiten wie z.B. den Tod, das Über-leben, das Vertrauen und den Verrat untrennbar miteinander verbunden. Im Mittelpunkt jeder einzelnen Beziehung steht immer die Frage: mitteilen oder nicht mitteilen, sowie auch: wissen oder nicht wissen. In jeder Beziehung müssen die Grenzen zwischen Wahrheit und Lüge neu gezogen werden und jede neue Stufe dieses Spiels macht die Neuverhandlung der Spielregeln erforderlich. Ebenso flüchtig ist auch das Spielfeld. Es hängt vom jeweiligen gesundheitlichen Zustand des Ich-Erzählers – genauer gesagt, von der Anzahl seiner T4-Zellen – ab. Je mehr sein Immunsystem versagt, desto geringer wird die Anzahl seiner T4-Zellen und desto näher rückt der Tod. Vor diesem sich stets ändernden und schwankenden Hintergrund spielt sich das Wahrheits- bzw. Täuschungsspiel ab. Dabei werden vom Ich-Erzähler die Grenzen der einzelnen Beziehungen bei jeder Stufe seines Verfalls ausprobiert und letztendlich auch überschritten.

Diese Strategie, die ein drastisches Umdenken über angeblich dichotomische Begriffspaare wie Wahrheit und Lüge, Leben und Tod, Treue und Verrat erforderlich macht, ist in der Tat die einzig umsetzbare, die dem an einer (damals) neuen, rätselhaften, noch nicht völlig verstandenen, nicht heilbaren und extrem tabuisierten Krankheit sterbenden Ich-Erzähler zugänglich bleibt. Sie widerspiegelt einerseits die inhärente heimtückische Ambiguität des HI-Virus und entspricht ihm somit im Muster. Andererseits ermöglicht sie dem Ich-Erzähler, in einer Situation, in der viele der Variablen nicht nachvollziehbar, berechenbar und kontrollierbar sind, die Kontrolle über sein Leben und seine Lebensgeschichte wieder zu erlangen, indem er als aktiv handelndes Subjekt bestimmte Änderungen an den gängigen Regeln vornimmt, um seine neue Aids-Realität in sein bisheriges Leben einzubeziehen.

4.3 Die Themen in der deutschen autobiographischen Aids-Literatur

4.3.1 Systemische Gewalt

4.3.1.1 Die Familie

In den autobiographischen Aids-Werken, die ansonsten in ihrer Struktur dem klassischen Bildungsroman stark ähneln, wird jedoch über die Familie des Ich-Erzählers nicht viel ausgesagt. Die Familie scheint absichtlich ausgelassen zu werden, denn diese Erzählungen schildern in den meisten Fällen die Entwicklung eines Außenseiters, der sich von allerlei gesellschaftlichen Verknüpfungen losreißt. Nicht mithilfe der Familie, sondern mittels einer Ablehnung der familiären Bindung gelangt er zur Selbsterkenntnis. Wenn sie überhaupt vorkommt, wird die Familie eher als ein Hindernis dargestellt und negativ beurteilt. Bernd Aretz etwa drückt seine Sicht aus, dass die Einrichtung Familie eher schade als nütze und deshalb so gut wie überflüssig sei, „dass Familie die Übernahme sozialer Verantwortungen durch Kindererziehung oder Pflege von Alten und Kranken sei; diese sei zu fördern, alle anderen Privilegien seien abzuschaffen." (Aretz 1997: 19) Die meisten Aids-Autoren heben ihre Entfremdung von ihrer Familie schon während ihrer Kindheit oder Jugend hervor und betonen, dass sie sich nur deshalb entwickeln konnten, weil sie sich von der Familie distanzierten.

Es gibt zwei Hauptgründe für diese Entfremdung: Manche Autoren haben begonnen, sich von der Familie fern zu halten, weil sie sich selbst als Außenseiter erkannt, sowie sich mit der Tatsache abgefunden haben, dass sie charakterlich anders als die Familie sind und sich deshalb nie mit ihr zurechtfinden werden. Napoleon Seyfarth ist z.B. als Waisenkind von seinen Verwandten aufgezogen worden, die nie eine Gelegenheit verpassten, ihn an die Charakterschwächen seines Vaters zu erinnern. Er fühlte sich von seiner Familie dermaßen entfremdet, dass er sich einbildete, in der Tat ein

Prinz zu sein, der von den Untertanen seiner echten Eltern aufgezogen wird. Diese Lüge war ein Bewältigungsmechanismus, der ihm das Überleben in seiner gestörten Familie ermöglichte. Mario Wirz ist als uneheliches Kind sehr lange nicht von seiner Großmutter mütterlicherseits anerkannt und akzeptiert worden und musste daher seine ersten Lebensjahre in einem Waisenhaus verbringen. Markus Commerçon beschreibt, wie er unter der flatterhaften Disposition und den häufigen Stimmungsschwankungen seiner Mutter sowie der Teilnahmslosigkeit seines Vaters litt und nie das Gefühl hatte, von seinen Eltern anerkannt, geliebt und geschätzt zu werden.

Bei anderen Autoren entsteht die Kluft erst aufgrund der Entscheidung des Autors, eine Wahrheit zu enthüllen, erstens in Gestalt seines Coming-outs als Schwuler und zweitens seines *going-public* als HIV-Positiver. An dieser Stelle muss nochmals hervorgehoben werden, dass fast alle in dieser Arbeit diskutierten Autoren aus kleinbürgerlichen Verhältnissen stammen und in Kleinstädten und Dörfern in einer Zeit aufgewachsen sind, als die Homosexualität eines Sohnes von der Familie als ein widernatürlicher Trieb betrachtet wurde, den zu verheimlichen und zu unterdrücken selbstverständliche Pflicht des Sohnes war. Vor diesem Hintergrund galt das Coming-out des Sohnes nicht nur als eine Schande für die Familie, sondern auch als eine Kampfansage an die elterliche Gewalt. Andererseits war die Entscheidung des Ich-Erzählers, zu seiner Homosexualität zu stehen, die erste, die er allein und selbständig traf, während alle anderen von der Familie getroffen wurden. Entsprechend entsteht eine Kluft zwischen dem Ich-Erzähler und seiner Familie infolge eines Konflikts zwischen zwei Werthaltungen: Während der Ich-Erzähler auf absoluter Wahrheit beharrt, sei es bezüglich seiner Sexualität oder seines HIV-Positivseins, besteht seine Familie auf der Anpassung an die gesellschaftlichen Normen.

Infolge dieses Konflikts mit und der darauffolgenden Distanzierung von der Familie wird die Kreativität des Ich-Erzählers beeinträchtigt und zugleich erhöht. Zum einen muss er den von seiner Familie erlernten und ererbten Wortschatz aufgeben, da er sich mittels dieser als klischeehaft verstandenen Sprache nicht mehr äußern kann. Zum anderen führt ihn die Lossagung von der familiären Sprache dazu, dass er zuerst als Außenseiter und darauffolgend als Schriftsteller seine eigene, höchst individuelle Sprache findet. Bernd Aretz bedauert z.B. in seiner *Notate* die Tatsache, dass seine Verwendung der deutschen Sprache unter den Einfluss seiner Familie verdorben wurde. (Vgl. Aretz 1997: 36) Als Kind hatte er gelernt, dass auch auf der sprachlichen Ebene eine künstliche Harmonie zwischen den Gesprächspartnern eingehalten werden musste, auch wenn dies bedeutete, dass sie ihre Meinungen nie ehrlich zum Ausdruck bringen konnten, denn „[e]igenständiges, kritisches Denken war nicht gefragt." (Aretz 1997: 37) Daher sieht er sich gezwungen, sehr bewusst einen neuen, persönlichen, vorurteilsfreien und wertneutralen Wortschatz für sein Schreiben zu entwickeln. Dahingegen gibt Napoleon Seyfarth zu, dass erst die klischeehafte Sprache seiner Familie ihm geholfen habe, sich selbst als Schwuler zu begreifen und zu erkennen, denn alle von der Familie erwähnten Stereotype trafen auf ihn zu. Paradoxerweise hatte ihm der Anpassungsdruck seiner Familie sein Anderssein nahegebracht.

Häufig scheinen die Aids-Autoren davon überzeugt zu sein, dass ihre Charakterzüge in ihrer Familiengeschichte verwurzelt sind. Viele Autoren erwähnen die nationalsozialistische Vergangenheit ihrer Verwandten, die sie wie eine Belastung empfinden. Diese Belastung erzeugt das Bedürfnis, für die Sünden der Familie zu büßen. Indem sie versuchen, ihr Leben weltoffen, vorurteilslos und kreativ zu verbringen, versuchen sie zugleich das Trauma der Vergangenheit zu überwinden. Helmut Zander, unter dessen Familienmitglieder auch Nazi-Mittäter waren, engagiert sich z.B. als Aktivist gegen Ausländerfeindlichkeit und Rassismus. Außerdem spendet er Bücher an Häftlinge und beschäftigt sich insbesondere mit einem schwulen HIV-positiven Inhaftierten, was wiederum bezeugt, dass seine Tätigkeit als Aktivist unmittelbar mit seiner Familiengeschichte zusammenhängt. Mario Wirz macht wiederholt auf die Aussetzung durch seine Mutter und Großmutter während seiner Kindheit aufmerksam und verbindet diese Tatsache mit seiner Angst vor Müttern als Erwachsener. Der Ich-Erzähler in *Biographie eines lebendigen Tages* berichtet von seiner Furcht, dass sein letzter Wunsch, verbrannt und auf dem Meer ausgestreut zu werden, unerfüllt bleiben könnte, dass er stattdessen „dem Schoß der Erde aus[ge]liefert [wird], verpackt in einen Sarg, die Rückkehr des verlorenen Sohnes, ich fürchte mich vor Mutter Erde, ich fürchte mich vor allen Müttern." (Wirz 1994: 29) Markus Commerçon erwähnt seinen schwulen Bruder, Bernd Aretz seinen schwulen Großonkel, als ob ihre Homosexualität quasi durch die Familiengeschichte bewirkt wurde. Im Fall Aretz gab es beides – Nazis als auch schwule Verwandte in der Familie – d.h. Täter sowie auch Opfer. Die Konflikte in den vorhergehenden Generationen deuten auf seinen eigenen Konflikt hin. Auch als HIV-Positiver leidet er unter einem Dilemma: Er ist sowohl ein Aids-Opfer als auch jemand, der durch die Aids-Hysterie in der Presse von einer unsympathischen Gesellschaft als gefährlicher Täter eingesehen wird.

Nachdem der Ich-Erzähler erkrankt, erwähnt er seine eigene Familie fast nie wieder. Wie schon erwähnt, fungiert der Tod eines kranken Freundes oder Partners in den meisten Aids-Werken als Vorahnung des eigenen Todes, ja als eine Art Probedurchgang. In diesem Zusammenhang wird die negative Reaktion der Familie des Sterbenden beschrieben und scharf kritisiert. Darin sehen die ebenfalls HIV-positiven Ich-Erzähler die Reaktionen ihrer eigenen Familie voraus und wollen daher die Familie aus ihrem Leben ausschließen. Die meisten Aids-Autoren scheinen vom Wunsch, den diskriminierenden Blick der Familie zu vermeiden, fast besessen zu sein, denn er stellt auf einer intimeren Ebene den feindlichen Blick der Gesellschaft dar. Sie erwarten anstatt liebevoller Unterstützung eine vorwurfsvolle, beurteilende und ablehnende Reaktion seitens der Familie und wollen diesen in ihrer letzten und schwierigsten Lebensphase um jeden Preis vermeiden. Diese Einstellung der deutschen Aids-Autobiographen enthält Anklänge an den Wunsch, der von Hervé Guibert im ersten Band seiner Aids-Trilogie *À l'ami qui ne m'a pas sauvé la vie* geäußert wurde:

„L'avouer à mes parents, ce serait m'exposer à ce que le monde entier me chier au même moment sur la gueule, ce serait me faire chier sur la gueule par tous les minables de la terre, laisser ma gueule concasser par leur merde infecte. Mon souci principal, dans cette histoire, est de mourir à l'abri du regard de mes parents."[126] (Guibert 1990 : 16)

Die einzige Ausnahme dieser Regel kommt in Mario Wirzs *Biographie eines lebendigen Tages* vor. Hier versucht der kranke Ich-Erzähler, sich seiner gealterten Mutter wieder anzunähern, obwohl er sich zum Teil wegen dieses Versuchs schämt, denn er hält es für möglich, dass dieser Versuch trotz seiner Rebellion gegen jederlei Autorität und Anpassung in der Tat seine fortdauernde Angewiesenheit auf die mütterliche Anerkennung und Akzeptanz verkörpert. Allerdings scheitert der Annäherungsversuch des Ich-Erzählers. Seine Mutter ist liebes- und mitleidsunfähig. Vielmehr hat der Ich-Erzähler den Eindruck, dass sie ihn als Konkurrent wahrnimmt, da beide sich gleichermaßen vom Tod bedroht sehen. Sie ist alt und ihr herannahendes Ende wird ein unschuldiger Tod sein. Der Sohn ist zwar viel jünger und sollte unter normalen Umständen ihr an ihrem Lebensende beistehen, aber er hat sich trotz ihrer häufig wiederholten Mahnungen nie genug angepasst, und nun hat er sich mit einem todbringenden Virus angesteckt. Anstatt ihr in ihrem Alter zu helfen, hat er sie im Stich gelassen, so behauptet sie zumindest, denn er ist selbst hilfsbedürftig geworden. Diese angebliche Rücksichtslosigkeit scheint sie ihm übelzunehmen und sieht sich nicht im-

---

[126] Wenn ich es meinen Eltern sagen würde, würde ich riskieren, dass die ganze Welt Scheiße auf mir abladen würde, alle gleichzeitig, ich würde dem letzten Arschloch auf dieser Welt erlauben, mich anzuscheißen und mich unter ihrer stinkenden Scheiße begraben lassen. Meine wichtigste Sorge in dieser Sache ist es zu vermeiden, im Scheinwerfer des elterlichen Blicks zu sterben.
Auch in seinem zweiten Aids-Werk *Le protocole compassionnel* drückt Guibert denselben Wunsch aus und verspricht, dass seine Eltern weder seinen kranken Körper noch seine Leiche und sein Geld erhalten werden. Ihre Hoffnung, dass er zum Sterben nach Hause kommt und kurz vor dem Tod bekennt, dass er die Eltern doch liebt, wird unerfüllt bleiben. Sie werden erst in der Zeitung vom Tod ihres Sohnes lesen. (Vgl. Guibert 1991: 63)

stande, ihm entgegenzukommen. Anstatt ihn als Sohn wahrzunehmen, beginnt sie, ihn als Konkurrent zu beargwöhnen. (Vgl. Wirz 1994: 66-67)

In dieser Art und Weise wenden sich die Aids-Autoren von der Familie ab. Der herkömmliche Begriff der Familie, der als zu eng, zu unzureichend für die Aids-Realität abgelehnt wird, muss erweitert werden. Zum Zwecke der Selbstentwicklung verlassen sie sich insbesondere in der zweiten Lebensphase nach dem HIV-Test eher auf ihren Partner und ihre Freunde, die in diesem Sinne die Familie ersetzen.

4.3.1.2 Die Ärzte und das Krankenhaus

Als Aids beginnt, das alltägliche Leben und die zwischenmenschlichen Beziehungen des Ich-Erzählers zu beeinträchtigen, sieht er sich gezwungen, gegen die Enthumanisierung anzukämpfen, die durch das Erscheinen der äußerlichen Symptome der Krankheit ausgelöst wird. Der eigene Körper wird ihm fremd, der gewöhnliche Tagesablauf aufgrund der extremen Müdigkeit sowie der häufigen Krankenhausaufenthalte stark eingeschränkt. Um diese höchst beunruhigende und sehr körperliche Erfahrung literarisieren zu können, interpretieren manche Aids-Autoren ihre Symptome auf eine sehr subjektive Weise. Die schwindenden T4-Zellen gewinnen plötzlich größere Bedeutung für die Selbstdefinition als beispielsweise das Gesicht oder der Name. Die Blutzellen, die unter normalen Umständen bei der Selbstwahrnehmung überhaupt keine Rolle spielen, erwerben allmählich eine Persönlichkeit; ihnen werden in manchen Fällen vom Ich-Erzähler sogar Namen gegeben. Bernd Aretz weist z.B. darauf hin, dass seinem Partner Jörg nur zwanzig T4-Zellen übrigbleiben, sodass er ihnen demnächst Namen geben könnte. (Vgl. Aretz 1997: 135) Anfangs versucht der Ich-Erzähler, passende Metaphern für seine Symptome zu finden. Seyfarth bezeichnet etwa die violetten Kaposi-Sarkom-Flecken auf seinem Körper als die durch das S/M-Peitschen verursachten Striemen. Langsam beginnt er jedoch, die Aids-Symptome in sein Vokabular aufzunehmen und sie metaphorisch zu verwenden. Auf diese Weise versucht er, seine Erkrankung nicht mehr als Bruch zu betrachten, sondern sie sich anzueignen und in sein Leben zu integrieren. Der Ich-Erzähler in Mario Wirzs *Es ist spät, ich kann nicht atmen* vergleicht die Schneeflocken draußen mit seinen sinkenden weißen Blutkörperchen. In *Biographie eines lebendigen Tages* interpretiert der Ich-Erzähler die roten Kirschflecken auf seinem weißen T-Shirt als Signale, die sein HIV-Positivsein ankündigen. Zudem verbindet er die rot-lackierten Fingernägel einer Verkäuferin sowie die Flacons in einer Parfümerie mit seinem bevorstehenden Tod, den er ästhetisch verpacken muss, um seine Bücher zu verkaufen:

> „Die farbigen Flacons und Flaschen sind Urnen, in die das Blut der Opfer gegossen wird. Ästhetisch. Dekorativ. Erträglich und zumutbar. Das grüne Blut der Zornigen, das blaue Blut der Träumer, das gelbe Blut der Einsamen, das rote Blut der Leidenschaftlichen. Die Heißblütigen, die Kaltblütigen, sie alle leisten sich am Ende einen käuflichen Tod." (Wirz 1994: 46)

Im Laufe der Zeit aber beginnt Aids, über seinen privaten, subjektiven Erfahrungsbereich hinauszugehen und der Ich-Erzähler sieht sich mit der Welt der Ärzte und Krankenhäuser konfrontiert. Allmählich wandelt sich der Kampf gegen Aids in einen Kampf gegen die Schulmedizin und ihre Einrichtungen. Die Enthumanisierung und die Entpersönlichung, die der kranke Ich-Erzähler im Krankenhaus erfährt, scheinen oft eine Erweiterung der Enthumanisierung zu sein, die von der Krankheit in Gang gesetzt wurde. Über die körperlichen Symptome von Aids einerseits und die Krankenhauserfahrungen als Aids-Patient andererseits wird mit dermaßen trüben Aussichten berichtet, dass der Leser sich ständig fragen muss, was eigentlich das Schlimmste sei: die Krankheit oder das Krankenhaus. Als deutliches Beispiel der Darstellung des Krankenhauses als furchterregender Ort – und nicht als Ort der Heilung und Hoffnung – stehen die folgenden Sätze aus Mario Wirzs *Es ist spät, ich kann nicht atmen*, die eher das Bild eines Gefängnisses oder eines Todeslagers hervorrufen:

„In meinem Kopf die braungetäfelte Stille auf der Aidsstation im Auguste-Viktoria-Krankenhaus. Station B. Dickholzige Türen, die jeden Schrei schluckten. Fettes, qualliges Schweigen hängt über dem Flur, die unheimliche Ruhe des Unabänderlichen. Ghetto des Todes. Hier endet jede Hoffnung." (Wirz 1992: 69)

Die Enthumanisierung lauert unter der Oberfläche bei jedem Stadium der Krankheit und daher muss der Ich-Erzähler auf jeder Stufe dagegen Widerstand leisten. Der Prozess beginnt schon mit der Diagnose, wenn der Arzt versucht, dem Ich-Erzähler die Wahrheit seiner Seropositivität zu stehlen. Dabei hat der Ich-Erzähler einerseits das Gefühl, er sei von seinem Arzt, der eigentlich moralisch verpflichtet sei, seinem Patienten die ganze Wahrheit über seinen gesundheitlichen Zustand mitzuteilen, verraten. Andererseits scheint ihm die Lüge des Arztes darauf hinzudeuten, dass er von der Schulmedizin nicht mehr als handlungsfähiger, erwachsener Mensch betrachtet wird. In manchen Fällen scheint der Arzt auf einer unsicheren Grundlage zu stehen, denn er weiß nicht viel über die neue, noch wenig erforschte Krankheit. Helmut Zander macht auf die Unsicherheit seines Arztes, als er dem Ich-Erzähler das Ergebnis seines HIV-Tests mitteilt, an der folgenden Stelle aufmerksam: „Er war nicht derselbe Arzt, nicht mehr die verschlossene Autorität im weißen Kittel. Er war verändert, innerlich furchtbar angespannt, das spürte ich intuitiv." (Zander 1988: 9) Anstatt seine Unsicherheit einzugestehen, versteckt sich der Arzt jedoch hinter seiner Wissenschaft und dem medizinischen Jargon. Josef Gabriel macht etwa auf die Ambiguität des Arztes in Mexiko aufmerksam, der aufgrund derselben Symptome zunächst behauptet, Manuel *scheint* Aids zu haben, um wenig später zu meinen, er *könnte* Aids haben und darauffolgend stellt er fest, dass Manuel tatsächlich nur Krebs habe und kein Aids. Zander wiederum übt Kritik an den Beschwichtigungsversuchen vieler Ärzte, die seine frühen Müdigkeitserscheinungen falsch diagnostiziert haben:

„Da saßen sie alle, uninformiert über Aids, obwohl die Krankheit schon durch die Presse ging. Da blickten sie arrogant vor sich hin, nasal im Ton ihres Vortrags. Sie verschanzten sich hinter ihrem Schreibtisch, bauten

Sicherheitsbarrieren um sich auf, ohne den Patienten wirklich wahrzunehmen." (Zander 1988: 18)

Diese Ambiguität in der Diagnose und die Unsicherheit des Arztes weisen auf zweierlei Weise auf ein Versagen der Schulmedizin hin. Erstens wird
veranschaulicht, dass eine angeblich unbestreitbare, fehlerfreie medizinische
Diagnose in Zweifel gezogen werden kann. Der Patient sieht sich in einer
Grauzone, ohne zu wissen, ob er Aids hat oder nicht. Zweitens gibt es zwischen Arzt und Patient kein Vertrauensverhältnis. Stattdessen entsteht schon
vom ersten Augenblick an eine durch Unsicherheit beschädigte Beziehung
zwischen den beiden. Sie stehen einander skeptisch gegenüber und sind
daher sehr vorsichtig im Umgang miteinander. Diese bereits mangelhafte
Beziehung verschlechtert sich weiter, wenn der Arzt versucht, in der herkömmlichen Hierarchie der Schulmedizin, die dem Arzt die Spitzenstellung
zuweist, Zuflucht zu nehmen. Traditionell gilt Gesundheit als die zu erstre-
bende Norm und Krankheit als eine zu beseitigende Abweichung. Daher ist
der Arzt im Medizinbetrieb dem Patienten überlegen, denn nur er hat die
Macht, den Patienten zu heilen. Demzufolge hat ausschließlich der Arzt das
Recht, Fragen zu stellen, während der Patient verpflichtet ist, diese Fragen
zu seinem eigenen Nutzen wahrheitsgemäß zu beantworten. Der Arzt fällt
das Urteil, indem er diagnostiziert, der Patient muss die Diagnose fraglos
hinnehmen. Weiterhin entscheidet der Erstere über den Behandlungsverlauf, während der Letztere sich der vom Arzt entschiedenen Behandlung
passiv unterziehen und die ärztlichen Befehle ausführen muss.

Interessanterweise erzählt eine der sehr wenigen Aids-Autorinnen Sonja
Auras, die selbst Ärztin war, davon, dass sie eine Art Herabstufung nach
ihrem HIV-Test erfahren habe, als sie von einem anderen Arzt als Patientin
befragt wurde. Diese Erfahrung der Rollenumkehr veranschaulicht die gängige Hierarchie im Verhältnis zwischen Arzt und Patient, die unter normalen Umständen als dermaßen selbstverständlich gilt, dass sie überhaupt
nicht in Frage gestellt wird. In den Anfangsjahren der Aids-Krise wussten
die Ärzte allerdings häufig genauso wenig über die neue Krankheit wie die

Patienten. In den deutschen Aids-Werken werden häufig die Ärzte vom Ich-Erzähler herausgefordert, indem er behauptet, besser informiert zu sein als der Arzt. Des Weiteren erzählen mehrere Ich-Erzähler davon, dass sie sich eigenständig das neue Medikament DDI auf dem Schwarzmarkt besorgt hätten, da ihre Ärzte ihnen nur das veraltete wirkungslose AZT mit seinen toxischen Nebenwirkungen verschrieben. Indem sie auf diese Weise nicht nur den Informationsstand des Arztes in Frage stellen, sondern auch eigenständige Entscheidungen bezüglich des Therapieansatzes treffen, wird der Arzt beinahe überflüssig.

In der zweiten Phase, die unmittelbar nach der Diagnose beginnt, sieht sich der Ich-Erzähler häufig mit der ärztlichen Verweigerung seiner Behandlung konfrontiert. Trotz der Unmöglichkeit einer Ansteckung im normalen Umgang mit einem Infizierten haben viele Ärzte dermaßen Angst vor Aids, dass sie sich nicht trauen, HIV-positive Patienten zu behandeln. Markus Commerçon trat als HIV-Positiver im Fernsehen auf und wurde anschließend von zahlreichen Ärzten abgewiesen. Helmut Zander machte dieselbe Erfahrung mit dreißig Zahnarztpraxen, die sich weigerten, ihn zu behandeln, sobald er ihnen mitteilte, er sei HIV-positiv. Bei einigen hätten die Helferinnen Angst vor einer Ansteckung, während die anderen Zahnärzte meinten, ein HIV-positiver Patient würde ihre übrigen Patienten abschrecken. Aufgrund dessen wird dem HIV-positiven Ich-Erzähler sein Grundrecht, als kranker Mensch ärztlich behandelt zu werden, vorenthalten und er empfindet diese Diskriminierung als eine weitere Entmenschlichung.

Des Weiteren ist das Krankenhaus die Institution, die den Aids-betroffenen Menschen in einen Patienten verwandelt, also das Subjekt in ein Objekt, indem es ihn nicht mehr als Menschen, sondern nur noch als kranken Körper definiert. Dies ist auch der Ort, an dem ihm seine Krankheit zum ersten Mal konkret bewusstgemacht wird, sowohl durch Begegnungen mit anderen HIV-positiven Patienten, als auch durch die vom Krankenhauspersonal im Umgang mit HIV-Positiven durchgeführten besonderen Behandlungen. Helmut Zander behauptet sogar, dass das Krankenhaus die Menschen krankmache (Vgl. Zander 1988: 63-64) und Napoleon Seyfarth vergleicht es mit einem Ghetto, dessen einziger Zweck darin bestünde, die Kranken zu isolieren, sodass ihre Krankheit die ‚normalen' Gesunden unter der Bevölkerung nicht anblicken könne. (Seyfarth 2000: 197-198) Während des Krankenhausaufenthalts versuchen die Ärzte, den Kranken möglichst von der Außenwelt fernzuhalten, vorgeblich wegen der Ansteckungsgefahr. Der Patient und seine Angehörigen werden dabei weder nach ihren Wünschen gefragt, noch werden sie in die Entscheidung einbezogen. Josef Gabriel erzählt z.B., dass er vom Arzt gezwungen wurde, Gummihandschuhe, Mundschutz und Kittel anzuziehen, bevor er seinen kranken Partner Manuel in dessen Krankenhauszimmer besuchen durfte, obwohl er versucht hatte, den Arzt von der Nutzlosigkeit solcher Maßnahmen im Fall von Aids zu überzeugen. (Vgl. Gabriel 1987: 65, 71) Die psychischen Auswirkungen solcher menschenverachtenden Maßnahmen auf den Kranken, der sich dadurch auf eine Gefahrenquelle für seine Angehörige reduziert sieht, interessieren den Arzt nicht. Er beschäftigt sich nicht mit einem empfindungsfähigen Menschen, sondern ausschließlich mit einem klinischen Fall.

In den autobiographischen Aids-Werken kommen zahlreiche Beispiele für die Reduzierung des Patienten im Krankenhaus auf ein Objekt vor, bei denen der Aids-Betroffene mehreren entmenschlichenden Krankenhausregeln unterworfen wird. Der sterbenden Freund Reinhold des Ich-Erzählers Seyfarth in *Schweine müssen nackt sein* muss nackt in seinem Krankenhausbett liegen, während das Krankenhauspersonal sowie alle seine Besucher ordentlich bekleidet sind. (Vgl. Seyfarth 2000: 201) Die Nacktheit des Patienten, eine freiwillige Geste in den Zeiten vor Aids, die etwas Intimes zwischen zwei Menschen entsprach, hat nun eine andere, demütigende Konnotation, da sie ihm um der Diskriminierung willen aufgezwungen wird. An einer anderen Stelle darf Alex, ein weiterer kranker Freund des Ich-Erzählers, weder seinen Fuß auf den Boden stellen noch seine Bettdecke schütteln. Stattdessen wird er gezwungen, völlig unbeweglich in seinem Krankenhausbett zu liegen, denn „[d]ie Routine ordnet an, daß Sterbende ordentlich gebettet zu sein haben." (Seyfarth 2000: 259) Bernd Aretz berichtet von seinem sterbenskranken Liebhaber Jörg, der in der Hitze auf dem Parkplatz eines Krankenhauses lange auf einen Rollstuhl warten musste. (Vgl. Aretz 1997: 194) Oft benimmt sich das Krankenhauspersonal so, als ob der sterbende Patient kein Lebender mehr wäre, sondern bloß ein potenzieller Verstorbener ohne jeglichen Anspruch auf Respekt. Dieses Verhältnis zwischen den Medizinern und dem Patienten beruht auf der Macht, die sich Erstere aneignen und ausnutzen, um dem Letzteren seiner Menschenwürde zu berauben.

Jedoch lassen die Ich-Erzähler diese Respektlosigkeit nicht widerspruchslos über sich ergehen. Stattdessen leisten sie Widerstand gegen die entmenschlichenden Maßnahmen im Krankenhaus. Zunächst versuchen sie, die vom Krankenhaus auferlegte Distanz zwischen dem Patienten und der Außenwelt abzubauen. Zwar isolieren die Ärzte den Patienten in seinem Krankenhauszimmer, aber immer wieder kommen seine Freunde und Bekannte zu Besuch. Die Außenwelt drängt sich also in die sterile Welt des Kranken hinein, da er selbst nicht imstande ist, hinauszugehen und am normalen Leben teilzuhaben. Bernd Aretz erzählt, wie das Leben in der Aids-Station des Krankenhauses mit einem Anschein von Normalität weitergeht, als die Patienten und ihre Besucher gemeinsam Weihnachten und Jörgs Geburtstag feiern. (Vgl. Aretz 1997: 178-180, 191) Ein radikaleres Beispiel für diesen Widerstand beschreibt Seyfarth in *Schweine müssen nackt sein*, wenn der Ich-Erzähler sich vor seinem kranken und nackten Freund Reinhold selbst nackt auszieht. Damit bewirkt er zwei Dinge: einerseits ist diese Geste als Solidarität mit einem sterbenden Freund zu verstehen, denn er beteiligt sich freiwillig an dessen Demütigung. Andererseits macht er damit die vom Krankenhaus auferlegte Unterscheidung zwischen bekleideten Gesunden und nackten Kranken überflüssig.

Eine weitere Form des Widerstands, die mehrere Aids-Autoren leisten, ist die Weigerung, die vom Arzt verordneten Medikamente einzunehmen oder das Blut wiederholt untersuchen zu lassen. Markus Commerçon lehnt z.B.

das Medikament AZT ab, das damals allen HIV-Positiven prophylaktisch verordnet wurde. Es hatte bisher niemandem geholfen, wurde aber trotzdem verschrieben, weil keine bessere Therapie zur Verfügung stand. Auch Bernd Aretz äußert seinen Entschluss, trotz ärztlicher Empfehlung kein AZT einzunehmen, bis er richtig krank wird. (Vgl. Aretz 1997: 47) Er gehört zu denjenigen, die die vom Arzt empfohlenen wiederholten Blutuntersuchungen zur Feststellung der aktuellen Blutwerte ablehnen. Diese Weigerung der HIV-Positiven beruht hauptsächlich auf dem Wunsch, als Mensch und nicht bloß als Patient aufgrund ihrer Blutwerte wahrgenommen zu werden. Indem sie die empfohlenen medizinischen Maßnahmen ablehnen, versuchen sie, ihre Freiheit und Würde wiederzugewinnen. Josef Gabriel und sein kranker Partner Manuel entscheiden sich anstelle der Schulmedizin in Deutschland für die Gebete und alternativen Therapien, die ihnen von Manuels Mutter in Mexiko angeboten werden. Manuel verlässt trotz ärztlicher Empfehlung das kalte und sachliche Krankenhaus in Deutschland und reist nach Hause zu seiner Familie. Der schwerkranke Teufel in Bernd Aretzs *Notate* weigert sich im letzten Stadium seiner Erkrankung ins Krankenhaus zu gehen. Hier kommt eine weitere Art des Widerstands vor. Kurz vor dem Tod will er lieber in seinem eigenen Bett liegen und sich von einem anderen Mann liebkosen lassen. (Vgl. Aretz 1997: 170) Anstatt medizinischer Hilfe für die Linderung seiner Leiden und die Erleichterung seines Sterbens bevorzugt er noch ein letztes Ausleben seiner Sexualität und erotischen Leidenschaft. Der Aids-Betroffene verhält sich hier eher als sexuell aktives Subjekt und nicht als ein auf die Schulmedizin angewiesenes Objekt. In dem Sinne fungiert Teufels Ausübung der Sexualität als Widerstand gegen den enthumanisierenden Behandlungsverlauf, der dem sterbenden Aidskranken von der Schulmedizin angeboten wird.

Napoleon Seyfarth beschreibt in seinem autofiktionalen Werk *Schweine müssen nackt sein* noch eine weitere Widerstandsstrategie. Im Diskurs über die Krankenhauserfahrungen der schwulen HIV-Positiven untergräbt er sowohl die Zeichen, durch die das Krankenhaus sich definiert, als auch die vom Krankenhaus dem Patienten zugewiesenen Zeichen und wandelt sie in Zeichen aus der schwulen Szene um, mit denen er bereits vertraut ist. Dadurch bricht er die Grenzen der geschlossenen Welt des Krankenhauses auf und bringt die Außenwelt mithilfe ihrer Zeichen in den Handlungsrahmen der Schulmedizin hinein. An einer Stelle vergleicht er die Aids-Station des Krankenhauses mit einem schwulen Lokal. An einer anderen Stelle wird eine Einspritzung mit einer klaren sexuellen Andeutung beschrieben. Des Weiteren stellt er die Beziehung zwischen dem Arzt und dem Patienten als eine S/M-Beziehung dar. In allen diesen Beschreibungen seiner Krankenhauserfahrungen sind die Bestandteile eines typischen Krankenhausalltags vorhanden, aber sie werden durch Zeichen aus der schwulen S/M-Subkultur dargestellt.

Seyfarth geht sogar noch ein Schritt weiter und beschreibt das Verhältnis zwischen Aids und dem Aids-Betroffenen wie eine S/M-Beziehung. Damit verdeutlicht er zwei Aspekte: Erstens macht er auf das Element der Freiheit aufmerksam, das allen Versuchen der Schulmedizin, den Patienten in ein Objekt zu verwandeln, entgegensteht. Diese Freiheit drückt sich in der Bereitschaft des Patienten aus, die im Krankenhaus erfahrene Erniedrigung zu erdulden, denn das S/M-Spiel basiert ausdrücklich auf der Einwilligung des Sklaven. Der Sklave ist in dem Sinne kein hilfloses Opfer, das von einem mächtigeren Meister ausgebeutet und erniedrigt wird. Stattdessen wird ihm vom Meister gemäß seiner Wünsche Gewalt getan, weil ihm diese Gewaltausübung Vergnügen bereitet. Mit anderen Worten, der Sklave ist kein Objekt, der Meister nicht das einzige handelnde Subjekt. Der Sklave kommt in der Tat dem Meister gleich, denn die Beziehung ist nur dann möglich, wenn beide ihr zustimmen. Indem der Ich-Erzähler die Zeichen der S/M-Szene auf die Beschreibung der Beziehung zwischen dem Patienten und seiner Krankheit einerseits, und dem Patienten und dem Krankenhaus andererseits überträgt, hebt er den aktiven Status des Patienten als bestimmendes, handelndes Subjekt hervor.

Zweitens wird die Bereitschaft, die Gewalt der Schulmedizin zuzulassen, ja sie sogar zu genießen, paradoxerweise zu einem Widerstandsakt, indem sie als etwas Wünschenswertes erstrebt wird. Anstatt die Aids-Erkrankung als ein Schicksalsschlag zu bereuen, wird sie von vielen Aids-Autoren als logischer Höhepunkt ihrer lebenslangen Suche nach der radikalsten Grenzerfahrung betrachtet. Seyfarth behauptet z.b., dass die Schwulen, die sich einer S/M-Beziehung hingeben, sich für eine Art Grenzerfahrung interessieren, weshalb sie mittels des S/M-Rollenspiels ihre Schmerz- und Toleranzgrenze erkunden, um letztendlich diese Grenze überschreiten zu können. Die Aids-Erkrankung bietet solchen Grenzgängern die Gelegenheit, dieses Spiel bis zur Endstufe zu treiben. Es ist, als ob die Aids-Betroffenen dank ihrer Erkrankung schließlich die Möglichkeit hätten, das früher bloß Vorgespiegelte nun wirklich zu erleben. Sobald der Patient beginnt, die im Krankenhaus erlittene Erniedrigung als erstrebenswerten Gewinn zu schätzen, ist er kein hilfloses, leidendes Objekt in den Händen der Schulmedizin mehr. Stattdessen eignet er sich die Stelle des Subjekts an, das das Krankenhaus benutzt, um sich eine Grenzerfahrung zu schaffen.

Schließlich fungieren die Hinweise auf andere Werke der deutschsprachigen Literatur, die sich mit dem Thema Krankheit und Tod beschäftigen, als Widerstandsstrategie. Der Ich-Erzähler in Seyfarths autofiktionalem Werk *Schweine müssen nackt sein* erinnert sich an seinem ersten Tag im Krankenhaus an das Drama *Die Physiker* des Schweizer Schriftstellers Friedrich Dürrenmatt, in dem drei Physiker, die in einer psychiatrischen Klinik leben, in Wirklichkeit keine Geisteskranken sind, während die Chefärztin der Anstalt am Ende als die einzige wirklich Verrückte enthüllt wird. Auf einen ähnlichen Rollentausch stößt der Ich-Erzähler auch in der Aids-Station des Krankenhauses und fragt sich, wer wirklich krank sei – der Aids-Betroffene oder der Arzt. (Vgl. Seyfarth 2000: 216) An anderer Stelle befindet er sich im Aufenthaltsraum eines Krankenhauses, beobachtet die anderen ausschließlich schwulen Wartenden und stellt fest, dass sie aus den verschiedensten Verhältnissen stammen. Normalerweise würden sie sich in ganz unterschiedlichen schwulen Lokals vergnügen, doch nun befinden sie sich nur aufgrund von Aids zusammen in einem Zimmer. Dieser Gedanke lässt ihn an Thomas Manns *Zauberberg* denken, ein Werk, in dem ein Alpensanatorium als Mikrokosmos der europäischen Gesellschaft beschrieben wird, während die HIV-Positiven im Wartezimmer einen Mikrokosmos der schwulen Welt darstellen. (Vgl. Seyfarth 2000: 221-223) Diese Strategie ermöglicht eine Aushöhlung der Neuartigkeit der Aids-Erfahrung und normalisiert sie. Es ist, als ob alles, was der Ich-Erzähler nun erfährt, schon von anderen erfahren und beschrieben wurde, als ob seine Erfahrungen einen literarischen Präzedenzfall besäßen und daher nicht so angsteinflößend seien. Mittels solcher Vergleiche wird die Erfahrung von einer noch nie da gewesenen Krankheit zum Teil vorausberechenbar und damit ihre Grausamkeit leichter zu ertragen.

Jedoch ist die Beziehung zum Arzt nicht immer eindeutig gestört. In Übereinstimmung mit der allgemeinen Ambiguität in den verschiedenen Lebensbereichen des Aids-Betroffenen kommen auch in diesem Zusammenhang einige Ausnahmen vor. Aretz stellt Beispiele von seinen Begegnungen mit hilfsbereiten, kompetenten Ärzten und verständnisvollem Krankenhauspersonal vor und zeigt, wie in einigen wenigen Fällen die Ärzte bereit sind, ihre führende Position aufzugeben und den Behandlungsverlauf mit dem Patienten zu verhandeln. Außerdem erwähnt er, wie die Ärzte seinen Kampf um Aschenbecher auf den Fluren des Krankenhauses unterstützt haben und meint: „Es sind dies die kleinen Dinge, die zeigen, dass man nicht nur als Forschungsobjekt von Interesse ist." (Aretz 1997: 48; siehe auch 149) Sein Werk enthält eine Danksagung an die Ärzte und das Krankenhauspersonal der Aids-Station 68, in der sich der Ich-Erzähler „als Patient, als Freund und damit Angehöriger, als ein um seine Szene besorgter schwuler Mann und als in AIDS-Hilfe auch für die anderen Lebenswelten engagierter Mann" (Arezt 1997: 182) dafür bedankt, „dass über einfache Hilfestellungen, über Händchenhalten, über ein offenes Ohr, über eine würdige Pflege und eine gute medizinische Versorgung, viele klärende Gespräche und Bewegungen der Seele der Schrecken von AIDS aushaltbar geworden ist." (ebd.) Der Ich-Erzähler in Seyfarths *Schweine müssen nackt sein* empfindet Mitleid für den Arzt, der ihm das Ergebnis seiner Blutuntersuchung mitteilt und davon mehr betroffen zu sein scheint als der Patient. Darüber hinaus leisten die Ich-Erzähler nicht nur Widerstand gegen die Hierarchie im Medizinbetrieb, wenn sie sich den Blick und den Jargon der Ärzte aneignen. In gewissem Maß laden sie dadurch die Ärzte ein, sie als gleichberechtigte Verhandlungspartner bezüglich ihrer Behandlung anzuerkennen und zeigen ihre Bereitschaft, nicht nur als Opposition wahrgenommen zu werden, sondern eine neue Komplizenschaft mit ihnen einzugehen. In einigen Fällen, wie oben von Aretz erwähnt, zeigen sich die Ärzte der Situation gewachsen.

4.3.1.3 Der Staat und die Kirche

Brigitte Weingart vertritt die Ansicht, dass die Aids-Politik in Deutschland im Vergleich zu anderen Ländern verhältnismäßig liberal war. (Vgl. Weingart 2002: 103) Auch John Bornemann folgt dem in gewisser Weise, wenn er behauptet, dass „individuals in both Germanies [are] better protected against AIDS-related discrimination than are US citizens."[127] Tatsächlich aber hatte die deutsche Politik mehrere Ausgrenzungs- und Ordnungsphantasien ausgelöst, vor denen die autobiographischen Aids-Autoren in ihren Werken häufig mit Verweis auf die deutsche Vergangenheit warnen. Die Aids-Debatte wurde in West-Deutschland in den 1980er Jahren stark durch die Meinungen und Schriften zweier öffentlicher Figuren geprägt: Peter Gauweiler, Kreisverwaltungsreferent in München und späterer Staatssekretär im Bayrischen Innenministerium, hatte eine Reihe von kontroversen Maßnahmen vorgeschlagen, die der liberaleren Aids-Politik der damaligen

---

[127] Bornemann, John: AIDS in the two *Berlins*. In: Douglas Crimp (Hg.): *AIDS. Cultural Analysis/ Cultural Activism*. Cambridge, Mass., London: MIT Press 1987, S. 223-237, hier S. 225.

amtierenden Bundes-Gesundheitsministerin Rita Süssmuth entgegenstanden. Sein Maßnahmenkatalog enthielt die Forderungen nach einer Meldepflicht für HIV-Positive, obligatorische Tests für die so genannten Risikogruppen und Einreisewillige, Ausweisung infizierter Ausländer sowie mehreren innenpolitischen Sicherheitsmaßnahmen, vor allem in Bezug auf Prostitution und Drogenhandel.

Seine politische Sicht bezeichnete Gauweiler als eine, die „das Aufkommen der Seuche nicht dem Zufall zuschreibt, sondern als Konsequenz einer jahrelangen öffentlichen Hinnahme gesellschaftlicher Verwahrlosungs- und Dehumanisierungstendenzen begreift."[128] Demnach stelle Aids die Folge von „sexueller Kommerzialisierung", Prostitution, Straßenkriminalität und Drogenhandel dar. Süssmuth hingegen bezeichnete Aids als „Prüfstein für unsere Demokratie" und lehnte die von Gauweiler vorgeschlagenen Maßnahmen strikt ab, da diese „in einem Land, in dem schon einmal Menschen öffentlich gekennzeichnet wurden, schlimme Erinnerungen" weckten.[129] Des Weiteren meinte sie, dass solche Vorschläge Sicherheit nur suggerierten, sie aber nicht gewährleisteten. Anstatt eines harten Durchgreifens des Staates legte sie mehr Wert auf die Selbstverantwortung des Einzelnen: „Entscheidend bleibt der Wille des Einzelnen, sich selbst und andere zu schützen." (Süssmuth 1987: 27)

Gauweilers Forderungen sind als ein Beispiel für die Gefahr zu betrachten, vor der Simon Watney bereits 1987 gewarnt hatte: „Aids is effectively being used as a pretext throughout the West to 'justify' calls for increasing legislation and regulation of those who are considered to be socially unacceptable."[130] Mit seiner Position hatte Gauweiler NS-Analogien heraufbeschworen und entsprechend wurden seine Maßnahmen bald als quasifa-

---

[128] Gauweiler, Peter: *Was tun gegen AIDS? Wege aus der Gefahr*. Kempfenhausen: Schulz 1989, S. 83-84.
[129] Süssmuth, Rita: *Aids. Wege aus der Angst*. Hamburg: Hoffmann und Campe 1987, S. 26-27.
[130] Watney, Simon: *Policing Desire. Pornography, AIDS, and the Media*. London: Cassell 1987, S. 3.

schistisch denunziert. Dennoch beherrschte sie als die kontroversere, schlagzeilenträchtigere der beiden entgegengesetzten Stellungnahmen zum Umgang mit Aids eine gewisse Zeit lang die Presse, was teilweise zu einer erhöhten Aggressivität den Schwulen und HIV-Positiven gegenüber führte.

Genau diese feindliche Atmosphäre wird von Bernd Aretz dargestellt, wenn er von der Anfangszeit der Krankheit und die übertriebene Reaktion des Staates auf Aids in seiner *Notate* berichtet und sie als „völlige Hysterie" (Aretz 1997: 40) beschreibt. Er gibt die damaligen Verhältnisse folgendermaßen wieder:

> „Wir wurden als wandelnde Mörderbomben bezeichnet, der bayerische Kultusminister Zehetmair verlangte die „Ausdünnung der Schwulenszene", über Tätowierungen und Berufsverbote wurde nachgedacht. Noch 1988 war es kommunalpolitische Wirklichkeit in Frankfurt am Main, dass der Oberbürgermeister Wolfram Brück – heute einer der Spitzenmanager des Grünen Punkts – das Klinikum Höchst anwies, eine Station zur Internierung uneinsichtiger Infizierter freizuräumen. […] Die juristische Fachliteratur grübelte darüber nach, ob wir nur gefährliche Körperverletzung beim Beischlaf begingen oder aber versuchten Mord. Etwa die Hälfte der Bevölkerung, so ergab sich aus einer Studie von Horst Eberhard Richter, war für die Wiedereinführung des § 175 in der alten Fassung. […] Die Meldepflichtdebatte war in vollem Gang." (Arezt 1997: 40-41)

Des Weiteren erinnert er sich an ein Treffen mit dem Gesundheitsminister Seehofer und dessen Sekretär Wagner im Rahmen seiner Mitarbeit bei der Deutschen Aidshilfe, die er im Nationalen Aids-Beirat vertrat. Im Zusammenhang mit dem damaligen Blutprodukte-Skandal[131] hatte Seehofer zu einer allgemeinen Pflicht auf HIV-Tests aufgerufen, was den Ich-Erzähler

---

[131] Anfang der 1980er Jahre traten weltweit Fälle von HIV-Infektionen durch kontaminierte Blutprodukte auf. Durch schnelle und konsequente Gegenmaßnahmen auf Seiten der Regierung in mehreren Industrieländern hätten viele solcher Ansteckungen verhindert werden können. In Deutschland wurde wegen des Skandals der damalige Präsident des Bundesgesundheitsamts Dieter Großklaus entlassen. Die Regierung beschloss, monatliche Leistungen an die durch Blutprodukte infizierten HIV-Positiven und Aidskranken zu zahlen, was wiederum eine erbitterte Debatte über „unschuldige" und „schuldige" Aids-Betroffene auslöste.

verärgerte. Das Gespräch mit dem Regierungsvertreter blieb ergebnislos, denn „kritische Einwendungen des beratenden Gremiums waren nicht gewünscht." (Aretz 1997: 132) Rückblickend meint der Ich-Erzähler dazu: „Dieses Treffen gehörte ganz eindeutig zu den frustrierenden Politikerfahrungen." (ebd.)

Auch auf die Kirche richtet Aretz seine Kritik, denn er meint, dass sie mit ihrer sexualfeindlichen Haltung zur Verbreitung der Krankheit beitrüge. Mit den folgenden harten Worten gibt er Papst Paul und dem Bischof Dyba eine Mitschuld daran, dass schwule Männer ausgegrenzt würden und daher hohe Gefahr liefen, sich anzustecken: „Natürlich werde ich gegen verbohrte, sexualfeindliche Gestalten, die im Ergebnis die Infektionsverbreitung fördern, wie den Papst und Bischof Dyba[132], immer zu Felde ziehen." (Aretz 1997: 44) Laut ihm sei die Kirche zum großen Teil daran Schuld, dass viele Schwule, auch die nichtgläubigen, ein angstbeherrschtes und schuldbeladenes Leben führten, da sie kein gesundes und stabiles Selbstbewusstsein entwickeln könnten. In Folge dessen nähmen sie sich selbst als Sünder und widernatürliche Wesen wahr, die Aids als göttliche Strafe verdient hätten:

> „Wenn die Kirche durch die Verdammung der Homosexualität dazu beiträgt, dass Männer im Bewusstwerdungsprozess ihrer sexuellen Neigungen suizidal werden und von daher HIV ihrem Lebensgefühl sehr entgegenkommt, dann fördert sie die Verbreitung von AIDS. Sie kann sich nicht damit entlasten, dass sie in ausgewählten Projekten AIDS-Kranke pflegt." (Aretz 1997: 44-45)

Des Weiteren übt er scharfe Kritik an der Einflussnahme auf staatliche Entscheidungen durch die katholische Kirche, „die das Dritte Reich gestützt hat." (Aretz 1997: 44) Obwohl die Kirche keine bedeutende Rolle mehr im

---

[132] Johannes Dyba (1929-2000), Bischof von Fulda, auch Militärbischof der Bundeswehr, galt als einer der konservativsten Repräsentanten der katholischen Kirche in Deutschland. Er war ein vehementer Gegner des Schwangerschaftsabbruchgesetzes und äußerte sich mehrmals öffentlich gegen Homosexualität, die er als eine Degeneration bezeichnete. Außerdem meinte er, dass Homosexuelle keinen Anspruch auf die Fürsorge der Gemeinschaft hätten.

alltäglichen Leben der Deutschen spiele, versucht sie laut Aretz, „auch den Nichtgläubigen ihre menschenfeindlichen Vorstellungen aufzudrücken." (ebd.) Den „Dünkel" und den „Hochmut" der Kirche und ihre Einflussnahme auf die staatliche Politik bezeichnet er daher als „nicht hinnehmbar." (ebd.) Zur Rolle der Kirche bei Aids-Hilfestellungen äußert er sich abweisend: Sie solle „sich nur mit Zurückhaltung, die sie ihren Opfern schuldet, am Diskurs über ethische Fragen beteiligen." (ebd.)

Auch Helmut Zander, selbst Theologe, setzt sich kritisch mit der Rolle der Kirche im Rahmen der Aids-Aufklärungsarbeit und der Aids-Prävention auseinander. Zwar gibt er zu, das Gefühl zu haben, „in [s]einer Kirche ad personam akzeptiert zu werden" (Zander 1988: 116), sieht aber diese Anerkennung eher als Ausnahme unter dem Motto: „,Ich kenne einen Schwulen, der Aids hat. Unter denen gibt es ja auch ein paar ganz Nette'."(ebd.) Des Weiteren betrachtet er Aids in erster Linie als gesellschaftliche Krise, für die auch die Kirche Schuld tragen müsse, denn ihr Versagen hat zur Krise beigetragen. In diesem Zusammenhang behauptet er,

> „… daß Aids einen Archetyp wieder hervorgebracht hat, daß durch diese Krankheit das kollektive Unbewußte breiter Schichten wieder zum Vorschein kommt. Da ist zum einen die Kirche, die nie eine Position zur Homosexualität gefunden hat, was sich nun rächt." (Zander 1988: 113)

Anders als Bernd Aretz meint Zander, dass die Kirche „noch immer das ,Volksempfinden' stark prägt" (Zander 1988: 115) und daher sei es bedauernswert, dass sie keine humanistische Position zur Homosexualität entworfen habe.

Außerdem erwähnt Zander den Fall eines Vikars, der offen mit seinen schwulen Freunden zusammenlebte und deswegen von der Kirche suspendiert wurde und meint, dass dieser Fall zeigt, „daß Kirche Heimlichkeit toleriert hätte, sogar auf Anonymität gedrängt hat. Daß er sich für eine ehrliche und offene Lebensform entschied, wurde ihm zur Last gelegt, führte zum Entzug seiner Existenzgrundlage." (Zander 1988: 114) Er sieht einen

deutlichen Zusammenhang zwischen der kirchlichen Ablehnung der Homosexualität und der Aggressivität der durchschnittlichen Familienväter den
Schwulen gegenüber:

> „Als kinderreiche lutherische Idealfamilie begegnen solche ‚Väter' allem
> ihnen Fremden mit einer ungebrochenen Dialektik aus pathogener Angst
> einerseits, als Gralswächter bürgerlicher Sexualmoral und disziplinier-
> ungswütiger Aggressivität andererseits." (ebd.)

Diese „Christofaschisten" (ebd.) gäbe es deshalb, weil die Kirche immer
ein sehr verkürztes Verständnis von Sexualität gehabt habe, das sich nur auf
die Fortpflanzung beschränkte. Daher blende die Kirche andere Interpretationen der Sexualität aus und lehne die Homosexualität als Konkurrenz zur
christlichen Ehe ab. Dies führe laut Zander dazu, dass sich viele Christen
nicht mehr in der engen kirchlichen Interpretation der Sexualität wiederfän-
den und sich der Institution Kirche entfremdeten und von ihr entfernten.
Darunter gäbe es selbstverständlich auch mehrere Schwule, die HIV-positiv
sind.

Neben Bernd Aretz und Helmut Zander nimmt es noch ein weiterer
Aids-Autor mit der Kirche auf. Zwar richtet Napoleon Seyfarth keine offene
Kritik an die Kirche, aber er untergräbt herkömmliche katholische Zeichen,
indem er sie an mehreren Stellen in seinem Werk *Schweine müssen nackt sein*
verwendet, dann allerdings, um seine Erfahrungen als HIV-positiver Schwu-
le darzustellen. Der Ich-Erzähler bezeichnet an einer Stelle „Liebe, Lust und
Leiden", die drei Werte, die sein Leben geprägt haben, als die „Heilige Dreifaltigkeit" (Seyfarth 2000: 271) und an anderer Stelle als die „Heiligen Drei
Könige." (Seyfarth 2000: 273) Außerdem bezeichnet er sich an mehreren
Stellen im Werk als „Messias", z.B. an der folgenden: „War ich in meinem
Leiden zum Messias geworden?" (Seyfarth 2000: 271) Des Weiteren meint
der sterbende Ich-Erzähler scheinbar blasphemisch: „Ich bin Gott! Gott ist
tot." (Seyfarth 2000: 275)

4.3.1.4 Die Gesellschaft und die Medien

Die Entwicklung der Aids-Erkrankung hat einen Verlauf in drei Stufen, der auf jeder Stufe Entfremdung, Ablehnung und Isolierung mit sich bringt. Die erste Stufe beginnt mit der Erscheinung der Aids-Symptome. Auf dieser Stufe kommt dem Ich-Erzähler sein eigener Körper völlig fremd vor. Sein erkrankter Körper lehnt in dieser Phase jeden Außenreiz ab, einschließlich Nahrung und Geschlechtsverkehr und die körperliche Schwäche und Ermüdung führen dazu, dass die Alltagsroutine und Gewohnheiten zum Erliegen kommen. Aufgrund der sichtbaren Symptome, die er zum Teil noch nicht erklären kann, hört er auf, andere zu treffen und isoliert sich von der Außenwelt. Auf der zweiten Stufe wird seine Erkrankung vom Arzt diagnostiziert und er erfährt erneut eine Entfremdung und Entmenschlichung im Umgang mit der Schulmedizin, diesmal als Patient im Krankenhaus, wo er wiederum von der Außenwelt isoliert wird, paradoxerweise in seinem eigenen Interesse. Auf der dritten Stufe dieses Prozesses wird der Aids-Betroffene von der Gesellschaft entfremdet und abgelehnt. Diese Erfahrung von gesellschaftlicher Ablehnung und Isolierung ähnelt den Krankenhauserfahrungen dermaßen, dass der Ich-Erzähler beginnt, sich darüber Gedanken zu machen, ob Aids eine echte Krankheit sei. Sie scheint ihm eher eine Verschwörung zu sein, mittels derer die Gesellschaft alle Außenseiter kontrolliert und unterdrückt.

Diese Kontrolle und Unterdrückung finden in vielfältiger Weise statt. Erstens postuliert Aretz, dass die Gesellschaft seit ewig ihre Ängste auf die Schwulen projiziert habe, indem sie historisch als die Anderen betrachtet worden sind, denen ganz bequem die Schuld an allem gegeben werden kann. In dem Sinne ist Aids nichts weiter als eine neue Art, Individuen zu identifizieren, die in den von der Gesellschaft festgesetzten Rahmen nicht hineinpassen. (Vgl. Aretz 1997: 57) Als Patienten sind sie vom Krankenhaus, einer staatlich kontrollierten Behörde, leichter identifizierbar und kontrollierbar. Zweitens hebt er das Moralisieren durch die Gesellschaft auf der

Basis von Aids hervor und übt Kritik daran, dass unter dem Vorwand der Seuchenprävention christlich-moralische Werte durchgesetzt werden sollen, obwohl sich die Gesellschaft historisch nie nach diesen Werten gerichtet habe. (Vgl. Aretz 1997: 44-45) Allerdings ist es nicht nur sie, die diese neue Krankheit mit Sittenwidrigkeit in Verbindung bringt. Für Aretz ist sowohl der Staat als auch der Arzt Schuld, denn Letzterer fungiert als Komplize des Staates. Daher übt er Kritik an der Einmischung des Staates in die Aids-Prävention. Auch Helmut Zander übt Kritik an der Bayerischen Gesund-heitsbehörde, die das HIV-Positivsein kriminalisiert und die Aids-Betroffenen wie Geächtete behandelt, die mit ihrem unkonventionellen Ver-halten gegen das Gesetz verstoßen würden. (Vgl. Zander 1988: 230-232) Drittens werden die Aids-Betroffenen im gesellschaftlichen Diskurs über Aids auf Statistiken reduziert und diese Reduzierung der Menschen auf Zahlen kritisieren viele Aids-Autoren ebenfalls, wie z.B. Zander, der nach einer großen Aidsveranstaltung in Hamburg meint: „Es wurden die Viren im Reagenzglas begutachtet, nicht aber die Menschen, die dahinter stehen. Wir waren keine Monster für die da oben, aber zusammengeschrumpft auf Zahlenmaterial aus einer Computerstatistik." (Zander 1988: 218) Als HIV-Positive werden sie nicht mehr als Individuen mit ihren ganz eigenständi-gen Wünschen, Träumen, Hoffnungen, Ängsten und Eigenschaften wahrge-nommen, sondern bloß als undifferenzierte Mitglieder einer Risikogruppe. Mit anderen Worten, sie werden von der Gesellschaft nicht als Subjekte, sondern als Objekte betrachtet.

Schließlich stehen die meisten Aids-Autoren den Medien kritisch gegen-über, denn diese widerspiegeln die gesellschaftliche Ansicht über Aids. Mehr noch, sie sind aufgrund ihrer Meinungsbildungsfunktion sowohl für die krankhafte Angst vor einer HIV-Infizierung, die sich in der Gesellschaft verbreitet hat, sowie für die Hetzkampagne gegen die HIV-positiven Schwu-len verantwortlich. Die Medien haben in großem Ausmaß zur Entstehung und Verbreitung einer klischeehaften Vorstellung vom Aids-Betroffenen beigetragen. Bernd Aretz macht z.B. darauf aufmerksam, dass die Aids-

Betroffenen von den Medien auf ihre HIV-Infizierung reduziert werden, nachdem er in einer Talkshow „nur als ein Mann, der sich bei einem Mann infiziert hat", vorgestellt wurde, denn „[a]lles andere interessierte nicht." (Aretz 1997: 38) Indem er beschreibt, wie ihm von den Medien vorgeworfen wurde, dass er kein typischer Aids-Betroffener sei, da er nicht so viel wie die anderen Aids-Betroffenen gelitten habe, legt er die Komplizenschaft der Medien in der Verfolgung der Aids-Betroffenen offen. (Vgl. Aretz 1997: 208) Markus Commerçon erlebte etwas Ähnliches, als er Anspruch auf staatliche Hilfe wegen Erwerbsunfähigkeit erhob. Der Arzt weigerte sich, ihn krankzuschreiben, obwohl er immunologisch im Endstadium war, aber keine der 27 Krankheiten aufwies, die in diesem Stadium vorhanden sein sollten. Daraufhin versuchte Commerçon, sich beim Arbeitsamt als Bäckermeister mit HIV-Infektion vermitteln zu lassen, ihm wurde dort aber erklärt, dass kein Arbeitgeber ihn nach seinem *going-public* im Fernsehen einstellen würde. Er schrieb einen öffentlichen Brief an die baden-württembergische Sozialministerin, um ihr seine Situation zu schildern, der einen Presserummel auflöste. Ihm wurde „Pressegeilheit" vorgeworfen und er wurde als „Vorzeigepositiver" bezeichnet. (Vgl. Commerçon 1994: 157-162) Solche Beispiele verdeutlichen, dass die Medien damals nicht nur ein stereotypes Bild der Aids-Betroffenen entwarfen und verbreiteten, sondern sie tadelten auch diejenigen, die diesem künstlichen Bild nicht entsprachen oder entsprechen wollten.

Das offensichtlichste Ziel der von den Medien geleiteten Hetzkampagne war der autobiographische Aids-Autor, der den Mut hatte, über sein HIV-Positivsein zu erzählen. Er widersprach bis zum Äußersten dem Bild des sich schämenden, reumütigen, leidenden und hilflosen schwulen HIV-Positiven, das die Medien zu verbreiten pflegten. Um zu verhindern, dass er die Wahrheit über seine Aids-Erfahrung mit dem Lesepublikum teilt und durch die Authentizität seines Berichts das gängige Bild des HIV-Positiven als falsch entlarvt wird, versuchten die Medien, ihn in Verruf zu bringen und seine Beweggründe in Frage zu stellen. Sie wollten um jeden Preis verhindern, dass der Aids-Betroffene eine menschliche Gestalt annahm, denn so würde er von der Öffentlichkeit nicht mehr als gefürchtete Gefahrenquelle und Außenseiter wahrgenommen und wäre kein geeigneter Sündenbock mehr, gegen den leicht zu hetzen wäre. In diesem Zusammenhang erwähnt Mario Wirz, wie die Presse ihm die Vermarktung seines Virus vorwarf, als ob er von seiner Krankheit und seinem bevorstehenden Tod profitieren wollte, obwohl er schon vor seiner Ansteckung als Schriftsteller tätig gewesen war: „'Dem Virus verdankt dieser Autor seine Bekanntheit', konstatiert verärgert ein Pressemensch in seinem Artikel. Besonders aber erbost ihn, daß ich nicht längst gestorben bin." (Wirz 1994: 25)

Die gesellschaftliche Hetzkampagne hat mehrere Folgen für die Aids-Betroffenen. Josef Gabriel merkt z.B. an, dass die Befürchtung einer HIV-Infizierung zu einer Kollektivangst der Schwulen geworden ist, als ob die ganze Gemeinschaft die Idee verinnerlicht habe, dass sie eine Risikogruppe bilden. (Vgl. Gabriel 1987: 97) Diese Idee erweckt Schuldgefühle und Angst sogar unter denen, die sich noch nicht haben testen lassen. Letztendlich wird die Angst vor Aids eine noch größere und schlimmere Qual als Aids selbst. Schlimmer noch ist die Angst vor dem Aids-Betroffenen, die in der Gesellschaft unverhältnismäßig aufgebläht wird und entsprechend zu Feindseligkeiten führt, denen ein HIV-Positiver in seiner Umwelt täglich begegnet. Mario Wirz erwähnt einerseits, dass viele Menschen keinen Augenkontakt mehr mit ihm herstellen wollen, seitdem er sich als HIV-Positiver geoutet hat, weswegen er sich für gesellschaftlich isoliert hält.[133] Andererseits berichtet er davon, dass er stets von den lauernden Augen seiner Nachbarn beo-

---

[133] Siehe Wirz 1994: 18-19. Der Ich-Erzähler berichtet hier von Leuten, „die meinem Blick ausweichen, als wäre schon mein Gruß ansteckend." Er erwähnt auch Frau Münster „aus dem Vorderhaus, die sich noch bis vor kurzem gerne mit mir unterhalten hat. Jetzt schweigt sie sich schnell und ängstlich an mir vorbei." Außerdem erzählt er vom geänderten Verhalten des Fleischers und seiner Frau ihm gegenüber, sowie auch von der Verkäuferin beim Bäcker und meint: „Seit meinem Fernsehauftritt als ‚Aidsliterat' wird sie rot, wenn ich das Geschäft betrete, und klaubt mit spitzen Fingern mein Geld von der Theke."

bachtet wird und oft das Gefühl hat, die feindlichen, beschuldigenden Blicke der anderen wären ein Minenfeld, durch das er sich jedes Mal schlängeln muss, wenn er aus seiner Zimmerwelt hinausgeht. (Wirz 1994: 46-47, 73) Deshalb bevorzugt sein privates Ich seinen „Zimmerkäfig" und vermeidet die Außenwelt, von der er sich abgelehnt fühlt.

Für den Aids-Autor, der trotz der gesellschaftlichen Feindseligkeit mutig versucht, mit der Außenwelt zu kommunizieren und seinen Mitmenschen seine Aids-Erfahrung mitzuteilen, gibt es ein weiteres Problem. Obwohl er seinem Lesepublikum und seinen Mitmenschen seine Wahrheit erzählen will, muss er oft mit einem Scheitern seiner Versuche rechnen, denn es gibt eine Kommunikationsbarriere zwischen ihm und den anderen, die durch die Stereotypisierung der Aids-Betroffenen entstanden ist. Die Gesellschaft hält an den Klischees fest, da sie noch nicht bereit für die Wahrheit ist. Mario Wirz merkt daher ironisch an, dass HIV-Träger immer Hoffnungsträger sein müssen, denn die anderen Menschen rechnen fest mit hoffnungsvollen Worten und einer positiven Haltung im Gespräch mit ihnen:

> „Es ist verpönt, sich geschlagen zu geben. […] Der positive Tonfall duldet keine Zwischentöne. Virusträger sind Hoffnungsträger. Allergisch gegen Skepsis und Niedergeschlagenheit. Allergisch gegen ihre Sterblichkeit. Sie teilen das Feindbild derer, die nicht infiziert sind." (Wirz 1994: 14)

Daraus zieht er die Schlussfolgerung, dass die Stereotypisierung noch schlimmer sei als die Krankheit. Des Weiteren gibt er an, dass er bei Buchlesungen häufig von seinem Publikum gefragt werde, ob er seit seinem positiven HIV-Testergebnis „intensiver" lebe. (Wirz 1994: 16) Diese Frage verdeutlicht für ihn die Tatsache, dass die anderen ihn hauptsächlich als einen Sterbenden wahrnehmen, als professionellen Todeskandidaten. Diese Reduzierung auf seine Erkrankung und das Übersehen seiner bisherigen Leistungen als Schriftsteller empfindet er als entmutigend. Er hält sich in erster Linie für einen Schreibenden, der unter anderem auch seine Aids-Erfahrung literarisiert, aber Aids ist dermaßen aufsehenerregend, dass alles andere im

Vergleich dazu an Bedeutung verliert und seine Identität als Schriftsteller in den Schatten gestellt wird. Um gegen diese Stereotypisierung Widerstand zu leisten, äußert er an der folgenden Stelle den Entschluss, sich nicht auf HIV beschränken zu lassen, weder in seinem privaten Leben noch in seinem öffentlichen als Schriftsteller: „Nicht länger werde ich mich von meinem Thema einsperren lassen. Ich will Fremdheit und Anonymität." (Wirz 1994: 34)

Jedoch scheint er sich an anderen Stellen selbst zu widersprechen, wenn er paradoxerweise die ihm von seinem Publikum zugeschrieben Rolle des Todeskandidaten gänzlich akzeptiert. Allerdings kann in gewissem Sinne die Zustimmung zu seiner Stereotypisierung auch als Widerstand verstanden werden. Härle und Popp argumentieren etwa, „eine aufgezwungene Rolle zu akzeptieren, kann auch ein Zeichen von Stolz sein und Räume eröffnen, in denen diese Rolle ... kreativ gestaltet werden kann, sei es lebenspraktisch im Freiraum der Außenseiterexistenz, sei es künstlerisch und literarisch im Freiraum der Phantasie." (Härle und Popp 1993: 24) Indem der Ich-Erzähler diese Reduzierung scheinbar widerstandslos bestätigt, obwohl er an anderer Stelle daran Kritik geübt hatte, betont er, wie weitverbreitet, tief verwurzelt und unbestreitbar die Klischees über Aids sind. Entsprechend kann das scheinbare Aufrechterhalten der Aids-Klischees in diesem Fall als eine Unterwanderung derselben betrachtet werden. Letztendlich besteht der Widerstand des Aids-Autors gegen die eigene Reduzierung und soziale Isolierung durch die Gesellschaft darin, dass er durch seine Schreibtätigkeit die Wahrheit seiner Aids-Erfahrung darlegt und versucht, mit seiner Aids-Erzählung die in der Gesellschaft verbreiteten Missverständnisse und Klischees sowohl über Aids als auch über die Aids-Betroffenen zu vertreiben. Damit verhindert er letztendlich seine Reduzierung auf ein Objekt des gängigen Aids-Diskurses und wird selbst zum Subjekt, der seinen eigenen, authentischen Diskurs über Aids entwickelt.

4.3.2 Liebe im Aids-Zeitalter: Der Partner und andere Liebhaber, Treue und Verrat

Ein wesentliches Merkmal aller Aids-Werke weltweit ist, dass sie partnerzentrisch sind, was sich anhand der Tatsache erklären lässt, dass die hauptsächlich schwulen Autoren, die diese sexuell übertragbare Krankheit literarisieren, den Zusammenhang zwischen den beiden Topoi Eros und Thanatos hervorheben. Entsprechend steht auch im Mittelpunkt jeder deutschen autobiographischen Aids-Erzählung der Partner des jeweiligen Ich-Erzählers. In vielen Werken dreht sich die Erzählung um einen einzigen Partner, dessen Aids-Tod das Ende des Ich-Erzählers voraussagt. Dadurch wird ihm eine Überwindung der klassischen autobiographischen Falle ermöglicht, indem er – metaphorisch gesprochen – stirbt, wenn er im Tod des Partners seinen eigenen Aids-Tod vorhersieht, und doch erzählt er weiter. Mit anderen Worten, der HIV-positive Partner des Ich-Erzählers wird zu seinem Doppelgänger, anhand dessen Erfahrungen und Leiden dem Ich-Erzähler sein künftiges Leid angekündigt wird. Sie sind nicht nur ein Liebespaar, sondern auch Schicksalsgenossen. Das Schreiben über die Erkrankung des Partners und sein Leid versetzt den Ich-Erzähler ebenfalls in die Lage, Aids auf indirekte Weise als Teil eines Liebesdiskurses hervorzuheben, wenn die Unmittelbarkeit und Schmerzhaftigkeit der eigenen Aids-Erfahrung dem Ich-Erzähler die Erzählung erschwert.

In den Werken einiger Aids-Autoren, die die Monogamie als heterosexuelle, spießbürgerliche Gepflogenheit grundsätzlich ablehnen, kommen jedoch eine Reihe von Partnern vor. Sie treten einer nach dem anderen auf, verraten den Ich-Erzähler oder werden von ihm verraten, verschwinden eine Zeit lang, erscheinen wieder und sterben an Aids. Die Krankheit Aids und das HIV-Positivsein fungiert bei diesen Beziehungen als Katalysator. Entweder bringt Aids die eventuellen Partner zusammen oder es führt zur Trennung, denn was in diesen Beziehungen auf dem Spiel steht, sind so existentielle Themen, wie Leben und Tod, Überleben und Zugrundegehen, Vertrauen und Verrat.

Mehrere Partner tauchen in Napoleon Seyfarths *Schweine müssen nackt sein. Ein Leben mit dem Tod* und Helmut Zanders *Der Regenbogen. Tagebuch eines Aidskranken* auf. Seyfarth erwähnt allerdings im Laufe seiner Erzählung bildungsromanartig für jeden Lebensbereich die initiatorisch und beeinflussend wirkenden Personen, einschließlich derjenigen, die ihn in die verschiedensten Sexualpraktiken und Fetische eingeführt haben. Seine genaue Protokollierung jedes Partners kann dieser Erzählstrategie zugeschrieben werden. Dennoch lässt es sich nicht leugnen, dass kein einziger Partner als seine große Liebe, als bedeutendster Liebhaberher herausragt. Die Aids-Werke, in denen andererseits ein einziger Partner im Mittelpunkt steht, sind jedoch in der Mehrzahl. In Josef Gabriels *Verblühender Mohn. Aids – die letzten Monate einer Beziehung* geht es um die Beziehung mit Manuel, seine Aids-Erkrankung und seinen anschließenden Tod. In Markus Commerçons *AIDS: Mein Weg ins Leben* steht der Aids-Tod seines Partners Wolfgang im Mittelpunkt. Auch Bernd Aretz hat trotz anderer Beziehungen in der Vergangenheit eine feste Partnerschaft mit Jörg, die im Mittelpunkt seiner Erzählung steht. Mario Wirz stellt seinen damaligen Partner Jan in den Mittelpunkt seines ersten Werks *Es ist spät, ich kann nicht atmen. Ein nächtlicher Bericht* und sein zweites Werk *Biographie eines lebendigen Tages* dreht sich um seinen neuen Partner Arthur.

Allerdings stellt sich bei genauerer Betrachtung heraus, dass die Reinheit der Einzelbeziehung nicht immer selbstverständlich ist. Stattdessen wird sie häufig kontaminiert, indem eine dritte Person sich in die Beziehung des Ich-Erzählers mit seinem jeweiligen Partner einmischt. Der Ich-Erzähler in Mario Wirzs *Biographie eines lebendigen Tages* sieht sich auf zweierlei Weise in ein Dreiecksverhältnis verwickelt. Einerseits ist er immer noch verliebt in seinen Partner Arthur, der ihn betrogen hat und nun einen neuen Liebhaber Richard hat, der sich bereit erklärt, sich mit Arthur um den Ich-Erzähler zu kümmern, wenn er schwerkrank wird. Andererseits hat er eine intensive

Brieffreundschaft mit einer Frau namens Vera, die sich trotz seiner Homosexualität in ihn verliebt hat und eine wichtige, wenn auch platonische Rolle in seinem Leben spielt. Des Weiteren befindet sich Bernd Aretz in einer Dreiecksbeziehung: Neben der Beziehung zu seinem Partner Jörg heiratet der Ich-Erzähler eine Lesbe namens Anita, um ihr sein Vermögen hinterlassen zu können, sodass seine Erbschaft nicht von seiner Familie angefochten werden kann. In Markus Commerçons *AIDS: Mein Weg ins Leben* lernt der Ich-Erzähler kurz vor dem Tod seines langjährigen, Aidskranken Partners Wolfgang zufällig Hans kennen und knüpft eine neue Beziehung zu ihm. In dieser schwierigen Phase braucht er Liebe, Wärme und Unterstützung, da der sterbende Wolfgang, um den er sich rund um die Uhr kümmern muss, so sehr mit seinem eigenen Überlebenskampf und mit Selbstmitleid beschäftigt ist, dass er nicht mehr im Stande ist, die Wünsche und Bedürfnisse seines überforderten Partners überhaupt wahrzunehmen.

Aids bricht in das Leben eines Individuums ein und gestaltet seine Beziehungen neu. Insbesondere die Liebesbeziehungen beginnen, von einem unausgesprochenen Vertrag zwischen den Partnern geregelt zu werden. Anders gesagt, Aids führt einen neuen Verhaltenskodex ein, der für beide Partner in der Beziehung bindend ist. Der neue Liebesdiskurs dreht sich hauptsächlich um Vertrauen und Wahrheit und prägt auch die zwei Vertragsbedingungen nämlich: (i) Der gesunde Partner wird dem kranken beistehen und sich um ihn kümmern, und (ii) Der HIV-Serostatus beider Partner muss offenbart werden. Wenn diese Vertragsbedingungen verletzt werden, geht die Beziehung zugrunde. Eine Verletzung der ersten Bedingung dieses Vertrags kommt in Mario Wirzs beiden autobiographischen Aids-Werken vor, die um gescheiterte Liebesbeziehungen kreisen.

In *Es ist spät, ich kann nicht atmen* geht die Beziehung des Ich-Erzählers mit Jan zugrunde, weil der seronegative Partner Jan den HIV-positiven Ich-Erzähler im Stich lässt. Vor dem HIV-Test hat der Ich-Erzähler immer die Vaterrolle in der Beziehung mit dem jüngeren Jan übernommen. Seine Aids-Erkrankung lässt aber darauf schließen, dass er künftig auf die Hilfe und

Unterstützung seines ‚Sohns' angewiesen sein wird. Jan lehnt allerdings diesen Rollentausch ab und sucht sich einen neuen ‚Vater'. In Wirzs zweitem Aids-Werk *Biographie eines lebendigen Tages* verweigert ihm wiederum sein damaliger Partner Arthur die Hilfe und Unterstützung, weil ihm das Virus seines kranken Partners zu ersticken scheint. Er erklärt, dass er auch an morgen denken muss, dass keine Zukunft mit dem HIV-positiven Ich-Erzähler vorstellbar sei und verlässt ihn für Richard, einen reichen Unternehmer. Der Ich-Erzähler ist stark verletzt wegen dieses Verrats, äußert sich aber immer verständnisvoll gegenüber seiner Entscheidung, wie an folgender Stelle:

> „Arthur fühlt sich vom Virus erpreßt. Er hat nicht mehr die Freiheit, seinen Freund zu verlassen. An die Stelle von Leidenschaft treten Moral und Gewissen. Die Hilfsbedürftigkeit des Geliebten ist ein Gefängnis." (Wirz 1994: 96)

Ein Verstoß gegen die oben erwähnte zweite Vertragsbedingung führt ebenfalls zu einer Trennung, wie z.B. in Helmut Zanders *Regenbogen*, als der Ich-Erzähler sich von seinem Partner Pascale – seinem Traummann – trennt, da er die Wahrheit als einzige Grundlage einer Beziehung nach dem positiven HIV-Test ansieht, der Letztere sich aber weigert, den Test zu machen. Der Ich-Erzähler bereut zwar die Trennung, meint aber im Rückblick:

> „Wenn er den Test schon gemacht hätte, wären wir jetzt ein ganz glückliches Paar. Und ich könnte sagen, ich liebe ihn wirklich sehr. Wenn auch er den Test machen und – was ich glaube – positive sein würde, müßte ich mich ihm gegenüber nicht mehr als Bedroher fühlen. Dann hätten wir eine gemeinsame Ebene des Leidens, was dann auch Teilen heißt und vieles erleichtern würde." (Zander 1988: 85)

Anhand dieses Zitats wird klar, dass nicht nur das Wissen über den Serostatus seines Partners wichtig für den Ich-Erzähler ist. In diesem Fall hat die zweite Vertragsbedingung einen Unterabschnitt: Tatsächlich ist er nur bereit, die Beziehung mit Pascale fortzusetzen, wenn die beiden serokonkordant sind, d.h. die Beziehung kann nur dann weiterbestehen, wenn auch Pascale HIV-positiv ist.

Aids richtet nicht nur Liebesbeziehungen zugrunde. Überraschenderweise ruft es auch neue Beziehungen hervor. Einerseits erzählt Mario Wirz in *Biographie eines lebendigen Tages* von der makabren Anziehungskraft, die er wegen seines HIV-Positivseins auf seine Brieffreundin Vera auszuüben scheint, die autofiktionalisiert für die Schriftstellerin Natascha Wodin steht. Vera ist eine heterosexuelle Frau, die sich eine Liebesbeziehung mit dem HIV-positiven schwulen Ich-Erzähler wünscht, weil sie laut dem Ich-Erzähler den Tod romantisiert und sich daher der Gefahr einer Ansteckung aussetzen will. Er meint, sie „erfindet einen todgeweihten Liebhaber, einen Geliebten in Todesgefahr, den sie retten wird." (Wirz 1994: 54) Helmut Zander berichtet von seinem Nachbarn, der ihm eine Liebeserklärung macht, nachdem er herausgefunden hat, dass der Ich-Erzähler HIV-positiv ist. (Vgl. Zander 1988: 131) Andererseits berichten viele Aids-Autoren davon, dass sie sich eine Beziehung mit einem HIV-Positiven wünschen, damit die beiden Partner ein entspanntes und auf Wahrheit basiertes Verhältnis haben können und von keinem Schuldgefühl geplagt werden. Bernd Aretz geht eine kurze Beziehung mit einem HIV-positiven Mann ein, den er zufällig kennengelernt hat. (Vgl. Aretz 1997: 35) Mario Wirz träumt davon, während seiner Reise einen HIV-positiven Liebhaber kennenzulernen:

> "Am Anfang jeder Reise die leise Wundergläubigkeit, daß ich bei meiner Lesung einen anderen Positiven finde, der sich vom Virus der Liebe anstecken läßt, infizieren mit der Bereitschaft, bedingungslos zu lieben und zu leben. Mein Traum von einer heftigen Liebesgeschichte, die in irgendeiner Buchhandlung ihren Anfang nimmt. Der herumreisende Autor als wandelnde Kontaktanzeige." (Wirz 1994: 24)

An einer anderen Stelle bezieht er sich indirekt auf die sichtbaren Symptome, die den Aids-Betroffenen kennzeichnen, wenn er die Kirschflecken auf seinem T-Shirt als Erkennungszeichen für einen anderen HIV-Positiven beschreibt. Die Aids-Symptome führen meistens zur Ablehnung und Diskriminierung, aber in seiner Traumwelt würden diese Symptome ihn zu seiner großen Liebesgeschichte mit einem anderen HIV-Positiven führen:

> „Die Kirschflecken auf meinem weißen T-Shirt sind rote Signale für einen anderen, der durch diese Stadt geht und Ausschau hält. Wir werden uns finden, am Ende dieser Straße oder in der U-Bahn, in einem Café oder vor einem Schaufenster. Wir werden schüchtern sein oder verwegen, aber wir werden uns erkennen. In meinem Kopf warten die rettenden Worte auf seine Stimme. Ich will alles mit dir teilen. Deine Alpträume und deinen Schweiß, dein Fieber und deine Heftigkeit. Deine Müdigkeit und deine wilden Stunden, deinen Hunger und deine Maßlosigkeit." (Wirz 1994: 44)

Der Ich-Erzähler in Hervé Guiberts *À l'ami qui ne m'a pas sauvé la vie* berichtet von einem Gespräch mit seinem Freund Muzil, der die gewalttätigen Sexorgien in öffentlichen Saunen mag, aber aufgrund seiner Berühmtheit in Paris nicht daran teilnehmen kann. Der Ich-Erzähler weiß allerdings, dass Muzil seit Jahren während seiner alljährlichen Vortragsreise die Saunen in der Nähe von San Francisco besucht und stellt sich vor, dass die Aids-Massenhysterie die meisten Kunden vertrieben hätte. Jedoch steht Muzils Beschreibung von seinen Erfahrungen im Gegensatz zu dieser Vorstellung:

> "Je lui dis ce jour-là: 'A cause du sida, il ne doit plus y avoir un chat dans ces endroits. – Détrompe-toi, répondit-il, il n'y a au contraire jamais eu autant de monde dans les saunas, et c'est devenu extraordinaire. Cette menace qui flotte a créé de nouvelles complicités, de nouvelles tendresses, de nouvelles solidarités. Avant on n'échangeait jamais une parole, maintenant on se parle. Chacun sait très précisèment pourquoi il est là'"[134] (Guibert 1990: 30)

Diese neue Komplizenschaft, die neue Zärtlichkeit und Solidarität kommt in den Werken der deutschen Aids-Autoren ebenfalls vor. Alle erzählen

---

[134] An dem Tag sagte ich zu ihm: „Diese Plätze müssten jetzt wegen Aids komplett verlassen sein." „Da muss ich dich korrigieren", sagte er, „es ist das genaue Gegenteil: Die Saunen waren nie so beliebt und jetzt sind sie super. Die Gefahr, die überall lauert, hat neue Komplizenschaft, Zärtlichkeit und neue Solidarität hervorgerufen. Früher sagte niemand ein Wort, heute sprechen wir miteinander. Wir alle wissen ganz genau, warum wir dort sind."

davon, dass sie eine neue Offenheit und Solidarität in der schwulen Gemeinschaft erfahren haben. Aids hat völlig fremde Menschen zusammengebracht und zur Gründung neuer Beziehungen beigetragen. In den Werken von Helmut Zander und Bernd Aretz kommen mehrere Beispiele dieser neuen Solidarität vor, wenn noch gesunde Schwule sich bereit erklären, sich um einen hilfsbedürftigen kranken Bekannten oder sogar Fremden zu kümmern. Des Weiteren erzählt Zander vom sogenannten Buddy-Pakt unter Schwulen: Jeder Beteiligte verspricht, allen anderen im Fall einer Aids-Erkrankung beizustehen. (Vgl. Zander 1988: 30)

Die neue Komplizenschaft und Solidarität ist allerdings nicht nur auf die schwule Szene begrenzt. In *Protocole compassionnel* erzählt Guibert von seiner Erfahrung in einem Restaurant, das er häufig besuchte. Als er eines Tages stolpert und daraufhin stürzt, ist er zu schwach, um ohne Hilfe aufzustehen und zu beschämt, um darum zu bitten. Aber der Kellner, den er immer unsympathisch fand, kommt zu ihm und hilft ihm ganz selbstverständlich und kommentarlos, sich zu erheben. (Vgl. Guibert 1991: 15) Auch Mario Wirz berichtet in *Biographie eines lebendigen Tages* von einem Kellner im Bordrestaurant, dessen Verhalten er berührend fand. Der Ich-Erzähler sitzt im Zug, ohne zu wissen, wohin er will und denkt über sein Leben vor und mit Aids, die gescheiterte Beziehung mit Arthur und die komplizierte Beziehung mit Vera nach. Ohne es zu merken, kommen ihm die Tränen und der Kellner bietet ihm eine Serviette, ohne ihm irgendwelche Fragen zu stellen oder ihn missbilligend anzusehen.[135] (Vgl. Wirz 1994: 90) Darüber hinaus meint er, dass es während seiner Lesungen „[z]wischen Exhibitionismus und Voyeurismus manchmal wundersame Augenblicke von Nahe und Verstehen" (Wirz 1994: 25) gibt, wenn ihn seine Antworten „geschwisterlich mit den Fragen der Zuhörer verbinden." (ebd.) Dabei hat er das Gefühl, dass er „mit allen ein Fleisch und eine Seele" (ebd.) sei, als ob er und seine Zuhörer in

---

[135] Das nette Verhalten des Kellners vergleicht der Ich-Erzähler mit dem Verhalten des Krankenhauspersonals mit dem folgenden Satz: „Eine weiße Kellnerjacke ist kein weißer Pflegerkittel."

einem Boot säßen. Die sichtbaren Zeichen von Aids, die Aids-Symptome bringen in dem Sinne nicht nur Diskriminierung, Ablehnung und Entmenschlichung mit sich, sondern gelegentlich auch unerwartete Solidarität und Zärtlichkeit von Fremden.

4.3.3 Homosexualität als Grenzerfahrung: Die Schönheit und der Verfall des Körpers

Der Körper des Ich-Erzählers und seine Sexualität werden in allen Aids-Werken sehr bewusst thematisiert. Auch hier kommen zwei klar voneinander zu unterscheidenden Phasen vor, nämlich (i) die Wahrnehmung des eigenen Körpers als Quelle des Vergnügens und die Sexualität als Mittel zum Vergnügen vor dem HIV-Test und (ii) die im Gegensatz dazu stehende Betrachtung des HIV-positiven Körpers als Ort des Verfalls und des Leidens sowie der Sexualität als Gefahrenquelle für die anderen. Mit anderen Worten, der Ich-Erzähler stellt sowohl seinen sexuellen als auch pathologischen Körper dar. In den meisten Fällen wird die erste homosexuelle Erfahrung schon am Anfang des Werks erwähnt, wobei die meisten Autoren auch auf ihre Einweihung in die Homosexualität besonderen Wert legen. Dadurch betonen sie einerseits, dass ihre Lebensgeschichte mit ihrer sexuellen Geschichte eng zusammenhängt. Andererseits heben sie hervor, dass sie sich in erster Linie als Schwule definieren. Dementsprechend wirken die autobiographischen Aids-Werke zum Teil wie schwule Bildungsromane, in deren ersten Phase der Ich-Erzähler eine Bildungsreise durch die schwule Szene unternimmt, die Zeichen, die in dieser Szene gelten, erlernt und sich selbst als Homosexueller zu identifizieren beginnt.

Auf diese Reise entdeckt er allerdings nicht nur Vergnügen und Abenteuer, sondern auch zu einem erheblichen Maß eine Verwirrung der Gefühle. Seine anfängliche Verwirrung über seine sexuelle Orientierung wird nach der ersten entscheidenden homosexuellen Erfahrung geklärt, obwohl er sich sowohl davor als auch danach mit Schuldgefühlen konfrontiert sieht. Diese

Verwirrungs- und Schuldphase wird gefolgt von seiner Entscheidung, sich gegen den Willen seiner Familie zu outen und der Bereitschaft, die negativen Folgen dieser Entscheidung in Kauf zu nehmen. Sein Coming-out ist der erste Schritt, mit dem der Ich-Erzähler verdeutlicht, dass ihm die Wahrheit über alles geht, und es bereitet auch den Boden für seinen zweiten entscheidenden Beschluss, nämlich sein späteres *going-public* als HIV-Positiver.

In der ersten Lebensphase wird die freie Ausübung der eigenen Sexualität oft als Widerstand gegen den familiären und gesellschaftlichen Anpassungsdruck dargestellt. Nach ihrem Coming-out distanzieren sich die meisten Aids-Autoren von ihrer Familie und ihren kleinstädtischen Verhältnissen und ziehen in eine Großstadt. Die schwule Szene in den Großstädten bietet zwar eine Gelegenheit, zum ersten Mal autonom zu leben und neue Möglichkeiten zu erkunden, aber der Neuankömmling muss zuallererst lernen, die Zeichen in dieser neuen Welt zu entziffern. Seyfarth erzählt z.B., was er alles im Mannheimer schwulen Lokal „Ballerina" gelernt hat. Dort hat er auch Rolf Kiby kennengelernt, der ihn in die Lederszene eingeweiht und somit zu seiner Weiterbildung beigetragen hat. Bei der folgenden Beschreibung dieser Zeit stellt sich der Ich-Erzähler ganz deutlich wie ein Lehrling dar:

> „Er erzählte mir von einer geheimnisvollen Welt, die Lederszene genannt wurde und in der sich Schwule, die es härter mögen, träfen. Ich war neugierig. Der Zusammenhang von Leiden und Leidenschaft, Schmerz und Lust, körperlicher Gewalt und Sexualität war mir völlig fremd. Ich konnte nicht nachvollziehen, wie man bei so etwas wie Sado-Masochismus Spaß haben konnte. Daß das, was Dietrich Ritter in meiner Schulzeit mit mir und was ich das Jahr zuvor mit Müsli gemacht hatte, S/M gewesen war, wäre mir nicht in den Kopf gekommen. Es war ja nur psychische Gewalt im Spiel gewesen. Ich war lernbegierig." (Seyfarth 2000: 104)

Unter Anleitung von Rolf Kiby lernt der Ich-Erzähler auch, die Gäste in den Frankfurter schwulen Läden an ihrer Bekleidung in zwei Klassen zu unterscheiden, nämlich die Jeanstypen und die Ledertypen, um dadurch ihre sexuellen Vorlieben genauer einschätzen zu können. Weiterhin bringt ihm Kiby auch die ersten Worte einer neuen Fremdsprache, der Sprache der ihm bis dahin fremden S/M-Szene, bei:

> „'Demütsgeste', lehrte er mich später das zweite Wort dieser neuen Fremdsprache. Der ‚Meister', jenes dritte Wort der Sprache, bei dem ich anfangs eher an schwergewichtige Bäckermeister dachte denn an Männersex, packte ihn nach einer gewissen ‚Abkochzeit' - viertes Wort – am Kragen, spuckte ihm ins Gesicht und schleppte ihn in den ‚Darkroom' - fünftes Wort -, der sich hinter einer Tür neben dem Toiletteneingang verbarg."
> (Seyfarth 2000: 105)

Die schwule Szene kann in gewissem Sinne hier mit einem fremden Land, der Ich-Erzähler mit einem neu angekommenen Migranten verglichen werden, der sich gleich zu Beginn mit der Sprache, der Kultur und den Sitten und Gebräuchen des neuen Landes vertraut machen muss, bevor er sich integrieren kann. Auch Wirz, Zander und Commerçon erzählen in ihren Werken davon, wie sie die Zeichen der schwulen Welt zu entziffern lernen mussten, wie sie im Laufe der Zeit gelernt haben, wo man die anderen Schwulen in einer Stadt treffen könnte, also in welchen Parks, Lokalen, Clubs, Kinos oder öffentlichen Toiletten. Seyfarth vergleicht diese neue Welt sogar mit einem neuen Planeten und Rolf Kiby, seinen Initiator in die S/M-Welt, mit einem Raumschiffpiloten:

> „Hier war man auf einem fernen Planeten. Dem Planeten der absoluten Geilheit. Er war Lichtjahre entfernt von vorwurfsvollen Freunden, tratschenden Tunten, mißtrauischen Müttern, Leistung erwartenden Arbeitgebern. Rolf Kiby war der Pilot des Raumschiffes, das mich jeden Samstag zu diesem Planeten brachte." (Seyfarth 2000: 109)

Dabei hebt er nicht nur die Andersartigkeit und Neuigkeit dieser Welt hervor, sondern auch die Tatsache, dass diese Welt in starkem Gegensatz zur Enge und Konformität seines bisherigen Lebens steht. Seine Erforschungen und Erfahrungen in der schwulen Szene haben ihn sowohl von den Einschränkungen befreit, als auch befähigt, sein Leben autonom zu gestalten. Dieses autonome Leben besteht darin, dass er sich weder für berufliche noch familiäre Stabilität interessiert. Stattdessen übernimmt er eine halb-sesshafte Lebensweise und wandert auf der Suche nach neuen Partnern von einer Stadt zur anderen.

Diese Blütezeit im Leben der meisten Ich-Erzähler entspricht etwa jenem goldenen Zeitalter in der Schwulengeschichte, in dem die Homosexualität in vielen Ländern der westlichen Welt entkriminalisiert worden war. Nach den Verfolgungen im Dritten Reich begannen die Schwulen in der zweiten Hälf-te des zwanzigsten Jahrhunderts, sich viel selbstbewusster als eine Gemein-schaft wahrzunehmen und ihre schwer erkämpfte Freiheit zu genießen. Die meisten in dieser Arbeit diskutierten Autoren mussten zwar gegen die Vor-urteile der eigenen Familie, Verwandten, Kollegen und der Gesellschaft kämpfen, aber sie mussten nicht mit staatlicher Verfolgung rechnen und durften ihre Sexualität frei ausüben. Sie sind sich dieses Glücks auch deut-lich bewusst. Der Ich-Erzähler in Napoleon Seyfarths *Schweine müssen nackt sein* äußert dieses Bewusstsein sowie auch seine Freude, als er sich an seine Ankunft in Berlin im Jahr 1980 erinnert:

> „Ich war angekommen auf jener Insel der schwulen Glückseligkeit. Auf jenem paradiesischen Eiland in der Mitte eines grauen Meeres, das ein Bollwerk gegen jene Vergangenheit bildete, die sich selbst Bundesrepublik nannte. […] Hier war man sicher vor der Vergangenheit." (Seyfarth 2000: 134)

Seine Beschreibung wird weiter unten noch positiver und erwartungsvol-ler, nicht nur aufgrund der Flucht vor den westdeutschen, katholisch-geprägten, kleinstädtischen Verhältnissen, sondern auch durch die Wieder-belebung der Schwulengemeinschaft nach den Schrecken der jüngsten Ver-gangenheit:

> „Wer hier, in einer Stadt ohne Zukunft, auf der Flucht vor der Vergangen-heit gestrandet war, ging in der Gegenwart auf. Man hatte keine Zeit mehr, sich mit der Vergangenheit zu beschäftigen. Man war zu beschäftigt mit der Gegenwart, um an die Zukunft zu denken. Man lebte intensiver und schneller als in jener zähen, intoleranten Masse, die man früher mal als seine Heimat bezeichnet hatte." (Seyfarth 2000: 135)

Der Ausbruch von Aids hat dieses goldene Zeitalter zunichte gemacht. Die Zeit der sorgenfreien Ausübung der Sexualität war mit dem Auftauchen der ersten Aids-Fälle vorbei. Wieder sahen sich die Schwulen als Bevölkerungsgruppe bedroht, jedoch nicht von einer feindlichen Regierung, sondern von einer Krankheit, die am Anfang ausschließlich homosexuelle Männer heimzusuchen schien. Die meisten Aids-Autoren erinnern sich noch an das erste Mal, als sie von Aids hörten. Da die ersten Fälle in den Vereinigten Staaten auftauchten, ging man in Europa am Anfang davon aus, dass man sich diesseits des Atlantiks nicht davor zu fürchten bräuchte. Bald wurde aber klar, dass dieser Gedanke ein Irrtum sei, denn auch in Frankreich und in Deutschland tauchten HIV-Positive auf. Weil die Herkunft und der Verlauf dieser neuen Krankheit noch nicht geklärt waren, gingen in der Presse allerlei Gerüchte über diese rätselhafte und tödliche Krankheit um. Manche gingen davon aus, dass das HI-Virus ein biologischer Kampfstoff sei, der von den Amerikanern oder den Russen entwickelt und nun heimlich an Schwulen getestet wurde. Andere sahen in der Erkrankung und dem anschließenden Tod von ansonsten gesunden jungen homosexuellen Männern die Hand einer höheren Gewalt. Von solchen Gerüchten berichten auch die hier behandelten Aids-Autoren. In diesem Sinne sind sie Zeitzeugen. Die meisten haben am Anfang nicht an die Horrormeldungen in der Presse geglaubt, wie z.B. der Ich-Erzähler in Mario Wirzs *Es ist spät, ich kann nicht atmen*:

> „Die ersten Schlagzeilen können uns nicht treffen und verwunden. Wir glauben nicht alles, was schwarz auf weiß geschrieben steht. Wir sind ,kritische Leser'. Die ersten Horrormeldungen von einer ,schwulen Pest' stinken nach Pech und Schwefel. Nach Mittelalter und Inquisition und Hexenjagd. Ein wahnsinniger Cowboy-präsident und ein perverser Papst haben dieses Katastrophen-Szenarium ausgedacht. Ein katholisches Schauermärchen. Eine amerikanische Gruselgeschichte, vom Mickey-Mouse-Puritanismus inspiriert. Eine Kriegserklärung an die sexuelle Revolution. Eine Kriegserklärung an den Arsch und die analen Freuden. Ein perfider Versuch, die schwule Minderheit einzuschüchtern. Ein Land, das die Atombombe erfunden hat, kann auch Aids erfinden. Wir lassen uns nicht in Panik versetzen." (Wirz 1992: 114-115)

In Hervé Guiberts *À l'ami qui ne m'a pas sauvé la vie* berichtet der Ich-Erzähler davon, wie sein Freund Muzil in Gelächter ausbrach, als er zum ersten Mal von einem „schwulen Krebs" hörte, da er die Idee einer Krankheit, die nur Schwule betraf, total lustig und unvorstellbar fand. Wenige Jahre später starb er an den Folgen derselben Krankheit, an die er anfangs nicht geglaubt hatte, obwohl er wahrscheinlich das HI-Virus schon in sich trug. Dieselbe Skepsis weist auch Wirz auf, als er an einer weiteren Stelle seine Zweifel am Bestehen einer Krankheit äußert, die ausschließlich Schwule betreffen sollte. Allerdings gibt der mittlerweile schon HIV-positive Ich-Erzähler zu, dass er und sein damaliger Partner trotz ihres Unglaubens doch von den Meldungen ein wenig erschüttert waren:

> „Eine Krankheit, die vor allem Schwule trifft, kann es nicht geben. Eine Krankheit, die die verquasten Moralvorstellungen des reaktionärsten Politikers bestätigt, ist unvorstellbar. Eine Krankheit, die all denen Recht gibt, die es schon immer geahnt haben, darf es nicht geben. Wir glauben dem Artikel nicht, und es ist der reinste Zufall, daß wir in dieser Nacht allzu intime Berührungen vermeiden." (Wirz 1992: 116)

Nach dem positiven HIV-Testergebnis setzt eine gewisse Diskontinuität im sexuellen Leben der Aids-Autoren ein. Früher stellte der männliche Körper einschließlich der eigenen Schönheit und Geilheit etwas dar, worauf sie stolz waren. Aufgrund der Symptome der Krankheit sowie der Fieberanfälle, des Durchfalls und der Müdigkeit beginnen sie nun, den eigenen Körper als ekelerregend zu empfinden. Weil sie ihre Partner anstecken könnten, betrachten sie sich selbst als Gefahrenquelle und sind von Schuldgefühlen und Selbsthass geplagt. Der Ich-Erzähler in Helmut Zanders *Der Regenbogen* z.B. verspürt diesen Hass auf sich selbst, der vergleichbar ist mit dem Selbsthass, den er gespürt hatte, als er seine Homosexualität wahrnahm. Seine Gefühle äußert er prägnant im Folgenden:

> „Ich fühle mich wie eine vergiftete Maschine, spüre nicht einmal die Wärme strömenden Blutes in mir, nichts an pulsierendem Leben. Ich ekele mich vor mir, kann auch andere Menschen nicht berühren. [...] Körper-

liche Nähe ist mir widerwärtig – und das geht gerade mir so, der ich immer herzlich und spontan auf andere zugegangen bin, früher, vor der Diagnose." (Zander 1988: 66)

Des Weiteren betrachtet er, ein Theologe, sein HIV-Positivsein als eine Art Strafe für seine Homosexualität, in deren Ausübung er eine Sünde begangen habe. Daher gibt er sich selbst die Schuld für seine Erkrankung und verzichtet lange Zeit auf körperliche Liebe. Langsam kehrt er aber doch zurück zur Sexualität, bemerkt jedoch auch den Unterschied. Die Safer-Sex Praktiken, die für ihn nun als HIV-Positiver obligatorisch sind, empfindet er als Störfaktor, da sie der Sexualität alle Spontanität und Wärme nehmen. (Vgl. Zander 1988: 110) Er hat trotz aller Vorsichtsmaßnahmen Angst davor, dass er seinen Partner anstecken könnte und daher will er überhaupt keine intime Beziehung mehr mit seronegativen Männern eingehen. Außerdem hat er das Gefühl, dass manche Männer ihn bloß aus Mitleid akzeptieren und diese Geste empfindet er als beleidigend. (Vgl. Zander 1988: 112)

Überdies beschreibt Zander eine Erfahrung, die er in einem schwulen Lokal hatte. Zwei junge Männer lernen sich kennen und flirten miteinander. Danach berührt der eine den Hals des anderen. Dem ersten Augenschein nach ist es eine zärtliche Geste. Im Aids-Zeitalter hat allerdings dieses Berühren einen ganz anderen Zweck. Der junge Mann will durch das Berühren feststellen, ob sein potenzieller Partner eine Lymphknotenschwellung hat, die ein klares Zeichen der HIV-Infizierung wäre. (Vgl. Zander 1988: 92) Diese Szene verdeutlicht, wie seit dem Ausbruch von Aids ein obligatorischer Verdacht gegenüber jedem Sexualpartner anstelle von Vertrauen getreten ist. Das Schreckgespenst Aids steht nun stets zwischen zwei Liebhabern in jeder intimen Beziehung als Dritter, auch wenn man es nie beim Namen nennt. Die Sprache der Sexualität ist ebenfalls von HIV geprägt. Anstelle von Vergnügen und Leidenschaft redet man in einer Liebesbeziehung nun über Kaposi-Sarkome, Nachtschweiß, Gewichtsverlust, Krankenhausbesuche, Blutwerte und Medikamente sowie auch über Ansteckung, Safer-Sex, Behutsamkeit und Verhütung.

Andererseits bezeugt der HIV-positive Ich-Erzähler in Wirzs *Es ist spät, ich kann nicht atmen* eine gewisse Kontinuität in seinem sexuellen Leben vor und mit Aids, als er darauf hindeutet, dass körperliche Liebe in seinem Leben auch vor Aids schon immer mit dem Tod verbunden war. Seine homosexuelle Initiation geschah kurz nach seinem Selbstmordversuch. Die erste Ausübung seiner Sexualität hatte in gewissem Sinne ihren Ursprung in seinem unbefriedigten Todestrieb. Sie verkörperte einerseits eine Art Wiedergeburt für den gescheiterten Selbstmörder, andererseits hat sie den Weg für seine HIV-Infizierung, seine darauffolgende Aids-Erkrankung und den künftigen Aids-Tod gebahnt. (Vgl. Wirz 1992: 130) Auch Seyfarth scheint darauf aufmerksam zu machen, dass es schon von Anfang an einen engen Zusammenhang zwischen Sex und Tod in seinem Leben gab, wenn er beschreibt, wie seine homosexuelle Initiation ausgerechnet vor dem Hauptfriedhof seiner Heimatstadt stattfand. Der Friedhof fungiert daher als eine Art Vorhersage über das enge Verhältnis zwischen körperlicher Liebe und dem Tod, dass sein künftiges Leben kennzeichnen wird.

Allerdings gibt Wirz sich wie Zander die Schuld für seine HIV-Infizierung, denn er beschreibt sein rücksichtsloses promiskuitives sexuelles Verhalten über die sechzehn Monate nach der Trennung von seinem Partner Jan, als er „in die Wildnis von Berlin" (Wirz 1992: 120) zurückkehrte, obwohl er sich zu dem Zeitpunkt der Aids-Gefahr voll bewusst war. Diese Rücksichtslosigkeit des erzählten Ichs bewertet das erzählende Ich als „Wahnsinn" und verbindet sie ganz deutlich mit seiner darauffolgenden HIV-Infizierung:

> „Ich treibe mich rum, ich lasse mich treiben, ich treibe es mit jedem. Ich bin nicht wählerisch. Ich betäube mich mit jedem Körper, der sich anbietet. Inzwischen weiß ich, daß die Aids-Schlagzeile keine Lüge ist. Jeden Tag fallen neue Horrormeldungen über mich her, aber nichts weckt mich aus meiner tödlichen Trance. Julian warnt mich vor der Gefahr, in die ich mit offenen Augen laufe, aber kein Wort erreicht mich. Ich schaue gleichgültig dabei, wie ich meinen Verstand verliere. Ich beobachte meinen Wahnsinn und wehre mich nicht." (ebd.)

Weiter unten wird der Zusammenhang zwischen seinem sexuellen Verhalten und seinem bevorstehenden Tod mit folgenden Worten noch deutlicher angedeutet: „Ich ficke den Tod, und ich lasse mich von ihm ficken." (Wirz 1992: 121) Nach dem HIV-positiven Testergebnis erinnert sich das erzählende Ich an diese Zeit und kann im Rückblick keine überzeugende Erklärung für sein damaliges Verhalten anbieten, die ihn von seiner Schuld lossprechen könnte:

> „Vielleicht dichte ich mir mit dem Wissen dieser Nacht rückwärts einen Todeswunsch herbei, der so deutlich nie existiert hat. Vielleicht mystifiziere ich alles, um dem Wirrwarr meines Lebens eine Ordnung zu geben, die erklärt, was ich nicht verstehe. Vielleicht ertrage ich den Gedanken nicht, daß ich mir mit meinem Leichtsinn die Schlinge um den Hals gelegt habe." (Wirz 1992: 121-122)

Nach dem HIV-positiven Testergebnis verzichten die meisten Aids-Autoren auf die Sexualität. Helmut Zander meint: „Aids hat meine Lust getötet." (Zander 1988: 85) Wegen der Anwesenheit des Virus im eigenen Körper geht das Vergnügen und die Spontanität von Sex verloren. Zander erzählt von seinem Besuch in einem schwulen Lokal und von seinem Gefühl, dass alles sich nach Aids verändert hat. Die anderen Gäste im Lokal verhalten sich zwar so, als ob alles immer noch normal wäre, aber der Ich-Erzähler beobachtet sie und zieht aus seiner Beobachtung den Schluss, dass sie nur vorgeben, heiter und gelassen zu sein. Die künstliche Heiterkeit der Stimmung im Schwulenlokal betrügt ihn nicht. In der Tat ist die Angst vor Aids überall vorhanden, obwohl die Leute es nicht erkennen wollen:

> „Die Atmosphäre in Schwulenläden und -discos hat sich verändert. Da machen alle auf eitel Sonnenschein, aber die Angst, sie steht im Raum, klebt an den Wänden, blockiert alle, die es an diesem Abend nicht wissen, nicht wahrhaben wollen, was sich alles gewandelt hat." (Zander 1988: 92)

Später kehrt er doch zur Sexualität zurück, zunächst nur passiv durch voyeuristische Phantasien, die er durch Pornofilme erlebt, obwohl er sich früher nie dafür interessierte. Während dieser Phase scheint dem Ich-

Erzähler das Bild von Sex aufregender und leichter zu ertragen als Sex selbst. Allerdings bewertet er seine erneute Lust auf Pornofilme als „Zeichen der Genesung":

> „… auch als Andeutung, wieder eine normale Beziehung zu meinem Körper aufnehmen zu können. Ich stelle fest: Mein Körper ist wieder vorhanden. Ich lehne ihn nicht mehr total ab, sehe ihn nicht nur als eine von etwas Ekligem durchsetzte Schale." (Zander 1988: 71-72)

Dabei konnte er sich noch keine körperliche Nähe zu einem anderen Menschen vorstellen, aber langsam kehrt er doch mit seinem neuen Freund Peter, der ebenfalls HIV-positiv ist und in den sich der Ich-Erzähler verliebt hat, zu einer vollständigen Sexualität zurück. Dazu meint er: „Durch die Begegnung mit Peter ist heute und gestern eine Normalität in mein Leben eingetreten, die mich besänftigt, mir Ruhe verspricht." (Zander 1988: 126) Diese Normalität besteht daraus, dass der Ich-Erzähler erneut seine Sexualität ausüben kann, ohne von Schuldgefühlen geplagt zu werden.

Auch Bernd Aretz erfährt eine reduzierte Lust an Sex seit seinem Testergebnis. Er erzählt von einem netten Gespräch mit einem Mann, den er zufällig in Gießen begegnete. Das Gespräch ging schief, sobald er über sein HIV-Positivsein sprach: „Der erschreckte Blick, als ich beiläufig meine Viren erwähnte, brachte mich sehr schnell dazu, doch lieber allein zu schlafen." (Aretz 1997: 72-73) Im Vergleich zu den anderen in dieser Arbeit diskutierten deutschen Aids-Autoren ist Aretz viel selbstbewusster und gibt an, mit seinem HIV-Positivsein zurechtzukommen. Als Aktivist war er an vielen Kampagnen und Aktionen der Deutschen Aids-Hilfe beteiligt und hatte weniger Probleme im Vergleich zu den anderen Aids-Autoren, als er sich zunächst für sein Coming-out und später für seinen Fernsehauftritt als HIV-positiver Schwuler entschied. Von Schuldgefühlen wegen seiner HIV-Infizierung ist in seinem Werk nicht die Rede. Trotzdem äußert er an einer Stelle wiederum seinen Wunsch, keine körperliche Nähe zu anderen zu haben und lieber allein zu sein, denn „[e]inen besseren Liebhaber als denjenigen, den ich im Spiegel sehe, gibt es für mich ja doch nicht." (Aretz 1997: 68) Dieser Wunsch hat laut ihm nichts mit konkreten Ablehnungserfahrungen oder mit Selbsthass zu tun. Er habe einfach keine Lust, sich immer wieder mit den Ängsten potenzieller Partner auseinanderzusetzen und „wieder den erfahrenen und starken Mann darstellen zu müssen." (Aretz 1997: 73) Letztendlich gibt der engagierte Aktivist, der häufig anderen Aids-Betroffenen Mut gemacht hat, doch zu: „Manchmal sind diese Viren ganz schön hinderlich." (ebd.)

Ein weiterer Aspekt der Kontinuität kommt in der Beschreibung der Aids-Erfahrung als analog zur schwulen Sexualität vor. Im Rahmen seiner Tätigkeit bei der Deutschen Aids-Hilfe sieht Aretz z.B. eine Parallele zwischen dem Fall von Schwulen, die in einer S/M-Beziehung sind, und denjenigen, die HIV-positiv sind. Er liefert sein eigenes Beispiel in diesem Zusammenhang und erzählt von seiner Erfahrung mit einem Partner, der von ihm erwartete, dass er die Meisterrolle in der S/M-Beziehung in vollem Umfang spielt, während Aretz selbst trotz seiner Meisterrolle nicht körperlich brutal sein wollte. Dazu schreibt er:

> „Die Machtverhältnisse in solchen Beziehungen sind für mich ein sehr wichtiges Thema. Es ist keinesfalls so, dass der Masochist den Gewalttätigkeiten des Meisters ausgeliefert ist. Als Meister habe auch ich mich mit meinen Begrenzungen herumzuplagen und einen Weg zu finden, der dem Menschenbild aller Beteiligten gerecht wird. […] Dazu gehört dann auch das Thema AIDS. Der Wunsch, sich selbst dem anderen auszuliefern, macht es schwierig, den Wunsch nach Schutz auszusprechen. Ich finde, das gehört dann in die Verantwortlichkeit des Meisters." (Aretz 1997: 34)

Er schreibt also interessanterweise dem HIV-Positiven die Meisterrolle zu, anstatt ihn als leidendes, hilfloses Opfer zu betrachten. Es kommt darauf an, wie die beiden Partner in einer Beziehung die Bedingungen und die Grenzen ihrer Beziehung aushandeln. Laut ihm ist es die Sache des Meisters zu versichern, dass die Wünsche sowie auch die Grenzen beider Partner beachtet werden, denn er hat die Macht in der Beziehung und daher auch die höhere Verantwortung. Die S/M-Erfahrung und die Aids-Erfahrung sind im Wesentlichen einander ähnlich. Es kommt in beiden Fällen zu einem Zusammentreffen von Eros und Thanatos und die Einwilligung beider Parteien unter Leitung vom mächtigeren Partner ist äußerst wichtig.

Auch Napoleon Seyfarth stellt seine Aids-Erfahrung als Fortsetzung seiner S/M-Spiele dar. Kurz vor dem Ende des Textes liegt der Ich-Erzähler im Krankenhaus, wartet auf seinen bevorstehenden Aids-Tod und stellt sich die Frage, was ihm ermöglicht habe, sein Leben letztendlich zum „Gesamtkunstwerk" (Seyfarth 2000: 270) zu machen. Die Antwort deutet auf die Bedeutung seiner S/M-Erlebnisse sowie auch seiner Aids-Erfahrung für seinen Werdegang hin: „Liebe, Lust und Leiden bildeten jene Heilige Dreifaltigkeit, die mich meinem Ziel immer näher hatte kommen lassen." (Seyfarth 2000: 271) Er vergleicht seine Aids-Erfahrung mit einer gewalttätigen sexuellen Erfahrung und verwendet die Sprache der S/M-Szene, die er früher als Neuankömmling bzw. Lehrling mühsam erworben hat, um seine Erfahrung von Aids darzustellen. Dadurch nimmt er einerseits der befürchteten, tödlichen Krankheit Aids den Schrecken, indem er es wie ein sexuelles Spiel beschreibt, das zum Vergnügen führt und daher wünschenswert sei. Nachdem er sein positives HIV-Testergebnis erhalten hat, meint er z.B.: „Ich fühlte mich, als hätte ich gerade einen Orgasmus gehabt. Ich war völlig entspannt. Absolut angstfrei. Die Angst vor der Angst war weg." (Seyfarth 2000: 193)

Ferner macht er darauf aufmerksam, dass es dieselbe Dynamik in seinen S/M- Erfahrungen als auch in seiner Aids-Erfahrung gibt. Aids ist in dem Sinne kein Bruch in seinem Leben. Stattdessen gibt ihm die Aids-Erkrankung noch einmal eine Chance, die herkömmliche Dichotomie zwischen Schmerz und Vergnügen zu überschreiten und seine S/M-Experimente nun auf einem anderen, radikaleren Niveau fortzusetzen. Seine Wortwahl, als er von seinem Beschluss berichtet, keine Angst vor Aids zu haben und stattdessen die Erfahrung zu genießen, zeigt deutlich, dass für diesen Ich-Erzähler die beiden Erfahrungen im Zusammenhang stehen und Aids den logischen nächsten Schritt in seinem (sexuellen) Leben sei.

> „Und jetzt begann mein letzter, der ganz große Faustfick und ich nahm mir vor, den ganzen Arm in mich aufzunehmen. Mich ganz zu öffnen, um des ganzen Glückes teilhaftig zu werden und nicht nur des fein dosierten, das in gewissen Abständen verabreicht wird. Jetzt wollte ich alles haben." (Seyfarth 2000: 195)

Seyfarth berichtet an einer anderen Stelle von einem Aids-Betroffenen, den er schon als Hardcore-Sadist vom Schwulenlokal „Knast" kennt und dem er nun zufällig im Krankhaus begegnet. Laut ihm sei der ehemalige „Herrenmensch" (Seyfarth 2000: 224) nun zum Sklaven reduziert, da das Virus die Rolle des Meisters übernommen habe. Wieder verwendet er Worte und Metaphern aus dem S/M-Vokabular, um den sichtbar schlechten Gesundheitszustand seines Bekannten zu beschreiben. Hier wird wieder die Aids-Erfahrung als sadomasochistischer Genuss dargestellt:

> „[Der Meister] schlug immer fester. Der Körper war schon ganz blau von Striemen. Der Meister ging immer weiter. Er ließ keine Ruhe, ließ sich auch vom Wimmern des Sklaven nicht abhalten, bis der Sklave leblos in der Ecke lag. Ob er es wohl genossen hatte?" (ebd.)

Später, als der Ich-Erzähler selbst im Krankenhaus liegt und ihm der Arzt ein Medikament intravenös verabreicht, behauptet er, dass die Infusionsnadeln überhaupt nicht wehtun: „Ja, im Gegenteil, sie taten gut. Der befürchtete Schmerz war zur Lust geworden. Ich fühlte mich gut." (Seyfarth 2000: 272) Denn er habe im Laufe seines Lebens zweimal als Lehrling gelernt, die Dichotomie zwischen Gut und Böse, Schwarz und Weiß, Lust und Leiden zu überwinden. Des Weiteren beschreibt er den Arzt als „der Meister" und die Verabreichung einer Morphiumspritze mit sexueller, sadomasochistischer Anspielung, wie z.B. an der folgenden Stelle: „Er befeuchtete die Stelle, in die er jetzt gleich stechen wollte. Bloß nicht verkrampfen, sagte ich mir, sonst tut es weh. [...] Der Meister legte mir allerlei Spielzeuge an." (Seyfarth

2000: 273) Indem der Ich-Erzähler das ihm vertraute Vokabular aus der S/M-Szene verwendet, um seine Erfahrung einer noch nicht erklärbaren Krankheit zu widerspiegeln, schließt er einerseits eine Lücke, denn ein passendes Vokabular für diese neue Erfahrung ist noch nicht vorhanden. Andererseits wird durch diese Strategie die Krankheit vertrauter für ihn sowie auch für die anderen Betroffenen.

In gewissem Sinne steht Seyfarths Ansatz in starkem Kontrast zu Zanders Herangehensweise. Der Letztere behauptet, dass Aids wegen des Selbsthasses und der Angst davor, den Partner anzustecken, die Betroffenen entsexualisiere, während Seyfarth davon ausgeht, dass Aids die Betroffenen zurück zur Sexualität bringe, denn es biete Schmerzen, die letztendlich, wie in einem S/M-Spiel, zum Vergnügen führen können, wenn der Betroffene wie der Sklave in einer S/M-Beziehung bereit sei, seine Ängste abzulegen und die Erfahrung in vollem Ausmaß zu genießen. Zander und Markus Commerçon stehen stellvertretend für diejenigen Aids-Autoren, die meinen, dass Aids eine Diskontinuität in der Sexualität des Betroffenen bewirkt. In diese Kategorie fällt übrigens auch Josef Gabriel, obwohl der Verlust der Sexualität in seinem Werk *Verblühender Mohn* etwas anders beschrieben wird. Hier leidet der Ich-Erzähler unter einem Mangel an Sexualität, der hauptsächlich aufgrund der Aids-Erkrankung seines festen Partners Manuel und dessen verlorenen Interesse am Sex verursacht wird. Während er sich um den kranken Manuel kümmert, ist er mehrmals versucht fremdzugehen, wird aber immer wieder von seinem schlechten Gewissen kontrolliert.

Jedoch gibt der Ich-Erzähler, der nach zwei HIV-Tests mit zwei unterschiedlichen Ergebnissen noch nicht Bescheid weiß, ob er in der Tat HIV-positiv ist, auch zu, dass er Angst vor Aids habe, allerdings nur mit Safer-Sex nicht befriedigt wäre:

„Ich habe Angst vor der Sexualität, Angst, den Virus zu bekommen, und Angst, den Virus weiterzugeben, falls ich ihn doch haben sollte. Deshalb müßte der Sex ein vorsichtiger und entfernter Sex sein. Ob er mich befriedigen würde, weiß ich nicht. Für kurze Zeit sicher, doch würde er mich sicher hungrig machen, hungrig auf mehr ... also auf gefährlichen Sex, den ich nicht ausleben darf und will." (Gabriel 1987: 135)

Demgegenüber versuchen Seyfarth und Aretz durch ihre Werke zu zeigen, dass Aids keinen Bruch in der Sexualität darstellt, sondern mit ihr ein zusammenhängendes Ganzes bildet. Allerdings betrachten die meisten hier diskutieren Aids-Autoren den Verlust ihrer Sexualität als Teil der Entmenschlichung, unter der sie als Aids-Betroffene zu leiden haben. Zu guter Letzt leisten alle auf ihre eigene Art und Weise Widerstand gegen den durch Aids verursachten Selbsthass und die Feindlichkeit gegenüber dem Körper, indem sie versuchen, ihr HIV-Positivsein in ihre Sexualität einzubeziehen, um sie wieder genießen zu können.

4.3.4 Überlegungen über das Schreiben

In den Werken aller in dieser Arbeit behandelten Aids-Autoren wird selbstverständlich nicht nur vom bisherigen Leben der Autoren erzählt, sondern auch vom Fortschritt des Virus im Körper des jeweiligen Ich-Erzählers. Deswegen entsteht häufig der Eindruck, dass es um Autobiographien der Krankheit Aids geht, in denen der Werdegang des HI-Virus beschrieben wird. Es ist, als ob die vorliegenden Aids-Werke von der Krankheit geschrieben würden, als ob die Autoren aus dem Schreibprozess verschwänden, denn sowohl der Inhalt als auch der Schreibstil werden vom gesundheitlichen Zustand des Ich-Erzählers beeinflusst, was wiederum vom Fortschrittsstadium der Krankheit bestimmt wird. Allerdings gibt es in diesen autobiographischen Werken eine Unterscheidung zwischen einem sich erinnernden, erzählenden Ich und erinnertem, erzähltem Ich. Daher kommen in den vorliegenden Werken ebenfalls Überlegungen über das Schreiben selbst vor. Das erzählende Ich erinnert sich nicht nur an sein vergangenes Leben, sondern es bewertet und beurteilt es auch. Außerdem denkt es über das Schreiben seines Werks und den Stellenwert dieser Schreibtätigkeit angesichts seines bevorstehenden Aids-Tods nach. In gewissem Sinne thematisieren die Aids-Autoren nicht nur Aids, sondern auch das Schreiben eines autobiographischen Aids-Werks. Mit anderen Worten, das Schreiben wird in ihren Aids-Werken zum Gegenstand des Schreibens.

Abgesehen von Mario Wirz waren keine der hier diskutierten Aids-Autoren professionelle Literaten. Josef Gabriel war Student, der bald mit seiner Diplomarbeit beginnen sollte, als sich herausstellte, dass sein Partner Manuel – und wahrscheinlich auch er selbst – HIV-positiv sind. Bernd Aretz war Anwalt, Helmut Zander Theologe. Markus Commerçon war Bäckermeister gewesen, während Napoleon Seyfarth neben seiner Tätigkeit bei mehreren Hilfsorganisationen als schwuler Aktivist noch bei der Post arbeitete. Ungeachtet der sehr unterschiedlichen Biographien der Autoren sowie ihrer vielfältigen Beweggründe haben sie jedoch eines miteinander gemein: Ihre HIV-Infizierung und die darauffolgende Aids-Erkrankung hat sie dazu geführt, ein literarisches Werk zu schreiben. Allerdings kommt in ihren Werken kein wirklicher Versuch vor, eine neue Schreibphilosophie zu entwickeln. Sie beschäftigen sich eher damit, ihr alltägliches Leben mit dem Virus zu beschreiben, wobei sie sich größtenteils an den Tatsachen orientieren. Dadurch entsteht auf den ersten Blick allzu leicht der Eindruck, dass die vorliegenden Werke nicht Resultat eines reflektierten Schreibprozesses wären, der seine eigenen Grenzen und Widersprüche hat. Bei genauerer Betrachtung dieser Werke wird jedoch deutlich, dass jeder der hier diskutierten Autoren einen eigenen Schreibanlass hatte, über den er sich auf seine Art innerhalb seines Werks Gedanken machte.

4.3.4.1 Die Schreibmotivationen

Fast alle Aids-Autoren berichten von einem veränderten Zeitgefühl seit ihrem HIV-Test. Nach ihren Angaben haben sie das Gefühl, dass sie wegen der Gewissheit des unmittelbar bevorstehenden Tods im Wettlauf mit der Zeit stünden. Deshalb halten sie es für angebracht, zu erklären, warum sie die Entscheidung getroffen haben, die ihnen noch verbliebene Zeit hauptsächlich der Erzählung ihrer Lebensgeschichte zu widmen. Neben dem allgemeinen Wunsch, über eine noch nie dagewesene Krankheitserfahrung Bericht zu erstatten, die dokumentiert und den kommenden Generationen hinterlassen werden müsste, was wohl der Hauptbeweggrund der meisten erstmalig Schreibenden war, gibt es je nach Autor unterschiedliche konkretere Antworten auf die Frage nach ihren Schreibmotiven.

4.3.4.1.1 Schreiben als Ersatz für eine durch HIV/Aids unterbrochene Karriere

Einige Aids-Autoren stellen ihre beruflichen Leistungen in den Mittelpunkt ihrer Identität vor der HIV-Infizierung und betonen, dass ihre erfolgreiche Karriere durch die Ansteckung mit einem todbringenden Virus und die darauffolgende Stigmatisierung unterbrochen wurde. Das Schreiben fungiert bei solchen Autoren häufig als Ersatz für die ursprüngliche Karriere, die durch den Ausbruch von Aids in ihrem Leben zum Erliegen gebracht wurde. Als HIV-Positive konnte Sonja Auras z.B. nicht mehr als Ärztin arbeiten. Markus Commerçon musste feststellen, dass seine Kunden kein Brot mehr bei einem HIV-positiven Bäckermeister kaufen wollten. Weil er ausgesprochen stolz auf seinen Erfolg als Bäckermeister war und seinen Beruf als wichtigsten Bestandteil seiner Identität betrachtete, bedeutete der Verlust seiner Bäckerei und seiner Karriere für ihn einen Identitätsverlust. Durch das Schreiben versucht er eine neue Daseinsberechtigung zu finden und seine Eigenständigkeit wieder zu gewinnen. Nur bei Mario Wirz ist das Schreiben keine neue Tätigkeit, die er erst nach seiner Aids-Erkrankung aufnimmt. Doch er setzt das Schreiben nur fort, weil er Schriftsteller ist, und versucht, diese neue Erfahrung in seine Arbeit mit einzubeziehen.

4.3.4.1.2 Schreiben als Aufklärungsarbeit

Markus Commerçon ist der einzige, der sich überhaupt nicht mit den Gründen für die Entstehung seines Werks *AIDS – Mein Weg ins Leben* beschäftigt. Sein Ich-Erzähler erinnert sich an seine Lebensgeschichte und erzählt davon, aber er äußert sich nicht zum Schreibprozess. Nur im Vorwort erklärt der Autor Commerçon, warum er sich entschlossen habe, dieses Werk zu schreiben, nämlich um Aufklärungsarbeit zu leisten, um „anderen Mut zu machen, nicht zu resignieren vor scheinbar unlösbaren Problemen." (Commerçon 1994: 16-17) Mit den folgenden Worten führt er seine Entscheidung näher aus:

> „Ich möchte den Infizierten vielmehr zeigen, daß man erhobenen Hauptes sagen kann: ‚Ich habe AIDS!' Den Nichtinfizierten möchte ich ihre eigenen Anteile an der gesellschaftlichen Position von AIDS näher darstellen und ihnen ebenso Mut machen, die Herausforderung AIDS anzunehmen, ‚Ja' zu den Infizierten zu sagen, damit es für HIV-Infizierte und an AIDS erkrankten Menschen noch ein Leben vor dem Tode gibt. Ich bin der festen Überzeugung: Könnte jeder AIDS-Kranke die Kraft, die er für das Versteckspiel, das er in den meisten Fällen führt, aufbringt, für sich selbst verwenden, würde er länger leben. Es ist mein größter Wunsch, daß dieses Buch einen kleinen Beitrag dazu leistet, diese Voraussetzungen zu schaffen." (ebd.)

In den anderen hier diskutierten Aids-Werken, in denen das erzählende Ich über den Schreibprozess berichtet, kommen hauptsächlich drei Erzählmotivationen vor.

4.3.4.1.3 Schreiben, um die Isolation zu überwinden

In die erste Kategorie gehören Autoren, die mit dem Schreiben begonnen haben, um ihre Isolation zu überwinden. Josef Gabriel beginnt etwa, ein Tagebuch zu führen, nachdem er seinen kranken Partner Manuel nach Mexiko begleitet und sich unter Menschen befindet, die nur Spanisch können. Manuel kann zwar Deutsch, aber er ist zu krank, zu schwach und zu sehr mit seinem eigenen Leiden beschäftigt, um das Bedürfnis des Ich-Erzählers nach Kommunikation wahrzunehmen. Aufgrund der Sprachisolierung in Mexiko beginnt der Ich-Erzähler, fortan Gespräche mit seinem Tagebuch zu führen und schreibt z.B.: „Warum habe ich niemanden, der mich unterstützt? Ich habe nur das Schreiben." (Gabriel 1987: 52) Das Schreiben wird langsam in einem fremden Land zu seinem Komplizen. Außerdem muss er im Laufe der Zeit feststellen, „[e]s macht Spaß zu schreiben ..." (Gabriel 1987: 72) So sehr genießt er seine neue Schreibgewohnheit, dass sie ihm bald zum Wichtigsten wird. Als der kranke Manuel eines Tages nach einem Beruhigungsmittel den ganzen Tag schläft, gesteht der Ich-Erzähler mit schlechtem Gewissen seine Erleichterung, dass Manuel ihn eine Zeit lang nicht mit seiner andauernden Hilfsbedürftigkeit stören könne: „So schlimm ich es finde, denn Manuel mag es nicht, so betäubt zu sein, läßt es mir doch Zeit, ungestört zu schreiben." (ebd.)

In gewissem Sinne konkurriert nun das Schreiben mit dem sterbenden Manuel um die Aufmerksamkeit des Ich-Erzählers. Je schlechter Manuels Zustand wird, desto mehr gewinnt das Schreiben an Bedeutung für den Ich-Erzähler, der sich vom Liebhaber und Lebenspartner zum Pfleger verwandelt sieht. Langsam wird Manuel vom Tagebuch des Ich-Erzählers ersetzt. Das Verständnis, das er von seinem Partner vergeblich erwartet, bringt ihm bald seinem Tagebuch näher. Das Schreiben gewinnt schnell an Bedeutung, wird reflektierter und hilft dem Ich-Erzähler in seiner schwierigen Situation, seine Sprachisolation zu überwinden und seinem eigenen Gefühlswirrwarr einen Sinn zu geben. Das Tagebuch wird zu seinem besten Freund und wird von ihm an der folgenden Stelle fast wie ein Mensch beschrieben:

> „Ich stehle mir regelrecht Zeit zum Schreiben. Ohne elektrisches Licht sind die Tage kurz, oft sitze ich mit der Taschenlampe auf den Knien, um meine Gefühle ins Tagebuch zu bringen, in Worte umzusetzen. Es tut mir gut. Es hilft mir fast so, als ob ich mit jemandem reden würde. Das Tagebuch versteht mich, es akzeptiert alles und gibt mir recht. Ich kann ihm alles erzählen, auch Dinge, bei denen ich Hemmungen hätte, sie auszusprechen. [...] Ich erkenne neue Dinge, komme durch das Schreiben weiter und schöpfe Kraft aus den geschriebenen Worten. Sie stehen da wie Tatsachen. Mit dem Schreiben werden die Gefühle bewußter und klarer." (Gabriel 1987: 113)

Obwohl er trotz seiner Bedürfnisse nie fremdgeht und sich vollständig seinem sterbenden Liebhaber widmet, betrügt er ihn in gewissem Sinne doch, allerdings mit seinem Tagebuch, das ihm bald wichtiger als Manuel wird.

Andererseits wird der Ich-Erzähler in Napoleon Seyfarths *Schweine müssen nackt sein* durch seine Sprachlosigkeit zum Schreiben gezwungen. Er, der eingefleischte Außenseiter, der immer das Gefühl hatte, dass er von seinen Mitmenschen unverstanden bliebe, erhofft sich nun von seinem Schreiben mehr Erfolg bei der Kommunikation:

> „[A]m Heiligen Abend 1990, ich saß in der Aids-Hilfe, bemerkte ich plötzlich, daß ich nicht mehr sprechen konnte. Ich war stumm geworden. Die Sprache aber hatte ich behalten. Und so begann ich am Computer zu schreiben, um mich meiner Umwelt verständlich zu machen. Vielleicht schaffe ich schriftlich, was ich mündlich bisher nicht geschafft hatte." (Seyfarth 2000: 215)

Da die schriftliche Kommunikation im Vergleich zur unmittelbaren, mündlichen größeren Bedacht erfordert, ergreift der Ich-Erzähler die zufällig gebotene Gelegenheit, sich schreibend existentielle Fragen zu stellen. Eine neue intime Beziehung entwickelt sich dadurch zwischen ihm und seinem Computer, dem er seine Fragen und Überlegungen ohne Bedenken anvertrauen kann. Des Weiteren ersetzt der Computer bzw. der eingetippte Bericht des Ich-Erzählers Freunde, die ihn im Stich gelassen haben und wird dabei zu seinem neuen besten Freund.

> „Was war meine Rolle im Leben gewesen? [...] Welche Rolle spielte ich in diesem Stück? Ich stellte diese Fragen dem Computer, der für die nächsten drei Wochen zu meinem besten Freund werden sollte. Ich diskutierte mit ihm, erklärte ihm, analysierte mit ihm. Er hörte geduldig zu. Er ließ mich einfach tippen. Ohne Widerworte. Ich schrieb ohne Unterlaß." (Seyfarth 2000: 215-216)

Der peripatetische Ich-Erzähler ist nun im letzten Krankheitsstadium auf sein Krankenhauszimmer beschränkt und erzählt angesichts seines unmittelbar bevorstehenden Todes mit großer Geschwindigkeit von seinem bisherigen abenteuerlichen Leben, das von häufigen Orts- und Partnerwechseln geprägt war. Allerdings beschreibt er nicht nur die Erfahrung von der Krankheit Aids, sondern auch seine Erfahrung mit dem Erzählen im Wettlauf gegen die Zeit, die unerbittlich abläuft. Des Weiteren tritt sein Schreiben im Wettkampf gegen das Unsagbare an, denn er versucht, eine Erfahrung zu widerspiegeln, die einerseits zu umfangreich und andererseits zu schrecklich ist, um sie einfach in Worte zu fassen. Außerdem wird er während des Schreibens stets vom Nichts bedroht, das im Augenblick seines Sterbens eintreten wird. Konfrontiert mit dieser dreifachen Herausforderung reagiert der Ich-Erzähler nicht mit banalen Äußerungen über die Ewigkeit der Literatur. Stattdessen inszeniert er innerhalb seines Werks seinen eigenen Tod sowie auch das darauffolgende Löschen seines Manuskripts aus dem Computer durch eine Pressereferentin der Aids-Hilfe.

> „In ihrer Mittagspause las sie ein wenig in Napoleons Manuskript. Bei einigen Stellen mußte sie schmunzeln. Andere Stellen wiederum verstand sie nicht, da sie zu wirr geschrieben waren. Bei einigen Stellen schüttelte sie den Kopf. Sie warf die ausgedruckten Manuskriptseiten in den Papierkorb und setzte sich noch einmal an den Computer, um ihren Jahresbericht zu schreiben. Um genügend Platz zu haben, löschte sie die jetzt überflüssig gewordene Datei mit dem Namen ‚Napoleon'. Denn sie hatte es gerne sauber und ordentlich." (Seyfarth 2000: 282)

Das zu verewigende autobiographische Werk wird in diesem Fall „überflüssig", sobald der Verfasser gestorben ist. Ironischerweise wird der Lebensbericht eines unverbesserlichen Außenseiters ausgerechnet von einer Durchschnittsbürgerin, einer Beamtin gelesen, bewertet und anschließend vernichtet.

4.3.4.1.4 *Schreiben im Glauben, dass es das verbleibende Leben beeinflussen wird*

In die zweite Kategorie fallen Autoren, die schreiben, weil sie fest daran glauben, dass die Werke ihr Leben beeinflussen und prägen werden. Bernd Aretz erkennt z.B. den großen Einfluss, den das Schreiben auf seine verbleibenden Jahre ausüben wird. Seine autobiographische Schrift verkörpert auch bei ihm einen Wettlauf gegen die Zeit und den Tod. Jedoch geht es in seinem Fall um den bevorstehenden Tod seines Aids-erkrankten Partners Jörg, dem er das Werk auch widmete. An mehreren Stellen erzählt er von Gesprächen mit Jörg, in denen sie das Werk diskutieren, das gerade entsteht. (Vgl. Aretz 1997: 21, 30) Außerdem wird immer wieder über die aktuelle Anzahl von Jörgs T4-Zellen und seinen sich verschlechternden Gesundheitszustand berichtet. Er gibt auch zu, dass er tatsächlich sein Buch viel früher beenden wollte, weil er befürchtete, dass er sich in seinem Bericht sonst hauptsächlich auf Jörgs Verfall konzentrieren würde, also seine Aids-Autobiographie auf Jörgs Fall begrenzt würde:

> „Eigentlich wollte ich meine Tagebucheintragungen schon vor einem Jahr beenden. Ich hatte das Gefühl, wenn ich weiterschriebe, könne sich die Dokumentation von Jörgs Verfall in den Vordergrund schieben. Er hält sich aber erstaunlich wacker. [...] Es waren meine Ängste, die mich zögern ließen, weiterzuschreiben." (Aretz 1997: 164)

Angesichts des schlechten Gesundheitszustands von Jörg ging er von einer weiteren, rasanten Verschlechterung aus, die zu einem Perspektivwechsel aufseiten des Ich-Erzählers hätte führen können. Tatsächlich ging es Jörg aber wieder relativ gut und der Ich-Erzähler konnte seinen Bericht fortsetzen, ohne durch seine Sorgen um den Partner von seinem ursprünglichen Schreibansatz abgelenkt zu werden. Hier offenbart sich das Dilemma jedes autobiographischen Aids-Erzählers. Er spielt mit der Versuchung, sein eigenes Leben in seinem Werk wahrheitsgetreu zu schildern, zugleich jedoch will er seinen autobiographischen Bericht vor den Widerwärtigkeiten des alltäglichen Lebens schützen, sodass er sich nicht bloß auf eine Nabelschau reduzieren lässt.

Des Weiteren hat Aretz mit seinen tagebuchartigen Einträgen am 25. Dezember 1992 begonnen, während der letzte Eintrag am 26. Dezember 1996 verfasst wurde. Dieser andauernde Schreibprozess bringt selbstverständlich Veränderungen mit sich, sowohl in den Lebensverhältnissen des Autors als auch in seinen Ansichten. Diese erörtert das erzählende Ich in seinem offenen Brief vom 12. Februar 1997 an Wolfgang Popp, mit dem seine *Notate* enden:

> „Viereinhalb Jahre nach Beginn meiner Notizen stelle ich fest, dass sich meine Annäherung an AIDS weiter verändert hat. Je länger ich mit HIV lebe, desto deutlicher wird mir, dass es überlebensnotwendig ist, das Virus in seiner Bedeutung für mich zu relativieren." (Aretz 1997: 207)

Am Anfang stand HIV im Mittelpunkt seiner Erzählung und der Ich-Erzähler hat alles aus der Aids-besessenen Perspektive eines HIV-positiven schwulen Mannes, dessen Partner an Aids stirbt, dargestellt. Im Laufe der Zeit gewinnt er jedoch eine größere Distanz zum Thema Aids und schafft es, seine Perspektive zu erweitern. Zum Schluss erklärt er auch seinen Schreibansatz, den er dank der mühsam gewonnenen Distanz zum Thema HIV/Aids für sich selbst herausgearbeitet hat und nun seinen Lesern unter dem berühmten Motto der Katastrophen- und Betroffenheitsliteratur der 1970er Jahre mitteilt: „Ich halte es jedenfalls gern mit der Feststellung: „Du hast eine Neurose? Lass sie dir nicht wegtherapieren. Mach was draus!" (Aretz 1997: 208)

4.3.4.1.5 Schreiben als Zuflucht

In die dritte Kategorie gehören die beiden autobiographischen Werke von Mario Wirz, nämlich *Es ist spät, ich kann nicht atmen* und *Biographie eines lebendigen Tages*, die dem Ich-Erzähler Zuflucht vor Problemen und Krisen bieten. In seinem ersten Aids-Werk beschäftigt sich der Ich-Erzähler hauptsächlich mit seiner Kindheit, seiner schwulen Identität, seinen Anfangsjahren in Berlin, seiner gescheiterten Liebesbeziehung zu Jan sowie mit seiner HIV-Infizierung. Das erzählende Ich, das vom Autor als „Zimmer-Ich" bezeichnet wird, ruft die verdrängten Erinnerungen aus seiner Vergangenheit wach und erklärt deutlich an der folgenden Stelle, was er mit dem Schreiben dieses Werks vorhabe:

„Nachdenken über mich und das, was ich für meine Geschichte halte. Meinen Spuren folgen, von diesem Sofa in diesem Zimmer in dieser Nacht bis zu den Anfängen in F. [...] Zum Detektiv meiner eigenen Biographie werden und die Splitter des bunten Scherbenhaufens ordnen, auch das Ungelebte und Versäumte. Den Entwurf meines Lebens betrachten, mit kaltblütiger Sachlichkeit. Banalität und Durchschnittlichkeit aushalten. Beweise sammeln, aber wofür? Immer wieder zwinge ich mich zu Erinnerungen an mich selbst, als müßte ich mich von meiner eigenen Existenz überzeugen, als wollte ich mir selbst beweisen, daß es mich gegeben hat. Mein nächtliches Tribunal. Wovon will ich mich freisprechen? Wen oder was will ich anklagen?" (Wirz 1992: 40)

In seine Lebensgeschichte sucht er nach einer Erklärung seines Außenseitertums, seiner Ängste und seiner Traumata. Durch sein neuerworbenes Wissen, dass er HIV-positiv sei, ist sein Selbstbild erschüttert worden und er muss sich ein neues entwerfen, das seinem künftigen Leben einen Sinn geben könnte. Er fühlt sich allerdings von seinem bisherigen Leben entfremdet, betrachtet es deshalb beinahe wie ein Zuschauer und gibt zu, dass er nicht mehr weiß, ob seine Erinnerungen wirklich stimmen. Außerdem hat seine Vergangenheit an Bedeutung gewonnen, da er als HIV-Positiver nicht mehr mit einer Zukunft rechnen kann.

„Die Erinnerungen stechen. Alles wahr und alles falsch. Wirklichkeit und Fiktion. Ich laufe rückwärts im Kreis und versuche, das Wirrwarr meiner Vierunddreißigjährigkeit wie ein Theaterstück zu betrachten. Meine sentimentale Groteske. Wenn sich mir schon die Zukunft verweigert, soll mir wenigstens meine Vergangenheit gehorchen. Es soll gewesen sein, was hätte sein können. Ich sitze auf dem Sofa und fälsche mein Leben, das ich nicht verstehe." (Wirz 1992: 36)

Tatsächlich hatte sich der Ich-Erzähler gewünscht, Künstler zu werden, zunächst Schauspieler und später Schriftsteller, da er aus der Perspektive seiner kleinstädtischen Verhältnisse meinte, es würde ihm ermöglichen, „meinem Anderssein eine Nische schaffen zu können, eine Zone, die mich vor den Sauerkraut-Vorurteilen der anderen schützt." (Wirz 1992: 60) In seinem zweiten Aids-Werk stellt er die Erfüllung dieses Wunsches dar: Das Schreiben bietet ihm wirklich Schutz, auch wenn es in *Biographie eines leben-*

digen Tages um eine andere Art von Schutz geht, nämlich den Schutz vor dem Tod. Andererseits sieht er sich dann doch mit Vorurteilen konfrontiert, und zwar den klischeehaften Erwartungen des Lesepublikums und der Rezensenten an einen HIV-infizierten Autor.

Im Vergleich zu seinem Vorgänger ist der Ich-Erzähler in Wirzs zweitem autobiographischen Aids-Werk zynischer und sich der Motivation seines Erzählens bewusster. Seine Kindheit und seine schwule Identität hat er schon im ersten Werk aufgearbeitet und sie spielen in seinem zweiten Werk keine große Rolle mehr. Auch seine HIV-Infizierung liegt schon einige Jahre zurück. Im Mittelpunkt steht nun der Verrat durch seinen Partner Arthur, die unklare Beziehung zur heterosexuellen Schriftstellerin Vera und seine Karriere als „Aids-Literat". Nun schreibt er aus dem Blickwinkel eines Langzeitüberlenden, der bereits den Erfolg seines ersten autobiographischen Aids-Werks erlebt hat. Jetzt kommt er sich wie ein Hochstapler vor, der sein Lesepublikum betrogen hat und meint: „Mit jedem Jahr, das ich hartnäckig überlebe, wächst mein Unbehagen. Ich fühle mich wie ein Betrüger, wie jemand, der sein Versprechen nicht hält." (Wirz 1994: 13) An einer weiteren Stelle berichtet er ironisch über seinen literarischen Erfolg als HIV-Positiver, der auf seinem künftigen Tod basiert. Er hat das Gefühl, dass er sein Leiden und seinen noch in der Zukunft stehenden Tod ausnutzt, um Ruhm zu erlangen: „Ich ernte einen Erfolg, den ich mir noch nicht verdient habe. Schon zu Lebzeiten nasche ich von dem kleinen Ruhm, der meinem Tod geweiht ist." (Wirz 1994: 12)

Im Laufe der Erzählung berichtet der Ich-Erzähler auch von Lesungen, bei denen er ausschließlich als Aids-Literat vorgestellt wird. Das findet er zwar ungerecht, denn er hat schon früher geschrieben, aber zugleich spielt er die Rolle weiter, die sein Publikum von ihm erwartet und vermarktet seine HIV-Infizierung. Außerdem versucht er, die Literarisierung seiner Krankheitserfahrung nach dem Geschmack seines Lesepublikums zu richten, denn letztendlich muss seine Leidenserfahrung in erster Linie seine

Leser unterhalten. Alles Schreckliche muss den Lesern durch Humor und Lebensmut schmackhafter gemacht werden.

> „Jetzt trage ich meine Haut zu Markte, verkaufe mein Fieber und meine Alpträume, meine Nächte und meine Gespenster, biete all das feil, was ich für meine Geschichte halte, mein kleines, chaotisches Leben. Jetzt schneide ich meinen großen, dunklen Tod in viele, bunte Einzelteile, auch das kleinste Stück hat seinen Preis, Honorar für jeden Zentimeter Sterblichkeit. Der Todesclown rudert beim Lesen wild mit Händen und Füßen, zappelt hin und her, stolpert routiniert über Bonmots und läßt zwischen betrüblichen Sätzen komische Anekdote aufleuchten. Keine Schwanengesänge, niemand, der aus dem letzten Loch pfeift, nichts, was verschrecken könnte, der Tod ist ein guter Entertainer. Ein Seiltänzer, der dem Abgrund vertraulich zuzwinkert." (Wirz 1994: 24)

Der Überlebende schreibt immer weiter in der Überzeugung, dass sein Werk ihn verewigen wird, obwohl er durch seine Wortwahl dieser Überzeugung widerspricht, denn er bezeichnet sie als eine „Illusion, daß etwas bleibt, was mich überdauert." (Wirz 1994: 40) Des Weiteren bezeichnet er seine Schreibmaschine als „Komplizin meiner Gebete" (ebd.) und als „sicherer Ort". (ebd.) Seine Todesangst drückt er zwar nicht deutlich aus, aber sie erscheint dem Leser, wenn er zwischen den Zeilen liest, z.B. an der folgenden Stelle: „[I]ch lebe, besessen vom Glauben an die Magie der Worte, von der andächtigen Irrationalität, daß mir nichts passieren kann, solange ich schreibe." (ebd.) Das Schreiben soll einerseits den Tod abhalten und wird andererseits zu seiner Daseinsberechtigung, wenn er mit gemeinen Witzen über sein Nicht-Sterben konfrontiert wird. Jedoch hilft ihm sein irrationaler Glaube nicht immer. Manchmal scheitert sein Versuch, regelmäßig an seinem neuen Werk zu schreiben, an seiner ungeschminkten Aids-Realität. An manchen Tagen ist die Todesangst viel zu groß, um von Illusionen verschleiert zu werden, und an solchen Tagen kann er sich nicht mehr auf das Schreiben konzentrieren: „Das Geklapper der Schreibmaschine unterwirft sich heute dem Herzterror, der alle Sätze zusammenschlägt." (Wirz 1994: 76)

Interessanterweise zeugt dieses Werk, das von der großen Bedeutung des Schreibens für den erkrankten Ich-Erzähler handelt, zugleich von seiner Revolte gegen das Schreiben. Der Ich-Erzähler fragt sich mehrmals, warum er sich nicht für die Aids-Hilfe engagiert und einen konkreten Widerstand gegen Aids leistet, warum er sich stattdessen auf den „[m]utige[n] Buchstabenkosmos" (Wirz 1994: 45) eines literarischen Werks beschränkt. Selbstkritisch beschreibt er sich selbst daher als „atemloser Papierheld" und „Kopfrebell". (ebd.) An einer Stelle drückt er seine Entscheidung aus, diesen Zustand zu ändern, seinen „Zimmer-Käfig" und seine Schreibmaschine zu verlassen und etwas Konkretes zu unternehmen. Er sitzt währenddessen im Zug, ohne ein klares Reiseziel, freut sich aber darüber, dass er schließlich unterwegs sei. Er meint dabei, er nehme Abschied „von meinem alten Ich. Keine Phantasiereisen mehr. Keine Buchstabenfluchten. Keine Revolte auf dem Papier. Kein erfundenes Leben. Diesmal bin ich wirklich unterwegs." (Wirz 1994: 23) Er bedauert die Tatsache, dass sein erfundenes Leben im Laufe der Zeit die Oberhand über seine Wirklichkeit gewonnen habe, wodurch die Letztere verkümmerte. Diese Erkenntnis gibt ihm die Anregung, die Wahrhaftigkeit und Grenzen seines Schreibens in Frage zu stellen und den unangenehmen Schluss zu ziehen, dass er nur deswegen schreibe, weil er sein Todesversprechen noch nicht gehalten habe. Deshalb fragt er sich ironisch: „Wieviele Bücher will die Sterblichkeit noch schreiben?" (Wirz 1994: 13)

Sein vorliegendes Werk kommt ihm wie eine Sportveranstaltung vor, bei der das Schreiben gegen den Tod konkurriert, häufig ohne Erfolg. Trotz dieser Erkenntnis schreibt er allerdings weiter, obwohl er weiß, dass die geschriebenen Worte ihn letztendlich weder vor dem Tod noch vor der Todesangst retten können: „Aidsbesessenheit, täglicher Veitstanz, der schwarze Schaum der Unsagbarkeiten auf den Lippen, kein Wort rettet. Das weiß ich und schlage trotzdem auf die Schreibmaschine, reihe Satz an Satz, täglicher Rosenkranz." (Wirz 1994: 27-28) Das Schreiben ist in dem Sinne eine nutzlose Tätigkeit, die er dennoch für notwendig hält, denn es verkörpert für den langzeitüberlebenden Ich-Erzähler einerseits das Fortbestehen der Hoffnung und andererseits seine Existenzberechtigung. Für den Aidsbetroffenen und dem Tod geweihten Ich-Erzähler macht das Schreiben über seine Aids-Erfahrung ein außergewöhnliches Erlebnis aus, das ihn an die Grenzen des Schreibens führt. Die Unfähigkeit der Sprache, diese Erfahrung zu widerspiegeln, setzt eine dieser Grenzen fest und er sieht sich als Opfer dieser Sprachlosigkeit. Im Schreibprozess lernt er allerdings, wie er die Aids-Unsagbarkeiten literarisieren kann, indem er sie mit den annehmbaren, salonfähigen Sagbarkeiten verschmilzt. Das Schreiben besteht für ihn daraus, dass er die Grenzen des Sagbaren und des Mitteilbaren über Aids akzeptiert, sie zugleich mittels seiner Erzählstrategie erweitert und letztendlich seine Wahrheit und die Erwartungen seines Lesepublikums in Einklang bringt.

4.3.4.2 *Sprachlosigkeit, Selbstzweifel und Zweifel an der Relevanz des Schreibens*

Schon in seinem ersten Werk erzählt Wirz von seiner Sprachlosigkeit. Laut ihm ist die Sprache nicht fähig, die Gefühle eines entfremdeten Menschen wiederzugeben, denn sie gehört den anderen, „normalen" Menschen. Er, der schwule, uneheliche, HIV-positive Sohn einer ängstlichen Kleinstadtmutter, hat sich immer wie ein Außenseiter gefühlt, und nun sieht er sich sogar von der Sprache an den Rand gedrängt, als er sie zur Erzählung seiner ungewöhnlichen Lebensgeschichte verwenden will. Er kommt sich selbst in dieser Lage wie ein Ausländer vor:

> „Ich schreibe Gedichte, aber ich ersticke an meiner Sprachlosigkeit. […] Habe keine Worte für das, was in mir passiert. Auch die Sprache gehört den anderen. Die Gartenzwerge verteilen die Sätze, die mich zum Ausländer machen. Ich kann nicht mitreden. Ich verstehe nicht, und ich werde nicht verstanden." (Wirz 1992: 59)

Die Sprachlosigkeit führt ihrerseits zu Überlegungen des Autors sowohl über die Grenzen der Kommunikation als auch über die Bedeutung seines Schreibens und dessen Wert. Manche Autoren legen ihren Selbstzweifel offen: „Gerade frage ich mich, ob das, was ich hier schreibe, nicht unglaublich verkitscht ist." (Aretz 1997: 68) Ähnlich dazu äußert sich der Ich-Erzähler in Helmut Zanders *Der Regenbogen* zu seiner Unzufriedenheit mit seinen mangelnden Fähigkeiten als Erzähler mit den folgenden Worten: „Wie unfähig bin ich, deutlich zu machen, was mit mir wirklich los ist, was mein Innerstes bewegt." (Zander 1988: 83) Auch er geht davon aus, dass sein Tagebuch sein Leben beeinflussen und prägen wird, dass das, was er schreibt, lesenswert sei. Allerdings hat er den Eindruck, dass der Versuch an seiner eigenen Unfähigkeit scheitern könne. An einer anderen Stelle beklagt er sich über die Grenzen der Sprache, die einer ehrlichen Widerspiegelung der Aids-Erfahrung im Weg stehen und sein Schreiben beeinträchtigen. Er bedauert die Tatsache, dass viele Begriffe wie Tod und Sterben ihren ursprünglichen, biblischen Sinn verloren hätten und in der Gegenwart als angstbesetzte Wörter gelten. Deshalb scheitert der Versuch eines positiv-gesinnten Aids-Autors, seine Aids-Erfahrung und den bevorstehenden Aids-Tod konstruktiv zu literarisieren, an der Hilflosigkeit und Ohnmacht der Sprache, die immer wieder von den Medien im Sinne einer Verbreitung der Aids-Hysterie verwendet wurde und dadurch kontaminiert und zweckentfremdet geworden ist:

> „Sprache ist so hilflos geworden, und gerade jetzt bemühe ich mich konzentriert, Sprache in ihrer eigentlichen Bedeutung zu verstehen. Sprache ist auch flach geworden, weil die Menschen in ihrer Hilflosigkeit ihr den Inhalt geraubt haben. Sprache ist immer Ausdruck einer Zeit, die von einem spezifischen und bezeichnenden Denken beherrscht wird. Diese Gesellschaft hat panische Angst vor dem Tod, den sie als Ende versteht, ohne die Möglichkeit eines ganz anderen Anfangs ins Auge zu fassen." (Zander 1988: 86)

An einer anderen Stelle berichtet der Ich-Erzähler in Aretzs *Notate*, dass es Jörg trotz der Hoffnungslosigkeit der ärztlichen Prognose wieder besser ginge, dass er im Fitnessstudio sei und Zukunftspläne mache. Trotz seiner Erleichterung will sich der Ich-Erzähler allerdings durch die vorübergehende Kampfpause nicht in falscher Sicherheit wiegen lassen, kann sich von wiederholten Vorstellungen seines künftigen Lebens ohne Jörg nicht abhalten und fragt sich, wie er in diesem Gemütszustand zu erzählen habe: „Die Phantasien sind nicht angenehm. Darf man sich das Leiden, den Tod, die Wut danach zusammenphantasieren? Darf ich so schreiben?" (Aretz 1997: 74)

Seyfarth drückt seinen Zweifel an der Relevanz seines Schreibens aus, indem er in seinem autobiographischen Aids-Werk über das Phänomen der Aids-Rechenschaftsberichte spottet, die in den 1990er Jahren weltweit aufkamen und aus mehreren Aids-Betroffenen Prominente machten. Unmittelbar nach dem Tod des Ich-Erzählers räumt eine Krankenschwester seinen Nachttisch auf, stößt auf fünf Blatt Papier und liest die zittrige, fast unleserliche Schrift des gerade verstorbenen Patienten. Schwester Anita, „die trotz ihres Kirchenaustritts im innersten katholisch geblieben war" (Seyfarth 2000: 277), erklärt das von Napoleon umgeschriebene Paternoster mit seiner homosexuellen Anspielung für blasphemisch und schreibt „das wirre Geschreibsel" (ebd.) auf das Konto „der zum Schluß immer manifester gewordenen Aids-Demenz des Patienten". (ebd.) Darauffolgend trägt der Oberarzt als Todesursache Herz-Kreislauf-Versagen in das Krankenblatt ein und das Wort Aids wird in der Sterbeurkunde überhaupt nicht erwähnt. Außerdem notiert er unter „Psychiatrische Auffälligkeiten" Folgendes: „Verwirrtheitszustände und Wahnvorstellungen. Patient schrieb ungelenk auf Zettel, er sei ein Schriftsteller oder gar Dichter." (Seyfarth 2000: 280) Hier stellt Seyfarth ironisch dar, wie der Anspruch des Aids-Betroffenen auf den Schriftstellerstatus in diesem Fall von einem Vertreter der Schulmedizin, der ihn für eine Wahnvorstellung hält, abgelehnt wird, denn für diesen war der verstorbene Napoleon nur ein Aids-erkrankter schwuler Patient. Die Literarisierung der Aids-Erfahrung scheitert an der Staatsmaschinerie und dem medizinischen

Jargon. Sowie im Leben als auch im Tod bleibt der Ich-Erzähler unverstanden.

Mit dieser provozierenden Inszenierung der Vernichtung seines Werks innerhalb desselben Werks erreichen die Überlegungen des Ich-Erzählers über die Relevanz seines Schreibens ihren Höhepunkt. Damit bringt der Autor Seyfarth auch seinen autobiographischen Bericht zu Ende. Anstatt sich selbst in seinem Rechenschaftsbericht über das ernste Thema Aids zu ernst zu nehmen, zersetzt Seyfarth die herkömmliche Vorstellung, dass die Verewigung des geschriebenen Worts unantastbar sei, dass es unter allen Umständen den Autor überlebt. Die Autoren autobiographischer Werke, insbesondere der autobiographischen Betroffenheitsliteratur, scheinen es für selbstverständlich zu halten, dass sie mit ihren Erzählungen einen wichtigen Beitrag zur menschlichen Geschichte leisten, der bis in alle Ewigkeit schwarz auf weiß erhalten bleiben würde. In der Gestalt ihres Werks erhoffen sie sich symbolisch der Verewigung ihres Lebens. Im Gegenteil dazu postuliert Seyfarth provokatorisch, dass der Schreibprozess eines Aids-Autors bereits das Löschen seines Produktes beinhaltet. Das wahre literarische Werk über die Aids-Erfahrung soll seine eigene Vernichtung umfassen, die die Verwirklichung des Todesversprechens, von dem das Werk ausgeht, verkörpert. Wenn laut ihm der Aids-Tod nicht zu befürchten, sondern als Höhepunkt des Lebens eines Außenseiters zu betrachten sei, sollte aus dem gleichen Grund das Löschen der Aids-Autobiographie ebenso als die logische Kulmination des Schreibprozesses verstanden werden.

Auch Wirz stellt die Relevanz seines Schreibens in Frage, indem er seinen bisherigen Erfolg als Aids-Autor selbst ironisch herabsetzt, denn er basiert zum großen Teil auf der Verfälschung seiner Aids-Erfahrung, die er als Marketingstrategie verinnerlicht hat. Laut ihm lassen die Literaturkonsumenten und -rezensenten die Angst und Trauer des HIV-positiven Autors nur zu, „wenn sie im Kostüm der Ironie erscheinen. Applaus für den Schmerz, der sich in ein Bonmot verwandelt. Beifall für die zeitgeistige Relativierung aller betrüblichen Wahrheiten und Tatsachen." (Wirz 1994: 27) Für die ungeschminkte Wahrheit interessiert sich niemand, denn sie ist viel zu trübe für den Massengeschmack. An mehreren Stellen gibt der Ich-Erzähler die Vorschläge seiner Freunde und Leser wieder und gesteht ein, dass er widerstandslos allen Vorschlägen zustimmt, als ob seine literarischen Werke Produkte wären, die er auf Bestellung herstelle. Einige verlangen von ihm mehr Humor, andere wollen weniger. Manche schlagen ihm vor, sein nächstes Werk sollte autobiographischer sein, während andere mehr Fiktionalität fordern. Einerseits wird ihm vorgeworfen, dass sein Schreiben zu larmoyant sei. Andererseits meinen einige Leser, dass er ehrlicher schreiben und sein Leiden nicht dermaßen hinter Humor verstecken solle. (Vgl. Wirz 1994: 49-50) In jedem Fall spielt der Ich-Erzähler als marktabhängiger Literaturproduzent mit und verachtet sich selbst zugleich.

4.3.5 Die Suche nach einer neuen Identität: Aids als (zweite) Chance

Neben der Erfahrung von Entmenschlichung, die der HIV-Positive nach seiner Infizierung in mehreren Lebensbereichen erleben muss, entsteht auch die Suche des Ich-Erzählers nach einer neuen Identität als Folge der Grenzerfahrung Aids. Sowohl der eigene Körper des Ich-Erzählers als auch seine Lebensverhältnisse sind durch seine HIV-Infizierung und die darauffolgende Aids-Erkrankung dermaßen verändert, dass er sich nicht mehr mit seinem alten Ich identifizieren kann. Bis zu einem gewissen Grad betrachten alle Ich-Erzähler Aids als unvorhergesehene Unterbrechung ihrer Karriere und somit ihrer Identität. Für Sonja Auras verursachte Aids die Unterbrechung ihrer beruflichen Tätigkeit als Ärztin, während Markus Commerçon aufgrund seiner HIV-Infizierung seine Karriere als Bäckermeister aufgeben musste. In beiden Fällen erfuhren die jeweiligen Aids-Betroffenen, dass ihr HIV-Positivsein nicht mit ihrer bisherigen beruflichen Identität zu vereinbaren war. Bei anderen Aids-Autoren wurde wegen Aids die Ausübung ihrer Sexualität beeinträchtigt und ihre Karriere als Liebhaber unterbrochen.

Langsam wird aber aus dem Verlust der Identität, unter dem jeder HIV-Positive leidet, sobald er als ‚Patient' bezeichnet und behandelt wird, eine Tugend, denn er lässt dem Ich-Erzähler keine andere Wahl, als eine neue Aids-gerechte Identität zu finden.

Dies besteht in erster Linie daraus, dass er sich notwendigerweise als Mitglied einer Gemeinschaft wahrnimmt. In seinem Werk *Traces and Shadows* deutet Ralf Sarkonak auf die politische Dimension in Guiberts Aids-Werken hin, die in der Neudefinierung des herkömmlichen Familienbegriffs bestehe.[136] Als der Ich-Erzähler den sterbenden Muzil im Krankenhaus besuchen will, verweigert ihm ein Arzt das Recht, seinen Freund zum letzten Mal lebendig zu sehen, weil dieses Recht zuallererst für die Blutsverwandten des Patienten gilt, denn „la loi du sang … privilégiait les membres de la famille par rapport aux amis."[137] (Guibert 1990: 111) In seiner Erzählung lehnt der Ich-Erzähler diesen beschränkten Familienbegriff ab und geht von einem viel mächtigeren und umfassenderen „loi du sang" aus. Das HIV-Positivsein stiftet für ihn eine neue Gruppe von Blutsverwandten. Alle, in deren Blut das HI-Virus vorhanden sei, seien mit ihm blutsverwandt. Die Gemeinschaft der schwulen HIV-Positiven ersetzt einerseits die Familie, andererseits hilft sie dem Ich-Erzähler dabei, eine neue Identität für sich selbst zu entwerfen.[138] Dasselbe trifft auch auf die deutschen autobiographischen Aids-Autoren zu.

Um die eher positive Haltung, die die meisten Aids-Autoren der tödlichen Krankheit gegenüber annehmen, richtig einschätzen zu können, bedarf es an dieser Stelle eines kurzen Exkurses in die jüngste Kulturgeschichte der

---

[136] Vgl. Sarkonak, Ralph: Traces and Shadows: Fragments of Hervé Guibert. In: Same Sex/Different Text? Gay and Lesbian Writing in French. Hgg. von Brigitte Mahuzier, Karen McPherson, Charles A. Porter und Ralph Sarkonak. Special issue. *Yale French Studies* 90 (1996), S. 172-202.

[137] Das Recht des Blutes gibt den Verwandten mehr Privilegien als den Freunden.

[138] Vgl. Caron, David: *AIDS in French Culture. Social Ills, Literary Cures.* Wisconsin: The University of Wisconsin Press 2001, S. 133.

Homosexualität. In den 1980er Jahren bezeichnete Hubert Fichte die schwule Perspektive als die Perspektive von Unten oder die Perspektive des Kranken in einem neuen Sinn und erläuterte dabei eine sinnvolle Verbindung der Begriffe Homosexualität und Krankheit, die in deutlichem Gegensatz zur regressiven Formulierung „Homosexualität *als* Krankheit" stand.

> „Wenn Krankheit etwas ist, was beginnen und enden könnte, sind weder Homosexualität noch Päderastie Krankheiten. Wenn Krankheit eine ungeduldete Sonderform des Verhaltens ist, durch das zahlenmäßig Durchgesetzte zur Zerrüttung gebracht – dann sind Homosexualität und Päderastie Krankheiten."[139]

Obwohl von „Homosexualität *als* Krankheit" längst nicht mehr die Rede sei, hat die Formulierung „Homosexualität *und* Krankheit" laut Wolfgang Popp und Gerhard Härle im Zeitalter von Aids an Bedeutung gewonnen. Die Konjunktion „und" sei hier doch – historisch betrachtet – aufgezwungen, aber sie hat „durch HIV und Aids eine brisante Aktualität zurückgewonnen" (Härle und Popp 1993: 25), die nicht ignoriert werden könne und dürfe. Außerdem könne die Annahme einer aufgezwungenen Rolle auch ein Zeichen von Stolz sein und Räume eröffnen, in denen die Möglichkeit besteht, diese Rolle, die der aufgezwungenen Konjunktion „und" entspricht, kreativ zu gestalten. Deshalb meint Popp, dass die schwulen Autoren aus Solidarität mit HIV-Positiven ausgerechnet aus dieser Perspektive und daher subversiv schreiben sollen, anstatt das Zusammenstehen beider Begriffe abzulehnen. Sobald die schwulen Autoren davon ausgehen, dass das Fremdsein und im weiteren Sinne das Kranksein zur homosexuellen Perspektive gehören, stellen sie sich zu den HIV-Positiven und Aids-Betroffenen, anstatt sie auszugrenzen. An der folgenden Stelle erläutert Popp, warum in diesem Zusammenhang die Konjunktion „und" und die Verbindung der beiden Begriffe im Aids-Zeitalter so wichtig sei:

---

[139] Fichte, Hubert: *Versuch über die Pubertät*. Frankfurt am Main 1982, S. 151.

„In ihr, so läßt sich provokant und anstößig formulieren, kommt der homosexuelle Grundkonflikt wieder zu seinem Recht, und die Spannung, die
daraus entsteht, könnte und sollte uns zu produktiven Leistungen an-
spornen, sowohl im persönlichen Miteinander als auch in der literarischen
Auseinandersetzung und Gestaltung dieses ‚prekären Zusammenhangs'."
(ebd.)

Mit dem von Popp erwähnten homosexuellen Grundkonflikt befassen
sich selbstverständlich viele Schriftsteller in ihren Werken. Als Beispiel wird
hier der französische Aids-Autor Dominique Fernandez angeführt, der eine
Art Kulturgeschichte der Homosexualität in seinem Werk *Le Rapt de
Ganymède* vorlegte. Er führt aus, dass es einen Zusammenhang zwischen
Ausgrenzung, Stigmatisierung und Diskriminierung von schwulen Künstlern und Autoren sowie deren künstlerischer und literarischer Kreativität
und Produktivität gebe. Eine homosexuelle Kultur könne es nur geben,
wenn die Homosexuellen unterdrückt, stigmatisiert und ausgegrenzt würden. Deshalb bestehe die kulturelle Funktion der Thematisierung von Homosexualität für Fernandez, wie vor ihm für viele Wissenschaftler, vor allem
in der Ablehnung der Normalität und der Wahl des Außenseitertums. Das
Leben des Protagonisten in Fernandez' Roman *La gloire du paria* verdeutlicht
zum Teil diese Ansicht. Als Jugendlicher hat der Protagonist Bernard seine
Homosexualität noch als Stigmatisierung, Abartigkeit und Krankheit wahrgenommen, die er vor der Öffentlichkeit verbergen musste. Gerade dieses
Verbergen weckte aber zugleich die Lust an der Grenzüberschreitung. Mit
der 1968er Bewegung, die auch die Schwulenemanzipation mit sich brachte,
ist die Notwendigkeit des Verbergens überflüssig geworden, zugleich jedoch ging auch die Identität des Grenzüberschreiters verloren.

Die Figur eines solchen emanzipierten und entzauberten Schwulen wäre
nach Fernandez nicht Sache der ‚homosexuellen Literatur'. Erst die Krankheit Aids habe diese Kategorie wieder möglich gemacht. Seit dem Ausbruch
von Aids seien die Homosexuellen erneut eine Risikogruppe geworden. Die
Erkenntnis, nach einigen Jahren der gesellschaftlichen Toleranz wieder zu
einer bedrohten Art zu gehören, weckt einen gewissen Stolz in Bernard.

Indem er als glücklicher Homosexueller lebte, habe er gewissermaßen sein Schicksal verraten. Nun sieht er sich in die dramatische Atmosphäre seiner Jugend zurückversetzt und beschließt, Aids anstatt mit Schrecken eher mit Erleichterung anzunehmen und auf seinen neuerlich wieder erworbenen Paria-Status stolz zu sein.

In den deutschen Aids-Autobiographien taucht ebenfalls die Überzeugung der Ich-Erzähler an mehreren Stellen auf, dass das HIV-Positivsein, trotz aller Leidens- und Ausgrenzungserfahrungen – oder gerade ihretwegen – eigentlich positiv zu betrachten sei. Helmut Zander führt sein verstärktes Gemeinschaftsgefühl und die Begegnungen mit mehreren beeindruckenden Menschen auf seine Erkrankung zurück und meint: „So schlimm diese Krankheit wirklich ist, bin ich mir dennoch nicht gänzlich sicher, ob Aids nicht in Wirklichkeit auch eine Gnade sein könnte." (Zander 1988: 213) Das Virus hat ihn von der Normalität befreit und ihm Mut gemacht, sich zu seinem Außenseitertum als Schwuler und HIV-Positiver zu bekennen und eine Selbsthilfegruppe für Aids-Betroffene, die ‚Regenbogen' heißt, zu gründen. Aids hat in diesem Sinne seinem Leben eine neue Bedeutung verliehen. Des Weiteren bezeugt der HIV-positive Aretz, „dass Außenseitertum auch Spaß machen und einen wesentlichen Baustein zu einer lebendigen Identität bilden kann." (Aretz 1997: 19) Diese lebensverändernde Erkenntnis habe er nach seiner HIV-Infizierung erneut erworben.

Der langzeitüberlebende Ich-Erzähler in *Biographie eines lebendigen Tages* bezeichnet HIV als „das Virus, das uns mit der Freiheit infiziert, über den Schatten unserer Enge herauszuwachsen" (Wirz 199: 15) Diese Freiheit besteht eben darin, dass er sich neu erfinden kann. Den Gedanken führt er mit den folgenden Worten näher aus, die das Leben seiner ‚normalen' Mitmenschen als kläglich erscheinen lassen und der HIV-Infizierung seine eigene, neu erworbene Überlegenheit zuschreiben:

> „Hinter meiner Stirn weitet sich der beschränkte Horizont. Das Virus ist ein Stern, der auch die Tage erleuchtet, mir die Augen öffnet inmitten der Blinden. Mich immun macht gegen Banalität und Feigheit. In meinem

Kopfkino bin ich ein Held, gefeit gegen die schreckliche Vernunft der Sparsamen, ich kann lieben und leben ohne Netz. Brauche keine Sicherheiten und keine Garantien." (Wirz 1994: 44)

Solche positiven Interpretationen von Aids haben auch scharfe Kritik geerntet. Alain Ménil etwa lehnt die Romantisierung des Aids-Todes und „le cliché de la mort librement acceptée, sinon secrètement recherché"[140] im Aids-Diskurs ab, die laut ihm "une intime complicité du malade avec sa maladie." erzeugt.[141] (ebd.) Wirz gibt ebenfalls zu, dass ‚Aids als Chance' sich wohl auch in ‚Aids als Falle' verwandeln könne, z.B. wenn sein depressives, selbstmörderisches privates Ich versucht, seinen Zimmer-Käfig zu verlassen und sich als Autor neu zu erfinden. Einerseits muss sein öffentliches Autor-Ich feststellen, dass es durch die klischeehaften Erwartungen seines Lesepublikums wieder eingesperrt und begrenzt wird, sodass sein Versuch, eine neue Identität zu erfinden, an der Stereotypisierung des Aids-Autors scheitert. Andererseits führt die Flucht vor der Einsamkeit seiner Zimmer-Welt häufig zur Enttäuschung mit der Außenwelt und somit zu einer erneuten Flucht in die Einsamkeit seines Zimmers zurück. Anstatt einer Lösung bietet Aids in dem Sinne eine neue Falle. Vom HIV-Positivsein erhofft sich der Ich-Erzähler die Erweiterung seines Horizonts und eine Möglichkeit, die Leiden seines privaten Ichs zu überwinden. Stattdessen sieht er seine neue Autor-Identität vom Thema HIV/Aids eingeschränkt.

Bernd Aretz wendet sich an einer Stelle vehement gegen die Tendenz, das HIV-Positivsein als etwas Besonderes zu betrachten, denn Aids sei „eine üble Infektionskrankheit und nichts Positives." (Aretz 1997: 122) Allerdings gibt er an anderen Stellen wiederholt zu, dass es doch positive Auswirkungen auf sein Leben gehabt habe. Aids verkörpere für ihn die Chance, „Gewichtungen zu überdenken, den alltäglichen Trott in Frage zu stellen,

---

[140] Ménil, Alain: *Sain[t]s et saufs. Sida: une épidémie de l'interprétation.* Paris: Les Belles Lettres 1997, S. 132. [das Klischee, das der eigene Tod nicht nur akzeptiert, sondern sogar gewünscht wird]
[141] eine intime Komplizenschaft zwischen dem Kranken und seiner Krankheit.

das eine oder andere nicht mehr so wichtig zu nehmen." (Aretz 1997: 21) Die Grenzerfahrung Aids habe ihm die Augen geöffnet, sodass er keine Zeit mehr mit der Banalität des Alltags und sinnlosen Kleinigkeiten vergeude. Stattdessen beschäftige er sich ganz bewusst nur mit dem Wesentlichen und dem Erhabenen. Des Weiteren deutet er darauf hin, dass HIV sein Selbstvertrauen gestärkt habe, denn es „macht manches möglich, was ich mich vorher nicht getraut hätte." (Aretz 1997: 28) In der Tat sei sein Leben als todbedrohter HIV-Positiver viel erfüllter und sinnvoller als vorher.

Eine der positivsten Umdeutungen von Aids kommt allerdings in Guiberts *À l'ami qui ne m'a pas sauvé la vie* vor, als der sterbende Freund Muzil sich eine Palliativstation für Aids-Betroffene folgendermaßen vorstellt:

> „… ça ne devrait pas être une institution où l'on vient mourir, mais où l'on vient faire semblant de mourir. Tout y serait splendide, en effet, avec des peintures somptueuses et des musiques suaves, mais seulement pour mieux dissimuler le pot aux roses, car il y aurait une petite porte dérobée tout au fond de cette clinique, peut-être derrière un de ces tableaux propres à faire rêver, dans la mélodie engourdissante du nirvana d'une piqûre, on se glisserait en douce derrière le tableau, et hop, on disparaîtrait, on serait mort aux yeux de tous, et on réapparaîtrait sans témoin de l'autre côté du mur, dans l'arrière-cour, sans bagage, sans rien dans les mains, sans nom, devant inventer sa nouvelle identité."[142] (Guibert 1990 : 24-25)

Dieses Bild unterscheidet sich stark von den schreckenerregenden Beschreibungen von wirklichen Krankenhäusern, die in allen Aids-Werken

---

[142] Es sollte kein Ort sein, zu dem Leute hingehen, um zu sterben, sondern an dem sie nur so tun als ob sie sterben. Alles dort sollte luxuriös sein, mit schicken Gemälden, beruhigender Musik, aber es wäre alles nur eine Verschleierung des wirklichen Mysteriums, denn es gäbe eine kleine Tür, versteckt in einer Ecke der Klinik, vielleicht hinter einem der träumerisch exotischen Gemälde und zu betäubender Musik eines unter die Haut gehenden Nirwana und du schlüpfst heimlich durch das Gemälde und sofort würdest du verschwinden, ziemlich tot in den Augen der Welt, da dich niemand auf der anderen Seite der Wand wieder auftauchen sehen würde, in der Gasse, ohne Gepäck, ohne Namen, ohne irgendetwas, gezwungen, eine neue Identität für dich zu erfinden.

vorkommen. In dieser eingebildeten Palliativstation ist der Aids-Tod nicht Ende des Lebens, sondern eher eine zweite Chance, sich neu zu erfinden, der man im alltäglichen Trott nie hätte begegnen können. Dafür bedürfte es eine Grenzerfahrung. Dass Muzil sich Aids wörtlich als eine Grenzüberschreitung vorstellt, wird anhand seiner Wortwahl klar: der Aids-Betroffene verschwände hinter einem exotischen Gemälde und erscheine auf der anderen Seite wieder. Aus dem alten Leben nähme er nichts mit und müsste wieder ganz von vorne anfangen und eine neue Identität für sich erdichten.

In gewissem Sinne ist dies ebenfalls das Ziel aller in dieser Arbeit diskutierten Aids-Autoren. Den bevorstehenden Aids-Tod betrachten sie nicht angstvoll als Tod schlechthin, sondern vielmehr hoffnungsvoll als eine Gelegenheit, scheinbar von der Bildfläche zu verschwinden, um sich unbelastet neu erfinden zu können. Es ist sicherlich kein Zufall, dass Seyfarth und Wirz ihre Namen geändert haben. Der aus F. stammende, ängstliche und verklemmte Volker hat sich mit dem neuen Namen Mario versehen und dabei jede Verbindung zu seinem vergangenen, leidenden Volker-Ich abgebrochen. Auf die gleiche Weise hat sich Hans Seyfarth nach seiner Ankunft in Berlin und seiner zunehmenden Einbeziehung in die schwule Szene in Napoleon umbenannt und sich dadurch von seiner kleinstädtischen Vergangenheit distanziert. In ihren Aids-Werken versuchen die Aids-Autobiographen ebenfalls, ihre alte Identität, ihr altes Ich zurückzulassen und anhand des Schreibens über ihre Aids-Erfahrung zu den Bausteinen ihrer neuen Aids-gerechten Identität zu gelangen.

Dieser Ansatz wird etwa von Wirz in *Biographie eines lebendigen Tages* ausgedrückt, der in klaren Worten seine Absicht erklärt, sich von seiner alten Identität zu befreien und sein altes Ich abzulegen:

> „Gelassen trete ich aus allen Identitäten. Steige aus allen Rollen und Bildern. Benennungen und Interpretationen. Bin weder Liebender noch Freund. Bin nicht Nachbar oder Patient. Kein Autor und kein Kolleg."
> (Wirz 1994: 36)

Allerdings muss der Ich-Erzähler zuerst „unbemerkt von allen, auch von sich selbst ... sein endgültiges Verschwinden üben" (Wirz 1994: 38), bevor er sich neu erfinden kann. Der Überlebende erkennt, dass sein HIV-Positivsein ihm die Gelegenheit einer immerwährenden Neuschöpfung seines Ichs bietet, weil er stets sowohl dabei sei zu sterben als auch zu überleben. Diese Dynamik verbindet er mit seiner Überzeugung, dass er einer der wenigen Auserwählten sei, denen die Chance gegönnt wird, sich selbst und ihre Welt neu zu gestalten. Daher beinhaltet sein dionysisches Projekt, sich neu zu erfinden, auch den Entwurf einer neuen Kosmogonie. Mit anderen Worten, sein Projekt besteht nicht nur aus der Erfindung einer neuen Identität, sondern auch aus einer neuen Schöpfungsgeschichte. Die Begegnung mit dem Aids-Tod gäbe in dem Sinne eher den Anstoß zu einem neuen Leben, das sich radikal vom alten Leben des Ich-Erzählers unterscheiden würde, denn er würde sich wie ein Phönix aus der Asche seines vernichteten alten Ichs neu erschaffen. Die Vernichtung der alten Identität würde die Verbrennung aller Ängste und Kontrollen mit sich bringen, sodass sein neues Ich ein durchaus freies und schöpferisches Ich wäre. Der Aids-Tod ist daher nicht zu befürchten, stattdessen wird er eher als eine Verklärung wahrgenommen.

> „In meinem Kopfkino bin ich einer, der aufwacht, bereit, in der Umarmung des Todes das Leben zu lernen. Aus meinem Schoß springt ein wildes Kind, das nichts und niemand zähmen wird. In seinem Feuer brennen die Dompteure und ihr Alphabet der Angst. Alles verbrennt in seinen Flammen, von A wie Anpassung bis Z wie Zensur. Aus der Asche steige ich, aufbrausend und zornig, ein Aidsinfizierter, ein Außenseiter, ein ‚schräger Vogel', aber einer, der sich mit jeder Feder stolz schreibt. Siebenunddreißig Jahre alt ist das Kind, das in sieben Träumen Welt neu schafft, in sieben Träumen sein Leben noch einmal erfindet. Das Kind braucht keinen Feiertag, weil es jeden Tag feiert, ruhelos ist auch am siebenten Tag. Den verordneten Ruhetag reißt das Kind aus seinem Kalender und tanzt." (Wirz 1994: 44-45)

Seyfarth scheint auch, seine HIV-Infizierung positiv zu bewerten. Er hat sich schon in seiner ersten Lebensphase mehrmals neu erschaffen, z.B. als er sich umbenannte oder als er einmal eine sehr begehrte Lederjacke geschenkt bekam und das Anziehen dieser Jacke als eine Verwandlung wahrnahm. Im Laufe der Zeit wurde sie seine „zweite Haut" und begann, „mit [s]einer ersten Haut zu verwachsen", (Seyfarth 2000: 113) bis sie ihm schließlich die Möglichkeit bat, die Grenzen seiner alten Lehrlingsidentität zu überschreiten und sich als erfahrenen Spieler in der Lederszene zu etablieren. Diesen fortdauernden Rollen- bzw. Identitätswechsel erstrebt und genießt er und begreift Aids daher als noch eine Chance, mit der Ambiguität und der Unbeständigkeit seiner Identität zu experimentieren. Der Ich-Erzähler in *Schweine müssen nackt sein* bezeichnet einerseits sein Patient-Ich im Krankenhaus als Schwein, d.h. als Unmensch, da er in den Augen der Ärzte kein handlungsfähiger Mensch mehr sei. Andererseits inszeniert er seinen eigenen Aids-Tod und beschreibt seine Leiche als „Insekt" und „eine ausgesaugte Biene". (Seyfarth 2000: 275) Anhand solcher Metaphern beschwört er wieder die entmenschlichende Krankenhausroutine herauf und leistet mittels seiner scheinbaren Annahme dieser Rolle zugleich seinen Widerstand dagegen. Mittels der Strategie, sich als Tier zu bezeichnen und nach seinem Tod weiter zu erzählen, überschreitet er die Grenze sowohl zwischen Mensch und Tier als auch zwischen Leben und Tod. Indem er sich an unterschiedlichen Stellen als „Hans", „Ich", „dein Ich-Vater", „Messias" und „Gott" bezeichnet, deutet der Ich-Erzähler wohl darauf hin, dass Aids ihm eine neue, erweiterte Identität verliehen habe, die umfangreicher sei als sein altes Ich, da sie keine herkömmlichen Grenzen respektiere und scheinbare Widersprüchlichkeiten versöhne.

Diese in allen Aids-Werken vorkommende Wahrnehmung des Aids-Todes eher als eine zweite Chance, sich neu zu erfinden, bietet wohl die Erklärung dafür, dass Mutmaßungen über den Tod in diesen autobiographischen Werken über die Erfahrung einer tödlichen Krankheit seltsamerweise ausbleiben. Während einige Aids-Autobiographen den Schwerpunkt auf das Leben mit Aids legen und ihre Leser aufklären wollen, dass Aids nicht selbstverständlich und sofort mit dem Sterben in Verbindung zu bringen sei, beschäftigen sich andere in erster Linie mit der Ausschöpfung des literarischen Potentials von Aids, indem sie versuchen, angesichts des Todes sich zu erneuern und ihre Aids-Erfahrung nicht bloß als Patienten wiederzugeben, sondern hauptsächlich als Literaturproduzenten. In beiden Fällen bleibt wenig Spielraum übrig für Überlegungen über den Tod.

Guibert behauptete, dass „le sida ... aura été pour moi un paradigme dans mon projet de dévoilement de soi et de l'énoncé de l'indicible."[143] (Guibert 1990 : 247) Dass eine solch äußerst positive Interpretation von Aids als paradigmatisch für das Schreiben an sich in den Werken der deutschen Aids-Autobiographen nicht vorkommt, ist wenig verwunderlich, denn Guiberts Projekt der Selbstenthüllung als etablierter Schriftsteller beinhaltete schon dreizehn Veröffentlichungen vor seiner HIV-Infizierung. Daher könnte seine Literarisierung von Aids als Höhepunkt seiner schriftstellerischen Tätigkeit angesehen werden. Im Gegensatz zu ihm waren fast alle in dieser Arbeit diskutierten deutschen Aids-Autobiographen Anfänger im literarischen Bereich, die die Dokumentierung ihrer Aids-Erfahrung als Möglichkeit wahrgenommen haben, sowohl die Banalität des alltäglichen Lebens, als auch die entmenschlichenden Auswirkungen ihrer HIV-Infizierung zu überwinden. Ungeachtet der unterschiedlichen literarischen Strategien, die sie dazu verwendeten, bleibt die Authentizität ihres Berichts und die Relevanz ihres Schreibens als Teil der weltweiten Literarisierung von HIV/Aids unbestreitbar.

---

[143] Aids wird ein Muster in meinem Projekt der Selbstoffenbarung und der Äußerung des Unaussprechlichen gewesen sein.

5 FORM UND ERZÄHLSTRUKTUR AUTOBIOGRAPHISCHER AIDS-WERKE

5.1 Der autobiographische Pakt in den untersuchten Aids-Werken

Bezüglich der Form besteht der in dieser Arbeit behandelte Korpus ausschließlich aus autobiographischen und autofiktionalen Werken, d.h. aus Texten, in denen ein Ich spricht und von seiner eigenen Aids-Erfahrung erzählt. Des Weiteren werden diese Werke durch die innertextliche Bestätigung der Identität von Autor, Erzähler und Hauptperson der Erzählung gekennzeichnet. Mit anderen Worten, der Name des Erzählers sowie der Hauptperson im Text ist der gleiche wie der des Autors außerhalb des Textes. In dieser Identität der drei Instanzen besteht der von Philippe Lejeune erwähnte autobiographische Pakt, denn der Name bildet für Lejeune das eigentliche Sujet der Autobiographie-Forschung.[144]

> « C'est dans ce nom que se résume toute l'existence de ce qu'on appelle l'auteur: seule marque dans le texte d'un indubitable hors-texte, renvoyant à une personne réelle, qui demande ainsi qu'on lui attribue, en dernier ressort, la responsabilité de l'énonciation de tout le texte écrit. »[145] (Lejeune 1996: 23)

Die Nennung des Autorennamens im Text verweist auf eine unbezweifelbare Welt außerhalb des Werks, womit dem Autor die Verantwortung für

---

[144]Vgl. Lejeune, Philippe: *Le pacte autobiographique.* Paris: Seuil 1996, S. 30.

[145]In diesem Namen wird die gesamte Existenz der Person, die wir als *den Autor* bezeichnen, zusammengefasst: Es ist das einzige Zeichen eines unzweifelhaften Abdrucks im Text, das sich auf eine reale Person bezieht und somit erfordert, dass wir ihr in der abschließenden Analyse die Verantwortung für die Erstellung des gesamten geschriebenen Textes zuerkennen.

die Äußerungen im Text (sowie die Erzählung durch den Ich-Erzähler) zugeschrieben wird. In der Tat funktioniert der Autorenname als Zeichen für die Realität und bestätigt, dass der Wirklichkeitsanspruch der Autobiographie (und der Autofiktion) im Fall des vorliegenden Werks erfüllt wird. Die Tatsache z.B., dass es einen Schriftsteller und Aids-Aktivisten namens Markus Commerçon gegeben hat, der mehrere Bücher zum Thema Aids veröffentlichte, ist empirisch-historisch beweisbar. Wenn nun das Aids-Werk *AIDS: Mein Weg ins Leben,* in dem ein Erzähler namens Markus Commerçon in der ersten Person von seiner Erfahrung von Aids erzählt, den Namen des Autors auf dem Umschlag und der Titelseite als Markus Commerçon angibt, handelt es sich deutlich um ein autobiographisches Werk, das dem Autor Commerçon zuzuschreiben ist. Dasselbe gilt auch für die anderen Autoren, die in dieser Arbeit behandelt werden sowie ihre Aids-Werke.

5.2 Die Formenvielfalt im untersuchten autobiographischen Korpus

Diese autobiographischen Aids-Werke sind durch eine Formenvielfalt gekennzeichnet. Josef Gabriels *Verblühender Mohn: Aids – die letzten Monate einer Beziehung* besteht aus Tagebuchaufzeichnungen, die am 24. April 1985 beginnen und am 6. Dezember 1985 enden. Auch Helmut Zanders *Der Regenbogen* ist ein Tagebuch und wird sogar im Untertitel als *Tagebuch eines Aidskranken* beschrieben. Der erste Eintrag datiert vom 14. Juli 1986, der letzte vom 30. September 1987. Bernd Aretz hat seine *Notate: Aus dem Leben eines HIV-infizierten schwulen Mannes* im Stil eines Tagebuchs geschrieben, das über einen Zeitraum von vier Jahren (vom 25. Dezember 1992 bis 26. Dezember 1996) über das Leben des Ich-Erzählers Bericht erstattet. Der tagebuchartigen Erzählung wird unmittelbar nach dem letzten Eintrag zusätzlich ein Brief des Autors an Wolfgang Popp beigefügt, der vom 12. Februar

1997 datiert, wodurch zusätzlich ein Anspruch auf Authentizität erhoben wird.

Markus Commerçons autobiographischer Lebensbericht *AIDS: Mein Weg ins Leben* liest sich wie ein Bildungsroman. Das Werk hat drei Teile mit jeweils mehreren kurzen Kapiteln, die den drei wichtigen Phasen im Leben des Ich-Erzählers entsprechen. Der erste Teil, der „Die Suche nach Liebe" heißt, enthält Erinnerungen aus der Kindheit und der Jugendphase einschließlich der Entdeckung und Bearbeitung der eigenen Homosexualität sowie der Reaktionen der Familie darauf. Der zweite Teil ist als „Wege der Liebe: Wolfgang" betitelt. Hier beschäftigt sich der Ich-Erzähler mit der wichtigsten Liebesbeziehung seines Lebens zu seinem ersten Partner Wolfgang, ihrer beider HIV-Infizierung, Wolfgangs Aids-Erkrankung und Tod sowie mit dem neuen Liebhaber Hans. Im dritten Teil, der „AIDS - Neue Wege" heißt, thematisiert der Ich-Erzähler sein Outing als HIV-Positiver, seine Entscheidung, bei der Aids-Präventionsarbeit mitzuwirken sowie die Erfahrung von Aids und Diskriminierung am eigenen Leib.

5.2.1 Abweichungen von der Autobiographie: autofiktionale Züge

Allerdings lassen sich die Aids-Werke von Mario Wirz und Napoleon Seyfarth nicht so eindeutig als Autobiographie kategorisieren, denn sie weisen auch autofiktionale Züge auf. Marie Darrieusecq definiert Autofiktion als eine Erzählung in der ersten Person Singular, die sich jedoch auf der Titelseite häufig als eine fiktive Erzählung ankündigt, gegebenenfalls auch als Roman. Sie erklärt diese Vorliebe für ein fiktives Etikett anhand der Tatsache, dass das autobiographische Genre herkömmlich als Vorrecht öffentlich bekannter Persönlichkeiten betrachtet wird, für dessen Leben sich das Leserpublikum interessieren würde. Eine große Anzahl von Schauspieler- und Politikerautobiographien stehen als Beweis dafür, dass dieses Genre meistens in Verbindung mit berühmten Persönlichkeiten gesehen wird, von denen die Öffentlichkeit große Leistungen erwartet. Es ist nicht zu erwarten, dass sich das Lesepublikum für das Leben eines relativ unbekannten Menschen interessieren würde, weshalb die Bezeichnung Autobiographie nicht unbedingt geeignet ist. Deshalb werden solche Werke häufig im Untertitel als Roman bezeichnet und als solcher vermarktet.

5.2.1.1 Autofiktion: einige Begriffserklärungen

Für Darrieusecq besteht der Unterschied zwischen Autobiographie und Autofiktion darin, dass Autofiktion ein fiktionales Element beinhaltet, das dem Unterbewusstsein des Autors Ausdruck verleiht, während die Autobiographie den Versuch unternimmt, sich auf irgendeinen objektiven Diskurs zu beziehen, sei es einen historischen, wissenschaftlichen oder biographischen. Wie in der Autobiographie erscheint der Autor einer Autofiktion selbst im Text und wird mit seinem eigenen Namen genannt. Eine Annäherung an die außerweltliche Realität wird durch verschiedene lebensnahe Effekte (*effets de vie*) erzeugt, zum Beispiel mithilfe der Bezugnahme auf reale Persönlichkeiten, Orte und Ereignisse, selbst wenn solche Persönlichkeiten im Werk unter einem Pseudonym erscheinen. Ferner führt Darrieusecq aus, dass die Technik der freien Assoziation ein Merkmal der Autofiktion sei.[146] Die Werke von Wirz und Seyfarth weisen an mehreren Stellen die Zusammenstellung von Assoziationsketten auf, insbesondere dann, wenn von einer Wahrnehmungsebene zu einer anderen gewechselt wird.

Vincent Colonna erweitert den Begriff der Autofiktion, indem er sie als ein literarisches Werk definiert, innerhalb dessen ein Autor für sich eine neue Persönlichkeit und ein neues Dasein entwickelt, während er zugleich seine wirkliche Identität bewahrt. Das, was in einem autofiktionalen Werk fiktionalisiert wird, ist nach Colonnas Auffassung häufig das nicht vom

---

[146]Vgl. Darrieusecq, Marie: L'autofiction. Un genre pas sérieux. In: *Poétique*, Nr. 107. Paris September 1996, S. 369-380.

Autor wirklich Erlebte.[147] Eine weitere Modifizierung des Begriffs stellt Gérard Genette zur Verfügung. Er unterscheidet zwischen der ‚wahren' und der ‚falschen' Autofiktion. In einer wahren Autofiktion sei der Erzählinhalt authentisch fiktional, während die falsche Autofiktion dadurch von der Autobiographie abweicht, dass sie Unwahrscheinliches und Märchenhaftes beinhaltet, mit anderen Worten Elemente, die es in Wirklichkeit nicht geben könne.[148] Die falschen Autofiktionen bezeichnet er deshalb auch als „autobiographie honteuse."[149] (Genette 1991: 87) Des Weiteren unterscheidet Philippe Gasparini zwischen *autonarration, autofabulation* und *autofiction*.[150] Die Kategorie der *autonarration* beinhaltet Texte, die streng autobiographisch ausgerichtet sind (einschließlich des autobiographischen Romans). In ihnen werden die Voraussetzungen des autobiographischen Pakts erfüllt, obwohl sie auf der Titelseite eine irreführende Gattungsbezeichnung (Roman oder Erzählung) aufweisen können. Unter *autofabulation* versteht er Textsorten, die ebenfalls von Genette und Colonna berücksichtigt wurden: Hier stellt sich ein Autor in erfundenen bzw. imaginierten Situationen einschließlich der unwahrscheinlichen und der märchenhaften dar. Autofiktionale Texte unterscheiden sich laut Gasparini anhand der Erzählform und des Schreibstils von anderen Textsorten. Er definiert sie daher als

> « texte autobiographique et littéraire présentant de nombreux traits d'oralité, d'innovation formelle, de complexité narrative, de fragmentation, d'altérité, de disparate et d'autocommentaire qui tendent à problématiser le rapport entre l'écriture et l'expérience. »[151] (Gasparini 2008: 311)

---

[147] Colonna, Vincent : *L'Autofiction (essai sur la fictionnalisation de soi en littérature)*. Thèse de doctorat de l'E.H.E.S.S sous la direction de Gérard Genette, 1989, S. 30. (https://tel.archives-ouvertes.fr/file/index/docid/47004/filename/tel-00006609.pdf) Aufgerufen am 07.10.2016.
[148] Genette, Gérard: *Fiction et diction*. Paris: Seuil 1991, S. 86.
[149] schändliche Autobiographie.
[150] Gasparani, Philippe: *Autofiction, une aventure du langage*. Paris: Seuil 2008.
[151] autobiographische und literarische Texte, die eine Vielzahl von Merkmalen der Mündlichkeit, formalen Neuerung, narrativen Komplexität, Fragmentierung, Ver-

5.2.1.2 Autofiktionalität in den Aids-Werken von Wirz und Seyfarth

Die Aids-Werke von Wirz und Seyfarth tragen zwar nicht den von Darrieussecq geforderten Untertitel ‚Roman', lassen sich aber anhand der von verschiedenen Wissenschaftlern festgestellten Merkmale der Autofiktion bis zu einem gewissen Grad dieser Kategorie zuschreiben. Die beiden Texte Wirzs bestehen aus losen romanartigen Fragmenten, die weder Titel noch Nummerierung tragen. Sie sind in die Erlebnisblöcke Gegenwart (Präsensebene) und Vergangenheit (Präteritum) aufgegliedert, die immer wieder ineinander übergehen. Häufig werden Chronologie und Fabel des Geschehens zugunsten der Bewusstseinsstromtechnik aufgegeben, was als Zeichen der Anwesenheit des gegenwärtig schreibenden Autors zu verstehen ist, mehr noch als Zeichen der Autofiktionalität. Nicht nur wird das vergangene Ich vom erzählenden Ich bewertet und kritisiert, sondern die Überlegungen und Assoziationsketten des Letzteren über sein gegenwärtiges Leben kommen auch in der Erzählung vor.

In *Es ist spät, ich kann nicht atmen* erinnert sich der Ich-Erzähler Mario an sein vergangenes Ich Volker und urteilt über ihn und seine Schwächen und Anpassungsversuche. Zugleich machen Marios Überlegungen über sein Zimmer, seine Einsamkeit, sein HIV-Positivsein und seine gescheiterte Liebesbeziehung einen erheblichen Teil seiner Erzählung aus. In der *Biographie eines lebendigen Tages* pendelt die Erzählung zwischen mehreren Ebenen und es ist schwer festzustellen, welche die Haupterzählung bildet: Auf einer Ebene sitzt der Ich-Erzähler im Zug und denkt über sein bisheriges Leben nach, auf den anderen befindet er sich entweder bei Lesungen, bei seinen Freunden, seiner kranken Mutter oder bei seinem Partner Arthur. Wirz deutet das Wirrwarr an, das durch die freie Assoziation seiner Erinnerungen und Gedanken erzeugt wird, wenn er sich fragt:

---

schiedenheit, Inkongruenz und des Eigenkommentars aufweisen, die dazu neigen, die Beziehung zwischen der Schrift und der Erfahrung zu problematisieren.

„Träume ich in meinem Zimmer, daß ich im Speisewagen eines Zuges sitze, oder träume ich im Speisewagen dieses Zuges, daß ich in meinem Zimmer bin? Ich laufe durch die Spiegel, Splitter in den Augen." (Wirz 1994: 90)

Des Weiteren zitiert der Ich-Erzähler gleich am Anfang von *Es ist spät, ich kann nicht atmen* die Schriftstellerin Natascha Wodin, bevor sie in seinem zweiten Aids-Werk *Biographie eines lebendigen Tages* als eine der wichtigsten Figuren in der Erzählung auftaucht, allerdings in der autofiktionalen Gestalt von Vera. Sie ist wie Wodin eine deutsche Schriftstellerin ukrainischen Ursprungs, die sich über Briefkontakt in einen schwulen HIV-positiven Dichter aus Berlin, nämlich den Ich-Erzähler Mario verliebt hat.[152] Außerdem wird die Heimatstadt des Ich-Erzählers in *Es ist spät, ich kann nicht atmen* mit dem Buchstaben F. bezeichnet. Ob F. in der Tat für Frankenberg steht, wo der Autor Wirz herkommt, wird innerhalb der Erzählung nie geklärt, fungiert aber auf jeden Fall als Neugier erzeugendes Rätsel. Ferner wird durch diese Erzählstrategie einerseits eine gewisse Ambiguität hinsichtlich der Form des Werks erzeugt, die mit der Ambiguität auf der thematischen Ebene übereinstimmt. Andererseits wird dadurch dem Leser die Freiheit gewährt, die Erzählung nach Belieben entweder als autobiographische Schrift oder als Autofiktion zu lesen. Mit anderen Worten, es eröffnen sich durch diese Erzählstrategie mehrere Zugänge zum Text, mittels derer eine Pluralität in der Interpretation ermöglicht wird.

Vielsagend sind auch in diesem Zusammenhang die Geständnisse des Autors hinsichtlich der Mischung von Wirklichkeit und Fiktion in seinem Werk. Traditionellerweise geht eine literarische Interpretation von einer zumeist fraglos vorausgesetzten Fundamentalopposition zwischen Fiktion und Wirklichkeit aus, wobei autobiographische Texte als Wirklichkeitsaus-

---

[152]Dass Wirz mit Wodin befreundet war, ist anhand mehrerer Interviews mit dem Autor nachweisbar. Außerdem hat Natascha Wodin ihre komplizierte Beziehung als Frau zu einem schwulen, HIV-positiven Berliner Dichter ihrerseits in ihrem 1993 erschienenen autofiktionalen Roman *Erfindung einer Liebe* thematisiert.

sagen betrachtet und von der Fiktion, etwa einem Roman, abgegrenzt werden. Im Untertitel wird manchmal der autobiographische Pakt durch Formulierungen wie ‚Geschichte meines Lebens' oder ‚autobiographische Aufzeichnungen' offenbart. Ein Beispiel dafür bildet Markus Commerçons Werk, das den Untertitel „Mein Weg ins Leben" trägt. Häufig betont der Autor, in seiner Erzählung die Wahrheit zu sagen, wodurch er den Leser zu überzeugen versucht, dass sich das Ich im Werk auf den Autorennamen bezieht. Fritz Zorn verspricht etwa, „in diesem Bericht meine Erinnerungen aufzuzeichnen. […] Ich will versuchen, mich an möglichst viel zu erinnern, was mir für diese Krankheit seit meiner Kindheit typisch und bedeutsam scheint." (Zorn 1977: 25-26) Ein weiteres Beispiel steht in Thomas Bernhards *Die Ursache*, wenn der Autor bestätigt, dass er in seinem Werk die Erinnerungen aus seinem vergangenen Leben darbiete: „An dieser Stelle muß ich wieder sagen, daß ich notiere oder auch nur skizziere und nur andeute, wie ich damals empfunden habe …"[153] Ein solches Versprechen kommt auch in Commerçons Werk vor, wenn der Autor sich fragt, wie sein Buch auf den Leser wirken wird und weiterhin erklärt, trotz seines Selbstzweifels im Wesentlichen mit seiner Leistung zufrieden zu sein:

> „Es ist die Gewißheit, daß ich in diesem Buch, mit allen Zeilen, meinem Grundsatz treu geblieben bin: nichts zu beschönigen oder wegzulassen, um zu gefallen. Ich habe alles offengelegt und war jederzeit ehrlich, obwohl die Versuchung manchmal sehr groß war, genau das Gegenteil zu tun." (Commerçon 1994: 187)

In allen diesen Beispielen bekennen sich die Autoren zu einer wahrheitsgetreuen Erzählung ihrer eigenen Lebensgeschichte. In Gestalt ihres Versprechens, die Wahrheit zu erzählen, werden die Anforderungen des autobiographischen Pakts erfüllt.

---

[153]Bernhard, Thomas: *Die Ursache. Eine Andeutung.* Salzburg: Residenz Verlag 1975, S. 106.

In deutlichem Gegensatz zu ihnen gibt Wirz an vielen Stellen in seinen Werken zu, dass seine Erzählung sowohl aus der Wiedergabe der Wirklichkeit als auch aus Erfindungen bzw. der Fiktion bestehe. Dies liegt wohl am Unterschied zwischen gelebter Wirklichkeit und erzählter Wahrheit, denn der Begriff von Wirklichkeit liegt im Bereich der Tatsachen und des Sichtbaren, deren objektive Bedeutung nicht in Frage gestellt werden kann, während Wahrheit als eine subjektive Meinung zu verstehen ist, die nicht unbedingt der objektiven Wirklichkeit entsprechen muss. So gibt Wirz an einer Stelle zu:

> „Wie viele Kindheiten habe ich erfunden. Sie dauerten oft nicht länger als eine Erzählung, aber mein Gedächtnis war immer schon so geschaffen, sich leichter an eine Fiktion als an eine Tatsache zu erinnern. Hatte ich nicht das Recht, eine falsche Wirklichkeit zu korrigieren?" (Wirz 1992: 20)

Hier gesteht er dem Leser, dass die angeblich autobiographische Erzählung in der Tat viel Fiktionales und Erfundenes beinhaltet. Sogar die eigene Lebenserfahrung kann nur bruchstückhaft wiedergegeben werden, denn die Sprache selbst hat Fiktionscharakter. An einer weiteren Stelle warnt er seinen Leser noch ausdrücklicher, dass er von seinem Lebensbericht nicht nur die Wirklichkeit erwarten soll, denn das Schreibverfahren benötigt bewusste sowie auch unbewusste Fälschungen der Realität, weil die Sprache bei der Übertragung der Erinnerungen der Wirklichkeit nicht treu bleiben kann: „Die Erinnerungen stechen. Alles wahr und alles falsch. Wirklichkeit und Fiktion. [...] Ich sitze auf dem Sofa und fälsche mein Leben, das ich nicht verstehe." (Wirz 1992: 36) Damit scheint er zu behaupten, dass das, was dem Leser auf den Seiten seiner Werke angeboten wird, eher die subjektive Wahrheit sei, die mit der objektiven Wirklichkeit nicht immer identisch ist, ja häufig der Fiktion nähersteht. In diesem Sinne weisen seine beiden Erzählungen autofiktionale Züge auf und sind nicht ohne Weiteres der Autobiographie zuzuschreiben.

Seyfarths Werk *Schweine müssen nackt sein: Ein Leben mit dem Tod* sind die Memoiren des Aids-Aktivisten und Schriftstellers Hans Seyfarth. Die losen Fragmente aus denen das Werk besteht, sind weder nummeriert noch mit Datum versehen, obwohl der Ich-Erzähler im Laufe der Erzählung dem Leser die Daten für einige wichtige Ereignisse und Wendepunkte in seinem Leben zur Verfügung stellt. Er vermerkt z.B., wann er genau mit dem Schreiben seines Berichts begonnen habe, wann er das Ergebnis seines HIV-Tests erhalten habe sowie auch, wann er ins Krankenhaus eingewiesen worden sei. (siehe Seyfarth 2000: 5, 193, 215) In Übereinstimmung mit der Autofiktion sind allerdings die Namen einiger Figuren in der Erzählung geändert worden. Der erste Partner des Ich-Erzählers z.B., der später an den Folgen seiner HIV-Infizierung starb, erscheint nur unter dem Decknamen ‚Müsli'. Wie bereits erwähnt, kommen der Philosoph Michel Foucault (Muzil) und die Schauspielerin Isabelle Adjani (Marine) in Hervé Guiberts erstem autofiktionalen Aids-Werk *À l'ami qui ne m'a pas sauvé la vie* vor, das sich wie ein Schlüsselroman liest. Da Foucault und Adjani weltweit bekannte Persönlichkeiten waren, mit denen der Autor Guibert befreundet war und aus deren privatem Leben er einiges preisgab, hat er wohl diese Erzählstrategie verwendet, um sich vor einer Klage wegen Verletzung der Privatsphäre zu schützen. Zugleich enthält sein Werk genügend Hinweise auf die wirkliche Identität von Muzil und Marine, so dass jeder Leser weiß, dass es von Foucault und Adjani handelt. Im Fall Guibert hat diese Strategie einen großen Skandal erregt und sein Werk zum Bestseller gemacht.

Die Absicht des Autors Seyfarth ist fraglos eine andere. Da er recht detailliert und genau von seinen homosexuellen Erfahrungen mit mehreren Männern aus den unterschiedlichsten Verhältnissen in der S/M-Szene in mehreren deutschen Städten berichtet, die allerdings keine Prominente waren und daher dem allgemeinen Lesepublikum nicht bekannt, dienen die Decknamen eher dazu, die Verletzung der Privatsphäre dieser Menschen zu vermeiden, zumal mehrere von ihnen möglicherweise ihr Coming-out und *going-public* noch nicht gemacht haben könnten.[154] Damit will er meines Erachtens weder Neugier erzeugen noch sein Lesepublikum durch Skandale anregen, sondern seine Lebensgeschichte möglichst wahrheitstreu erzählen, allerdings ohne die Menschen, denen er im Laufe seines Lebens begegnet ist und die eine bedeutende Rolle in seinem Leben gespielt haben, zu verletzen oder der Gefahr der Ausgrenzung auszusetzen.

Abgesehen davon taucht ein weiteres autofiktionales Element in Seyfarths Erzählung auf, wenn der gleichnamige Ich-Erzähler innerhalb der Erzählung stirbt, jedoch weiterhin erzählt. Daher wäre dieses Werk ohne Weiteres Genettes Kategorie der falschen Autofiktion oder Gasparinis *auto-fabulation* zuzuordnen. Durch den Tod des Ich-Erzählers verschwindet die einheitliche Identität zwischen Erzähler und Autor; eine der wichtigsten Voraussetzungen der Autobiographie. Zudem wird durch den Wechsel von der Ich-Erzählperspektive zur auktorialen Erzählperspektive in der dritten Person der Effekt einer fiktionalen Erzählung erzeugt. Des Weiteren wird meines Erachtens durch die Inszenierung vom ‚Tod des Autors' in buchstäblichem Sinne betont, dass die Bedeutung des Autors deutlich hinter die der Erzählung zurücktritt, die in diesem Fall sogar nach dem Tod des Autors weitergeht. Seyfarth macht mit seinem inszenierten Tod auf die Tatsache aufmerksam, dass es sich nicht nur um *seine* Lebensgeschichte handele, die mit seinem Tod endet, sondern um die Geschichte einer Aids-betroffenen schwulen Gemeinschaft. Dementsprechend widerspiegelt seine autobiographische Erzählung viel mehr als nur *seine* Erfahrungen und kann daher nicht der engen Kategorie der Autobiographie als selbsterzählte Lebensgeschichte *eines* Menschen zugeschrieben werden.

---

[154]Auch Bernd Aretz bezeichnet seinen an Aids sterbenden Freund schlicht als Teufel, wenn er von den letzten Stunden seines Lebens erzählt, die Teufel lieber zärtlich mit einem Mann im Bett zu verbringen bevorzugt, als im Krankenhaus.

5.2.2 Alternative Erscheinungsformen der Autobiographie: die duale Aids-Autobiographie und die Aids-Gemeinschaftsautobiographie

Die in dieser Arbeit diskutierten deutschen Aids-Werke sind zwar autobiographisch ausgerichtet, nehmen aber eine Sonderstellung innerhalb dieser Textgattung ein. Sie befinden sich an einem Schnittpunkt zwischen der dualen Autobiographie und der Gemeinschaftsautobiographie. Ross Chambers bezeichnet Werke, die von der HIV-Infizierung, Aids-Erkrankung und dem darauffolgenden Tod des Partners des ebenfalls HIV-positiven Ich-Erzählers berichten als *„dual autobiographies."*[155] Der Ich-Erzähler als Hinterbliebener überlebt zwar den Tod seines Partners, erlebt aber im Tod seines Partners hilf- und schonungslos seinen eigenen Tod mit. Guibert bringt diese Dualität mit den folgenden Worten zum Ausdruck, nachdem er seinen sterbenden Freund Muzil im Krankenhaus besucht hat und sich fragt, ob er das Recht habe, die Leiden seines Freundes in seiner Erzählung zu beschreiben:

> „[C]' était donc ce qu'on appelle une prémonition, un pressentiment puissant, que j'y étais pleinement habilité car ce n'était pas tant l'agonie de mon ami que j'étais en train de décrire que l'agonie qui m'attendait, et qui serait identique, c'était désormais une certitude qu'en plus de l'amitié nous étions liés par un sort thanalotogique commun."[156] (Guibert 1990: 106-107)

In einer dualen Autobiographie wird die Betonung auf das Überleben und den Überlebenden verschoben, wobei letzterer eine doppelte Belastung trägt: Einerseits muss er dem Sterben seines Partners beiwohnen, während

---

[155] Chambers, Ross: *Untimely Interventions. AIDS Writing, Testimonial, and the Rhetoric of Haunting.* Ann Arbor: University of Michigan Press 2004, S. 244.

[156] Es war also das, was man als ein Vorgefühl, eine starke Vorahnung bezeichnet, was mich voll und ganz berechtigte, dies zu tun, da es doch nicht so sehr der letzte Todeskampf meines Freundes war, den ich beschrieb, sondern mein eigener, der auf mich wartete und genauso sein würde, da es jetzt gewiss war, dass wir außer in Freundschaft verbunden zu sein auch das gleiche Schicksal im Tod teilen würden.

er andererseits seinen eigenen fast identischen Sterbeprozess erlebt. Der Partner fungiert in diesen Werken häufig als Doppelgänger des Ich-Erzählers, denn seine Leiden und sein Tod präfigurieren die Leiden und den Tod des Ich-Erzählers. Aufgrund der gemeinsamen HIV-Positivität sind die Liebhaber dermaßen eng und unwiderruflich miteinander verbunden, dass sie einander nahezu identisch sind. Nach dem Tod des Partners führt dieser Tatbestand dazu, dass die Situation des Überlebenden durch die auf Wiederholung basierte kumulative Wirkung umso mehr erschwert wird. Als ob es nicht schlimm genug wäre, einen Aids-Tod mitzuerleben (bzw. zu erleben, wenn der Sterbende als Doppelgänger des Überlebenden gilt), muss er ihn zweimal erfahren.

Die Beziehung zu Wolfgang steht im Mittelpunkt von Commerçons *Aids: Mein Weg ins Leben*. Der Ich-Erzähler beschreibt seine Erfahrung von Wolfgangs Sterben als Doppelbelastung und verdeutlicht dabei die Grundprämisse der dualen Autobiographie:

> „Ich empfand es als ungeheure Doppelbelastung, das Sterben meines Partners zu erleben, in Anbetracht der Tatsache, dadurch indirekt meinen eigenen Leidensweg vorgezeichnet zu sehen." (Commerçon 1994: 117)

Ähnliche Äußerungen kommen in den anderen dualen Aids-Autobiographien vor. Josef Gabriels Werk dreht sich um Manuels Aids-Erkrankung und Tod. Helmut Zander erzählt nicht nur von seinem eigenen HIV-Positivsein, sondern in großem Umfang von der Aids-Erkrankung und dem Tod seines Partners Peter. Auch Bernd Aretz beschäftigt sich in erster Linie mit der Aids-Erkrankung und dem Sterben seines Partners Jörg, dem sein Werk auch gewidmet ist. Mit anderen Worten, es erzählen alle diese Autoren die Geschichte des Sterbens ihres Liebhabers, das sie miterlebt bzw. erlebt haben und dies aus der Perspektive eines Überlebenden, der selbst kurz vor einem ähnlichen Tod steht und deshalb mit einer schnellen Wiederholung des Sterbens rechnen muss.

Es gibt zwei Kategorien von Sterbenden in diesen Werken: die Sterbenden, die schon gestorben sind bzw. im Laufe der Erzählung sterben (Partner und Freunde der Ich-Erzähler) und diejenigen, die sie überleben (die Ich-Erzähler). In ähnlicher Weise gibt es auch zwei Kategorien von Überlebenden. Die erste Kategorie besteht aus den Überlebenden, die sich aufgrund ihrer eigenen HIV-Infizierung oder des Aids-Todes ihrer Partner und Freunde der Nachwirkungen von Aids als traumatischem Erlebnis bewusst sind. In der zweiten Kategorie befinden sich die Überlebenden, die sich dessen nicht bewusst sind, weil es keine HIV-Infizierte und Aidskranke in ihrem Freundes- und Bekanntenkreis gibt, und sich daher weder für die Aids-betroffenen Verstorbenen interessieren noch für die sie überlebenden Freunde. Chambers unterscheidet auf ähnliche Weise zwischen *„survival"* und *„mere survivorhood"* (Chambers 2004: 246), einem Unterschied, dessen sich die Aids-Autoren offensichtlich bewusst sind. Der erste Begriff bezieht sich z.B. auf das Überleben des Ich-Erzählers, der den Aids-Tod seines Partners in voller Kenntnis seines eigenen nahenden Tods (also als Sterbender) hautnah miterlebt hat. Der zweite bezeichnet das Überleben anderer Menschen aus der allgemeinen Bevölkerung einschließlich des Lesepublikums, die sich selbst nicht als Sterbende wahrnehmen, sondern als Lebende und daher gegenüber den Aids-Nachwirkungen, die in den Aids-Werken thematisiert werden, mehr oder minder blind sind. Deshalb erkennen sie auch keine Verbindung zu den Aids-Betroffenen, weder zu den Verstorbenen noch zu den Sterbenden bzw. den Überlebenden.

Der Ich-Erzähler in der dualen Aids-Autobiographie sieht sich mit einem Dilemma konfrontiert, das Chambers mit dem Dilemma eines Holocaust-Überlebenden gleichsetzt. (Vgl. Chambers 2004: 246) Seine Geschichte ist eigentlich eine Überlebensgeschichte. Zugleich ist sie aber auch die Geschichte des Sterbens bzw. des Nicht-Überlebens anderer Menschen (in diesem Fall des Partners), was auch zu Schuldgefühlen führt. Aufgrund seines Überlebens ist der Überlebende nur ungenügend fähig, den vollen Schrecken und die Ungerechtigkeit des Todes eines Aids-Betroffenen darzustellen. Er kann sie nur andeuten. Die Schuldgefühle ergeben sich aus der Erkenntnis, dass seine Überlebensgeschichte als unmittelbare Darstellung der Sterbensgeschichte eines anderen zu fungieren habe, dies aber nicht in vollem Ausmaß leisten kann. Zugleich ist er wegen seines Überlebens moralisch dazu verpflichtet, die Geschichte des Verstorbenen möglichst wirksam zu vermitteln, und zwar einem Lesepublikum, das sich nicht als Überlebende wahrnimmt, sondern die Aids-Krise nur aus zweiter Hand erfährt. Er fungiert daher als Bindeglied zwischen dem Aids-Verstorbenen, der seine eigene Geschichte nicht erzählen kann und dem mehr oder weniger teilnahmslosen Lesepublikum, dessen Aufmerksamkeit er durch sein Werk zu erlangen versucht.

Zugleich unterscheidet sich die duale Aids-Autobiographie von dualen Autobiographien, die von anderen Krankheiten und Krisen handeln. Hier leistet der Überlebende in seinem Werk keine kathartische Trauerarbeit, nach der er langsam zu einer gesunden Normalität zurückkehren kann. Das Schreiben funktioniert nicht als Selbsttherapie, nach der das Leben des Überlebenden wieder seinen gewohnten Gang gehen kann, denn er muss mit der Wiederholung des Sterbeprozesses rechnen, diesmal am eigenen Leibe. Chambers vergleicht wohl deshalb den HIV-positiven Ich-Erzähler eines Aids-Werks mit einem Staffelläufer, der dem nächsten den Staffelstab übergeben muss. (Vgl. Chambers 2004: 248-249) Der Ich-Erzähler in der dualen Aids-Autobiographie erzählt die Geschichte eines Sterbens und eines Überlebens, während er seinem eigenen Tod gegenübersteht, angesichts dessen er versucht, seinem Leser die Verantwortung zu übergeben, in der Hoffnung, dass dieser nach dem Tod des Erzählers die unterbrochene Erzählung fortsetzen wird.

In den Anfangsjahren der Aids-Krise wurde Aids hauptsächlich als eine Krankheit verstanden, die homosexuelle Männer betraf, weshalb es als ,Schwulenpest' bezeichnet wurde. Erst im Laufe der Zeit wurde klar, dass es auch HIV-Positive unter den heterosexuellen Bevölkerungsgruppen gab. Trotzdem ist die Krankheit weltweit fast ausschließlich von homosexuellen

Männern literarisiert worden, insbesondere im autobiographischen Bereich. In den partnerzentrischen Aids-Autobiographien begreift sich der Ich-Erzähler deshalb nicht nur als HIV-positiver Liebhaber eines an Aids gestorbenen Mannes, sondern auch als Zugehöriger einer Aids-betroffenen Gemeinschaft, nämlich der schwulen Gemeinschaft. Im Falle von nicht-partnerzentrischen Schriften wie z.B. von Seyfarth ist die Gestaltung der eigenen Autobiographie als Gemeinschaftsautobiographie umso augenfälliger, denn sie erzählen vom Sterben mehrerer schwuler Freunde und Bekannte des Ich-Erzählers und machen auf das Zusammengehörigkeitsgefühl aufmerksam, das die Mitglieder dieser Gemeinschaft miteinander verbindet. Auch Aretz und Zander, deren Werke partnerzentrisch sind, berichten von mehreren sterbenden Freunden, die anstatt von ihrer leiblichen Familie von der Wahlfamilie, die aus schwulen Freunden besteht, begleitet werden.

Die schwule Aids-betroffene Gemeinschaft wird eben durch diese Solidarität zwischen dem Sterbenden und seinen Überlebenden gekennzeichnet. Zugleich fungiert die Marginalisierung der schwulen Aids-Betroffenen durch eine unbeteiligte und gleichgültige Gesellschaft als identitätsstiftender Faktor, denn sie trägt dazu bei, dass die einzelnen Aids-betroffenen Männer sich als Zugehöriger einer Gemeinschaft begreifen und nicht bloß als einzeln leidendes Individuum. Des Weiteren spornt der Mangel an einem Gemeinschaftsgefühl mit der schwulen Aids-betroffenen Gemeinschaft seitens der Allgemeinbevölkerung die überlebenden Aids-Zeugen an, die Geschichte ihres vorübergehenden Überlebens sowie des Sterbens anderer Mitglieder ihrer Gemeinschaft so aussagekräftig zu erzählen, dass sie engagierte Leser innerhalb der unbeteiligten und an Aids desinteressierten Gesellschaft, die keine Verbindung zu den Aids-Verstorbenen und Aids-Überlebenden erkennt, ausfindig machen können.

Neben dem Aids-Tagebuch und der dualen Aids-Autobiographie wurde die Aids-Erfahrung auch in Form der Aids-Gemeinschaftsautobiographie literarisiert, in der die kollektive Erfahrung von Aids, wie sie sich anfänglich in westlichen Ländern ereignete, thematisiert wurde. Diese kollektive Aids-

Erfahrung bestand aus dem Warten auf den eigenen Tod, der Trauerarbeit, der Entwicklung eines Gemeinschaftsgefühls, das auf der gemeinsamen Nähe zum Tod basierte und schließlich der Ausgrenzungserfahrung als Zugehöriger der Aids-betroffenen Gemeinschaft. Aids wurde in solchen Werken als ein Urteil dargestellt, das sich Schritt für Schritt vollzieht. Dem Verurteilten wird genug Zeit gegeben, um erstens auf das HIV-Testergebnis, zweitens auf das Auftreten der ersten Symptome und drittens auf den Tod zu warten. Die Epidemie wurde in ihren Anfangsjahren auch als eine ganz falsche und anomale Erscheinung wahrgenommen, denn sie schien im damaligen modernen, wissenschaftlich fortgeschrittenen Zeitalter fehl am Platz, ja unangebracht zu sein. Die Bosheit dieser Epidemie bestand darin, ansonsten gesunde junge Männer in ihren besten Jahren in entwickelten Gesellschaften zu befallen, die sich längst das Sterben im jungen Alter abgewöhnt hatten.

Zudem war sie eine regelrechte Epidemie der Ungerechtigkeit, denn sie schien ausgerechnet solche Bevölkerungsgruppen heimzusuchen, die ohnehin einer sozialen Ungleichheit, Vernachlässigung und Feindseligkeit ausgesetzt waren. Aufgrund der Infizierung mit einem tödlichen Virus, das übertragbar war, wurden diese schon benachteiligten Menschen noch weiter an den Rand gedrängt. Die Aids-Phobie der Gesellschaft, die Verleugnung der Krise durch den Staat und die Gleichgültigkeit der Allgemeinbevölkerung führten einerseits zur Stigmatisierung und Ausgrenzung der Aids-Betroffenen. Andererseits spornten sie die Aids-Betroffenen an, ihr Leiden und ihre Wut zum Ausdruck zu bringen und den angeblich Nicht-Betroffenen in der Bevölkerung den Schrecken einer rätselhaften Epidemie und die Folgen der daraus resultierenden sozialen Ausgrenzung zu vermitteln.

Die Aids-Werke sind demzufolge von der Absicht der Autoren geprägt, die Aufmerksamkeit einer unbekümmerten Gesellschaft auf die traurige Lage einer Gemeinschaft zu lenken, die vom Aids-Syndrom dezimiert wird. Die Thematisierung des Aids-Todes in diesen Werken – sowohl des erwarteten als auch des (mit)erlebten – wird zum Akt der gesellschaftlichen Selbstbehauptung aufseiten einer betroffenen Gemeinschaft, die nicht bereit ist, stillschweigend von der Bildfläche zu verschwinden. Sie sind so gestaltet, dass sie in das Bewusstsein derjenigen eindringen können, die sonst weiterhin von ihren kulturellen und ideologischen Einstellungen und ihren Vorurteilen begrenzt würden. Von einigen Aids-Autoren, wie Wirz z.B., wird zwar die HIV-Infizierung als persönliche Katastrophe, die daraus resultierende Selbstbehauptung eher als eine hauptsächlich einsame Handlung konzipiert.[157] Die meisten Aids-Autoren bemühen sich aber ausdrücklich, in ihren Werken mehrere Standpunkte erfolgreich zu verdeutlichen. Deshalb weisen ihre Werke einerseits einen individuellen Zeugnischarakter auf, während sie andererseits im Verhältnis zu einer Gruppendynamik stehen, nämlich der Dynamik einer Gruppe, die aufgrund der Aids-Erfahrung gesellschaftlich isoliert und zugleich zusammengebracht wird. In diesem Sinne sind ihre Aids-Werke als Gemeinschaftsautobiographien zu verstehen.

Des Weiteren wird die Aids-Epidemie in diesen Werken rückblickend als eine Epidemie des Verschwindens dargestellt. (Vgl. Chambers 2004: 297) An dieser Stelle muss wiederum betont werden, dass die Epidemie zur Zeit des Erzählens noch im Gange war. Daher ist die Erzählperspektive zum Teil auch vorausblickend, denn der Ich-Erzähler ist davon überzeugt, dass es noch weitere Fälle geben wird, einschließlich seines eigenen Verschwindens. Darüber hinaus schwinden die Aids-Betroffenen allmählich, werden mehrmals als Skelett oder „Junggreis" (Wirz 1994: 86) beschrieben, bis sie eines Tages vollkommen verschwinden und nur noch in den Todesanzeigen zu finden sind. Die Überlebenden diskutieren häufig miteinander, wie viele ihrer Freunde schon verschwunden sind und stellen Vermutungen darüber

---

[157] Allerdings erwähnt auch Wirz beiläufig die Aids-Tode mehrerer Freunde (Mike, Ronnie, Günther, Thorsten und Rainer), die allesamt Männer – und wahrscheinlich auch Schwule – sind und bringt mit folgenden Worten ein Gemeinschaftsgefühl zum Ausdruck: „[I]n meinen Träumen vereinigen sich die vielen Tode der anderen, um meinen Tod zu zeugen." (Wirz 1994: 28).

an, welcher schwule Freund oder Bekannte noch aufgrund seines Aussehens Aids haben könnte und als nächster verschwinden wird, oder welche Todesanzeigen von Angehörigen verstorbener Schwuler aufgegeben worden sind.

Die Aids-Epidemie wirkt wie eine Männermord- oder Entführungsserie: Eine Reihe von Opfern, die zur selben Gemeinschaft gehören, verschwinden eines nach dem anderen und die übriggebliebenen Mitglieder der Gemeinschaft können nur angstvoll auf die nächste Entführung warten und Vermutungen über das nächstemögliche Opfer anstellen. Zugleich beginnen sie sich erst aufgrund der Verbrechensserie als eine Gemeinschaft wahrzunehmen, während ihre gemeinsame Angst, Ahnungslosigkeit und Hilflosigkeit die Bindung noch verstärkt. Demzufolge wird durch jeden Tod erneut die Behauptung aufgestellt, dass es diese Gemeinschaft gäbe.

Wie die duale Autobiographie nimmt deshalb auch die Gemeinschaftsautobiographie innerhalb des autobiographischen Genres eine Sonderstellung ein: Beide stellen die Vorrangigkeit und Eigenständigkeit der individuellen Subjektivität, von der das Genre ausgeht, in Frage. In diesen Werken hat die Individualität bzw. das individuelle Subjekt nur als Erzählinstanz Platz. In der dualen Autobiographie hat das erzählende Subjekt einen Doppelgänger in Gestalt seines Partners, dessen Geschichte einen erheblichen Teil der Erzählung ausmacht, denn seine Aids-Erfahrung ist in gewissem Sinne identisch mit der Aids-Erfahrung des Ich-Erzählers. Wenn der Ich-Erzähler innerhalb der Erzählung überhaupt eine privilegierte Position einnimmt, dann ist es nur als Erzählinstanz – eine Rolle, die ihm nur wegen seines längeren Überlebens zugewiesen wird. In der Gemeinschaftsautobiographie ist dieser Aspekt der Dezentralisierung des individuellen Subjekts noch augenfälliger. Der Ich-Erzähler einer Aids-Gemeinschaftsautobiographie erzählt nicht (nur) von seiner Aids-Erfahrung oder vom Aids-Tod seines Partners. Aids wird daher nicht als eine persönliche Katastrophe dargestellt, sondern als eine, die der Ich-Erzähler als Angehöriger einer betroffenen Gemeinschaft erfährt und zu bewältigen versucht.

5.2.2.1 Die Dezentralisierung des individuellen Subjekts

Um die Dezentralisierung des individuellen Subjekts zu leisten, verwenden die Aids-Autoren unterschiedliche Strategien. Manche Autoren lassen ihre Ich-Erzähler bisweilen das Pronomen ‚wir' benutzen. Der Ich-Erzähler in Aretzs *Notate* meint etwa: „Wir wissen, dass viele der Probleme sich relativieren, wenn nach einiger Zeit der Blick wieder für das Leben statt für den Tod frei wird." (Aretz 1997: 63) Dabei äußert er sich als Mitglied einer Aids-betroffenen Gemeinschaft und nicht als einzelner HIV-Positiver. Auch Zander lässt ein Gemeinschaftsgefühl durchblicken, wenn er an der folgenden Stelle Aids als eine kollektive Erfahrung beschreibt und zum kollektiven Handeln aufruft: „Wir erfahren täglich, daß die Medizin nur lindern, uns aber nicht wirklich helfen kann. Nun ist es an uns, Wege für HIV-Infizierte zu finden, die das Leben erträglicher gestalten." (Zander 1988: 246) Andere Autoren entwickeln ein Netz von mehreren Nebenhandlungen in ihrer Erzählung, um die Aufmerksamkeit des Lesers von der persönlichen Aids-Erfahrung des Ich-Erzählers wegzulenken, damit er die Lebensgeschichte des Individuums relativieren und als Teil der Gemeinschaftsautobiographie betrachten kann. Egal welche Strategie zur Dezentralisierung des Subjekts in den einzelnen Werken verwendet wird, führen sie alle dazu, dass das Privileg des individuellen Subjekts aufgehoben und infolgedessen das autobiographische Genre abgeändert wird.

5.2.2.2 Die Verfremdung des autobiographischen Genres

Die Aids-Autoren stellen die Autobiographie in einer weiteren Hinsicht auf den Kopf. Sie eignen sich ein Genre an, das herkömmlich die Errungenschaften eines außerordentlichen Individuums anpreisen soll, um die Geschichte einer Erkrankung und der daraus resultierenden Ausgrenzung und Benachteiligung zu erzählen. Sie schildern zwar die Entwicklung eines Menschen, aber nicht die zu einem Erfolgsmenschen, sondern zu einem Außenseiter. Mit anderen Worten, sie bedienen sich eines Genres, das eigentlich

Geschichten wie die ihren ausschließt. Durch die Aneignung der Autobiographie, mit deren Hilfe eine Aids-Todesgeschichte anstatt einer erfolgreichen Lebensgeschichte erzählt wird, die die meisten Durchschnittsmenschen nicht wahrnehmen wollen, wird das Genre verfremdet. In gewissem Sinne stecken die Autoren das autobiographische Genre mit Aids an. Des Weiteren sollen sich die Leser bei der Lektüre dieser Aids-Autobiographien ebenfalls mit dem Thema Aids ‚anstecken' und infolge dieser Ansteckung dazu befähigt werden, sich während und nach der Lektüre in die Lage der Aids-Betroffenen hineinzudenken. Auf diese Weise dringt ein sonst unaussprechliches Thema über ein herkömmliches und dem Leser vertrautes Genre in die Massenkultur ein. Durch diesen ‚Verfremdungseffekt' versuchen die Aids-Autoren, die Lücke zwischen den Aids-Betroffenen und den angeblich Nicht-Betroffenen zu überbrücken, indem sie zunächst die Lücke selbst mittels ihres autobiographischen Schreibens aufzeigen. Mit diesem Verfahren scheinen sich die Aids-Autobiographen eine größere Solidarität seitens ihrer Mitmenschen zu erhoffen.

5.3 Die Zeitstruktur in den deutschen autobiographischen Aids-Werken

In allen in dieser Arbeit diskutierten Werken muss sich der HIV-positive-Ich-Erzähler mit seiner Unfähigkeit abmühen, den verstorbenen Partner oder Freund zu betrauern, während er von der langwierigen Erwartung der Vollziehung seines eigenen Todesurteils geplagt wird. Der Tod zieht keine Trennungslinie mehr zwischen Vorher und Nachher in der erzählten Welt, er stellt keine Grenze zwischen Dies- und Jenseits dar. Erzählzeit und erzählte Zeit geraten aus den Fugen, denn sie werden beide vom Fortschreiten des HI-Virus gesteuert. Die Krankheit droht kontinuierlich, die Erzählung zu überholen. Die Allgegenwärtigkeit des Todes bringt die Kategorien von Vergangenheit, Gegenwart und Zukunft durcheinander, so dass sie nicht mehr klar voneinander zu unterscheiden sind. Mit anderen Worten, Vorher und Nachher ähneln einander verblüffend. Infolgedessen weisen alle Werke bis auf Commerçons *AIDS: Mein Weg ins Leben* eine Nichtlinearität in der Erzählung auf. Der Bericht von der Erkrankung und dem Sterben des Partners und anderer Freunde, der rückblickend die Vergangenheit aktualisiert, wird immer wieder durch Meldungen über den eigenen aktuellen Gesundheitszustand unterbrochen, die ihrerseits in Vorahnungen über den bevorstehenden Tod übergehen. Analepse und Prolepse sind kaum voneinander zu unterscheiden, denn sie handeln von einem identischen Tod. Die Erzählung springt stets von einer zeitlichen Ebene zur anderen, so dass die Hauptebene der Erzählung schwer zu erkennen ist. Wirz bringt z.B. die Unberechenbarkeit der Zeit eines HIV-Positiven an der folgenden Stelle zum Ausdruck:

> „Launenhaft ist meine Zeit. Unberechenbar und sprunghaft. Ein kurzer Vormittag dauert Jahre, eine lange Nacht vergeht im Rhythmus eines glücklichen Augenblicks aus einem weit entfernten Sommer. Vergangene Zeit, vergehende Zeit, tanzende Punkte vor meinen Augen, gebieterische Zeitpunkte, die mich in ihr Tempo zwingen. Ich verteidige nicht länger meine Vorstellung von Chronologie, kümmere mich nicht darum, ob meine Zeit im Einklang ist mit dem Kalender der anderen." (Wirz 1994: 29-30)

Ferner erwähnt er den „tollwütige[n] Zeitstrom" (Wirz 1994: 30), unter dem er steht, wenn er erklärt, wie seine „irre Zeitrechnung" (ebd.) seinen Widerstand gegen den nahenden Tod ausmacht, denn sie macht es unmöglich, die Zeit der anderen zu teilen: „Ich lasse alle Stunden in mir schlagen, aufsässig und gierig, meine Revolte gegen den Tod." (ebd.) Im normalen Zeitverlauf – d.h. in der Erzählzeit – spielt das HI-Virus die führende Rolle. In der erzählten Zeit versuch der Autor, mithilfe seiner ,irren' Zeitrechnung wieder die Oberhand zu gewinnen und den Tod fernzuhalten.

Die in dieser Arbeit diskutierten Aids-Werke weisen alle denselben Umgang mit der Zeitstruktur mit mehreren unvermittelten, scheinbar beliebig auftauchenden Szenenwechseln auf, während derer sich der Ich-Erzähler zwischen Vergangenheit, Gegenwart und Zukunft hin- und her bewegt. Wirz beschreibt die Zeit als „eine Cutterin. Schneidet die Tage in schnelle Szenenfolgen. Blackouts. Rückblenden und jähe Überschneidungen." (Wirz 1994: 71) In jedem Werk ist die Erzählung durch eine Eile gekennzeichnet, da sich der Ich-Erzähler aufgrund seines bevorstehenden Aids-Todes im Wettlauf mit der Zeit sieht. Seyfarth beschreibt den Schreibprozess eines Aidskranken etwa mit den folgenden Worten:

> „Je stummer ich wurde, um so besessener schrieb ich. Ich wurde von einer inneren Peitsche angetrieben, die mich immer weiter trieb. Ich war mein eigener Meister. Ich schlug auf mich selbst ein, indem ich meine Erinnerungen in die Tastatur des Computers schlug. Ich schrieb immer schneller im Wettlauf mit meiner Zeit. […] Merkt ihr denn nicht, daß ich, indem ich von meinem Leben schreibe, um mein Leben schreibe?" (Seyfarth 2000: 266)

Auch hier wird das Schreibtempo vom Krankheitsstadium bestimmt. Je schlechter der Zustand des Autors wird, desto schneller und entschlossener schreibt er. Durch das Schreiben versucht er wieder die Kontrolle über sein Leben zu übernehmen und den Tod fernzuhalten.

Die durch die Todesdrohung verursachte Eile zeigt sich häufig auch in der Verwendung von Nominalsätzen. Wirz verwendet sie etwa an der folgenden Stelle, wenn er durch synkopierte Sätze seine Erinnerungen in einem Bewusstseinsstrom wiedergibt: „Das Klinikum Steglitz. Das Auguste-Viktoria-Krankenhaus. Die Rudolf-Virchow-Klinik. Arthur und die Liebe. Das Wartezimmer meines Arztes und der Tod. Mein Zimmer und die Liebe und der Tod." (Wirz 1994: 79) Dieser Satzbau deutet auf einen Autor hin, dem die Zeit fehlt, seine Erinnerungen zu beschreiben und seine Sätze zu vervollständigen. Stattdessen reiht er sie aneinander wie Rückblenden im Film, die in schneller Folge auf der Leinwand erscheinen.

5.4 Eine poststrukturalistische Analyse der Erzähl-struktur: Barthes' fünf Codes in den deutschen autobiographischen Aids-Werken

Dass Autoren aus derselben demographischen Gruppe, die von derselben Krankheit und derselben Ausgrenzung betroffen waren, ihre Erfahrung auch in gleicher Weise und mit den gleichen Themen literarisieren, ist wohl ein folgerichtiger Schluss. Meines Erachtens ist es an dieser Stelle notwendig, die in dieser Arbeit diskutierten Werke als Text an sich, ohne Bezug auf ihre Autoren zu analysieren, um ihre Gemeinsamkeiten noch stärker hervorheben und damit nachweisen zu können, dass sie dieselbe Erzählstruktur aufweisen und ein eigenständiges Genre bilden. Für den Nachweis sollen daher die Texte im Folgenden anhand einer textimmanenten Methode untersucht werden. Für die Analyse der gemeinsamen Erzählstruktur wird in diesem Kapitel Roland Barthes' poststrukturalistische Herangehensweise in *S/Z* angewandt, die auf fünf Codes basiert, mithilfe derer er Balzacs Erzählung *Sarrasine* interpretierte. Mittels dieser Codes wird der Versuch unternommen, zu zeigen, dass in allen deutschen autobiographischen Aids-Werken die Erzählungen auf die gleiche Weise strukturiert sind und Bedeutungen durch ähnliche Konnotationen erzeugt werden. Diese Methode wird ausgewählt, weil sie für vielschichtige literarische Texte besonders gut geeignet ist. Zudem bietet sie dem Analysten mehrere Zugänge zum Text an, damit er den mannigfaltigen Bedeutungen des Textes gerecht werden kann. Abgesehen davon bietet die Anwendung der poststrukturalistischen Methode einen weiteren Vorteil: Die in dieser Arbeit diskutierten Aids-Werke beschäftigen sich auf der thematischen Ebene im wörtlichen Sinne mit dem Tod des HIV-positiven Autors. Eine Übertragung dieser Beschäftigung mit dem ,Tod des Autors' auf die formale Ebene scheint daher besonders angebracht zu sein.

Barthes setzt sich in seinem 1967 veröffentlichten Aufsatz *La mort de l'auteur* mit der „Interpretationssystembezogenheit"[158] der literarischen Interpretation auseinander. Laut ihm basieren alle Interpretationen literarischer Artefakte auf bestimmten epistemischen Systemen, wie Psychologie, Psychoanalyse, Marxismus, Existentialismus oder Phänomenologie. Des Weiteren führt er aus, dass die Wahl eines dieser Wissenssysteme eine dogmatische Entscheidung sei.[159] An mehreren Stellen in seinem Gesamtwerk verweist Barthes auf die Tatsache, dass die verschiedenen Wissenssysteme weder wahr noch falsch seien. Stattdessen seien sie entweder schlüssig oder nicht. (Vgl. Barthes 1963c, ŒC II: 505; Vgl. auch Barthes 1973c, ŒC IV: 445) Unterschiedliche Literaturwissenschaftler verwenden daher abweichende, aber intern kohärente Interpretationssysteme, um einem Interpretationsgegenstand unterschiedliche Bedeutungen zuzuschreiben. Dementsprechend treffen alle diese Bedeutungen, die mit einander nicht zu vereinbaren seien, auf das literarische Artefakt zu. (Vgl. Barthes 1966a, ŒC II: 783-784) Eine Interpretation sei gültig, wenn das vom Interpreten ausgewählte epistemische System kohärent sei und sich in aller Strenge auf die Totalität des Interpretationsgegenstands anwenden lasse. (Vgl. Barthes 1960a, ŒC II: 187-188) Carlos Spoerhase zieht deshalb zu Recht den Schluss, „dass Barthes' Interpretationstheorie das Kriterium der hermeneutischen Wahrheit durch ein Kohärenzkriterium und ein Vollständigkeitskriterium ersetzt." (Spoerhase 2007: 30)

Eine solch erschöpfende Interpretation entsteht, wenn nicht nur eines der Wissenssysteme möglichst umfassend auf den Interpretationsgegenstand angewendet wird, sondern alle. Dies bedeutet, dass es nicht mehr Ziel der Literaturwissenschaft ist, verschiedene Interpretationen vorzunehmen, die auf unterschiedlichen Wissenssystemen basieren, sondern sie zielt auf eine

---

[158] Spoerhase, Carlos: *Autorschaft und Interpretation. Grundlagen einer philologischen Hermeneutik.* Berlin: De Gruyter 2007, S. 29.
[159] Barthes, Roland: 1966a, ŒC II, S. 801. In: *Œuvres completes (5 tomes).* Paris: Éditions du Seuil 2002.

Interpretation ab, die alle Wissenssysteme berücksichtigt. Während die Literaturwissenschaft zuvor von einem Pluralismus der Interpretationsansätze ausging, ist der Pluralismus für Barthes in den Interpretationsgegenstand selbst verlagert. (Vgl. Barthes 1973e, ŒC IV: 448-449) Mit anderen Worten, dem Interpretationsgegenstand konnten vorher aufgrund der mehrfachen Interpretationsansätze theoretisch mehrere Bedeutungen zugeschrieben werden, tatsächlich war aber ihm wegen der Anwendung nur eines gewählten Interpretationsansatzes auch nur eine Bedeutung beizumessen. Nun ist nach Barthes' Auffassung der Interpretationsgegenstand selbst als eine irreduzible semantische Pluralität zu verstehen. (ebd.)

5.4.1 Der „lesbare" und der „schreibbare" Text

Als Modell für die Textanalyse wird in dieser Arbeit Roland Barthes grundlegende Balzac-Studie *S/Z* aus dem Jahre 1970 gewählt, die sich u.a. mit dem Unterschied zwischen dem klassischen „lesbaren" und dem modernen „schreibbaren" Text beschäftigt und Letzteren als vielschichtigen Text mit mehreren Zugangsmöglichkeiten darstellt. Den schreibbaren Text beschreibt er an einer Stelle mit den folgenden Worten: „Le Texte est pluriel. Cela ne veut pas dire seulement qu'il a plusieurs sens, mais qu'il accomplit le pluriel même du sens: un pluriel *irréductible* [...]."[160] (Barthes 1971c, ŒC III: 911) Das Ziel des Interpretationsvorgangs nach Barthes besteht nicht aus der Zuschreibung einer endgültigen Textbedeutung. Stattdessen zielt der Interpretationsvorgang darauf ab, die Pluralität des schreibbaren Textes hervorzuheben. (Vgl. Barthes 1971c, ŒC III: 123, 129) An einer anderen Stelle erläutert er die Eigenschaften des Textes bzw. des Interpretationsgegenstands mit folgenden Worten:

> « Nous savons maintenant qu'un texte n'est pas fait d'une ligne de mots, dégageant un sens unique, en quelque sorte théologique (qui serait le

---

[160]Der Text ist Plural. Das bedeutet nicht nur, dass er mehrere Bedeutungen hat, sondern dass er eine Pluralität der Bedeutungen einlöst: eine unreduzierbare Pluralität.

'message' l'Auteur-Dieu), mais un espace à dimensions multiples, où se marient et se contestent des écritures variées, dont aucune n'est originelle. »[161] (Barthes 1967b, ŒC III: 43)

Die semantische Singularität des Werks sei das Ergebnis einer Hermeneutik, die den Interpretationsgegenstand in nur einer Bedeutung stilllege. (Vgl. Barthes 1971c, ŒC III: 910) Literarische Artefakte sind laut Barthes prinzipiell plural oder sie enthalten den Plural in einem bestimmten Ausmaß. Neben Hinweisen zur Pluralität als Eigenschaft des Textes stellt Barthes aber auch Bemerkungen zur Pluralität als Interpretationsziel zur Verfügung, die sich aus einer spezifischen Ausrichtung der Lektüre ergibt. So fordert Barthes etwa, dass der Text im Lektürevorgang ‚sternenförmig'[162] gelesen und analysiert wird, d.h. er müsse in kleinere lexikalische Einheiten zerlegt werden, wofür die Lektüre selbst plural sein müsse. (Vgl. Barthes 2002: 15-16) Die einmalige Lektüre eines literarischen Textes betrachtet Barthes bloß als Konsum (ebd.) und schlägt stattdessen die wiederholte Lektüre des Textes als Teil des Interpretationsvorgangs vor: "Rereading is no longer consumption, but play (that play which is the return of the different)." (Barthes 2002: 16) Erst die wiederholte Lektüre veranschaulicht die Vielfalt und Pluralität des Textes, indem sie ihn aus seiner internen Chronologie hinauszieht und dadurch das Element des Spiels in die Interpretation einführt.

Das Gesamtwerk Barthes ist durch eine Art Ambiguität gegenüber der Bedeutung von Pluralität gekennzeichnet. Eben diese Ambiguität und Barthes Vorliebe für Dichotomien ermöglichen die Anwendung seines Ansatzes für die Analyse der in dieser Arbeit behandelten Texte, die ebenso von Ambiguitäten und Dichotomien geprägt sind, sowohl auf thematischer

---

[161]Wir wissen nun, dass ein Text nicht aus einer Reihe von Wörtern besteht, die eine einzige Bedeutung hervorbringt, auf irgendeine theologische Weise (die ‚Botschaft' des Autor-Gottes), sondern einen mehrdimensionalen Raum, in dem verschiedene Arten von Schriften miteinander verbunden und hinterfragt werden, von denen keine ursprünglich ist.

[162]Vgl. Barthes, Roland: S/Z. Übersetzt von Richard Miller. Oxford: Blackwell Publishing 2002, S. 13-14.

als auch auf erzählstruktureller Ebene. Diese Ambiguität wird am deutlichsten, wenn Barthes für die Beschreibung des hermeneutischen Prozesses in Verbindung mit dem Begriff des Plurals das mehrdeutige französische Verb *établir* verwendet, das sowohl ‚beweisen' als auch ‚herstellen' bedeuten kann. (Vgl. Barthes 1970a, ŒC III: 130) Es ist nicht klar, ob er damit das Vorliegen eines Plurals im Text beweisen will, oder es erst herzustellen versucht. Es stellt sich also die Frage, ob ein Text bereits plural ist, oder erst als solcher interpretiert werden muss. Diese Unsicherheit, mit anderen Worten, diese Ambiguität ist meines Erachtens kein Mangel in Barthes' Interpretationsansatz. Stattdessen erweitert sie den Ansatz, indem sie dem Leser vielfältige Möglichkeiten bietet, sich dem Text zu nähern, ihn zu lesen und zu interpretieren. Des Weiteren führt sie das Element des Spiels ein, das in den deutschen autobiographischen Aids-Werken ebenfalls im Vordergrund steht, wie bereits im vorherigen Kapitel ausgeführt wurde.

5.4.2 Das literarische Artefakt als Zeichensystem und der Tod des Autors

Grundsätzlich für dieses Kapitel ist allerdings Barthes' Ausgangspunkt, dass das literarische Artefakt ein Zeichensystem sei und kein Äußerungsakt. Die Bedeutung eines Äußerungsakts, der einer bestimmten Person in einem bestimmten historischen Kontext zugeschrieben werden kann, ist situationsgebunden. Dementgegen können dem Text als Zeichensystem keine historischen Koordinaten zugewiesen werden (Vgl. Barthes, 1967b, ŒC III: 43), denn er besitzt als solcher weder einen originären Kontext noch ein originäres Sprechersubjekt. (Vgl. Barthes: 1970a, ŒC III: 152) Daher könne die Frage nach dem Sprecher bzw. dem Subjekt auch nicht beantwortet werden, denn im Zeichensystem spricht niemand. Anstatt der genetischen Perspektive der positivistischen Forschungsrichtung, die sich für die Herkunft, Entstehung, Entwicklung und Ursachen eines literarischen Werks interessiert, nimmt Barthes eine strukturale oder funktionale Perspektive ein, die sich mit dem Netz wechselseitig voneinander abhängiger Elemente, mit der Gliederung des Textaufbaus und mit dem Textgefüge beschäftigt. Die strukturale Perspektive verbindet also das zu analysierende literarische Werk nicht mit einem textexternen Herkunftsort.

Wenn das literarische Artefakt als Zeichensystem konzipiert wird und nicht als Äußerungsakt, bedeutet die Unterbrechung der Filiation von Autor und Werk den Tod des Autors. Der Autor, dessen Tod Barthes verkündet, ist die Sprecherinstanz, die dem literarischen Artefakt zugewiesen werden müsste, wenn es als Äußerungsakt verstanden würde. Das Vorhandensein der Sprecherinstanz führt seinerseits zur historischen Einbettung des literarischen Werks, die laut Barthes mehrere Konsequenzen für den Interpretationsvorgang habe. Erstens würde mit dem Autorbegriff das Verhältnis zwischen Welt und Werkentstehung einschränkend erklärt. Zweitens führe er zu einer werkmäßigen Folgeordnung, die den einzelnen Text übergreift. Drittens träge er zur Privilegierung von Autorintentionen bei der Analyse bei, derentwegen die Pluralität des Textes nicht berücksichtigt wird. (Vgl. Barthes 1971c, ŒC III: 913) Erst der Tod des Autors ermöglicht die Beseitigung dieser unerwünschten Konsequenzen.

5.4.3 Der schreibbare Interpretationsansatz: die fünf Erzählcodes

Vor allem wird bei der Interpretation der in dieser Arbeit diskutierten autobiographischen Texte das Prinzip der Erzählcodes übernommen, mit denen Barthes Balzacs Erzählung *Sarrasine* zu entschlüsseln sucht. Barthes behauptet in S/Z, dass alle Erzählungen dieselben strukturellen Elemente aufwiesen, die allerdings in jeder einzelnen Erzählung auf unterschiedliche Art und Weise verflochten werden. Trotz der Unterschiede zwischen einzelnen Erzählungen gebe es letztendlich eine begrenzte Zahl von organisierenden Strukturen, die das Lesen und die Rezeption von Erzählungen beeinflussen würden. Diese Strukturen bezeichnet er als die fünf Codes und meint, dass die Pluralität der Codes dem Leser die Möglichkeit biete, den Text so zu lesen, dass seine mannigfaltigen Bedeutungen und Konnotationen aufgedeckt werden könnten. Anstatt den Text nach dem linearen Prinzip zu lesen und sich von der Berücksichtigung der Genres oder der temporalen Progression einschränken zu lassen, plädiert Barthes für einen schreibbaren anstelle eines lesbaren Ansatzes. Mit den folgenden Worten erläutert er den Begriff des schreibbaren Texts:

> „[T]he writerly text is ourselves writing, before the infinite play of the world (the world as function) is traversed, intersected, stopped, plasticized by some singular system (Ideology, Genus, Criticism) which reduces the plurality of entrances, the opening of networks, the infinity of languages."
> (Barthes 2002: 5)

Im lesbaren Interpretationsansatz schreibt der Leser dem Text beim einmaligen Lesen ein Genre und eine Ideologie zu. Wenn er jedoch den Text beim wiederholten Lesen genauer analysiert, z.B. Satz für Satz in einer sternenförmigen Lektüre, wird ihm bewusst, wie viele Bedeutungen und Konnotationen in jedem Satz sowie in der gesamten Erzählung beinhaltet seien. Um diesen schreibbaren Ansatz zu veranschaulichen, hat Barthes in seinem Werk *S/Z* die Erzählung *Sarrasine* von Honoré de Balzac ausgewählt und jeden einzelnen Satz in Bezug auf die von ihm postulierten fünf Codes analysiert. Barthes zeigt in S/Z, dass die lineare Entwicklung der Handlung nur einen Teil der Erzählung ausmacht, die ihrerseits in zwei Elemente aufgeteilt werden kann, nämlich den Code der Handlungssequenzen (AKT) und den hermeneutischen Code (HER), die den Leser ansporen, weiter zu lesen. Darüber hinaus verweist er auf drei weitere Codes, die unabhängig von den temporalen Handlungssequenzen vorkommen. Wenn eine Erzählung genauer analysiert wird, stellt sich laut Barthes heraus, dass jeder Satz reichlich mit mehreren Bedeutungen ausgestattet sei, die alle gleichzeitig beim Leseprozess wirken:

> „[T]he networks are many and interact, without any one of them being able to surpass the rest; this text is a galaxy of signifiers, not a structure of signifieds; it has no beginning; it is reversible; we gain access to it by several entrances, none of which can be authoritatively declared to be the

main one; the codes it mobilizes extend as far as the eye can reach, they are indeterminable (meaning here is never subject to a principle of determination, unless by throwing dice); the system of meaning can take over this absolutely plural text, but their number is never closed, based as it is on the infinity of language."(Barthes 2002: 5-6)

5.4.4 Der schreibbare Text als Interpretationsgegenstand: Konstellation anstatt Pyramide

Mit anderen Worten, Barthes versucht zu zeigen, dass der Handlungsverlauf in einem Erzähltext, wie er üblicherweise verstanden wird, eigentlich eine retroaktive Konstruktion sei. Herkömmlich wird ein literarischer Text als ein künstlerisches Artefakt aufgefasst, der durch einen pyramidalen Handlungsverlauf gekennzeichnet ist, d.h. er beginnt mit einer Einführung in die Ausgangssituation (Exposition), die von einer ansteigenden Handlung gefolgt wird. Diese führt zu einem Konflikt, der in einem Höhepunkt mündet. Anschließend fällt die Handlung ab, bis die Erzählung mit der Auflösung des Konflikts endet. Barthes lehnt diese herkömmliche Auffassung eines Erzähltexts ab und konzipiert ihn stattdessen als eine Konstellation. Dies wird besonders deutlich ausgedrückt, wenn er den Begriff ‚Konnotation' definiert und in diesem Zusammenhang von „'nebulae'of signifieds" spricht:

> „Topically, connotations are meanings which are neither in the dictionary nor in the grammar of the language in which a text is written […] Analytically, connotation is determined by two spaces: a sequential space, a series of orders, a space subject to the successivity of sentences, in which meaning proliferates by layering; and an agglomerative space, certain areas of the text correlating other meanings outside the material text and, with them, forming "nebulae" of signifieds."(Barthes 2002: 8)

Gemäß dieser Auffassung ist es nicht notwendig, dass eine Erzählung linear von Anfang bis Ende gelesen wird, denn ein schreibbarer Text bietet mehrere Ein- und Ausstiegsmöglichkeiten. Deshalb besteht Barthes' Analyse von *S/Z* darin, dass er die Erzählung *Sarrasine* in mehrere zusammenhängende Fragmente unterteilt, die er als Leseeinheiten oder sternförmige Abschnitte bezeichnet. (Vgl. Barthes 2002: 13) Anders ausgedrückt, die Interpretation eines literarischen Texts besteht „precisely in *manhandling* the text, *interrupting* it." (Barthes 2002: 15) Anstatt einen Text in so einer Weise zu lesen, dass die Lektüre auf den Schluss(punkt) ausgerichtet ist (wie bei der einmaligen Lektüre der Fall) plädiert Barthes für die wiederholte Lektüre.

> "[R]ereading (…) alone saves the text from repetition (those who fail to reread are obliged to read the same story everywhere), multiplies it in its variety and plurality: rereading draws the text out of its internal chronology ("this happens before or after that") and recaptures a mythic time (without before or after)." (Barthes 2002: 16)

Im Laufe der wiederholten sternförmigen Lektüre werden Gruppierungen von Signifikanten in Gestalt der fünf Codes sichtbar. Sie bieten in gewissem Sinne fünf grundlegende Perspektiven an, auf deren Basis eine Erzählung auf vielfältige Weise interpretiert werden kann. Im Rahmen dieser Arbeit ist eine Satz-für-Satz Analyse der diskutierten Aids-Werke in Anbetracht ihres Umfangs nicht möglich. Daher werden im Folgenden einige Beispiele der fünf Codes aus den deutschen Aids-Werken ausgewählt und diskutiert.

5.4.4.1 Der Code der Handlungssequenzen (AKT)

AKT ist ein grundlegendes Prinzip der Strukturierung einer Erzählung, das Spannung und Interesse aufseiten des Lesers aufbaut. Er trifft auf alle Handlungssequenzen in der Erzählung zu, „deren binäre oder ternäre Logik mit dem Nennen des einen Terms die Erwartung des anderen Komplements oder Korrelats setzt."[163] Das heißt, er trifft auf jede Handlung in der Erzählung zu, die eine weitere Erzählhandlung andeutet. In allen autobiographischen Aids-Werken etwa kommen dieselben Handlungssequenzen vor,

---

[163]Lösener, Hans: *Zwischen Wort und Wort. Interpretation und Textanalyse*. München: Wilhelm Fink Verlag 2006, S. 133.

mittels derer die Erzählspannung aufgebaut wird. Bei jeder Erwähnung solcher Handlungen lässt sich dieser Code anwenden. Das Treffen des HIV-positiven Ich-Erzählers in Guiberts *À l'ami qui ne m'a pas sauvé la vie* mit Bill und das Versprechen des Letzteren, dem Ich-Erzähler ein neues und erfolgversprechendes Medikament zur Verfügung zu stellen, ist als Beispiel der Anwendung von AKT zu verstehen. Dasselbe gilt für die Beschaffung des Medikaments DDI durch den Ich-Erzähler in Guiberts zweitem Aids-Werk *Le protocole compassionnel*. Diese Handlung kommt ganz am Anfang der Erzählung vor und alle darauffolgenden Handlungen im Werk hängen von ihr ab.

Abgesehen davon wird zum Beispiel in jedem in dieser Arbeit behandelten deutschen Aids-Werk davon berichtet, dass der Ich-Erzähler sich das Blut untersuchen lässt, wobei durch die Erwähnung des HIV-Tests die Neugier des Lesers über das Ergebnis der Untersuchung geweckt wird. Obwohl der Leser schon weiß, dass das Testergebnis positiv ausfallen wird, denn das vorliegende Werk handelt vom Leben eines HIV-positiven Autors, wird sein Interesse geweckt, weil der Test den Wendepunkt in der Lebensgeschichte des Autors sowie in der Erzählung darstellt. Erst durch den Test gelangt der Ich-Erzähler zur Identität, deren Entwicklung in seinem autobiographischen Bericht geschildert wird. Des Weiteren kommen in allen Werken Krankenhausaufenthalte vor, entweder des Ich-Erzählers, seines Partners oder seiner Freunde. Diese Vorgänge fungieren wieder als AKT und deuten darauf hin, dass sie eine Folge haben werden, auf die der Leser selbstverständlich gespannt ist: Wird der Kranke sterben, oder wird ihm für den Augenblick das Leben gerettet?

Zudem protokollieren die meisten Ich-Erzähler im Laufe ihrer Erzählung, dass sie mit der Einnahme eines Medikaments (AZT oder DDI) beginnen. Auch diese Handlung muss eine Konsequenz haben, die erst später in der Erzählung enthüllt wird. Neben diesen Handlungssequenzen gibt es in allen autobiographischen Aids-Werken einige andere, die in gleicher Weise den AKT-Code bilden, wie die Mitteilung des HIV-Positivseins des Ich-Erzählers an seine Familie sowie seine Freunde. In diesem Fall ist wieder offenkundig, dass diese Mitteilung Konsequenzen haben wird, die den Verlauf der Erzählung beeinflussen werden. Der Leser ist gespannt auf die Reaktionen der Familienmitglieder und Freunde. Eine bestimmte Handlung in Josef Gabriels *Verblühender Mohn* ist in dieser Hinsicht besonders bedeutungsvoll. Der Ich-Erzähler und sein schwerkranker Freund Manuel reisen gegen ärztlichen Rat nach Mexiko. Die ganzen darauffolgenden Handlungen in der Erzählung sind als Folgen dieser Reise zu verstehen, die als Schlüsselereignis innerhalb der Erzählung fungiert.

5.4.4.2 *Der hermeneutische Code (HERM)*

HERM verweist auf alle Elemente in einer Erzählung, die nicht erklärt werden und daher als Rätsel für den Leser fungieren. Sie werfen Fragen auf, die eine Erläuterung verlangen. Der hermeneutische Code führt über Irreführungen, verschobene Antworten zu Teilwahrheiten, Einzelerkenntnissen und schließlich zur Auflösung. Er umfasst die Gesamtheit aller Einheiten, deren Funktion darin besteht, auf verschiedene Weise eine Frage, die entsprechende Antwort darauf sowie die verschiedenen Zufälle zu gliedern, die die Frage vorbereiten oder die Antwort verzögern können oder auch ein Rätsel formulieren oder dessen Dechiffrierung herbeiführen. (Vgl. Barthes 2002: 21) Der Titel von Guiberts Aids-Werken etwa verkörpert den hermeneutischen Code. *À l'ami qui ne m'a pas sauvé la vie* bezeichnet ein Rätsel und spornt den Leser an, das Werk zu lesen, um das Rätsel zu lösen und herauszufinden, welcher Freund dem Ich-Erzähler inwiefern das Leben nicht gerettet habe. Dasselbe lässt sich von den Titeln der anderen Werke in seiner Aids-Trilogie sagen, nämlich *L' homme aux chapeau rouge* und *Le protocole compassionnel*. Napoleon Seyfarth zieht eine Parallele zwischen seinen Erfahrungen in der schwulen S/M Subkultur und seiner Aids-Erfahrung in seinem autofiktionalen Werk *Schweine müssen nackt sein: Ein Leben mit dem Tod*. Der Titel seines Werks deutet diese Parallele an, obwohl er Begriffe wie ‚HIV',

‚Aids' und ‚Homosexualität' nicht enthält. Schon beim Titel ist der Leser neugierig darauf, was der Autor mit dem Wort ‚Schweine' vermitteln will und von welchem durch die Verwendung des Modalverbs im Titel angedeuteten Zwang das Werk handelt.

Allerdings enthält der Titel nicht immer ein Rätsel bzw. den hermeneutischen Code. Helmut Zanders Werk trägt den Titel *Regenbogen: Tagebuch eines Aidskranken* und Markus Commerçon hat sein Werk *AIDS: Mein Weg ins Leben* benannt. Mit diesen Titeln wird der Inhalt des Werks schon offengelegt. Auch Bernd Aretzs *Notate: Aus dem Leben eines HIV-infizierten schwulen Mannes* macht kein Geheimnis daraus, worum es in diesem Werk geht. Anders ausgedrückt, der hermeneutische Code kommt nicht nur in Gestalt eines rätselhaften Titels vor. Das zentrale Rätsel in Josef Gabriels *Verblühender Mohn: Aids - die letzten Monate einer Beziehung* hängt von der Frage ab, ob der Ich-Erzähler HIV-positiv ist oder -negativ. Gleich zu Beginn des tagebuchartigen Berichts wird die Frage gestellt und damit dem Leser ein Rätsel mitgegeben, wenn der Ich-Erzähler fragt: „Wird mein Test auch positiv sein?" (Gabriel 1987: 9) und „Muß ich sterben?" (ebd.) Erst auf der letzten Seite des Werks wird das Rätsel gelöst, wenn der Ich-Erzähler sein Tagebuch mit dem folgenden Eintrag beendet: „Heute habe ich einen Grund glücklich zu sein und zu feiern. Das Ergebnis meines Aids-Antikörpertests ist negativ!" (Gabriel 1987: 170) Ein weiteres Rätsel betrifft die genaue Art und den Ausgang von Manuels Erkrankung. Es ist nicht klar, ob Manuel Aids hat oder Krebs, oder beides. Gleicherweise rätselhaft ist auch, ob Manuel sterben oder überleben wird. Die Reise nach Mexiko unterliegt dem Glauben, dass Manuel durch die alternativen Therapien und die Gebete seiner Mutter geheilt werden könne. Tatsächlich dreht sich die gesamte Erzählung um diese Überzeugung, die der Ich-Erzähler größtenteils mit Manuel teilt. Daher ist der Leser darauf gespannt, ob dieser Glaube gerechtfertigt ist.

In den beiden Aids-Werken von Mario Wirz macht die Hoffnung des Ich-Erzählers, dass sein Liebhaber, der ihn verlassen hatte, zurück zu ihm kommt, das Enigma aus, denn erst am Ende des Werks wird dem Leser der

Ausgang der Liebesgeschichte preisgegeben. Des Weiteren lässt der im Zug sitzende Ich-Erzähler in *Biographie eines lebendigen Tages* den Leser im Ungewissen über sein Reiseziel. Er wird mehrmals von anderen Figuren gefragt, wohin er reise, gibt aber keine klaren Antworten. Ob er zu einer geplanten Lesung nach Dortmund fährt, oder gemäß seiner Entscheidung, sich von der Rolle des tapferen Aids-Literaten zu befreien, einfach loszieht, bildet ebenfalls ein Rätsel, das erst auf der letzten Seite des Werks gelöst wird, als der Zug Dortmund erreicht und er seine Entscheidung ankündigt, im Zug sitzen zu bleiben. An einer anderen Stelle stellt er Fragen über seine Todesart, die wieder ein Beispiel des hermeneutischen Codes bilden:

> „Schneller und schneller, das Kopfkarussell der irren Fragen, wahnwitzig kreischend hinter der Stirn, werde ich ersticken wie Thorsten oder wie Rainer Digitalistropfen schlucken, um das Karussell ein für alle Mal zum Stillstand zu bringen?" (Wirz 1994: 28)

Hier kommt die Selbstmordabsicht des Ich-Erzählers zum Vorschein. Der Leser weiß schon, dass der HIV-positive Ich-Erzähler von vielen Katastrophen gequält wird: einer gescheiterten Liebesbeziehung, einer tödlichen Krankheit und dem Bewusstsein, dass er sich an den Literaturmarkt verkauft hat. Daher stellt sich die Frage, ob er mit der mehrmals im Werk erwähnten Freiheit und Anonymität, die er zu ersehen zugibt, den Selbstmord meint. Diese Frage bildet ihrerseits ein Enigma für den Leser.

Teil des hermeneutischen Codes sind auch die von Barthes erwähnten Verzögerungstaktiken in einer Erzählung. Die meisten Erzählungen halten manche Details zurück, um die Wirkung der endgültigen Enthüllung aller diegetischen Wahrheiten zu steigern. Die Erwartungen des Lesers werden erst dann erfüllt, wenn alle ungelösten Probleme in der Erzählung geklärt worden sind. Allerdings wird die Enthüllung der Wahrheiten oft verzögert, indem die Erzählung dem Leser anstatt der ganzen Wahrheit absichtlich ausweichende, unvollständige oder verschobene Antworten, doppelsinnige Formulierungen und Eingeständnisse der Unauflöslichkeit bietet. Abgesehen davon machen ebenfalls Täuschungsmanöver die Verzögerungstaktiken aus: Der Protagonist betrügt eine andere Figur im Werk oder er wird von einer der anderen Figuren betrogen. In manchen Fällen wird sogar der Leser vom Erzähler betrogen. Solche Täuschungsmanöver funktionieren wie Fallen in der Erzählung, die auf dem Weg zur Ziellinie bzw. dem Ende des Werks gestellt worden sind. Barthes bewertet die Vielfalt solcher Verzögerungsmechanismen an folgender Stelle:

> "The variety of these terms (their inventive range) attests to the considerable labor the discourse must accomplish if it hopes to arrest the enigma, to keep it open. Expectation thus becomes the basic condition for truth: truth, these narratives tell us, is what is at the end of expectation." (Barthes 2002: 76)

Solche Verzögerungstaktiken kommen auch in den hier diskutierten autobiographischen Aids-Werken vor. Viele davon sind bereits im Kapitel drei unter der Rubrik des Spiels zwischen Wahrheit und Lügen ausführlich diskutiert worden. Daher werden hier zur Veranschaulichung nur einige weitere Beispiele des hermeneutischen Codes gegeben. Der Ich-Erzähler Wirz versucht etwa, im Gespräch mit seinem Liebhaber Jan die ersten Symptome seiner HIV-Infizierung zu verharmlosen, als Letzterer die geschwollenen Lymphknoten unter den Achseln des Ich-Erzählers entdeckt, obwohl dem Ich-Erzähler schon klar ist, dass er infiziert ist, denn er hat mehrmals in Zeitungen über die Symptome von Aids gelesen.

> „Für meine Schweißausbrüche habe ich den Zigarettenkonsum, den Alkohol und die tolldreisten Nächte verantwortlich gemacht. Diese Taubeneier brüten eine andere Nacht aus. ‚Schon als Kind hatte ich immer eine Neigung zu geschwollenen Lymphknoten', sage ich, aber ich weiß es besser." (Wirz 1992: 124)

Allerdings betrügt der Ich-Erzähler nicht nur seinen Partner, sondern auch sich selbst und damit den Leser, wenn er z.B. auf das Testergebnis wartet und seine Überzeugung verkündet, „von einem guten Ausgang der Geschichte überrascht zu werden. [...] Gerade, weil alles für einen Positivbefund spricht, wird das Resultat negativ sein." (ebd.) Die geschwollenen Lymphknoten bagatellisiert er als „lauter runde Harmlosigkeiten" (ebd.), die auf „einen eitrigen Zahn oder irgendeinen anderen läppischen Infekt" (Wirz 1992: 125) hindeuten. Zur Unterstützung seiner Überzeugung führt er auch die Tatsache an, dass er nie in den gefährlichen Darkrooms von San Francisco und New York gewesen sei. Berlin erklärt er „zur Provinz und seine Darkrooms zu Orten harmloser Vergnügungen." (ebd.) Solche Lügen, die zum Teil Selbstbeschwichtigungen bilden, sind allerdings in letzter Instanz als Teil der Erzählstrategie bzw. als Beispiele des hermeneutischen Codes zu betrachten, denn sie täuschen den Leser, der mit der falschen Hoffnung des Ich-Erzählers infiziert wird, und tragen zur Verzögerung der Wahrheitsenthüllung bei.

In seinem zweiten Werk *Biographie eines lebendigen Tages* ist der Ich-Erzähler ein berühmter HIV-positiver Schriftsteller. Nun drehen sich die Täuschungsmanöver des Ich-Erzählers nicht mehr um seinen HIV-Status, sondern um sein Schreiben. Er fühlt sich von den Erwartungen seiner Freunde und seinem Lesepublikum erpresst, denn er weiß, dass ihre Zuneigung eigentlich von ihrem Wunschbild eines tapferen Aids-Schriftstellers herrührt, dem er entsprechen müsse, um diese Zuneigung weiterhin genießen und seine Bücher verkaufen zu können. An folgender Stelle teilt der Ich-Erzähler den Lesern mit, wie er seine Freunde täuscht:

> „'Du bist witzig und unterhaltsam. Ich kenne niemanden, der soviel Humor hat wie du. Warum schreibst du nicht mal ein lustiges Buch?' spöttelt Bruno, vor dessen Tatendrang und Produktivität ich mich wie eine zimperliche Oma fühle.
> ‚Ich schreibe gerade an einem satirischen Roman', lüge ich und spiele einen Mann, der Bruno gefällt.
> ‚Hast du heute geschrieben? Du mußt schreiben, hörst du? Schreib jeden Tag mindestens eine Seite', fordert Arthur, und ich erfinde ein Manuskript, an dem ich konzentriert arbeite.
> ‚Schreibst du etwa wieder über Aids?' fragt Helga, mißtrauisch und mißbilligend, und ich schüttele vehement den Kopf und dichte aus dem Stegreif eine Story herbei, die die Zustimmung von Helga findet.

,Dein nächstes Buch sollte nicht so autobiographisch sein', sagt Carsten, der sogenannte Betroffenheitsliteratur von richtiger Literatur unterscheidet.

,Mein nächstes Buch wird absolut fiktiv', behaupte ich mit fester Stimme und verrate das Thema, das mich schreibt." (Wirz 1994: 22)

Hier werden die Freunde bzw. andere Figuren in der Erzählung getäuscht, nicht aber der Leser, denn der Ich-Erzähler gibt die Lügen und Täuschungen zu. Ähnliches kommt in Markus Commerçons *AIDS: Mein Weg ins Leben* vor, wenn der Ich-Erzähler dem Leser mitteilt, dass er sich in Hans verliebt habe, wovon sein sterbender Partner Wolfgang nichts weiß.

Diese ersten beiden Codes sind tendenziell auf die Zeitordnung in der Erzählung ausgerichtet und bedürfen daher der linearen Lektüre der Erzählung vom Anfang bis zum Ende. Barthes vergleicht an einer Stelle in *S/Z* die ersten beiden Codes mit der Klangstruktur in der klassischen Musik, die aus Melodie und Harmonik besteht:

"[It is] the same tonal determination that melody and harmony have in classical music: the readerly text is a tonal text (for which habit creates a reading process just as conditioned as our hearing: one might say that there is a reading eye as there is a tonal ear, so that to unlearn the readerly would be the same as to unlearn the tonal) …" (Barthes 2002: 30)

Demzufolge ist eine klassische „lesbare" Erzählung insbesondere abhängig von den beiden sequentiellen Codes, die sich mit der Offenbarung der Wahrheit und der Strukturierung der dargestellten Handlungen beschäftigen. Die nächsten drei Codes funktionieren demgegenüber außerhalb der zeitlichen Rahmen bzw. der linearen Beschränkungen und sind daher untereinander austauschbar. (Vgl. Barthes 2002: 30) Mit anderen Worten, Beispiele dieser Codes müssen nicht unbedingt in chronologischer Reihenfolge gelesen werden, um ihre Bedeutung für die Erzählung zu verstehen. Während die ersten zwei Codes hauptsächlich klassische Werke der Literatur prägen, die Barthes auch als „lesbare" Texte bezeichnet, sind die modernen

„schreibbaren" Werke vor allem durch die folgenden drei Codes gekennzeichnet.

5.4.4.3 Der Code der semantischen Merkmale (SEM)

SEM bezieht sich auf alle Elemente in einer Erzählung, die auf eine besondere, oft ergänzende Bedeutung hinweisen, insbesondere in Gestalt einer
Konnotation. Dieser Code dient also der Charakterisierung von Schauplät-
zen und Handlungsträgern in der Erzählung. Der Titel *Sarrasine* von Balzacs
Erzählung ist zum Beispiel mit Weiblichkeit verbunden, da das Wort im
Gegensatz zum männlichen Namen Sarrazin eine eindeutig weibliche En-
dung trägt. Weiblichkeit spielt eine wichtige Rolle in der Erzählung, die von
der Liebe eines Mannes (Ernest-Jean Sarrasine) zu einem Kastraten (La
Zambinella) handelt, den er zunächst für eine Frau hält. Allerdings definiert
Barthes Konnotation nicht als eine freie Ideenassoziation, bei der alles erlaubt ist. Stattdessen bildet eine Konnotation für ihn vielmehr eine Korrela-
tion, die dem Text immanent sei. Mit anderen Worten, „one may say that it
is an association made by the text-as-subject within its own system."
(Barthes 2002: 8) Barthes nimmt also diejenigen semantischen Konnotationen
in die Kategorie des semantischen Codes auf, die eine besondere Bedeutung
für die Erzählung haben. Was die Struktur einer Erzählung betrifft, so ermöglicht das gleichzeitige Vorhandensein zweier unterschiedlichen Systeme
– nämlich Bezeichnung und Konnotation – das Funktionieren des Texts wie
ein Spiel, bei dem die zwei Systeme aufeinander Bezug nehmen und die
Pluralität der Erzählung hervorheben. (Barthes 2002: 9)

Wenn ein Krankenhausaufenthalt in den hier behandelten Aids-Werken
als AKT fungiert und die Frage, ob der Kranke wieder gesund wird oder
stirbt, den hermeneutischen Code (HERM) bildet, sind alle semantischen
Konnotationen, die den Schauplatz (die schwulen Clubs, die Krankenhäuser,
die Aids-Station) und die Handlungsträger (die Partner, die Ärzte, das
Krankenhauspersonal, die Kranken) charakterisieren, als SEM zu verstehen.

In diesem Zusammenhang muss wieder zwischen den zwei Phasen im Leben des Ich-Erzählers unterschieden werden. Die semantischen Konnotationen in der Erzählung der Lebensgeschichte vor Aids drehen sich hauptsächlich um die Entdeckung der eigenen Homosexualität und die Erfahrungen in der schwulen Szene. Die ersten schwulen Erlebnisse im Schwimmbad fanden „immer an versteckten Orten in aller Schnelle" statt, berichtet z.B. der Ich-Erzähler Seyfarth. (Seyfarth 2000: 38) Die Wörter ‚versteckten' und ‚Schnelle' charakterisieren solche Begegnungen genauer. Sie vermitteln den Eindruck von Angst, Hinterhältigkeit und Ungesetzlichkeit, als ob die Beteiligten sich ihres Begehrens schämten und sich davor fürchteten, in flagranti ertappt zu werden. Tatsächlich waren homosexuelle Begegnungen zu dieser Zeit mit einem hohen Risiko behaftet, da sie nicht nur gesellschaftlich verpönt waren, sondern auch nach Paragraph 175 des deutschen Strafgesetzbuches noch bis 1994 strafbare Handlungen darstellten.

Ein weiteres Beispiel des semantischen Codes stellt die Beschreibung einer Geburtstagsparty in der Wohnung eines Mitglieds der Berliner Philharmoniker durch den Ich-Erzähler dar. Nachdem er in klaren Worten bezeugt hat, dass die Wohnung „ein kleiner Palast" (Seyfarth 2000: 152) war und „echten Stil" (ebd.) hatte, äußert er sich an der folgenden Stelle sarkastisch zu den eher hochtrabenden Gesprächsthemen und den affektierten Manieren der meisten Gäste:

> „Es war sehr viel von ges-Moll die Rede und sehr viel von Cis-Dur. Der Opernsänger Soundso habe in der Oper Soundso die Rolle des Soundso verpatzt, weil er den Ton eine Vierteloktave zu tief gesungen habe. Man war entsetzt ob dieser Katastrophe und stocherte mit abgespreizten Fingern in dem thailändischen Krabben-, Pardon, Langusten Salat, herum." (ebd.)

Ein wenig später fragt er „nach dem Weg zum Klo, Pardon, zum Kabinett" (Seyfarth 2000: 153) und konnotiert mit der Verwendung dieser zwei Synonyme sowohl seine Kenntnis vom Klassenunterschied zwischen ihm und dem wohlhabenden großbürgerlichen Wohnungsinhaber als auch sein neu erworbenes Bewusstsein, dass solche Unterschiede in der schwulen Szene einer Großstadt bestehen bleiben. Außerdem wird an den oben zitierten Stellen dem Leser vermittelt, dass dem aus kleinstädtischen und kleinbürgerlichen Verhältnissen stammenden Ich-Erzähler die Einzelheiten weder der klassischen Musik noch des Lebensstils in den gehobenen Kreisen geläufig sind. Allerdings schämt er sich deswegen nicht. Stattdessen spottet er über die Oberflächlichkeit, Flachheit und Anpassungsunfähigkeit dieser Gesellschaftsschicht.

Die vom Ich-Erzähler begehrte Lederjacke bildet ein weiteres Beispiel von SEM. Als Neuankömmling in der schwulen Szene hat er durch Beobachten gelernt, dass die ‚Ledermänner' hochrangige Mitglieder dieser Gemeinschaft waren. Durch dieses Kleidungsstück gewann der Träger an Bedeutung und konnte sich Zugang zum elitären Klub der Lederszene verschaffen. Entsprechend wurde die Lederjacke für den jungen Ich-Erzähler (sowie für die Erzählung) von hoher Wichtigkeit und stellt in der Erzählung viel mehr als ein teures Kleidungsstück dar. Sie verkörpert sozusagen eine Eintrittskarte, die dem Ich-Erzähler den Zugang zu seiner Traumwelt gewährt. Im Gegensatz zu seiner absoluten Ablehnung der Gepflogenheiten in den großbürgerlichen schwulen Kreisen ist er in diesem Fall bereit, ja sogar begierig, sich anzupassen, denn „[i]n der Lederbar war die Klassengesellschaft auf den Kopf gestellt" (Seyfarth 2000: 111) und dies entsprach seinen subversiven Neigungen. Welche große Bedeutung die Lederjacke für ihn hat, wird dadurch veranschaulicht, dass er sie als seine „zweite Haut" (Seyfarth 2000: 113) bezeichnet und sich selbst nach ihrem Anziehen wie verwandelt vorkommt, fast so, als ob die Lederjacke ihm eine neue Identität gegeben hätte.[164]

---

[164]Die Lederjacke trägt auch in Mario Wirzs *Es ist spät, ich kann nicht atmen* eine wichtige semantische Konnotation. Der Ich-Erzähler, der sich Mühe gibt, wie ein „Kerl" zu wirken und nicht wie eine „Tunte", meint z.B.: „Ich trage kein Dirndl und keinen Faltenrock, sondern eine schwere Lederjacke, die meine ‚Männlichkeit' betont, von der ich glaube, daß ich sie mir und der Welt schuldig bin." (Wirz 1992: 21-22).

Nach der Erkenntnis des HIV-Positivseins steht selbstverständlich die Aids-Erfahrung im Mittelpunkt. Der Ich-Erzähler in Seyfarths *Schweine müssen nackt sein* äußert seinen Beschluss, "mit hocherhobenem Haupt das Schafott" (Seyfarth 2000: 195) zu betreten und ohne Angst und Schamgefühle den bevorstehenden Tod genauso zu akzeptieren, wie er in seinem bisherigen Leben jede neue Erfahrung angenommen hatte. Im folgenden Zitat fungieren Eigennamen als SEM, denn sie charakterisieren den Wunsch des Ich-Erzählers, tapfer, stolz und vornehm in den Tod zu gehen:

> „Nach meinem letzten Wunsch gefragt, würde ich antworten: ‚Champagner.' Ich würde mir wie Marlene Dietrich vor der Erschießung die Lippen schminken und mich weigern, mir eine Augenbinde anlegen zu lassen. Ohne mit der Wimper zu zucken, würde ich dem Meister Tod in die Augen schauen." (ebd.)

Während ‚Champagner' als SEM hier eine Feier und einen Toast auf den bevorstehenden Tod konnotiert, deutet die Erwähnung einer berühmten Diva eine eher romantische Vorstellung des Aids-Todes als glanzvollen Höhepunkt im Leben des Ich-Erzählers an. Beachtenswert ist ebenfalls die semantische Konnotation, die dadurch vermittelt wird, dass das Wort ‚Meister' vor ‚Tod' gesetzt wird. Einerseits erzeugt dies eine Verbindung zwischen dem Aids-Diskurs und dem früher im Werk erläuterten S/M-Diskurs, womit hervorgehoben wird, dass Aids eine Fortsetzung der bisherigen vielfältigen Erfahrungen ist und keine Unterbrechung. Die „Dichotomien des Banalen" (Seyfarth 2000: 271) habe der Ich-Erzähler nach eigenen Angaben im Laufe seiner S/M-Erfahrungen zu überwinden gelernt, den Rollentausch zwischen Meister und Sklave mehrmals erprobt und beide Rollen genossen. Daher ist er nun nach seinem positiven Testergebnis bereit, sich ohne Scham und Zögern dem Meister Tod zu ergeben. Andererseits beschwört die Charakterisierung des Todes durch das Wort ‚Meister' Vorstellungen von der Komplizenschaft herauf, die jeder S/M-Beziehung innewohnt, indem beide Partner sich freiwillig am Rollenspiel beteiligen, weil ihnen die jeweilige Rolle Vergnügen bereitet. Dadurch, dass der Ich-Erzähler seinen bevorstehenden Aids-Tod als Meister bezeichnet, wird angedeutet, dass er sich selbst als bereitwilligen Sklaven wahrnimmt und nicht als Opfer. Des Weiteren könnte diese Andeutung von den Praktiken und der Rollenverteilung in der schwulen S/M-Szene durch die Verwendung des Worts ,Meister' auch als Beispiel des referentiellen Codes (REF) betrachtet werden, der im nächsten Abschnitt diskutiert wird.

Die Schilderung der Symptome von Aids, der Ärzte und des anderen Krankenhauspersonals ist eine weitere Referenz bezüglich des semantischen Codes. Der Ich-Erzähler Seyfarth beschreibt das Gesicht eines Aidskranken als „voller violetter Flecken" und „wie aufgegangener Blaubeerkuchen" (Seyfarth 2000: 197), womit die Kaposi-Sarkomen angedeutet werden. An einer Stelle beschreibt er einen Arzt als „der Kapitän mit der weißen Uniform." (Seyfarth 2000: 202) An einer anderen Stelle bezeichnet er einen anderen Arzt mit den folgenden Worten:

> „Der Meister kam in den Raum. Er hatte Ähnlichkeit mit Reinhold. Ich wunderte mich, daß er kein schwarzes Leder trug. In seinem weißen Kittel sah er eher aus wie ein Schlachtermeister. Welches Schwein er wohl jetzt schlachten wollte?" (Seyfarth 2000: 273)

Im Gegensatz zu den übrigen Darstellungen in seinem Werk, in denen Seyfarth die Ärzte offen kritisiert, wird an den oben zitierten Stellen durch Konnotationen die Figur des Arztes verschiedenartig charakterisiert und vom Autor in seinen Aids-Diskurs integriert. Einerseits wird im ersten Zitat durch die Vorstellung des Arztes als Kapitän die Machtposition des Arztes zerrüttet, denn er wird hier spielerisch in einer der beliebtesten Rollen in der homosexuellen Phantasie dargestellt. Im zweiten Zitat wird er dann als Meister bezeichnet, womit Vorstellungen von Hardcore-Sadomasochismus heraufbeschworen werden und die Hierarchie in der Medizin angedeutet wird. Andererseits wird durch den Vergleich des Arztes mit dem an Aids erkrankten Reinhold betont, dass es keine allzu großen Unterschiede und Grenzen zwischen Arzt und Patienten gibt. Zugleich wird durch die Verwendung des Worts ‚Schlachtermeister' konnotiert, dass der Arzt in diesem Diskurs keine heilende und mitleidige Figur darstellt, sondern eine bedrohliche. Die weiße Farbe seines Kittels hat wiederum eine negative Konnotation, denn sie ruft Assoziationen von einer aseptischen und kalten Welt hervor.

Anhand des semantischen Codes lässt sich anschaulich erklären, warum die Darstellungen von Krankenhäusern beim Leser der diskutierten Aids-Werke einen schlechten Eindruck hinterlassen, obwohl nicht bei jeder Erwähnung offen Kritik geübt wird. Häufig wird dieser Eindruck mit der Wortwahl erzeugt. Seyfarth spricht z.B. vom „Ghetto der Krankenhäuser" (Seyfarth 2000: 197) und deutet dadurch auf die Isolierung der Aidskranken durch die Medizin und den Staat hin. Der Begriff hat eine negative Konnotation des Elends und der Diskriminierung. An einer anderen Stelle ruft seine Beschreibung eines Krankenhauses Angst, Kälte und Hoffnungslosigkeit hervor, obwohl die Anstalt doch Hoffnung erzeugen und Heilung versprechen soll. Der Ich-Erzähler schildert dabei seine Gefühle beim Anblick der Anstalt nur in Metaphern:

> „Als ich aus dem Bus steige, sehe ich einen riesigen weißen Tanker, der mit Krankheit und Tod gefüllt ist, vor Anker liegen. Ich werde seekrank. Ich gehe durch lange Gänge vom Heck bis zum Bug. Ich werde sehkrank. Die Isolierstation liegt Backbord. Ich klopfe an die Kabinentür. Auch sie ist isoliert. Virendicht. Ich scheine wasserdicht. Kein Tropfen läuft über mein Gesicht." (Seyfarth 2000: 200-201)

Gemäß der Strategie, die Ambiguität in seiner Beziehung zum Krankenhaus zu bewahren, bezeichnet Seyfarth das Krankenhaus an einer anderen Stelle als „Grand Hotel, in dem die Reisenden in immer kürzeren Abständen Aufenthalt nahmen, bis sie auf Nimmerwiederkehr abreisten." (Seyfarth 2000: 223) Damit wird das furchterregende Krankenhaus, wie es in den anderen Beschreibungen vorkommt, verharmlost und wie ein Luxushotel dargestellt, in dem reiche dekadente Gäste aus freiem Willen vorübergehend ihre Zeit verbringen. In diesem Grand Hotel ist der Patient kein Sterbender, sondern ein Reisender. Anstatt unter Todesangst zu leiden, verbringt er die ihm gebliebene Zeit mit den Vorbereitungen auf die bevorstehende Reise und in Vorfreude über die bei einer Reise zu erwartenden Abenteuer. Des Weiteren bezeichnet er das Krankenhaus mit seiner keimfreien, sterilen Atmosphäre als „weiße[r] Knast" (ebd.) und vergleicht es mit einem S/M-Club, der ‚Knast' heißt.

Die Bezeichnung des Krankenhauses als Knast deutet mehrere Interpretationsmöglichkeiten an. Einerseits wird dadurch auf den Verlust der Autonomie aufmerksam gemacht, unter dem jeder Mensch leidet, sobald er ins Krankenhaus eingewiesen und dort zum Patienten reduziert wird. Wie bei einem Gefangenen haben die Persönlichkeit des Patienten sowie seine Charaktereigenschaften, seine Eigenarten, seine Vorlieben und Abneigungen innerhalb der medizinischen Anstalt keine Bedeutung mehr. Das einzige, das vom Krankenhaus im Fall eines HIV-positiven Patienten wahrgenommen wird, ist die Zahl seiner Helferzellen, die das Krankheitsstadium offenbaren. Wie wertvoll und interessant das Individuum ist, wird im Krankenhaus nur anhand dieser Zahl festgestellt. Andererseits wird durch die Gleichsetzung des Krankenhauses mit dem S/M-Club ‚Knast' betont, dass sich die Verhältnisse nicht so sehr geändert hätten, denn der Ich-Erzähler erwartet von beiden Knästen neben harter Bestrafung zugleich auch Vergnügen.

Der semantische Code spielt ebenfalls eine wichtige Rolle bei der Strukturierung der Erzählung in Wirzs beiden in dieser Arbeit diskutierten Aids-Werken. Der sich erinnernde Ich-Erzähler in *Es ist spät, ich kann nicht atmen* bezeichnet die Stadt Berlin als „Wildnis" und „Dschungel" (Wirz 1992: 120), womit er darauf hindeutet, dass er dort nach der ersten Trennung von seinem Partner Jan mehrere anonyme sexuelle Erfahrungen gehabt hatte. Ferner leidet er noch unter den Traumata seiner Kindheit und Jugend sowie dem Verrat seines Partners. Auch mit seiner Seropositivität kommt er noch nicht zurecht. Geschwächt und lebensmüde bleibt er lieber allein in seinem Zimmer und beschreibt seinen gewöhnlichen Tagesablauf mit folgenden

Worten: „Jede Stunde ein Minenfeld. Sitzen und starren und rauchen. Mein Zimmer. Mein Käfig. Meine Zelle. Mein Grab." (Wirz 1992: 11) Die Zeit vergeht langsam, jede Stunde bringt gefährliche Erinnerungen und Assoziationen mit sich. Dieses Alleinsein hat er zum Teil selbst gewählt, doch zugleich sieht er sich selbst als Gefangener in einer Isolierung und Einsamkeit, zu denen er aufgrund seiner Verhältnisse verurteilt worden sei. Den Hauptschauplatz seiner Erzählung, sein Zimmer, bezeichnet er daher ausgesprochen negativ als seinen Käfig und seine Zelle. Es wird auch sein Grab sein, denn seine Isolierhaft wird erst mit seinem Tod enden.

Im Gegensatz dazu unterscheidet der Ich-Erzähler in der *Biographie eines lebendigen Tages* im Verlauf der gesamten Erzählung zwischen seiner Zimmer-Welt und der Draußen-Welt. Allerdings entzieht sich hier das Zimmer als Schauplatz einer einfachen Deutung und trägt stattdessen zu verschiedenen Zeiten ganz unterschiedliche Konnotationen, die von der jeweiligen Laune des Ich-Erzählers abhängen. Manchmal bezeichnet er sein Zimmer daher als „[b]lühende Zimmerinsel, glückliche Zuversicht" (Wirz 1994: 17), womit das Zimmer als sicherer Zufluchtsort dargestellt wird, in das er vor der feindseligen Außenwelt sowie den klischeehaften Erwartungen seiner Mitmenschen fliehen kann. An einer anderen Stelle betrachtet er allerdings dasselbe Zimmer als „[e]insame Zimmerinsel" (Wirz 1994: 19) und sogar als „[g]efährliche Zimmerinsel"(ebd.) und vermittelt damit eine eindeutig negative Konnotation. Ferner gibt er zu, dass er häufig vor seinem leidenden, selbstbemitleidenden Zimmer-Ich flieht und er „wehr[t] [s]ich gegen den kleinen Kosmos [s]eines Virusträger-Ichs und schaff[t] [sich] ein bißchen Welt, die über den Rand [s]einer Kaffeetasse hinausgeht." (Wirz 1994: 21) Dadurch wird die semantische Pluralität des Zimmers verdeutlicht und der Leser versteht, warum der Ich-Erzähler ständig zwischen seinen zwei Ichs und seinen zwei Welten hin- und herpendeln muss.

Ein weiterer wichtiger Schauplatz ist neben dem Zimmer des Ich-Erzählers und der Stadt Berlin das Krankenhaus. Dies wird auch mithilfe von Konnotationen als ein düsterer und trostloser Ort dargestellt. Im folgenden Zitat aus *Es ist spät, ich kann nicht atmen* erinnert sich der Ich-Erzähler an einen Krankenhausbesuch. Obwohl an dieser Stelle keine offene Kritik an der Einrichtung geübt wird, verdeutlicht jedoch wiederum die Wortwahl, dass das Krankenhaus den Ich-Erzähler mit Furcht und Schrecken erfüllt.

> „In meinem Kopf die braungetäfelte Stille auf der Aidsstation im Auguste-Viktoria-Krankenhaus. Station B. Dickholzige Türen, die jeden Schrei schlucken. Fettes, qualliges Schweigen hängt über dem Flur, die unheimliche Ruhe des Unabänderlichen. Ghetto des Todes. Hier endet jede Hoffnung. […] Dieser Flur wartet auf mich. Hinter einer dieser Türen steht mein letztes Bett." (Wirz 1992: 69)

Mit der Charakterisierung des Krankenhauses durch Wörter wie ‚Stille' und ‚Schweigen' werden Vorstellungen von einem Friedhof erzeugt. Dieser Eindruck wird durch die Erwähnung von Ruhe in Verbindung mit Unabänderlichkeit noch verstärkt. Der Ich-Erzähler hofft auf keine Besserung, keine Lebensrettung im Krankenhaus, stattdessen verkörpert es für ihn eher einen Ort, wo er jede Hoffnung aufgeben und nur auf seinen Tod warten kann. Die „dickholzige[n]" Türen und die geschluckten Schreie erinnern eher an ein Gefängnis oder ein Lager für Todeskandidaten als an ein Krankenhaus, in dem ein Patient mit seiner Besserung rechnet. Ferner deutet die Bezeichnung des Krankenhauses als „Ghetto des Todes" auf die Ansicht hin, dass es hauptsächlich der Isolierung der Aidskranken diene, damit der gesunden Gesellschaft der Anblick eines grausamen Sterbens erspart bleibt. Mit anderen Worten, das Krankenhaus ist im Fall von Aids in erster Linie kein Ort, wo die Patienten gerettet werden, sondern ein Ort zum unauffälligen Sterben.

Des Weiteren taucht der semantische Code ebenfalls auf, wenn der Ich-Erzähler die bedeutendsten Handlungsträger in seinen Erzählungen durch Konnotationen charakterisiert. Er berichtet z.B. in *Es ist spät, ich kann nicht atmen*, dass sein Partner Jan, der ihn verlassen hat, „Tod und Leidenschaft nur in der Oper liebt." (Wirz 1992: 10) Dadurch wird Jans Heuchelei veranschaulicht, denn er findet im wirklichen Leben solche Themen unangenehm und anstrengend, obwohl sie ihm Vergnügen bereiten, wenn sie in der Kunst dargestellt werden. An einer weiteren Stelle wird Jan durch eine Bemerkung des Ich-Erzählers als kaltherzig und egozentrisch charakterisiert: „'Vielleicht bin ich auch positiv. Ich will es nicht wissen', sagt Jan und streut Konfetti auf die Bombe." (ebd.) Er hat den Ich-Erzähler wegen seines positiven HIV-Testergebnisses verlassen. Nun scheint er mit der Äußerung der Vermutung, dass er selbst HIV-positiv sein könnte, den Schock der Trennung mit dem scheinbar wohlgemeinten Solidaritätsausdruck ein wenig abmildern zu wollen. Letztendlich verletzen allerdings seine beschwichtigenden Worte den Ich-Erzähler noch schlimmer als sein Verrat.

Als bedeutendster Handlungsträger in Wirzs zweitem Aids-Werk fungiert Vera, die Brieffreundin des Ich-Erzählers. Auch sie wird an unterschiedlichen Stellen durch Konnotationen im Werk unterschiedlich dargestellt, womit die Ambiguität in der Beziehung offenbart wird. An einer Stelle meint z.B. der Ich-Erzähler:

> „Mir ist, als spräche mein weibliches Alter ego zu mir, ein vertrautes, schwesterliches Ich, das mit mir die Außenseiterkindheit teilt, den blutrünstigen Trübsinn hinter weißen Gardinen, den Horror einer deutschen Kleinstadt und die große Unbehaustheit in der Welt. Ich lese alle Bücher von Vera und höre den gemeinsamen Herzschlag hinter ihren Worten. Inmitten ihrer Geschichte trifft mich meine Geschichte, mit schmerzlicher Wucht, mit glücklicher Wucht. Ich bin dankbar, daß sich Vera zu erkennen gibt." (Wirz 1994: 81)

Der Ich-Erzähler fühlt sich Vera eng verbunden, während er sich von seinen anderen Freunden zunehmend entfremdet fühlt. Ihre Briefe vermitteln ihm den Eindruck, dass sie unvoreingenommen sei und ihn verstünde, mehr noch, dass er im Umgang mit ihr keinem künstlichen Wunschbild entsprechen und keine Erwartungen erfüllen müsse, was für ihn in seinen anderen Beziehungen mittlerweile zu einem großen Störfaktor geworden ist. Beide stammen aus denselben kleinstädtischen Verhältnissen, unter denen sie als Außenseiter erheblich gelitten haben. Daher bildet Vera, eine heterosexuelle

Frau, für den schwulen Ich-Erzähler sein zweites, schwesterliches Ich. Er bezeichnet sie auch als seine „Komplizin" und seine „schwesterliche Mutter" (Wirz 1994: 83), womit wiederum eine große emotionale Nähe und ein unverkennbares Angewiesensein konnotiert wird.

Im Laufe der Zeit ändert sich allerdings dieser Eindruck. Der Wandel wird z.B. sichtbar, wenn der Ich-Erzähler an der folgenden Stelle Vera völlig anders charakterisiert, nämlich als „Quälgeist": „Unsere schön-verrückte Briefliebe verwandelt sich in eine Groteske. Die gütige Fee entpuppt sich als liebestoller Dämon, der mich bedroht. Meine Muse ist ein Quälgeist." (Wirz 1994: 84) Die erfreuliche und erlösende Brieffreundschaft wird nun vom Ich-Erzähler als „Groteske" wahrgenommen, denn er muss anerkennen, dass seine „Komplizin", seine „schwesterliche Mutter" sich in ihr Wunschbild von einem Aids-infizierten Schriftsteller verliebt hat und nun von ihm ein Rollenspiel verlangt. Er fühlt sich von ihren Ansprüchen, die er nicht befriedigen kann, gequält, erpresst und bedroht. Daher wird sie nun als „liebestoller Dämon" bezeichnet, vor dessen Briefen er sich zu fürchten beginnt, obwohl er früher ungeduldig auf sie gewartet hatte, denn sie stellten damals ein Rettungsanker für ihn dar.

5.4.4.4 Der referentielle Code (REF)

REF ist laut Barthes jedes Element in einer Erzählung, das auf kulturelle Normen einschließlich einer Wissenschaft oder eines Wissensbestands Bezug nimmt. Er deutet auf das gemeinsame Wissen der Menschheit über die Welt hin und umfasst u.a. physische, physiologische, medizinische, psychologische, literarische und historische Sachgebiete. (Vgl. Barthes 2002: 20) In den deutschen Aids-Werken, die ausschließlich von schwulen Autoren stammen, wird häufig auf das Fachwissen und den Jargon der schwulen Szene zurückgegriffen. Gegenstände, die in der schwulen Kultur als Signifikant etwas Spezifisches symbolisieren und Ausdrücke oder Gesten, die innerhalb der Szene einen besonderen Signifikaten andeuten, werden in diesen Werken konnotativ dargeboten. In Seyfarths *Schweine müssen nackt sein* erinnert sich der Ich-Erzähler daran, dass er erst in Frankfurt gelernt habe, zwischen „Jeanstypen und Ledertypen" (Seyfarth 2000: 104) zu unterscheiden. Damit ist nicht nur die unterschiedliche Bekleidung der Männer gemeint, sondern auch ihre Stufe in der Rangordnung der S/M-Subkultur. Dass es noch weitere Subkategorien gibt, die jede ihre eigenen Clubs haben, verdeutlicht das folgende Zitat:

> "Nach einigen Bieren verteilten sich dann, in bester Aufrißlaune, die Schwulen in ihren jeweiligen Subsubkulturbereich. Lederjacken zur ‚Knolle', weiße Hosen ins ‚WuWu', Seidenhemden in den ‚Vagabund'." (Seyfarth 2000: 139)

Des Weiteren erklärt der referentielle Code die wiederholten Erwähnungen von farbkodierten Stofftaschentüchern, die in der schwulen Subkultur in mehreren Ländern von Männern getragen werden, die ihre sexuellen Vorlieben im nonverbalen Austausch bezeichnen wollen. Seyfarth erklärt z.B., dass er Stuttgart „als Stadt der schwarzen Tücher" (Seyfarth 2000: 166) erlebt habe. Schwarze Tücher bezeichnen innerhalb dieses Systems Peitschen. Ferner bedeutet die Seite, an der das Tuch getragen wird, die Ausrichtung: Ein links getragenes Tuch zeigt an, dass der Träger beim jeweiligen (durch die Farbe des Tuches bezeichneten) Fetisch der aktive Partner (Top) ist, rechts getragen dagegen deutet es einen passiven Partner (Bottom) an. In Aretzs *Notate* erwähnt der Ich-Erzähler blaue, rote und gelbe Schweinchen, mit denen in manchen deutschen Lederlokalen ebenfalls sexuelle Vorlieben signalisiert werden. Laut ihm sei dieses System sicherer, denn die Taschentücher könnten gelegentlich Missverständnisse auslösen:

> „Ich gehöre zu den altmodischen Menschen, die gebügelte Stofftaschentücher vorziehen. Mein Freund sieht die Farben unter ästhetischen Gesichtspunkten. Der Schönheit wegen trage ich eine von Ralf Königs Uhren, die mit dem pinkelnden Paul. Sie gefällt mir, wenn sie ein paar Zentimeter hervorlugt. In Berlin aber kann der Zeitmesser in Verbindung

mit einem gelben Schnupftuch schon Missverständnisse auslösen."[165] (Aretz 1997: 167)

Darüber hinaus lässt sich die Signifikanz vom *red ribbon* und von der Regenbogenfahne, die in beinahe allen Aids-Werken als Signifikant auftauchen, erst anhand des Wissens um die Symbolik enträtseln, die sich im Laufe der Zeit um die Aids-Kampagnen weltweit in Gestalt von Zeichen der Solidarität und der Hoffnung entwickelt hat. (Vgl. Aretz 1997: 168)

Ein markantes Beispiel dieses Codes kommt in Napoleon Seyfarths *Schweine müssen nackt sein* vor, wenn der Ich-Erzähler auf ein dunkles Kapitel in der deutschen Geschichte, nämlich den kontroversen Paragraph 175 des deutschen Strafgesetzbuches Bezug nimmt, der gleichgeschlechtliche Beziehungen zwischen Männern kriminalisierte und erst 1994 abgeschafft wurde: „Paragraph 175. Die magische Zahl 175 hatte ich zum ersten Mal gehört, als ein Schüler der Parallelklasse als ‚175er' bezeichnet worden war." (Seyfarth 2000: 37-38) Damit verknüpft er seine eigene Geschichte – insbesondere die Erinnerung an seine anfängliche, pubertäre Wahrnehmung der eigenen Homosexualität – mit der Geschichte der Homosexualität in Deutschland. Sie stand von 1872 bis 1994 im Schatten des Paragraphen 175, d.h. vom Kaiserreich über die Weimarer Republik, den Nationalsozialismus und die Nachkriegszeit in Westdeutschland bis nach der Wiedervereinigung. Die pejorative Bezeichnung eines Schülers als „175er" deutet auf die gesellschaftliche Stigmatisierung von Homosexuellen hin, die die Kriminalisierung der Homosexualität und die staatliche Verfolgung von Schwulen mit sich brachte. Mit anderen Worten, der referentielle Code erklärt hier den Hintergrund, vor dem der Ich-Erzähler als Jugendlicher seine Homosexualität entdeckt hatte.

An einer anderen Stelle erinnert er sich an das erste Mal, als er von Aids hörte:

---

[165] Gelbes Schnupftuch (REF): Urophilie in der schwulen Subkultur.

„Als es für Aids noch gar keinen Namen gab. In den Berichten im ‚Spiegel'
war 1982/83 von einer Schwulenseuche in Amerika die Rede gewesen.
Amerika war weit weg, und ich war dort nie gewesen. Später bekam die
Krankheit einen Namen, den ich wiederum im ‚Spiegel' las." (Seyfarth
2000: 196)

Dadurch wird die persönliche Aidsgeschichte des Ich-Erzählers mit der
Entwicklungs- und Mediengeschichte von Aids verknüpft. Anhand seiner
Wortwahl wird auch deutlich gemacht, wie wenig über die Krankheit in den
Anfangsjahren ihrer Verbreitung bekannt war und welcher Irrglauben den
dringend benötigten Verhütungsmaßnahmen im Weg standen. Außerdem
wird durch die Verwendung des Begriffs ‚Schwulenseuche' darauf aufmerksam gemacht, dass Aids anfänglich überall auf der Welt fälschlicherweise als
eine Krankheit der Schwulen wahrgenommen wurde.

Eine ähnliche Bezugnahme auf die Mediengeschichte von Aids taucht
auch in Mario Wirz' *Es ist spät, ich kann nicht atmen auf,* wenn der Ich-
Erzähler versucht, sich daran zu erinnern, wann er zum ersten Mal von Aids
gehört habe. Gleichzeitig beschwört er mehrere historische Epochen und
Persönlichkeiten herauf, um zu betonen, dass die Homosexuellen seit jeher
für den Staat und die Gesellschaft als die unmoralischen Anderen galten
und daher leicht zum Sündenbock gemacht wurden. Der Ich-Erzähler glaubte zunächst nicht, dass es eine Krankheit geben könne, die hauptsächlich
Schwule betraf. Für ihn stellten daher die ersten Pressemeldungen zum
Thema Aids eine neue Verschwörung dar, um Schwule zu verleumden. Ihr
Sexualverhalten sollte dadurch unter Kontrolle gebracht werden, dass Gerüchte über eine tödliche Krankheit verbreitet wurden, die angeblich auf den
homosexuellen Geschlechtsverkehr zurückzuführen sei.

Laut ihm sei Amerika der Ursprungsort solcher Gerüchte. Mit „Cowboypräsident" weist der Ich-Erzähler im folgenden Zitat auf Ronald Reagan
hin, der nach seiner Schauspielkarriere 1980 zum amerikanischen Präsiden-
ten gewählt wurde. Nachdem die Aids-Krise 1981 einsetzte, wurde ihm
häufig vorgeworfen, dass er durch Schweigen und innenpolitische Passivität

zur raschen Verbreitung von Aids beigetragen habe. Dieses Schweigen basierte auf einem spezifisch US-amerikanischen Puritanismus, den der Ich-Erzähler mit der Figur des geschlechtslosen Mickey-Mouse konnotiert. Insbesondere während Reagans Amtszeit wurde die Sexualität konservativ und nur im Zusammenhang mit der Fortpflanzung definiert. Alle Verhaltensmuster, die von der durch Staat und Kirche genehmigten Norm abwichen, wurden missbilligt. Im folgenden Zitat deutet der Ich-Erzähler mit Bezug auf den „Cowboypräsident" auf diesen Teil der amerikanischen Kulturgeschichte hin. Des Weiteren erwähnt er hier das Mittelalter und historische Ereignisse wie die Inquisition und die Hexenjagd, bei denen eine Verknüpfung von religiösen Dogmen und weit verbreiteten Vorurteilen zur Verfolgung von Bevölkerungsgruppen führten, die in der populären Vorstellung als Außenseiter galten. Mittels des referentiellen Codes (der Erwähnung einiger Ereignisse und Persönlichkeiten aus der Weltgeschichte) wird dem Aids-Diskurs eine zusätzliche Bedeutungsebene zugefügt, indem die Irrationalität der homophoben Haltung von Staat und katholischer Kirche betont wird.

> „Die ersten Horrormeldungen von einer ‚schwulen Pest' stinken nach Pech und Schwefel. Nach Mittelalter und Inquisition und Hexenjagd. Ein wahnsinniger Cowboypräsident und ein perverser Papst haben sich dieses Katastrophen-Szenarium ausgedacht. Ein katholisches Schauermärchen. Eine amerikanische Gruselgeschichte, vom Mickey-Mouse-Puritanismus inspiriert. Eine Kriegserklärung an die sexuelle Revolution. [...] Ein Land, das die Atombombe erfunden hat, kann auch Aids erfinden." (Wirz 1992: 114-115)

Auf die Apathie der deutschen Politiker während der Anfangsjahre der Aids-Krise sowie die rasante Gründung zahlreicher Nichtregierungsorganisationen, nachdem der Staat begonnen hatte, den Aids-Hilfsorganisationen Gelder zuzuteilen, wird ebenfalls Bezug genommen. Der Ich-Erzähler in Seyfarths Werk merkt ironisch an, dass die Politiker erst dann Einfühlungsvermögen auch für die „Schmuddelkinder" (Seyfarth 2000: 231) entwickelt hätten, als die Krankheit Aids auf die sogenannte Normalbevölkerung überzugreifen begann. Aufgrund der anfänglichen Auffassung von Aids als eine Krankheit, die ausschließlich Schwule und Fixer betraf sowie der Diskriminierung dieser Bevölkerungsgruppen wurden zunächst keine Aufklärungs- und Präventionsmaßnahmen seitens der deutschen Regierung unternommen. Als sich Aids dann aber auf die anderen Bevölkerungsgruppen ausbreitete und damit zu einem heiklen politischen Thema wurde, haben die Politiker „den Geldhahn reichlich geöffnet. Und wie immer, wenn ein warmer Geldregen die Landschaft befeuchtet, sprossen die Organisationen, die sich des Themas und des Etats bemächtigen wollten, wie Pilze aus dem Boden." (Seyfarth 2000: 231-232) Dass der Ich-Erzähler wenig von der Integrität solcher Organisationen hält und ihre Arbeit als Nützlichkeitspolitik eher niedrig einschätzt, wird durch den Vergleich mit Pilzen, die aus dem Boden schießen, verdeutlicht.

An einer Stelle wird sogar auf eine der bekanntesten Motive in der katholischen Ikonographie Bezug genommen, um eine Grundhaltung zu veranschaulichen. Der HIV-positive Ich-Erzähler sieht sich mit den Ergebnissen einer Computertomographie seines Gehirns konfrontiert. Über die Vorstellung erschrocken, dement zu werden, behauptet er: „[S]ogar die Kaposi-Flecken hätte ich herumgetragen wie Jesus seine Wundmale." (Seyfarth 2000: 222) Dadurch wird konnotiert, dass die Aidskranken sich wegen der sichtbaren Symptome ihrer Erkrankung nicht zu schämen brauchen. Des Weiteren symbolisieren die Wundmale Jesu die Sünden der Menschheit, die ihnen durch die Leiden des Gottessohnes vergeben wurden. In ähnlicher Weise ist der Ich-Erzähler bereit, seine Kaposi-Flecken, die von seinen eigenen ‚Sünden' zeugen, stolz herumzutragen, ohne sich von den feindseligen Blicken seiner Mitmenschen verunsichern zu lassen.

Darüber hinaus bezieht sich der referentielle Code auf Klischees, Sprichwörter oder verschiedene Redensarten. (Vgl. Barthes 2002: 97-98) Seyfarth zitiert ein Pfälzer Sprichwort, nämlich „Auf einem alten Rad lernt man fahren". (Seyfarth 2000: 140) Damit erklärt er den Altersunterschied zwischen dem aus einer Kleinstadt in Berlin neu angekommenen siebenundzwanzigjährigen Ich-Erzähler und seinem ersten bereits einundvierzigjährigen Liebhaber Helmut, der schon seit Jahren mit der Berliner Szene vertraut war und den Neuankömmling in die schwule Gesellschaft einführte. An einer weiteren Stelle wird ein Sprichwort herangezogen, um die Grundhaltung des Ich-Erzählers offenzulegen: „Wenn man sich nicht mehr wehren kann, sollte man es genießen." (Seyfarth 2000: 266) Es charakterisiert im Wesentlichen sein Verhalten in der S/M-Szene sowie als HIV-Positiver. Anstatt sich als Opfer zu betrachten und sich in Selbstmitleid zu ergehen, bevorzugt er es, das Unvermeidliche zu akzeptieren und den größtmöglichen Vorteil daraus zu ziehen.

5.4.4.5 Der symbolische Code (SYM)

SYM stellt ein erweitertes Aufbauprinzip dar und strukturiert die gesamte Erzählung mithilfe von Antithesen oder Oppositionen. Die Funktion der Antithese sei laut Barthes die Bestätigung der Trennung zwischen Gegensätzen sowie der Nichtreduzierbarkeit dieser Trennung (Vgl. Barthes 2002: 26-27) Dementsprechend verkörpert jede Zusammenstellung zweier Oppositionen eine Grenzüberschreitung aufseiten des Erzählers:

> "Every joining of two antithetical terms, every mixture, every conciliation – in short, every passage through the wall of the Antithesis – thus constitutes a transgression; to be sure, rhetoric can reinvent a figure designed to name the transgressive; this figure exists: it is the paradoxism (or alliance of words): an unusual figure, it is the code's ultimate attempt to affect the inexpiable […] the narrator brings this figure into play: he induces or supports a transgression." (Barthes 2002: 27)

Die kontrastierende Gegenüberstellung zweier Oppositionen erhöht also die Wirkung von beiden. Des Weiteren ermöglicht sie die Überschreitung von semantischen und semiotischen Grenzen in der Erzählung.[166] Ferner

---

[166]Wirz erwähnt etwa die „gealterte Kindlichkeit" seines HIV-positiven Ichs (1992: 19). Mehrere solche Zusammenstellungen von semantischen Gegensätzen tauchen in allen Aids-Werken auf.

erleichtert sie die Strukturierung einer Erzählung nach dem Vorher-Nachher-Prinzip. Diese Strategie kommt in vielen Bildungsromanen vor, wenn z.B. der Protagonist auf einer Reise in die Vergangenheit einen Ort besucht und seinen Eindruck als erwachsener und erfahrener Mensch mit demjenigen vergleicht, den derselbe Ort früher auf den jüngeren und unerfahrenen Protagonisten hinterlassen hatte. Allerdings ist der Zeitverlauf nicht immer der Katalysator solcher Gegenüberstellungen. Sie werden häufig aufgrund eines folgenschweren Ereignisses (einer unglücklichen Liebesgeschichte oder des Todes eines Nahestehenden) oder einer bedeutsamen Erfahrung, wie einer Grenzerfahrung (etwa eines Kriegs oder einer schweren Krankheit) ausgelöst.

In Anbetracht der Tatsache, dass die in dieser Arbeit behandelten autobiographischen Aids-Werke auf einer Zweiteilung des Lebensberichts basieren, nämlich auf dem Leben des Ich-Erzählers vor und mit Aids, ist es kaum verwunderlich, dass mehrere Beispiele des symbolischen Codes die Erzählung strukturieren. Wie schon im vorigen Kapitel diskutiert, vergleichen die Ich-Erzähler einzelne Aspekte ihres Lebens und ihrer persönlichen Situation vor der Kenntnis ihrer Seropositivität mit denen danach oder nach der Aids-Erkrankung, um die Änderungen in ihren Verhältnissen sowie in ihrer Persönlichkeit hervorzuheben. Der Ich-Erzähler in Wirzs *Es ist spät, ich kann nicht atmen* geht einen Schritt weiter. Er verkörpert die Versöhnung zweier antithetischer Ichs, die er als „Zimmer-Ich" und „Draußen-Ich" bezeichnet. Der Erstere entspricht dem privaten, schwachen, selbstbemitleidenden Ich des Erzählers, während der Letztere der Rolle eines mutigen Aids-Betroffenen entspricht, die er in der Öffentlichkeit als HIV-positiver Schriftsteller einnimmt. Des Weiteren identifiziert sich das Zimmer-Ich noch mit Volker, dem vergangenen, depressiven Ich des Erzählers aus den traumatischen Jugendjahren in einer Kleinstadt, während das Draußen-Ich mit der stärkeren Mario-Identität identisch ist, die Volker sich geschaffen hatte, um seinen Kindheitstraumen zu entkommen und einen Neuanfang zu machen.

Ferner verwendet der Ich-Erzähler die Strategie der kontrastierenden Gegenüberstellung ebenfalls, um auf die Mischung zweier Antithesen – nämlich Wirklichkeit und Fiktion – in seinem Werk aufmerksam zu machen, das in das angeblich wahrheitstreue autobiographische Genre gehört. Dazu meint er: „Die Erinnerungen stechen. Alles wahr und alles falsch. Wirklichkeit und Fiktion." (Wirz 1992: 36) Damit scheint er anzudeuten, dass sein gegenwärtiges, sich erinnerndes und erzählendes Ich (Mario) sich dermaßen von seinem vergangenen, erinnerten und erzählten Ich (Volker) unterscheidet, dass die Erinnerungen des Ersteren nicht mehr als ganz glaubhaft und der Wahrheit entsprechend einzuschätzen seien. Diese Tatsache trifft im Allgemeinen auf alle autobiographischen Werke zu, aber in diesem Fall ist die Distanz zwischen den zwei Ichs umso größer: Einerseits tragen die zwei Ichs unterschiedliche Namen, andererseits trennt das HI-Virus sie voneinander. Der HIV-positive Mario ist nicht mehr identisch mit dem einst HIV-negativen Volker. Daher sind Volkers Erfahrungen nicht mehr gänzlich wahrheitsgemäß in der Form von Marios Erinnerungen wiederzugeben.

In Wirzs zweitem autobiographischen Aids-Werk *Biographie eines lebendigen Tages* erzählt der HIV-positive Ich-Erzähler aus der Perspektive eines Langzeitüberlebenden, der die von ihm erwartete Rolle eines positiv eingestellten Aids-Betroffenen im Laufe der sieben Jahre seit seinem HIV-Test perfekt beherrscht bzw. verinnerlicht hat. Im folgenden Zitat werden wieder zwei Gegensätze zusammengestellt, um zu betonen, inwiefern er sein Verhalten an den Erwartungen seiner Freunde und seines Lesepublikums anpasst: „Alles bleibt in Rahmen. Selbst meine Maßlosigkeit hält sich in Grenzen." (Wirz 1994: 12) Sogar seiner Maßlosigkeit, die definitionsgemäß unbegrenzt sein soll, ist wegen Aids eine Obergrenze gesetzt worden.

Da die Grenzerfahrung Aids den Ich-Erzähler mit der Grenze zwischen Leben und Tod vertraut macht, kommen auch mehrere zusammengesetzte Antithesen in Wirz' Aids-Werken vor, die den Zwiespalt zwischen Leben und Tod in Frage stellen. An einer Stelle äußert der Ich-Erzähler den Wunsch, „loslassen [zu] können, ohne aufzugeben, [s]ich dem Tod [zu] stellen, ohne das Leben zu verraten." (Wirz 1994: 84) An einer anderen Stelle erklärt er sich bereit, „in der Umarmung des Todes das Leben zu lernen." (Wirz 1994: 44) Das HIV-Positivsein ist eine schwer zu kategorisierende Erfahrung. Der HIV-Positive lebt noch, wird aber von seinen Mitmenschen und gelegentlich auch von sich selbst als schon Verstorbener wahrgenommen. Daher behauptet der Ich-Erzähler z.B., er „[g]eistere zu Lebzeiten als Gespenst herum." (Wirz 1992: 13). Zugleich verschafft ihm das Virus eine neue Perspektive, die ihm ermöglicht, das Leben auf eine neuartige Weise zu führen. Mit anderen Worten, das lange Warten auf den Tod, mit dem das Leben zu Ende kommen soll, hat den Horizont des HIV-positiven Ich-Erzählers erweitert und sein Leben bereichert, nicht nur als Mensch, sondern auch als Schriftsteller.

Zugleich warnt er vor der heimtückischen Art des HI-Virus, das dem Betroffenen eine Zeit lang allem Anschein nach von der Banalität und den Klischees des alltäglichen Lebens befreit, ihn in der Tat aber in ein anderes Gefängnis einsperrt, denn er wird mit neuen Klischees konfrontiert. Diesen Gedanken drückt er wiederum mithilfe einer kontrastiven Zusammenstellung zweier Gegensätze aus: „Das Virus, das uns mit der Freiheit infiziert, über den Schatten unserer Enge herauszuwachsen, integriert sich mit den Jahren in das Inventar unserer Gefängnisse." (Wirz 1994: 15) Des Weiteren kritisiert er den Verrat seines Partners Arthur mithilfe eines kontrastierenden Wortspiels, indem er die Gegensätzlichkeit zwischen Lebendigkeit und Sterblichkeit erwähnt bzw. in Frage stellt, um hervorzuheben, dass sich beide als gleichermaßen unnütz erwiesen hätten, denn er habe weder als Lebendiger noch als Sterbender Arthurs Liebe bewahren können: „Die Sterblichkeit des Lebendigen hat Arthur bedroht, vor der Lebendigkeit des Sterblichen ist er geflohen." (Wirz 1994: 50) Arthur hat ihn im Stich gelassen, weil er mit dem bevorstehenden Tod des Ich-Erzählers nicht umgehen konnte. Er lebt aber noch und nun kommt Arthur mit seinem Nicht-Sterben bzw. mit seinem Weiterleben nicht zurecht.

Ein zentraler Bestandteil der Strategie der vergleichenden Gegenüberstellung ist der Diskurs über den Körper und die Sexualität. Häufig wird in diesen Werken das Bild des abgemagerten, schwachen und entstellten Körpers eines Aidskranken den Erinnerungen seines einst schönen, starken Körpers kontrastierend gegenübergestellt. Der Ich-Erzähler in Josef Gabriels *Verblühender Mohn* betrachtet den Körper seines kranken Partners Manuel und zieht Bilanz über die Änderungen:

> „Du siehst anders aus, nicht mehr schön, eher häßlich. Deine gute Figur ist dahin, du bist dünn, ganz dünn. Dein wohlgeformter Tänzerkörper ist ausgelaugt und ausgemergelt. Deine formschönen, muskulösen Beine sind dünn, ja fast wie Stecken, auf denen du stehst. Deine Arme sind wie die Arme eines Kindes, abgemagert und kraftlos, an deinem wunderschönen Oberkörper kann man heute jede Rippe sehen, und dein prachtvoller, ebenmäßiger Hintern, voll, rund, prall, ein Genuß, ein Bild der Erotik, dein Hintern, auf den du so stolz warst, den du so gerne zeigtest, an diesem Hintern ist fast nichts mehr dran, die Haut schlägt Falten, und wenn ich dir die Injektionen gebe, muß ich die Stellen suchen, wo genug Fett oder auch Muskeln sind, um nicht die Knochen mit der Nadel zu treffen. [...] Dein Mund, dein riesiger Mund mit seinen wunderschönen, sanften, erotischen Lippen, dieser Mund, den ich mehr zu küssen liebte als alle Münder dieser Welt, er ist schief, einseitig geschwollen und etwas gelähmt. Dieser Mund läßt mich schaudern." (Gabriel 1987: 87-88)

Manuels Körper, der früher Erotik, Schönheit und Stärke vorzuweisen hatte, ist nun schwach, hässlich und Entsetzen erregend. Was einst wunderschön, wohlgeformt und muskulös war, ist nun eklig, dünn und abgemagert. Die Konnotation von der Erotik wird hier durch die Konnotation von Krankheit und Leiden ersetzt. Die Beziehung des Ich-Erzählers zu Manuel ist keine Liebesbeziehung zwischen Liebhabern mehr. Stattdessen sieht sich der Ich-Erzähler nun hauptsächlich als Pfleger und Manuel als Patienten. Auch seine Wahrnehmung von Manuels Körper hat sich entsprechend geändert. An die Stelle von Liebkosungen treten Injektionen, erotische Wünsche und sexuelles Begehren werden durch Entsetzen und Mitleid ersetzt.

Auch Seyfarth verwendet diese Strategie, um den Körper eines sterbenden Freundes zu beschreiben:

„Wo ist Reinhold? Ich sehe nur ein Wesen, das Reinhold ein wenig ähnlich sieht. Es ist ganz dünn. Es hat ganz weiße Haut. Es sieht aus wie ein weißer Wurm mit violetten Flecken. Es ist ein armer Wurm. Es ist Reinhold. Es ist der Reinhold, der in Pornovideos der Star war." (Seyfarth 2000: 201)

Wieder wird durch die vergleichende Gegenüberstellung zweier Antithesen die Wirkung von der Beschreibung Reinholds gegenwärtigen Aussehens erhöht, indem dem Leser zugleich vermittelt wird, wie anders er früher aussah. Er erwähnt auch Michael, "dessen einst wunderschöner Körper faltig zerfallen war." (Seyfarth 2000: 222) Ähnliches kommt auch in Wirzs *Biographie eines lebendigen Tages* vor, wenn der Ich-Erzähler unter der Dusche stehend seinen Körper erwähnt, „dem [er] lange nur mit der Aufmerksamkeit des Patienten begegnet [ist]." (Wirz 1994: 17) Die kontrastive Gegenüberstellung ist hier eine implizierte: Mit der Verwendung von „lange nur" deutet der Ich-Erzähler an, dass er früher seinen Körper aus einem anderen Blickwinkel betrachtet hat. Ein Erinnerungsbild wird allerdings nicht explizit heraufbeschwört. Dasselbe gilt auch für den Diskurs über die Sexualität, die in den Zeiten vor Aids für die Ich-Erzähler ein Genusserlebnis darstellte, nun aber aufgrund ihres Selbsthasses und des Bewusstseins über die Ansteckungsgefahr für den Partner gehemmt ist. Zander berichtet z.B. von seinem „veränderte[n] Körpergefühl" (Zander 1988: 66) und meint: „Körperliche Nähe ist mir widerwärtig – und das geht gerade mir so, der ich immer herzlich und spontan auf andere zugegangen bin, früher, vor der Diagnose." (ebd.)

Der symbolische Code kommt ebenfalls ins Spiel, wenn der Ich-Erzähler in Seyfarths *Schweine müssen nackt sein* einen Patientenaufenthaltsraum beschreibt. Er stößt dort auf mehrere Bekannte aus einem S/M-Club, allerdings unter völlig veränderten Bedingungen: „Fast der ganze ‚Knast' war versammelt. Nur trugen die Ledermänner jetzt kein Leder, sondern Frottee. In ihren Bademänteln schauten sie gar nicht mehr so grimmig drein, wie sie es für gewöhnlich in der Lederbar taten." (Seyfarth 2000: 221) In diesem Beispiel hat sich nicht nur die Bekleidung der ‚Ledermänner' radikal geändert, sondern auch der Eindruck, den sie bei anderen hinterlassen. Anstatt Leder tragen sie nun Frottee und sehen wegen des ‚Stoff-Wechsels' nicht mehr wie Schlägertypen, sondern wie alte, ängstliche Kranke aus.

Ferner stellt der Ich-Erzähler an einer anderen Stelle die Wertvorstellungen im Krankenhaus den Wertvorstellungen im ‚Knast' explizit gegenüber, weswegen das folgende Zitat als eindeutiges Beispiel des symbolischen Codes fungiert. In beiden, sich voneinander stark unterscheidenden Bereichen – nämlich dem medizinischen und dem sadomasochistischen – muss der Mensch einem numerischen Maßstab gerecht werden. Allerdings gilt der Patient im Krankenhaus aufgrund seines schlechten gesundheitlichen Zustands als interessanter Fall, der nach seiner niedrigen Helferzellenzahl determiniert wird, während im Club seine erotische Anziehungskraft, die nach seiner Penisgröße bemessen wurde, im Vordergrund stand.

> „In diesem ‚weißen Knast' wurde der Wert der Persönlichkeit nach der Zahl der jeweiligen Helferzellen bemessen, die noch in einem Milliliter Blut waren, und nicht wie im ‚schwarzen Knast' nach der Zahl der Zentimeter, die sich in der Hose verbargen. Hier war man schwach, hier durfte man es sein." (Seyfarth 2000: 223-224)

Des Weiteren stützt er einen Patienten, den er aus dem ‚Knast' als Hardcore-Sadist kannte, auf dem Weg zurück in sein Krankenhauszimmer und merkt: „Der Herrenmensch war hilflos. Jetzt war das Virus der Meister. Er die Sklavensau." (Seyfarth 2000: 224) Eben in dieser Hilflosigkeit des mächtigen „Herrenmenschen", der einst als Sadist unbeschränkte Macht über Masochisten ausübte, liegt die Antithese. Der ehemalige Meister kommt nun als Sklave vor und dieser unvorstellbare Rollentausch lässt sich als symbolischer Code erklären, denn er strukturiert die Erzählung und deutet daraufhin, dass es sowohl ein Vorher als auch ein Nachher gibt, die unter normalen Umständen nicht miteinander zu vereinbaren wären. Aids jedoch hat beide in der Person des Aids-Betroffenen zusammengeführt.

Darüber hinaus bietet der Ich-Erzähler Seyfarth an einer weiteren Stelle eine Zusammenstellung von Gegensätzen: „Im Loslassenkönnen und in der Öffnung liegt die Lust. Im Tod liegt das Leben. In der Niederlage der Sieg." (Seyfarth 2000: 267) Hier werden wieder offensichtliche Antithesen zusammengestellt, um die Lehren zu verdeutlichen, die der Ich-Erzähler aus seinen sexuellen Erfahrungen sowie seiner Erfahrung von Aids gezogen hat. Anstatt immer auf der Meisterrolle zu beharren, hat er im Laufe der Zeit gelernt, dass die Sklavenrolle auch Vergnügen bereiten kann. Diese Erkenntnis hilft ihm später, seine Aids-Erkrankung nicht als Strafe zu betrachten, sondern als eine neue Erfahrung, die ihm auf dem Weg zur Selbstverwirklichung von Nutzen ist. Er lehnt die starre Grenze zwischen den Begriffen ‚Leben' und ‚Tod' ab und scheint den Tod nicht als Ende des Lebens zu verstehen. Der Tod ist für ihn kein Feind, den er zu bekriegen bzw. zu besiegen gesinnt ist. Solche dichotomen Haltungen sind auf einen belanglosen Denkansatz zurückzuführen, gegen den ihn seine vielseitigen Erfahrungen immun gemacht haben. Diese grenzüberschreitende Einstellung legt er noch eindeutiger an folgender Stelle offen, wenn er kurz vor dem Ende seiner Erzählung über sein Leben Bilanz zieht und zum Schluss kommt, dass seine bedeutendste Leistung als Außenseiter in der erfolgreichen Überwindung aller banalen Dichotomien bestehe:

> „Es schien mir gelungen, die Dichotomie des Banalen zu überwinden. Jene schlichte Trennung zwischen Gut und Böse, Schwarz und Weiß, Oben und Unten, Mann und Frau, Aktiv und Passiv. Ich hatte entdeckt, daß es noch etwas Übergeordnetes gab, das diese lächerliche, platonische Unterscheidung überwinden half." (Seyfarth 2000: 271)

In Bernd Aretz *Notate* kommt ein Beispiel des symbolischen Codes in einem anderen Zusammenhang vor. Häufig werden ‚gesund' und ‚krank' als entgegengesetzte Begriffe verstanden. Demzufolge stehen die Begriffe ‚Wohnung' und ‚Krankenhaus' auch im Gegensatz zueinander, zumal das Krankenhaus im Aids-Diskurs häufig den Ort darstellt, an dem der HIV-Infizierte sich durch die Reduzierung auf den Patientenstatus und den Verlust der Autonomie entmenschlicht sieht. Um diese Autonomie zurückzuerobern, lehnen mehrere Ich-Erzähler sowie ihre sterbenden Freunde die medizinische Versorgung ab und ziehen die Pflege durch ihre Partner und Freunde zu Hause vor. Die Wohnung hat üblicherweise eine positive Konnotation, das Krankenhaus eine äußerst negative. Eben diese Dichotomie überwindet der Ich-Erzähler Aretz, wenn er meint: „Nach ein paar Wochen oder Monaten Klinik erscheint die Wohnung als Paradies, nach ein paar Wochen zu Hause die Klinik." (Aretz 1997: 193) Damit verstößt er gegen die von Barthes aufgestellte Unvereinbarkeitsregel, die das Verhältnis zwischen Antithesen regelt. Im Krankenhaus fehlen die Autonomie und häufig auch die Menschenwürde, die der Kranke zu Hause wieder genießen will. Doch aufgrund der zunehmenden körperlichen Schwäche und anderer Symptome von Aids ist das alltägliche Leben zu Hause nur schwer aufrechtzuerhalten. Zudem kann er angesichts seines geschwächten Zustands ohnehin nicht mehr autonom handeln.

Barthes vergleicht die in diesem Kapitel diskutierten fünf Codes mit leitenden Stimmen hinter den Kulissen, die vom Zuschauer kaum zu vernehmen sind, aber die Handlung auf der Bühne strukturieren, damit sie für den Zuschauer verständlich und spannend wird. (Vgl. Barthes 2002: 21) Die fünf Codes funktionieren zusammen, um das Verflechten von mehreren Stimmen in einer Erzählung zu ermöglichen. Sie deuten auf die Multivalenz des Textes und seine partielle Umkehrbarkeit hin:

> „The five codes create a kind of network, a topos through which the entire text passes (or rather, in passing, becomes text). Thus, if we make no effort to structure each code, or the five codes among themselves, we do so deliberately, in order to assume the multivalence of the text, its partial reversibility." (Barthes 2002: 20)

Des Weiteren versetzen die fünf Codes den Leser in die Lage, den Text nicht bloß als eine einzige erzählerische Einheit zu betrachten, sondern als eine Konstellation oder ein Geflecht von Bedeutungen: "The grouping of codes, as they enter into the work, into the movement of the reading, constitute a braid (*text, fabric, braid:* the same thing); each thread, each code, is a voice; these braided – or braiding – voices form the writing." (Barthes 2002: 160) Sie ermöglichen es also, der innewohnenden Pluralität eines literarischen Werks gerecht zu werden, indem beim Interpretationsverfahren diese Pluralität mithilfe der fünf Codes hervorgehoben wird.

6 ZUSAMMENFASSUNG UND AUSBLICK

Ausgehend von der Fragestellung nach der Entwicklung eines Genres deutscher Aids-Autobiographien wurden in dieser Arbeit sieben deutsche Aids-Autobiographien ausgewählt und untersucht. Es wurde anhand der Analyse gezeigt, dass die einzelnen Werke trotz einiger Unterschiede in der Art und Weise, in der die eigene Lebensgeschichte des jeweiligen Aids-Autors dargestellt wird, grundsätzlich deutliche Ähnlichkeiten auf mehreren Ebenen aufweisen. Zunächst wurde die Literarisierbarkeit verschiedener Krankheiten anhand von Beispielen literarischer Werke zur Pest, zur Tuberkulose, zu Syphilis und Krebs diskutiert. Dadurch konnte die Aids-Literatur historisch in einer Tradition von Erfahrungsberichten verortet werden, die das Erleben einer Krankheit am eigenen Leib thematisieren.

Die ausgewählten Werke wurden darüber hinaus gemäß Jean-Marie Schaeffers Definition eines literarischen Genres, anhand derer ein Korpus als Genre zu bezeichnen wäre, schwerpunktmäßig auf zwei der von ihm vorgeschlagenen fünf Ebenen untersucht. Diese sind die semantische und die syntaktische Ebene. Es wurde als weiterführend angesehen, diesen zwei Ebenen eine weitere – die hypotextuelle – vorzuschalten, auf der die ausgewählten Aids-Autobiographien zunächst untersucht wurden. Auf dieser Basis konnte gezeigt werden, dass die untersuchten Aids-Werke in gleicher Weise von anderen vorhergehenden Krankheitsliteraturen beeinflusst wurden, sowohl von der deutschen als auch von fremdsprachigen. Dabei wurde veranschaulicht, dass die Metaphern anderer Krankheiten in den deutschen Aids-Autobiographien ebenfalls in gleicher Weise ihren Nachhall finden. Darüber hinaus wurde gezeigt, inwiefern einige philosophische Bewertungen aus der deutschen Tradition bezüglich Krankheit als Phänomen, das herkömmlich im Gegensatz zum Begriff der Gesundheit steht, in der deutschen autobiographischen Aids-Literatur widerspiegelt wurden. Im zweiten

Kapitel wurde des Weiteren die Entstehung der deutschen Aids-Autobiographien nachgezeichnet. Durch eine kontrastive Gegenüberstellung konnte herausgearbeitet werden, dass sie sich einerseits stark von den amerikanischen, österreichischen und der deutsch-schweizerischen Aids-Literatur unterscheiden. Andererseits war es möglich, den erheblichen Einfluss des französischen Aids-Autors Hervé Guibert auf die meisten der deutschen Aids-Autobiographen nachzuweisen.

Schaeffers Definition führt drei weitere Ebenen ein – die Ausdrucksebene, die Zielebene und die Funktionsebene – die in dieser Arbeit weitestgehend vernachlässigt werden konnten. Die für die Ausdrucksebene relevante Frage *Wer spricht?* war mithilfe des Paratexts leicht zu beantworten, da alle untersuchten Aids-Autobiographien von schwulen, HIV-infizierten Aids-Autoren aus Deutschland stammen. Dasselbe ließ sich von der Zielebene sagen, denn alle untersuchten Werke sind auf dieser Ebene als intransitiv zu bezeichnen, d.h. sie richten sich an Leser – die HIV-positiven sowie auch die -negativen – und nicht an bestimmte Personen. Bezüglich der von Schaeffer vorgeschlagenen Funktionsebene war festzustellen, dass auch hier die Absicht aller untersuchten Aids-Autoren deutlich dieselbe ist: Sie zielen darauf, mit ihrem autobiographischen Lebensbericht ihren HIV-positiven Lesern Mut zu machen und die HIV-negativen Leser zur Solidarität mit den Aids-Betroffenen anzuspornen. Daher wurde in der vorliegenden Arbeit keine Untersuchung des Korpus auf diesen drei Ebenen unternommen.

Während die ersten beiden Kapitel dieser Arbeit sich mit der hypotextuellen Ebene beschäftigten, setzte sich das dritte Kapitel mit der semantischen Ebene, d.h. mit der Frage *Was wird gesagt?* auseinander. Durch eine thematische Analyse des Korpus wurde gezeigt, dass alle untersuchten Aids-Autobiographien den Lebensbericht in gleicher Weise gestalten, indem sie das Leben des Ich-Erzählers in zwei klar voneinander unterscheidbaren Phasen unterteilen, die einander vergleichend gegenübergestellt werden. Diese sind das Leben vor der HIV-Infizierung und danach. Ferner wurde erläutert, wie alle untersuchten Aids-Autoren in beiden Lebensphasen ihren jeweiligen Ich-Erzähler als Lehrling darstellen, der anhand bestimmter Zeichen bzw. Signifikanten zu seiner wahren Identität gelangt. In der ersten Phase führen ihn die Signifikanten aus der schwulen Subkultur zur Erkenntnis seiner Homosexualität. In der zweiten Phase sind es die ersten Symptome der HIV-Infizierung sowie gegebenenfalls der Aids-Erkrankung, die er am eigenen Leib erlebt sowie im Fall seiner HIV-infizierten Freunde oder seines an Aids erkrankten Partners miterlebt. Diese Symptome lernt er zu entziffern und nimmt dadurch seine Identität als HIV-Positiver wahr.

Des Weiteren wurde herausgearbeitet, dass die Literarisierung der Aids-Erfahrung in allen untersuchten Werken in großem Ausmaß die systemische Gewalt aufseiten der Familie, des Staates, der Kirche, der Schulmedizin, der Gesellschaft und der Medien thematisiert, mit der die Aids-Autobiographen konfrontiert werden und die sie mittels mehrerer Strategien zu überwinden suchen. Darüber hinaus thematisieren alle Aids-Autoren die durch die HIV-Infizierung verursachten Veränderungen im Bereich der Liebe und der Sexualität, indem sie ihre Liebesbeziehungen vor und seit der HIV-Infizierung einander vergleichend gegenüberstellen. Die Homosexualität wird als eine Grenzerfahrung und der männliche Körper – der eigene sowie der von Liebhabern – als Lust- sowie auch Gefahrenquelle dargestellt. Überdies wurde die in jedem untersuchten Aids-Werk thematisierte Suche nach einer neuen Identität analysiert, denn die Grenzerfahrung Aids schließt eine Identifizierung mit dem alten Ich aus. Zum erheblichen Teil ist die neue Identität, die die HIV-positiven Ich-Erzähler anstreben, die eines Aids-Autors. Deshalb beschäftigte sich diese Arbeit mit den Schreibmotivationen der untersuchten Aids-Autoren und hob die Gemeinsamkeiten auf dieser Ebene hervor. Darüber hinaus wurde auch diskutiert, inwieweit und weshalb die untersuchten Aids-Autoren gelegentlich ihre HIV-Infizierung als Chance und sich selbst als Auserwählte thematisieren. Es wurde veranschaulicht, dass sie mittels solcher äußerst positiven Umdeutungen einer damals noch tödlichen Krankheit einerseits die Dämonisierung und Ausgrenzung der

Aids-Betroffenen bekämpfen und sich andererseits dadurch gegen ihre Eigenwahrnehmung als bloßen Todeskandidaten wehren.

Im letzten Kapitel wurde eine Analyse des Korpus auf der syntaktischen Ebene durchgeführt. Dieser Vorgang wurde in zwei Teile unterteilt. Zunächst wurde gezeigt, dass alle Werke im untersuchten Korpus innerhalb der autobiographischen Gattung eine Sonderstellung einnehmen. Die partnerzentrischen Aids-Werke sind explizit als duale Autobiographien zu bezeichnen, denn sie handeln nicht nur von einer Aids-Erfahrung, sondern von zwei. Da die HIV-Infizierung und die darauffolgende Aids-Erkrankung sowie der Aids-Tod des Partners des Ich-Erzählers häufig im Mittelpunkt der Erzählung steht und der eigenen Erkrankung sowie dem eigenen künftigen Tod des Ich-Erzählers vorangeht, mehr noch sie vorhersagt, lässt sich in gewissem Sinne der Partner als Doppelgänger des Ich-Erzählers betrachten, dessen Aids-Erfahrung einen erheblichen Teil des Erzählten ausmacht. Die nicht-partnerzentrischen Werke lassen sich als Gemeinschaftsautobiographien kategorisieren, denn sie beschäftigen sich nicht nur mit der Aids-Erfahrung des Ich-Erzählers, sondern sie beziehen sich auch auf die Aids-Erfahrungen seiner Freunde und Bekannten, deren Erkrankungen und Tode sein eigenes bevorstehendes Ende widerspiegeln. Es wurde im Laufe der Analyse hervorgehoben, wie ungeachtet des Vorhandenseins oder der Abwesenheit eines festen Partners ein Gemeinschaftsgefühl in den untersuchten Aids-Werken mittels der Erwähnung der Aids-Erkrankung und der Aids-Tode von mehreren schwulen Männern heraufbeschworen wurde. Somit wurden die Homosexuellen als eine von Aids besonders bedrohte Gemeinschaft geschildert, deren Mitglieder aufgrund der neuen Todesdrohung bzw. des gemeinsamen Schicksals sich sehr eng miteinander verbunden fühlen. Das HI-Virus, das die schwule Gemeinschaft zu vernichten droht, hat paradoxerweise zur Wiederbelebung der Gemeinschaft geführt. In diesem Sinne stehen die untersuchten Aids-Autobiographien an der Schwelle zwischen dualer Autobiographie und Gemeinschaftsautobiographie.

Im zweiten Teil der syntaktischen Analyse wurde die Frage *Wie wird erzählt?* beantwortet, indem das Korpus anhand Barthes' poststrukturalistischer Methode untersucht wurde, die auf fünf Erzählcodes basiert. Durch die Verwendung dieser Methode, die rein textimmanent die Erzählmechanismen verdeutlicht, mittels derer Bedeutung in einem Erzähltext in Form von Bezeichnungen und Konnotationen erzeugt wird, ohne textexterne Faktoren wie Biographie des Autors oder Ideologie zu berücksichtigen, konnte gezeigt werden, dass die untersuchten Aids-Werke weitgehende Ähnlichkeiten auf der Ebene der Erzählstruktur aufweisen. Es wurde verdeutlicht, dass in allen untersuchten Werken die gleichen Handlungssequenzen (AKT), Rätsel, Fragen, Verzögerungs- und Täuschungsmanöver (HERM) beim Aufbau der Erzählung und dieselben Handlungsträger und Schauplätze vorkommen, die in gleicher Weise charakterisiert werden (SEM). Ferner wurde veranschaulicht, wie sich in allen Texten im untersuchten Korpus der referentielle Code (REF) auf dieselben kulturellen Normen und wissenschaftlichen Erkenntnisse bezieht. Überdies wurde gezeigt, wie im Rahmen des symbolischen Codes (SYM) die gleichen Antithesen in den untersuchten Aids-Werken in gleicher Weise zusammengestellt werden, um denselben Effekt zu erzielen.

Aufgrund der im Laufe dieser Arbeit nachgewiesenen Gemeinsamkeiten auf der hypotextuellen, Ausdrucks-, Ziel-, Funktions-, semantischen und syntaktischen Ebene lässt sich entsprechend der eingangs aufgestellten These das Fazit ziehen, dass die deutschen Aids-Autobiographien ein eigenständiges Genre bilden, denn sie wurden von denselben Krankheitsliteraturen in gleicher Weise beeinflusst, von ähnlicher Autorenabsicht geprägt und weisen des Weiteren dieselben Themen und dieselbe Erzählstruktur auf.

Abschließend muss geklärt werden, ob sich die vorliegende Untersuchung als eine Art Zwischenbilanz versteht oder als abschließende Studie zum Thema Aids in der deutschen Literatur. Zwar sind in jüngster Zeit keine neuen Werke zu diesem Thema erschienen und angesichts des sich mittlerweile veränderten Stellenwerts von Aids als einer Krankheit, mit der man weiterleben kann, werden wohl in absehbarer Zukunft auch keine neuen Werke mehrveröffentlicht werden. Jedoch sind mit der größeren Distanz von über dreißig Jahren seit der Veröffentlichung der ersten literarischen Werken über Aids neuere Diskussionen in der Literaturwissenschaft ausgelöst worden, die demnächst ohne Zweifel neue Sichtweisen und Fragen aufwerfen werden. Darüber hinaus wurden im Rahmen dieser Arbeit mehrere Formen der deutschen Aids-Literatur nicht untersucht. Die Aids-Jugendliteratur, der viele Aids-Werke zuzuschreiben sind, wurde beispielsweise aufgrund der deutlich unterschiedlichen Schreibmotivation von der Analyse ausgeschlossen. Sie wäre Interpretationsgegenstand für eine weitere wissenschaftliche Beschäftigung mit dem Thema Aids in der Literatur. Ferner bedarf die in der Einführung erwähnte weibliche Sicht, die sich nicht in einer Untersuchung der homosexuellen Literarisierung von Aids mit einbeziehen lässt, einer eigenständigen Untersuchung. Darüber hinaus gibt es neben der größeren Anzahl von Autobiographien auch eine Reihe von nennenswerten fiktionalen Aids-Werken, die in dieser Arbeit, die sich ausschließlich auf autobiographische Aids-Werke konzentrierte, nicht berücksichtigt werden konnten. Meines Erachtens lohnt sich als nächster Schritt eine Untersuchung der deutschen Aids-Romane und Aids-Kurzgeschichten, beispielsweise mit einem vergleichenden Ansatz, um zu verdeutlichen, ob und gegebenenfalls inwieweit sich die Darstellungsmuster in den fiktionalen Texten von denen in den Autobiographien unterscheiden.

Eine vergleichende Untersuchung der deutschen und indischen Aids-Literatur andererseits, die aufgrund der Tatsache, dass die vorliegende Arbeit im Rahmen der indischen Germanistik unternommen wurde, einen logischen nächsten Schritt in der weiteren Auseinandersetzung mit dem Thema bilden würde, ist allerdings ausgeschlossen, sowohl im Moment als höchstwahrscheinlich auch in naher Zukunft. Aufgrund der sehr unterschiedlichen kulturellen Normen sowie der viel größeren Tabuisierung der Krankheit in Indien wurde in den Anfangsjahren der Epidemie in Indien kein autobiographisches Werk über Aids und kein Aids-Roman verfasst.

Dass gleichgeschlechtliche Beziehungen nach dem indischen Gesetz noch als strafbare Handlungen gelten, hat gewiss dazu beigetragen, dass auch in den späteren Jahren Aids in Indien nicht literarisiert wurde. Das einzige nennenswerte Aids-Werk in Indien bleibt immer noch der 2008 erschienene Erzählband *Aids Sutra: Untold Stories from India* mit einem Vorwort von Amartya Sen und Beiträgen von sechzehn renommierten Autorinnen und Autoren einschließlich Salman Rushdie, William Dalrymple, Kiran Desai, Vikram Seth und Amit Chaudhuri. Die Texte berichten von HIV-positiven und Aidskranken Menschen aus sehr unterschiedlichen Verhältnissen und lesen sich eher wie Zeitungsberichte und nicht wie Kurzgeschichten. Mittlerweile wird in Indien über Paragraph 377 des indischen Strafgesetzbuches, der gleichgeschlechtliche Beziehungen kriminalisiert, debattiert und es gibt eine größere Offenheit in Bezug auf LGBT-Sachverhalte. Dennoch scheint die Entwicklung eines literarischen Umgangs mit Aids in Indien eher unwahrscheinlich, da inzwischen eine HIV-Infizierung aufgrund der wirksamen antiretroviralen Mittel kein Todesurteil bzw. keine Grenzerfahrung mehr darstellt, die – wie eingangs ausgeführt – eines der Kriterien für die Literarisierung einer Krankheit bildet.

BIBLIOGRAPHIE

Primärliteratur

Aretz, Bernd: *Notate. Aus dem Leben eines HIV-infizierten schwulen Mannes.* Berlin: Verlag rosa Winkel 1997.

Auras, Sonja: *Ich bin Ärztin und HIV-positiv. Eine junge Frau kämpft gegen Ausgrenzung und mächtige Interessen.* Freiburg, Basel, Wien: Herder Verlag 1994.

Bernhard, Thomas: *Wittgensteins Neffe. Eine Freundschaft.* Frankfurt am Main: Suhrkamp 1982.

Bernhard, Thomas: *Die Billigesser.* Frankfurt am Main: Suhrkamp 1980.

Bernhard, Thomas: *Der Atem. Eine Entscheidung.* Salzburg, Wien: Residenz Verlag 1978.

Bernhard, Thomas: *Die Ursache. Eine Andeutung.* Salzburg: Residenz Verlag 1975.

Brodkey, Harold: *This Wild Darkness. The Story of my Death.* London: Fourth Estate 1996.

Collard, Cyril: *Les Nuits fauves.* Paris: Flammarion 1989.

Commerçon, Markus: *AIDS. Mein Weg ins Leben.* Recklinghausen: Georg Bitter Verlag 1994.

De Duve, Pascal: *Cargo vie.* Paris: Livres de Poche-Lattès 1993.

Dickens, Charles: *Nicholas Nickleby.* In: The Works of Charles Dickens in thirty-four Volumes. With Introductions, General Essay and Notes by Andrew Lang. Vol. V. Gadshill Edition. London: Chapman and Hall 1897.

Dürrenmatt, Friedrich: *Werkausgabe in dreißig Bänden.* Band IX. Zürich: Diogenes 1980.

Erlenberger, Maria: *Der Hunger nach Wahnsinn. Ein Bericht.* Reinbek bei Hamburg: Rowohlt 1977.

Fernandez, Dominique: *La gloire du paria.* Paris: Grasset 1987.

Gabriel, Josef: *Verblühender Mohn. Aids – die letzten Monate einer Beziehung.* Frankfurt am Main: Fischer Taschenbuch Verlag 1987.

Guibert, Hervé: *Mauve le vierge.* Paris: Gallimard 1988.

Guibert, Hervé: *À l'ami qui ne m'a pas sauvé la vie.* Paris: Gallimard 1990.

Guibert, Hervé: *Le protocole compassionnel.* Paris: Gallimard 1991.

Guibert, Hervé: *L'Homme au chapeau rouge.* Paris: Gallimard 1992.

Guibert, Hervé: *Cytomégalovirus: journal d'hospitalisation.* Paris: Seuil 1992.

Hansen, Bernd: *Als auch die Blumen weinten.* Roman. Frankfurt am Main: R.G. Fischer 1988.

Hocquenghem, Guy: *Ève.* Roman. Paris: Albin Michel 1987.

Hugo, Victor: *Ninety-Three.* Übersetzt von Frank Lee Benedict. New York: Harper and Brothers 1874.

Hélène Laygues: *SIDS. Témoignage sur la vie et la mort de Martin.* Saint-Amand-Montrond: Cameron 1985.

Mann, Thomas: *Gesammelte Werke in dreizehn Bänden,* 2. Aufl., Frankfurt am Main: Fischer Verlag 1974.

Meystre, Marc Philippe: *AIDS – Andere Inseln Deiner Sehnsucht. Reisebuch.* Hgg. von Liliane Studer. Zürich: Rotpunkt 1990.

Mitterer, Felix: *Abraham. Stück über eine Liebe.* Innsbruck: Haymon 1993.

Navarre, Yves : *Ce sont amis que vent emporte.* Paris: Livre de Poche-Flammarion 1991.

Navarre, Yves : *Hôtel Styx.* Paris : Albin Michel 1989.

Novalis: *Schriften in vier Bänder.* Band III. Hgg. von Jakob Minor. Jena: Diedenchs 1907-1923.

Praunheim, Rosa von: *50 Jahre pervers. Die sentimentalen Memoiren des Rosa von Praunheim.* Köln: Kiepenheuer & Witsch 1995.

Seyfarth, Napoleon: *Schweine müssen nackt sein. Ein Leben mit dem Tod.* München: Deutscher Taschenbuch Verlag 2000 (1991).

Tolar, Günter: *Sein Mann. Liebe, Aids und Tod. Ein Bekenntnis.* Wien: Edition Va Bene 1993.

Tolar, Günter: *Wer hat die Karten gemischt? Roman.* Wien: Edition Va Bene 1994.

Vogt, Walter: *Werkausgabe in zehn Bänder.* Hgg. von Doris Halter und Kurt Salchi. Zürich/ Frauenfeld: Nagel & Klimke 1991-97.

Vogt, Walter: *Der Garten der Frau des Mannes, der Noah hieß. Ausgewählte Erzählungen 1965-1987.* Zürich: Benziger Verlag 1987.

Wirz, Mario: *Es ist spät, ich kann nicht atmen. Ein nächtlicher Bericht.* Berlin: Aufbau Taschenbuch Verlag 1992.

Wirz, Mario: *Ich rufe die Wölfe.* Gedichte. Berlin, Weimar: Aufbau Verlag 1993.

Wirz, Mario, Naguschewski, Dirk, Schock, Axel u.a. (Hg.): *Schreib-Spuren. Literarische Annäherungen an ein Leben mit HIV und AIDS.* Berlin: Verlag rosa Winkel 1993.

Wirz, Mario: *Biographie eines lebendigen Tages.* Berlin und Weimar: Aufbau-Verlag 1994.

Zander, Helmut: *Der Regenbogen. Tagebuch eines Aidskranken.* Dokumentiert von Anne Gesche Olters. München: Droemersche Verlagsanstalt Th. Knauf Nachf. 1988.

Zorn, Fritz: *Mars.* 11. Auflage. Mit einem Vorwort von Adolf Muschg. München: Kindler Verlag 1977.

Sekundärliteratur

Adorno, Theodor W.: *Erpreßte Versöhnung. Zu Georg Lukács ,Wider den mißverstandenen Realismus'.* In: Adorno, Theodor W.: *Noten zur Literatur.* Frankfurt am Main: Suhrkamp 1974 (Gesammelte Schriften Bd. 2), S. 251-280.

Angelini, Eileen M.: Strategies of "Writing the Self" in the French Modern Novel. C'est moi, je crois. *Studies in French Literature* Vol. 52. Lewiston, Queenston, Lampeter: The Edwin Mellen Press 2001.

Anz, Thomas: *Aids, Krebs, Schizophrenie. Krankheit und Moral in der Gegenwartsliteratur.* In: Manfred Moser (Hg.): *Krankheitsbilder - Lebenszeichen. Akten des III. Kolloquiums der Gesellschaft für Philosophische Praxis.* Wien: Verlag des Verbandes der Wissenschaftlichen Gesellschaften Österreichs 1987, S. 19-42.

Anz, Thomas: *Gesund oder krank? Medizin, Moral und Ästhetik in der deutschen Gegenwartsliteratur.* Stuttgart: J.B. Metzlersche Verlagsbuchhandlung 1989.

Aretz, Bernd: Eine Liebeserklärung an Bücher. Die Bedeutung der Rezeption von Literatur für die Krankheitsbewältigung aus der Sicht eines lesenden und infizierten schwulen Mannes. In: *Forum Homosexualität und Literatur* 18 (1993), S. 47-56.

Barthes, Roland: *Œuvres complètes (5 tomes).* Paris: Éditions du Seuil 2002.

Barthes, Roland: *S/Z.* Übersetzt von Richard Miller. Oxford: Blackwell 2002 (1970).

Basler, David und Baumgärtner, Walter (Hg.): Angst und Zorn, Mars: 10 Jahre danach. Sondernummer des Magazins *Strapazin*, Zürich: Edition Moderne 1986.

Beggar, Awatif: *L'autofiction. Un nouveau mode d'expression autobiographique.* www.revue-analyses.org, vol. 9, nº 2, printemps-été 2014. (https://uottawa.scholarsportal.info/ojs/index.php/revue-analyses/article/viewFile/1003/850) Aufgerufen am 21.10.2016.

Boulé, Jean-Pierre: *Hervé Guibert. Voices of the Self.* Übersetzt von John Fletcher. Liverpool: Liverpool University Press 1999.

Boulé, Jean-Pierre und Pratt, Murray (Hg.): AIDS in France. Special issue of *French Cultural Studies* 9: 27 (1998).

Büllmann, Bert: Die amerikanische Gay Lit im Schatten von AIDS. Wie kann Literatur auf AIDS reagieren? In: *Forum Homosexualität und Literatur* 10 (1990), S. 37-62.

Caron, David: Liberté, Égalité, Séropositivité. AIDS, the French Republic, and the Question of Community. In: *French Cultural Studies* 9, no. 3 (1998): S. 281-293.

Caron, David: *AIDS in French Culture. Social Ills, Literary Cures.* Madison: University of Wisconsin Press 2001.

Chambers, Ross: *Facing It. AIDS Diaries and the Death of the Author.* Ann Arbor: University of Michigan Press 1998.

Chambers, Ross: *Untimely Interventions. AIDS Writing, Testimonial, and the Rhetoric of Haunting.* Ann Arbor: University of Michigan Press 2004.

Colonna, Vincent : *L'Autofiction (essai sur la fictionnalisation de soi en littérature)*, thèse de doctorat de l'E.H.E.S.S. sous la direction de Gérard Genette, 1989. https://tel.archives-ouvertes.fr/file/index/docid/47004/filename/tel-00006609.pdf (Aufgerufen am 07.10.2016).

Crimp, Douglas: *Melancholia and Moralism. Essays on AIDS and Queer Politics.* Cambridge: MIT Press 2002.

Crimp, Douglas (Hg.): *AIDS. Cultural Analysis/ Cultural Activism.* Cambridge, Mass., London: MIT Press 1987.

Darrieussecq, Marie: L'autofiction, un genre pas sérieux. In: *Poétique*, nr. 107. Paris, Septembre 1996, S. 369-380.

Degler, Frank und Kohlross, Christian (Hg.): *Epochen/Krankheiten. Konstellationen von Literatur und Pathologie.* Das Wissen der Literatur, Bd. 1. Hgg. von Jochen Hörisch und Thomas Klinkert. St. Ingbert: Röhrig 2006.

Deleuze, Gilles: *Proust and Signs. The Complete Text.* Übersetzt von Richard Howard. Minneapolis: University of Minnesota Press 2000 (1964).

Deleuze, Gilles und Guattari, Felix: *Anti-Ödipus. Kapitalismus und Schizophrenie.* Frankfurt am Main: Suhrkamp 1974.

Dollimore, Jonathan: *Death and the Self*. In: Roy Porter (Hg.): *Rewriting the Self. Histories from the Renaissance to the Present*. London: Routledge 1997, S. 249-261.

Düttmann, Alexander García: *Between Cultures. Tensions in the Struggle for Recognition*. Übersetzt von Kenneth B. Woodgate. London, New York: Verso 2000.

Düttmann, Alexander García: *At Odds with AIDS: Thinking and Talking about a Virus*. Übersetzt von Peter Gilgen und Conrad Scott-Curtis. Stanford: Stanford University Press 1996.

Eco, Umberto: Streichholzbriefe. Aids und Ästhetik. In: *Die Zeit*, 6. März 1987. http://www.zeit.de/1987/11/aids-und-aesthetik (Aufgerufen am 03.11.2016).

Edelman, Lee: *Homographesis. Essays in Gay Literary and Cultural Theory*. New York, London: Routledge 1994.

Egan, Susanne: *Mirror Talk. Genres of Crisis in Contemporary Autobiography*. Chapel Hill: University of North Carolina Press 1999.

Engelhardt, Dietrich von: *Medizin in der Literatur der Neuzeit, Band I: Darstellung und Deutung*. Schriften zu Psychopathologie, Kunst und Literatur. Hgg. von Dietrich von Engelhardt, Horst-Jürgen Gerigk, Guido Pressler, Wolfram Schmitt. Hürtgenwald: Guido Pressler Verlag 1991.

Federspiel, Jürg: *Drei Kämpfer ohne Widerstand: eine Schweizer Collage*. In: Die beste Stadt für Blinde und andere Berichte. Zürich/Frankfurt: Suhrkamp 1980, S. 169-211.

Feldman, Douglas A. (Hg.): *Culture and AIDS*. New York: Praeger 1990.

Fichte, Hubert: Tagebuch. Materialien für Afrika, Aids, Sahel, Der erste Mensch – 1985. In: *Der Rabe. Magazin für jede Art von Literatur*. 34 (1992), S. 63-78.

Fichte, Hubert: *Versuch über die Pubertät*. Frankfurt am Main 1982.

Foucault, Michel: *Abnormal. Lectures at the Collège de France 1974-1975*. Hgg. von Valerio Marchetti, Antonella Salomoni; übersetzt von Graham Burchell. New York: Picador 2003.

Foucault, Michel: *The Birth of the Clinic. An Archaeology of Medical Perception.* Übersetzt von A. M. Sheridan. London, New York: Routledge Classics 2003 (1963).

Foucault, Michel: *Wahnsinn und Gesellschaft. Eine Geschichte des Wahns im Zeitalter der Vernunft.* Frankfurt am Main: Suhrkamp 1969.

Frank, Joseph: *The Wounded Storyteller: Body, Illness, Ethics.* Chicago: University of Chicago Press 1995.

Freud, Sigmund: *Jenseits des Lustprinzips.* In: Studienausgabe Bd. 3: Psychologie des Unbewussten. Hgg. von Alexander Mitscherlich, Angela Richards und James Strachey. Frankfurt am Main: Fischer Taschenbuch Verlag 2001.

Freud, Sigmund: *Zeitgemäßes über Krieg und Tod.* In: Studienausgabe Bd. 9: Fragen der Gesellschaft/ Ursprünge der Religion. Hgg. von Alexander Mitscherlich, Angela Richards und James Strachey. Frankfurt am Main: Fischer Verlag 2003.

Frings, Mathias (Hg.): *Dimensionen einer Krankheit: AIDS.* Reinbek bei Hamburg: Rowohlt Taschenbuch Verlag 1986.

Gasparani, Philippe: *Autofiction, une aventure du langage.* Paris: Seuil 2008.

Gauweiler, Peter: *Was tun gegen AIDS? Wege aus der Gefahr.* Kempfenhausen: Schulz 1989.

Geest, Dirk de und Gorp, Hendrik van: Literary Genres from a Systemic-Functionalist Perspective. In: *European Journal of English Studies.* 1991, Vol. 3, No. 1, S. 33-50.

Genette, Gérard: *Fiction et diction.* Paris: Seuil 1991.

Geraths, Armin: Gay Theater. Welterfolge zwischen Androgynie-Kult und AIDS. In: *Anglistik und Englischunterricht* Bd. 35. American Theater Today. Heidelberg: Carl Winter 1988, S. 91-120.

Gilman, Sander L.: *Rasse, Sexualität und Seuche. Stereotype aus der Innenwelt der westlichen Kultur.* Ins Deutsche übertragen von Rohlfing, Gerstenberger u.a. Reinbek bei Hamburg: Rowohlt Taschenbuch Verlag 1992.

Gilman, Sander L.: *Disease and Representation. Images of Illness from Madness to AIDS.* Ithaca: Cornell University Press 1988.

Gilmore, Leigh: *The Limits of Autobiography: Trauma and Testimony.* Ithaca, New York: Cornell University Press 2001.

Grabensteiner, Elisabeth: *Und die Worte haben nicht gesiegt. AIDS und Literatur anhand der ,AIDS-Trilogie' von Hervé Guibert.* Magisterarbeit an der Universität Wien, 1997.

Griffin, Gabriele: *Representations of HIV and AIDS: Visibility Blue/s.* Manchester: Manchester University Press 2000.

Grumbach, Detlev: Ich schreibe, also lebe ich. Ein Gespräch über literarische Strategien im Umgang mit Hiv und Aids. In: *Forum Homosexualität und Literatur* 20 (1994), S. 71-82.

Hahn, Alois, Eirmbter, Willy H. und Jacob, Rüdiger.: *Krankheitsvorstellungen in Deutschland. Das Beispiel AIDS.* Opladen: Westdeutscher Verlag 1996.

Hallas, Roger: *Reframing Bodies. AIDS, Bearing Witness and the Queer Moving Image.* Durham, London: Duke University Press 2009.

Härle, Gerhard u. Popp, Wolfgang: Homosexualität und Krankheit. Literarische Gestaltungen eines prekären Zusammenhangs. In: *Forum Homosexualität und Literatur* Nr. 18, Juli 1993, S. 13-31.

Harvey, Robert: Sidéens/Sidaïques: French Discourse on AIDS. In: Lawrence Schehr (Hg.): Discourses and Sex. Special Issue of *Contemporary French Civilization* 16.2 (1992), S. 308-335.

Hetz, Siegfried: Das Virus, die Sprache und der Müll. Aids in der österreichischen Literatur. In: *Literatur und Kritik* Nr. 285 1994, S. 40-46, hier S. 40.

Hinz, Stefan: *Die Lust an der Seuche.* Reinbek bei Hamburg: Rowohlt Taschenbuch 1984.

Howe, Lawrence: Critical Anthologies of the Plague Years: Responding to AIDS Literature. In: *Contemporary Literature* 35.2 (1994), S. 395-416.

Jarroway, David R.: From Spectacular to Speculative. The Shifting Rhetoric in Recent Gay AIDS Memoirs. In: *Mosaic* 33, no. 4 (2000), S. 115-128.

Jobst, Peter: Homosexualität und AIDS im Werk von Hervé Guibert. Die Realität einer Krankheit und ihre literarische Umsetzung. In: *Forum Homosexualität und Literatur* 19 (1993), S. 67-80.

Jones, Elisabeth H.: *Spaces of Belonging. Home, Culture and Identity in 20th Century French Autobiography.* Spatial Practices. An Interdisciplinary Series in Cultural History, Geography and Literature Band 3. Hgg. von Robert Burden und Stephan Kohl. Amsterdam, New York: Rodopi 2007.

Jones, James W.: *Whose Heroes? German AIDS Literature by Gay Men.* In: Stephen Brockmann und James Steakley (Hg.): *Heroes and Heroism in German Culture. Essays in Honor of Jost Hermand, April 2000.* Amsterdam, New York: Editions Rodopi B.V. 2001, S. 193-226.

Juvan, Marko: Generic Identity and Intertextuality. Übersetzt von Andrej E. Skubic. Purdue University Press. CLCWeb: *Comparative Literature and Culture* 7.1 (2005). http://dx.doi.org/ 10.7771/1481-4374.1255. Aufgerufen am 09.05.2016.

Keilson-Lauritz, Marita: Kranke Liebe, gesunde Männlichkeit und die objektive Diagnose der schwulen Literatur. In: *Forum Homosexualität und Literatur* 20 (1994), S. 55-70.

Keilson-Lauritz, Marita: Welche Sprache spricht die Trauer? (Auto)biographische Tendenzen „after Aids". In: *Literatussi* 5/1991, S. 3-7.

Keilson-Lauritz, Marita: Gibt es eine AIDS-Kultur? In: *Magnus: das schwule Magazin* 11 (1993), S. 42-43.

Köster, Hans-Jürgen: Schwules Schreiben über Aids. In: *Literatussi* 5/1991, S. 8-9.

Krause, Tilman: Wo bleibt der deutsche Aids-Roman? Von der Schwierigkeit, ‚Zeugnisse des veränderten Lebens' zu liefern. In: *D.A.H. Aktuell* Nr. 4, November 1992, S. 53-55.

Kravitz, Bennett: *Representations of Illness in Literature and Film.* Newcastle upon Tyne: Cambridge Scholars Publishing 2010.

Kruger, Steven F.: *AIDS Narratives. Gender and Sexuality, Fiction and Science.* New York: Garland 1996.

Kurth, Astrid-Elke: HeteroT(r)opos closet. Eine Analyse am Beispiel von Mario Wirz' Es ist spät, ich kann nicht atmen. In: *Forum Homosexualität und Literatur* 40 (2002), S. 89-98.

Lejeune, Philippe: *L'autobiographie en France*. Paris: Armand Colin 1998 (1971).

Lejeune, Philippe: *Le Pacte autobiographique*. Paris: Seuil 1996 (1975).

Lösener, Hans: *Zwischen Wort und Wort. Interpretation und Textanalyse*. München: Wilhelm Fink Verlag 2006.

Luckhurst, Roger: *The Trauma Question*. Abingdon: Routledge 2008.

Lukács, Georg: *Gesunde oder kranke Kunst?* In: Georg Lukács zum siebzigsten Geburtstag. Berlin (Ost): Aufbau Verlag 1955.

Martin, René: *Eine Krankheit zum Tode. Aids in der deutschsprachigen Literatur*. Mannheimer Studien zur Literatur- und Kulturwissenschaft, Band 4. Hgg. von Jochen Hörisch und Reiner Wild. St. Ingbert: Röhrig Universitätsverlag 1995.

Ménil, Alain: *Sain[t]s et Saufs. Sida: Une épidémie d'interprétation*. Paris: Les Belles Lettres 1997.

Meyer Detlev: Dem Tod unsere Erinnerung entgegensetzen. In: *Forum Homosexualität und Literatur* 18 (1993), S. 7-11.

Meyer, Detlev: Nekrophiles Feuilleton. Hervé Guibert, Michel Foucault und AIDS im deutschen Literaturbetrieb. In: *Neue Rundschau*, 1992, H.1, S. 173-177.

Miller, James L. (Hg.): *Fluid Exchanges. Artists and Critics in the AIDS Crisis*. Toronto: University of Toronto Press 1992.

Murphy, Timothy F.: *Ethics in an Epidemic. AIDS, Morality and Culture*. Berkeley: University of California Press 1994.

Murphy, Timothy F. und Poirier, Suzanne (Hg.): *Writing AIDS. Gay Literature, Language, and Analysis*. New York: Columbia University Press 1993.

Naguschewski, Dirk: Bernard und Marc, Roch und David – Liebe auf dem Prüfstand. Zu den Romanen von Dominique Fernandez und Yves Navarre. In: *Forum Homosexualität und Literatur* 19 (1993), S. 53-65.

Nelson, Emmanuel S. (Hg.): *AIDS: The Literary Response*. New York: Twayne 1992.

Nietzsche, Friedrich: *Die fröhliche Wissenschaft*. Hgg. von Michael Holzinger, Berliner Ausgabe, 2013. Textgrundlage: Friedrich Nietzsche: Werke in drei Bänden. Hgg. von Karl Schlechta. München: Hanser 1954.

Nietzsche, Friedrich: *Menschliches, Allzumenschliches I. Ein Buch für freie Geister*. Hgg. von Michael Holzinger, Berliner Ausgabe, 2013. Textgrundlage: Friedrich Nietzsche: Werke in drei Bänden. Band 1. Hgg. von Karl Schlechta. München: Hanser 1954.

Nietzsche, Friedrich: *Warum ich so weise bin. Ecce Homo Nr. 1-3* (http://gutenberg.spiegel.de/buch/ecce-homo-7354/3. Abgerufen am 08.02.2016).

Lein-Borge, Lars Ivar Owesen (Hg.): *Aids in Culture. Aspects of the Cultural History of Aids, Volume 1*. A publication of the National Commission for Human Rights Mexico. Mexico City 2010.

Pastore, Judith Laurence (Hg.): *Confronting AIDS through Literature. The Responsibilities of Representation*. Urbana, Chicago: University of Illinois Press 1993.

Pender, Malcolm: *Contemporary Images of Death and Sickness. A Theme in German-Swiss Literature*. Sheffield: Sheffield Academic Press 1998.

Pfeiffer, Joachim: Jegliches Mitleid verwischt der Regen. Tod und Aids in der deutschsprachigen Literatur. In: *Forum Homosexualität und Literatur* 19 (1993), S. 11-26.

Pierre, Alain: AIDS in der französischen Literatur am Beispiel von Dominique Fernandez' La gloire du paria, Guy Hocquenghems Eve und Hervé Guiberts À l'ami qui ne m'a pas sauvé la vie. In: *Forum Homosexualität und Literatur* 19 (1993), S. 39-51.

Popp, Wolfgang: *Männerliebe. Homosexualität und Literatur*. Stuttgart: Metzler 1992.

Radatz, Fritz J.: Gefallen auf dem Felde des Lasters. In: *Aktuell. Das Magazin der deutschen Aids-Hilfe*. Nr. 5, Februar 1994, S. 26-29.

Sarkonak, Ralph: *Angelic Echoes. Hervé Guibert and Company*. Toronto, Buffalo, London: University of Toronto Press 2000.

Sarkonak, Ralph: Traces and Shadows: Fragments of Hervé Guibert. In: Brigitte Mahuzier, Karen McPherson, Charles A. Porter und Ralph Sarkonak (Hg.): Same Sex/Different Text? Gay and Lesbian Writing in French. Special issue. *Yale French Studies* 90 (1996), S. 172-202.

Saul, Nicholas: *Fragmentästhetik, Freitod und Individualität in der deutschen Romantik. Zu den Morbiditätsvorwürfen*. In: Konrad Feilchenfeldt, Roger Paulin u.a. (Hg.): *Zwischen Aufklärung und Romantik. Neue Perspektive der Forschung*. Würzburg: Königshausen und Neumann 2006, S.232-252.

Schaeffer, Jean-Marie: *Qu'est-ce qu'un genre littéraire?* Paris: Editions du Seuil (coll. Poétique) 1989.

Schaeffer, Jean-Marie: *Literary Genres and Textual Genericity. The Future of Literary Theory*. Hgg. von Ralph Cohen. New York: Routledge 1989, S. 167-187.

Schappach, Beate: *Aids in Literatur, Theater und Film. Zur kulturellen Dramaturgie eines Störfalls*. Zürich: Chronos 2012.

Schehr, Lawrence: Writing Bareback. In: *Sites* 6, no. I (2002), S. 181-202.

Schock, Axel: Vom schwierigen Umgang mit der ,Aids-Kultur'. In: *Aktuell. Das Magazin der deutschen Aids-Hilfe* Nr. 5, Februar 1994, S. 30-31.

Schock, Axel: Eine Sprache finden für die Trauer. In: *Die Palette* 16/92, S. 66-72.

Schock, Axel: Ich bin nicht, ich war. Literatur über AIDS. In: *Magnus: das schwule Magazin* 9 (1992), S. 61.

Schonlau, Anja: *Syphilis in der Literatur. Über Ästhetik, Moral, Genie und Medizin (1880-2000)*. Würzburg: Königshausen und Neumann 2005.

Schopenhauer, Arthur: *Die Welt als Wille und Vorstellung. Erstes Buch.* Zürcher Ausgabe. Werke in zehn Bänden. Bd. 1, Zürich: Diogenes 1977.

Schütz, Anita: *HIV und AIDS im Spiegel der Literatur.* Magisterarbeit an der Universität Wien, 1998.

Shilts, Randy: *And the Band Played On. Politics, People and the AIDS Epidemic.* New York: Penguin Books 1988.

Sollers, Philippe: *Writing and the Experience of Limits.* Übersetzt von Philip Barnard und David Hayman. New York: Columbia University Press 1983.

Sontag, Susan: *Krankeit als Metapher. Aids und seine Metaphern.* Übersetzt von Karin Kersten, Caroline Neubaur und Holger Fliessbach. Frankfurt am Main: Fischer Taschenbuch Verlag 2003 (*Illness as Metaphor:* 1977; *AIDS and its Metaphors:* 1988).

Spoerhase, Carlos: *Autorschaft und Interpretation: Grundlagen einer philologischen Hermeneutik.* Berlin: De Gruyter 2007.

Spoiden, Stéphane: *La Littérature et le sida: Archéologie des représentation d'une maladie.* Toulouse: Presses Universitaires du Mirail 2001.

Staiger, Emil: Literatur und Öffentlichkeit. In: *Sprache im technischen Zeitalter* 22 (1967), S. 90-97.

Steinberg, Reinhard: *Genie und Wahnsinn. Spuren des Kreativitätsmythos im Doktor Faustus.* In: Thomas Sprecher (Hg.): *Lebenszauber und Todesmusik. Zum Spätwerk Thomas Manns.* Die Davoser Literaturtage 2002. Frankfurt am Main: Klostermann 2004, S. 105-131.

Süssmuth, Rita: *Aids. Wege aus der Angst.* Hamburg: Hoffmann und Campe 1987.

Tougaw, Jason: *Testimony and the Subjects of AIDS Memoirs.* In: Nancy K. Miller und Jason Tougaw (Hg.): *Extremities. Trauma, Testimony and Community.* Urbana: University of Illinois Press 2002.

Treichler, Paula: *How to Have Theory in an Epidemic: Cultural Chronicles of AIDS.* Durham, N.C.: Duke University Press 1999.

Watney, Simon: *Policing Desire. Pornography, AIDS, and the Media*. London: Cassell 1987.

Weingart, Brigitte: *Ansteckende Wörter. Repräsentationen von AIDS*. Frankfurt am Main: Suhrkamp 2002.

Zipfel, Frank: *Autofiktion. Zwischen den Grenzen von Faktualität, Fiktionalität und Literarität*. In: Simone Winko, Fotis Jannidis und Gerhard Lauer (Hg.): *Grenzen der Literatur. Zu Begriff und Phänomen des Literarischen*. Berlin: Walter de Gruyter 2009, S. 285-314.